北京市社会科学基金重点项目"中美公民教育比较研究"(项目编号:15KDA006)最终成果

列入"中共北京市委党校(北京行政学院)学术文库系列丛书"

中美公民教育比较研究

李罡 / 著

Comparative Research on
Civic Education
between China and America

中国社会科学出版社

图书在版编目(CIP)数据

中美公民教育比较研究/李罡著. —北京:中国社会科学出版社,2020.9
ISBN 978-7-5203-7376-0

Ⅰ.①中⋯　Ⅱ.①李⋯　Ⅲ.①公民教育—对比研究—中国、美国
Ⅳ.①D648.3②D771.24

中国版本图书馆 CIP 数据核字(2020)第 191864 号

出 版 人	赵剑英
责任编辑	陈雅慧
责任校对	王　斐
责任印制	戴　宽

出　　版	中国社会科学出版社
社　　址	北京鼓楼西大街甲 158 号
邮　　编	100720
网　　址	http://www.csspw.cn
发 行 部	010-84083685
门 市 部	010-84029450
经　　销	新华书店及其他书店
印　　刷	北京明恒达印务有限公司
装　　订	廊坊市广阳区广增装订厂
版　　次	2020 年 9 月第 1 版
印　　次	2020 年 9 月第 1 次印刷
开　　本	710×1000　1/16
印　　张	21.25
字　　数	335 千字
定　　价	118.00 元

凡购买中国社会科学出版社图书,如有质量问题请与本社营销中心联系调换
电话:010-84083683
版权所有　侵权必究

目　录

导　论 …………………………………………………………（1）

第一章　中国公民教育的历史发展 ……………………………（8）
　　第一节　公民教育的萌芽期：清末民初的公民教育 ………（8）
　　第二节　公民教育的探索期：民国时期 ……………………（17）
　　第三节　公民教育的转型期：新中国成立后的公民教育 …（50）

第二章　美国公民教育的历史演进 ……………………………（65）
　　第一节　公民教育的发轫期：殖民地时期的公民教育 ……（65）
　　第二节　公民教育的形成期：美国建国至"一战"前的
　　　　　　公民教育 ………………………………………………（80）
　　第三节　公民教育的稳定期："一战"后的美国公民教育 …（99）

第三章　中美公民教育内容比较 ………………………………（114）
　　第一节　中国公民教育的主要内容 …………………………（114）
　　第二节　美国公民教育的主要内容 …………………………（152）
　　第三节　中美公民教育内容比较 ……………………………（175）

第四章　中美公民教育途径比较 ………………………………（189）
　　第一节　中国公民教育的主要途径 …………………………（189）
　　第二节　美国公民教育的主要途径 …………………………（219）

第三节　中美公民教育途径比较 …………………………………（256）

第五章　中美公民教育方法比较 ………………………………………（266）
　　第一节　中国公民教育的主要方法 ………………………………（266）
　　第二节　美国公民教育的主要方法 ………………………………（281）
　　第三节　中美公民教育方法比较 …………………………………（298）

参考文献 …………………………………………………………………（308）

导　　论

作为经济总量雄踞世界前两位的中、美两国，其未来发展及稳定对世界的影响举足轻重。中、美两国的政治制度、社会经济结构和发展历史各不相同，但两国都对自己的政治制度充满自信，希望通过公民教育把本国的政治制度、政治文化延续和传递下去，而这也正是中美公民教育比较研究的意义和价值——差异巨大的两个国家，是如何通过现有的公民教育体系培养出"好公民"，实现各自国家政治理想的有效传递和延续。问题在于，中美两国对"公民教育"概念的表述有所不同，需要予以界定和厘清。

对美国"公民教育"概念和内涵的界定，不论在美国还是在中国学界，也都有不同的认识。中国学者在研究美国公民教育的过程中，容易把"公民教育"直接和美国经常使用的"Civic Education"等同起来。目前看来，美国使用"Civic Education"来指代"公民教育"的确比较多。美国研究公民教育的 NGO 组织"公民教育中心"，其英文名称是"The Center For Civic Education"，使用的也是"Civic Education"。美国学者在研究公民教育的过程中，也曾经使用多个词，如"social studies、Citizen Education、Civics、Civic learning、Education for Citizenship、Education for democratic Citizenship、Education for democracy、community education、political Education、government"[1] 等。实际上，在美国公民教育概念中，"Civic Education"往往强调的是美国相关政治制度运作的知识和能力方面的内容，可以称之为狭义的"公民教育"；而像爱国主义教育、道德教育、法治教育、纪律教

---

[1] Geof Alred, Mike Byram and Mike Fleming, *Education for Intercultural Citizenship: Concepts and Comparisons*, Multilingual Matters Ltd., 2006, p. 73.

育等，又往往集中在历史教育（History Education）、品格教育（Character Education）、"4—H"教育（4—H Education）等。我们把"Civic Education"，以及历史教育、品格教育和"4—H"教育等称之为广义的"公民教育"。本书使用的美国"公民教育"概念，是在广义层面上的。考察美国"公民教育"不能只局限于对"Civic Education"所涉及内容的研究，而是要从整体上关注为传承美国政治观念、思想文化而培养公民的系列相关教育及活动，即培养"好公民"的教育和活动。

需要说明的是，对于应该使用"中美公民教育比较"还是"中美思想政治教育比较"的问题，我国学术界也有不同看法。陈立思认为，"思想政治的实践各国都有，但'思想政治教育'作为一个整合性的概念是我国独有的。其他国家在公民教育、道德教育、价值观教育、法制教育等名下进行了实质性的思想政治教育。其中，'公民教育'是在内涵、外延上与'思想政治教育'最为接近的一个概念。既然我们做的是跨文化研究，就应该尊重事实，在描述事实时使用其原本的概念即'公民教育'的概念"[①]，但没有明确应该使用"中美公民教育比较"还是"中美思想政治教育比较"。在实际研究中，这两种用法都出现过，如刘玄的《中美公民教育比较与启示》，介绍了美国公民教育的内涵、现状，中国公民教育的现状及加强中国公民教育的三条途径，[②] 对中国的公民教育的定义则是借用了冯宇红的概念，即教育社会成员如何担任公民角色，或者说是培养国家、社会和个人发展方向的"好公民"的教育。[③] 孙杰的《中美思想政治教育比较》则从方式、途径、教育目标的差异等方面对中国的思想政治教育和美国的公民教育进行了比较。[④] 可以明确的是，不论使用何种概念，其核心内涵是一样的，就是如何培养本国的"好公民"。

本书所使用的"公民教育"，无论对中国还是美国，都是相对广义的概念。简而言之，"中美公民教育比较研究"就是比较研究中、美两国培养"好公民"的内容、途径和方法。为了表述方便，行文中都使用"公民教育"。

[①] 陈立思：《比较思想政治教育》，中国人民大学出版社2011年版，第27页。
[②] 刘玄：《中美公民教育比较与启示》，《新西部》2011年第21期。
[③] 冯宇红：《论公民教育》，《教育探索》2005年第1期。
[④] 孙杰：《中美思想政治教育比较》，《黑龙江史志》2008年第18期。

对中美公民教育比较研究的目的，还在于借鉴美国公民教育的成功经验。美国建国时间只有二百多年，但却是世界上最早开展公民教育的国家，也是公认的公民教育实施效果较好的国家之一。为了借鉴美国公民教育的经验，我国学者对中美两国公民教育的相关研究也很多，概括起来，主要集中在以下三个方面：

一是从理论上对中美公民教育进行归纳和分析。张鸿燕总结了美国公民教育的五大特点：以自由、民主、责任为核心，强调公民教育的政治性；以提升公民整体素质为目标，重视公民教育的人文性；以培养公民行动能力为着力点，注重公民教育的实践性；以研究公民教育理论为突破点，推动公民教育的科学化；以创新公民教育方法为重点，提高公民教育的实效性。[1] 李玲芬认为美国的思想政治教育具有隐蔽性、渗透性、注重道德践履、注重理论的科学性和可操作性等特点。[2] 袁建生从中美思想政治教育的理论基础、教育内容和教育方法三个方面进行了差异化比较，从中得到借鉴与启示。[3] 罗许慧基于NAEP体系的考察，分析了美国中小学公民教育评价的特点和不足。[4] 高峡对美国社会科课程标准的主题进行了解读，提出了对我国公民课程构建的启示。[5] 李萍、钟明华指出中国公民教育的兴起，不是传统德育名词的简单更换，而是标志着我国传统德育历史性转型并构建了一个崭新的教育目标体系。在本质上，公民教育必然是主体性教育，以权利与义务相统一为基本的教育取向。[6] 朱小蔓、冯秀军认为中国公民教育观与西方公民教育观在公民与国家、社会关系，公民权利与义务关系，公民教育与道德教育关系等方面呈现相向运动的趋势，与中国传统道德教育思想在本体基础、教育机制、价值取向等方面存在相互融通的可能。[7]

---

[1] 张鸿燕：《美国公民教育的特点及其发展趋势》，《首都师范大学学报》（社会科学版）2007年第1期。
[2] 李玲芬：《美国思想政治教育模式探微》，《学校党建与思想教育》2005年第11期。
[3] 袁建生、江晓萍：《中美思想政治教育比较》，《前沿》2007年第6期。
[4] 罗许慧：《美国中小学公民教育评价研究——基于NAEP体系的考察》，硕士学位论文，华中师范大学，2011年。
[5] 高峡：《美国公民教育课程的设计与内涵——美国社会科课程标准主题探析》，《全球教育展望》2008年第9期。
[6] 李萍、钟明华：《公民教育——传统德育的历史性转型》，《教育研究》2002年第10期。
[7] 朱小蔓、冯秀军：《中国公民教育观发展脉络探析》，《教育研究》2006年第12期。

二是对中美公民教育总体情况的比较研究。Geof Alred 主编的书中选编有德国、英国、美国三国公民教育比较的论文①，以及介绍中国公民教育的论文②。唐克军在专著中辟出专章介绍美国公民教育的方向、类型，美国的社会研究课程及美国高校的公民教育课程。③ 檀传宝对美国公民教育的历史沿革、现状、经验与问题等进行了研究。④ 这些研究各有研究者独特的角度，但大多是国别公民教育研究，并没有就中美公民教育进行直接对比研究。王瑞荪通过专题比较和综合比较的方法，从思想政治教育理论基础、培养目标、主要内容、实施方法、评估等方面对多个国家做了比较，其中很多角度涉及中美比较。⑤ 还有一类以"中美公民教育、思想政治教育比较"为标题的论文，具有题目大、篇幅短的特点，属于"大题小做"类型，如刘玄《中美公民教育比较与启示》，介绍了美国公民教育的内涵、现状，中国公民教育的现状及加强中国公民教育的三条途径；⑥ 孙杰《中美思想政治教育比较》实际只从方式、途径、教育目标的差异进行了简短比较。⑦ 总的来看，缺乏对中美公民教育体系化、全面的比较研究。

三是对中美公民教育中的某些问题的专题比较研究。这方面的研究近年来逐步增多，其中对中美爱国主义教育比较研究相对较多，如唐霞⑧从现状比较、张东霞⑨从中小学比较的角度，归纳中美爱国主义教育的异同，探索中国爱国主义教育的合理模式。巫阳朔对中美高校思想政治教育进行比较研究，提出对美国高校思想政治教育经验进行创造性的"本土化"重构。⑩ 鲍良彦对中美两国社区公民教育的内容、特点、管理体制、途径以及保障体制进行了系统的比较研究，提出构建多元的管理体制，引导社区

---

① Geof Alred, Mike Byram and Mike Fleming, *Education for Intercultural Citizenship：Concepts and Comparisons*, Published by Multilingual Matters Ltd., 2006, pp. 69 – 85.
② Geof Alred, Mike Byram and Mike Fleming, *Education for Intercultural Citizenship：Concepts and Comparisons*, pp. 86 – 108.
③ 唐克军：《比较公民教育》，中国社会科学出版社 2008 年版，第 45—78 页。
④ 檀传宝：《公民教育引论：国际经验、历史变迁与中国公民教育的选择》，人民出版社 2011 年版，第 21—37 页。
⑤ 王瑞荪：《比较思想政治教育学》，高等教育出版社 2001 年版。
⑥ 刘玄：《中美公民教育比较与启示》，《新西部》2011 年第 21 期。
⑦ 孙杰：《中美思想政治教育比较》，《黑龙江史志》2008 年第 18 期。
⑧ 唐霞：《中美爱国主义教育现状比较研究》，博士学位论文，中共中央党校，2011 年。
⑨ 张东霞：《中美两国中小学爱国主义教育比较研究》，《外国中小学教育》2004 年第 2 期。
⑩ 巫阳朔：《中美高校思想政治教育比较研究》，博士学位论文，中共中央党校，2012 年。

公民教育的发展。① 吴田田对中美初中社会科公民教育进行比较，提出了中国社会科公民教育体系的架构。② 其他专题研究还有中美思想政治教育内容比较研究、中美公民意识培育比较研究、中美高校法制教育的比较研究等。上述研究以博士、硕士学位论文及其成果转化居多，选题新颖，强调在比较研究中，找到中美两国的相似性和差异性，并借鉴美国的优势和成功经验，但总体上看在研究上还显得单薄，缺乏逻辑上的联系和呼应。

中国对"公民教育"的理解和使用也有一个过程。"公民"这个词是舶来品，20世纪20年代曾经广泛使用过"公民"和"公民教育"。1949年后使用"思想政治教育"全面代替"公民教育"。改革开放后，"公民教育"又开始使用，而且出现了和"思想政治教育"并用的情况。使用"公民教育"的研究者更多想表述和强调的是要加强公民权利和义务的相关教育及实践训练；而使用"思想政治教育"的研究者则认为思想政治教育本来就包含公民权利和义务这些相关内容，不需要再单独使用"公民教育"这个概念。因此，现阶段中国"思想政治教育"和"公民教育"两个概念有交叉也有各自不同的关注角度和重点，且都在使用。本书所使用的中国"公民教育"的概念是广义层面的，相当于目前使用的"思想政治教育"+"公民教育"，即培养社会主义公民的教育。并且，本书的"公民教育"，无论是在对中国还是美国的描述语境中，都是在广义的基础上来使用的。简而言之，"中美公民教育比较研究"就是比较研究中、美两国培养"好公民"的历史进程、内容、途径和方法。

本书在研究框架上，通过梳理中美两国公民教育发展的历史，按照中美两国公民教育实施的内容、途径、方法这一链条展开，并对各个环节进行逐一对比。在研究视角上，从纵、横两个维度展开。纵向上按照公民教育培养体系的逻辑顺序展开，即为什么要进行公民教育，如何进行公民教育，公民教育的途径和方法等；横向上以专题对比研究的方式展开，以客观准确地了解，实事求是地评价，理性地批判、借鉴为原则，做详尽的异同比较，找出规律性特点。同时，在研究中既关注学校教育系统，也关注非学校系统的公民教育，关注不同年龄阶段的公民教育及之间的有序衔

---

① 鲍良彦：《中美社区公民教育比较研究》，硕士学位论文，长安大学，2012年。
② 吴田田：《中美初中社会科公民教育比较研究》，硕士学位论文，南京师范大学，2013年。

接。具体而言，本书包括以下五个方面的内容。

第一，美国公民教育的历史演进。美国公民教育开展得比较早，源起于美国建国前的殖民地时期，距今已有二百多年的发展历史。按照美国公民教育历史发展的阶段性特点，本书将美国公民教育发展的历史划分为公民教育的发轫期、形成期和稳定期三个阶段，并从公民教育的内容、途径和主要思想方面梳理了美国公民教育演进的历史脉络，为对比研究美国公民教育奠定了基础。

第二，中国公民教育的历史发展。中国公民教育起步比较晚，大致可以分为公民教育的萌芽期、探索期和转型期三个阶段。每个阶段都围绕中国公民教育的内容、途径和主要思想三个维度进行历史脉络梳理，使我们对中国公民教育的形成和发展有一个清晰认识，更好理解当今中国公民教育发展的现状。

第三，中美公民教育内容比较。公民教育内容是公民教育的核心。公民教育不但要传播公民知识，更要培养公民能力。中、美两国公民教育内容都很丰富，都有自己的内容体系，主要包括政治教育、道德教育、法治和纪律教育、心理健康教育。两国公民教育内容在体系化建设、共同关注以及共同要求等方面都有一致性，公民教育内容的形成路径、公民教育内容的构成、公民教育内容关注的重点有所不同。通过对比中美公民教育的内容，总结中美两国在公民教育内容设置方面好的做法和经验，帮助我们继续加强中国公民教育内容体系建设，进一步提升中国公民教育内容的可操作性。

第四，中美公民教育途径比较。公民教育途径是实施公民教育的路径和渠道。中美两国公民教育途径都很丰富，涵盖学校、社会和家庭三个方面，覆盖不同年龄段和人群。美国公民教育主要是通过学校课程、学校活动、社会活动、大众传媒、宗教教育、家庭教育、军队教育等途径来完成的。中国的公民教育的途径和美国很相似，除了没有宗教教育外，其他途径也都是中国公民教育的常用途径。中美公民教育的主要途径基本一致，学校都是中美公民教育的主渠道。中美公民教育途径虽然大体相似，但也有不同，如中美公民教育途径的种类不尽相同、相同的中美公民教育途径发挥的作用不同。中美公民教育途径比较展现了中美两国公民教育中的真实路径，未来我们需要构建更加体系化的公民教育实施途径，实现学校、社会、家庭的一体化共育机制。

第五，中美公民教育方法比较。公民教育方法是为达成公民培养目标而采用的各种手段和方式的总和。中美两国公民教育方法带有鲜明的各自文化传统烙印和特点。通过对中美两国公民教育方法的梳理和分析，可以看到中美公民教育方法各有特点，也反映了各自的历史习惯和文化传承。中美公民教育方法的种类都很丰富，都重视公民教育方法在学校中的综合应用，都重视公民教育方法和社会实践的结合。中美公民教育方法有很多不同，美国的角色扮演等四种特色方法和中国的理论灌输等四种特色方法就很不相同。除此之外，中美公民教育方法的理论基础不同，各种公民教育方法的使用频率不同，以及公民教育方法的具体运用不同。随着中美两国交流的不断深入，美国公民教育的部分方法也在中国得以借鉴和运用，如角色扮演法、服务学习、研究性学习等，如尊重学生的主体性和重视社会实践。

开展中美公民教育比较研究，有助于进一步加深我们对公民教育普遍规律和共同本质的认识，推进我国公民教育的改革与发展。随着我国社会主义建设飞速发展，公民教育的主、客体都在发生变化，我国公民教育的内容、方法、途径等各个方面都需要应对这些变化。党的十七大报告提出加强公民意识教育，党的十八大报告提出全面提高公民道德素质，党的十九大报告提出深入实施公民道德建设工程，就是应对这些变化而出台的具有引领中国公民教育未来发展的纲领性文件。中美公民教育的比较研究，不仅应该在理论上为中国公民教育提供指导，更应该在实践中为中国公民教育提供具体帮助，以更好地推进中国公民教育发展。

第一章　中国公民教育的历史发展

中国的公民教育萌芽于清末。公民和公民教育是近代社会的产物，中国公民教育是在中国现代化进程中产生的，正如朱小蔓教授所指出的："公民及公民教育是民主政治的产物。在与民主政治相对的封建专制体制下，只有臣民与私民，没有公民，遑论公民教育。对于有着两千多年封建专制传统的中国来说，'公民'是一个于近代自国外传入的非本源性概念，公民教育则是在近代中国由民族危机与社会危机所引发和启动的宪政进程中，借鉴西方民主思想与制度形式，寄望通过教育造就'新民'、挽救民族危亡的历史诉求。"① 但是，应该看到，在清朝之前的中国社会，封建帝王为了巩固其政权，也采取了类似于公民教育的形式，即通过政治统治和道德教化的方式，培养符合封建伦理要求的臣民。清末，这种培养臣民的进程被打破，西方民主政治思想引入中国，公民和公民教育思想逐渐在中国传播，形式和内容发生了根本性变化。

中国公民教育的发展可以从清末民初算起，只有一百多年历史，但发展跌宕曲折。根据中国公民教育发展的阶段性特点，大致可以分为公民教育的萌芽期、探索期和转型期三个阶段。

第一节　公民教育的萌芽期：清末民初的公民教育

中国公民教育的萌芽期比较短，主要指清末新政到民国初建这段时期，是政治、社会、教育格局突变下的一个应对期和过渡期。清末的立宪

---

① 朱小蔓：《中国公民教育观发展脉络探析》，《教育研究》2006 年第 12 期。

改革，辛亥革命后帝制被推翻，以及中华民国在法律上对公民权利的规定，都为现代公民教育的开启提供了新的思考角度和实践平台。

一　萌芽期公民教育的主要途径和内容

萌芽期的公民教育处于萌芽和起步阶段，途径比较单一，但又有其明显的特点，主要是通过学校课程、社会团体及活动来开展的，内容也主要关注公民道德，其他方面涉及的相对较少。

1. 学校课程

在萌芽期，中国公民教育是伴随着近代学校制度的建立而产生的，同时，学校教育又成为开展公民教育的重要途径，学校课程则是学校公民教育实施的主要载体和公民教育内容的集中体现。

随着清末新式学堂的建立，学校数量和学校在校生人数迅速增长。据不完全统计，1902—1911年，学堂总数从1903年的769所发展到1909年的59117所，约增加了76倍；在校学生1902年为6912人，1909年为1639641人，约增加236倍；1904—1911年全国各省设立法政学堂22所，按设立时名额或招生人数，共计3411人。[1] 随着新式学校的快速发展，公民教育也在这个时期借助学校的扩展而逐步展开。

清末各个阶段学校开设的与公民教育有关的课程不多，相关学校活动也较少。在学校开设的课程中，修身科、读经讲经可以作为代表，其他还有中国文字、历史、地理等学科。

清政府于1902年8月颁布的《钦定学堂章程》，在小学堂、中学堂章程都规定"修身第一"。《钦定学堂章程》公布后并没有实施，代之以1904年颁布的《奏定学堂章程》，也规定小学堂、中学修身科俱为第一学科，其次为读经讲经。1907年的《女子小学堂章程》规定，女学的教育应当延续历代首倡女德的传统，各年级均需开设修身科"以涵养女子德性，使知高其品位，固其志操"[2]。同年，清政府学部还颁布了《京师初级小学划一课程表》，将修身定为每天早上的第一课。[3]

从内容上看，《奏定学堂章程》对中小学修身科、读经讲经的规定还

---

[1] 张海鹏：《近代中国通史》（第五卷），江苏人民出版社2007年版，第106页。
[2] 《学部官报、奏章》（第一册），台北：故宫博物院1980年版，第136页。
[3] 《东方杂志》1907年第4卷第9期。

主要集中在传统的习惯养成和传统道德要求上。其中初等小学"修身"科要义"在随时约束以和平之规矩,不令过苦;并指示古人之嘉言懿行,动其欣慕效法之念,养成儿童德性,使之不流于匪僻,不习于放纵之旨。尤须趁幼年时教以平情公道,不可但存私吝,以求合于爱众亲仁、恕以及物之旨。此时具有爱同类之知识,将来成人后即为爱国家之根基"①。高等小学"修身"除了有上述要求外,还提出讲四书可略深,"讲授时不必每篇训讲,须就身心切近及日用实事讲之,令其实力奉行,不可所行与所讲相违;兼令诵读有益风化之古诗歌,以涵养其性情,舒畅其肺气,则所听讲授经书之理,不视为迂板矣"②。中学堂"修身"科要义为:"摘讲陈宏谋五种遗规:一、《养正遗规》,二、《训俗遗规》,三、《教女遗规》,四、《从政遗规》,五、《在官法戒录》(以教为吏胥者)。理极纯正,语极平实。入此学者年以渐长,所讲修身之要义,一在坚其敦尚伦常之心,一在鼓其奋发有为之气。尤当示以一身与家族、朋类、国家、世界之关系,务须勉以实践躬行,不可言行不符。"③

从方法上看,清末修身科对此尚无系统规定,"小学修身一科,徒具名称,无所谓教学方法,如光绪二十八年〔1902 年〕8月《钦定学堂章程》中有云:'……比附古人言行,绘图贴说,以示儿童。'又如光绪二十九年十一月〔1904 年 1月〕《奏定学堂章程》中,有云:'尤当以俗语解说,启发儿童之良心,就其浅近易能之事,使之实践,为教员者,尤当以身作则,示以模范……'统称之,曰'教法入门'可耳"④。

从授课时间上看,在每周 30 总课时中,初等小学堂、高等小学堂的修身科、读经讲经课时分别为 2 课时和 12 课时,尤以读经讲经在总课时中所占比例较高。⑤读经讲经科分量很重,反映了传统专制王朝"注重读

---

① 璩鑫圭、唐良炎:《中国近代教育史资料汇编:学制演变》,上海教育出版社 2007 年版,第 303 页。
② 璩鑫圭、唐良炎:《中国近代教育史资料汇编:学制演变》,上海教育出版社 2007 年版,第 317 页。
③ 璩鑫圭、唐良炎:《中国近代教育史资料汇编:学制演变》,上海教育出版社 2007 年版,第 328 页。
④ 盛朗西:《小学课程沿革》,福建教育出版社 2008 年版,第 37 页。
⑤ 璩鑫圭、唐良炎:《中国近代教育史资料汇编:学制演变》,上海教育出版社 2007 年版,第 306—334 页。

经以存圣教",希望通过培养中、小学堂学生的读经讲经能力以达到保全儒家圣贤思想和教义的育人目标。相比而言,"修身科比之经书较为简单易懂,易为儿童吸收,所以渐渐承担起了道德引导的重任"①。

从培养目标上看,除了强调"忠君、尊孔"外,其所提倡的"尚公、尚武、尚实"具有针对中国"私""弱""虚"积弊的现实意义。1906年,清政府学部颁布"尊君、尊孔、尚公、尚武、尚实"的教育宗旨。《奏定学堂章程》历经1909年、1911年两次修订,教育宗旨始终以"忠君、尊孔"为中心,没有新突破。

2. 社会团体及活动

除了学校之外,清末民初成立的各种学社、团体,各种报馆和开展的演讲演说、话剧戏剧演出等,也都在培养公民过程中发挥了积极作用。"清末新政"近10年间,围绕着改良与革命、君主立宪与民主共和等议题,政党和各种形式的政治团体纷纷设立。据《苏报》《国民日报》《中外日报》等几十种报纸杂志的报道,1901—1904年,江苏(含江宁)、浙江、广东、上海等14个省先后建立各种新式社团271个。② 成立于1903年的"国民公会",由革命派和保皇派人士共同发起,成为"国民品格养成、国民资格训练班"③。1906年,清政府宣布预备立宪之后,社会结社之风鼎盛。到1909年,各地共建成教育会723个。农学会到1911年至少有总会19处,分会276处④。成立于1906年的"预备立宪公会",前身为宪政研究公会,其作用在于响应朝廷的号召,促进人民智识的进化,预备国民之资格。

萌芽期的社团往往具有很强的目标指向性和任务多重性,如江苏省教育会,作为中国出现的第一个省级教育团体,活动一直很频繁,并形成了一个自上而下的网络。教育会也同时肩负着组织江苏立宪运动、地方自治的重要任务,在清末教育改革与立宪运动中都扮演了急先锋的角色。对公

---

① 毕苑:《从〈修身〉到〈公民〉:近代教科书中的国民塑形》,《教育学报》2005年第2期。
② 桑兵:《清末新知识界的社团与活动》,生活·读书·新知三联书店1995年版,第274页。
③ 严洪昌:《"国民"之发现——1903年上海国民公会再认识》,《近代史研究》2001年第5期。
④ 桑兵:《清末新知识界的社团与活动》,生活·读书·新知三联书店1995年版,第274—276页。

民教育形成起推动作用的，还有资政院和谘议局的活动及媒体对其的宣传。作为"预备立宪"进程中的代议机构，资政院和谘议局分别于1908年和1910年在北京召开会议，通过相关章程，对投票资格、当选资格、允许讨论和与行政机构的关系作了相应的规定。这些机构的普遍建立和广泛活动，推动了社会各界对政治的关注和参与，对现代公民观的形成发挥了重要作用。此外，报纸、杂志、书籍等大众传媒在清末的公民教育中也发挥了积极作用。在日本发行的《民报》《新民丛报》等成为宣扬政治思想的平台，陈天华的《猛回头》《警世钟》，邹容的《革命军》等，也在传播民主革命思想方面发挥了重要作用。民国初建，废除了《大清印刷物专律》，社团得到快速发展，遍及经济、政治、社会科学、自然科学、文化、艺术、社会改良等领域，其中比较有名的文教社会类团体就多达270多个，如全国教育联合会、文学研究会、少年中国会、新民学会等。纵观整个民国时期，1912—1927年也是社团的繁荣发展时期①，这些都成为公民教育的重要途径。

二 萌芽期公民教育的主要思想和观点

随着清末民族危机的日益加深，挽救民族危亡、富国强兵成为国人的共识。严复、康有为、梁启超等在这种大背景下，在探索民族独立、学习西方民主政治思想的过程中提出培养新国民。严复在《原强》中提出鼓民力、开民智、新民德，倡导"尊民"。康有为在《大同书》中畅想了一个世界大同的和谐社会，充满了民主主义的平等精神，在《公民自治篇》指出中国普通民众无参政的权利，强调要变法，必须先培养"公民"。梁启超则通过《新民说》阐述了要培养有自由、有个性，具备独立的人格、有权利、守义务的新国民。这些思想家的倡导和实践，推动了清末民初公民教育的发展。

1. 严复

严复（1854—1921）是清末民初时期著名的启蒙思想家、翻译家和教育家，是中国近代史上比较早地向中国系统介绍西方思想和制度的中国人。严复创办《国闻报》，有计划地翻译了赫胥黎的《天演论》、亚当·

---

① 方美玲：《中华民国社团的基本特征》，《北京教育学院学报》2000年第3期。

斯密的《原富》、斯宾塞的《群学肄言》、孟德斯鸠的《法意》等八部译著，第一次把西方的古典经济学、政治学理论以及自然科学和哲学理论较为系统地引入中国。严复的思想很丰富，涉及哲学、政治、经济、宗教、教育、文学等诸多领域，其公民教育思想，主要集中在译著《天演论》，以及于 1895 年发表在天津《直报》上的文章，包括《论世变之函》《原强》《辟韩》《救亡决论》等。

（1）对封建臣民观的批判

严复对中国长期形成的封建臣民观进行了深刻批判。严复认为，中国的问题是君主有权，民众无权，这是与西方社会最大的不同，也是导致近代中国积贫积弱的主要元凶。古代中国，君、臣、民三者分属不同的等级，不可逾越，历代专制君主都将民众视为奴隶："专制之民，以无为等者，一人而外，则皆奴隶，以隶相尊，徒强颜耳。"[①] 他在为沈瑶庆奏稿所作的批语中也重申了这个观点："中国自三代以来，君民对待之谊与西人绝不相类。君若吏之视民也，上焉者，杜父吕母，其视百姓如子孙；次之则君为主人，四海之内皆为臣妾，最下其治民犹盗贼，故盗憎主人与民恶其上当并称也。然此种种，皆非公理。中国今日之所以弱，黄种日后之所以亡，终此坐耳。"[②] 严复认为，这种臣民观是导致中国落后的主要原因。

严复还进一步对专制王朝推行的奴化教育进行了批判："秦以来之为君，正所谓大盗窃国者耳。国谁窃？转相窃之于民而已。既已窃之矣，又惴惴然恐其主之或觉而复之也，于是其法与令蝟毛而起，质而论之，其什八九皆所以坏民之才，散民之力，漓民之德者也。斯民也，固斯天下之真主也，必弱而愚之，使其常不觉，常不足以有为，而后吾可以长保所窃而永世。"[③] 封建臣民观和专制文化，造成了国人人心涣散、公心少而私心多的社会恶果。

（2）对公民自由的向往

在对中国封建臣民观批判的同时，严复也针对中国传统政治中缺乏自由意识的问题进行了分析："夫自由一言，真中国历古圣贤之所深畏，

[①] 王拭：《严复集》，中华书局 1986 年版，第 952 页。
[②] 孙应祥、皮后锋：《严复集补编》，福建人民出版社 2004 年版，第 324 页。
[③] 王拭：《严复集》，中华书局 1986 年版，第 35—36 页。

而从未尝立以为教者也"①，同时表达了对西方自由的向往："彼西人之曰：唯天生民，各具赋畀，得自由者乃为全受。故人人各得自由，国国各得自由，第务令毋相侵损而已。侵人自由者，斯为逆天理，贼人道。其杀人伤人及盗人财物，皆侵人自由之极致也。故侵人自由，虽国君不能，而其刑禁章条，要皆为此设耳"②，并提出了"自由为体，民主为用"的观点。

严复认为近代中国落后是因为专制导致自由之缺乏："国民所享自由之多寡，政府之干涉与放任，亦非其民之所能为也……干涉其民不任自由者，即以难守多敌国之故。此其言似真，乃观吾国，自乾、嘉以还，四外征服略尽……顾其治尚为专制。"③ 在此基础上，严复还提出了自由是实现国家富强的必由之路："夫所谓富强云者，质而言之，不外利民云尔。然政欲利民，必自民各能自利始；民各能自利，又必自皆得自由始；欲听其皆得自由，尤必自其各能自治始；……民之能自治而自由者，皆其力、其智、其德诚优者也。"④ 严复认为自由和民权是立国之根本："吾未见其民之不自由者，其国可以自由也。其民之无权者，其国之可以有权也。……民权者，不可毁者也。必欲毁之，其权将横用而为祸甚烈者也。毁民权者，天下之至愚也。"⑤

（3）三育救国论

严复认为，一个国家的富强取决于三个基本条件："一曰血气体力之强，二曰聪明智慧之强，三曰德性义仁之强。"⑥ 提出智、德、力是国家富强的根本："本之格致新理，溯源竟委，发明富强之事，造端于民，以智、德、力三者为之根本，三者诚盛，则富强之效不为而成；三者诚衰，则虽以命世之才，刻意治标，终亦隳废"⑦，并在此基础上提出了三育救国论："是以今日要政，统于三端：一曰鼓民力，二曰开民智，三曰新民德。夫为一弱于群强之间，政之所施，固常有标本缓急之可论，唯是使三者诚

---

① 王拭：《严复集》，中华书局1986年版，第2—3页。
② 王拭：《严复集》，中华书局1986年版，第2—3页。
③ 孙应祥、皮后锋：《严复集补编》，福建人民出版社2004年版，第264页。
④ 王拭：《严复集》，中华书局1986年版，第27页。
⑤ 王拭：《严复集》，中华书局1986年版，第917页。
⑥ 《严复文选》，百花文艺出版社2006年版，第14页。
⑦ 王拭：《严复集》，中华书局1986年版，第514页。

进，则具治标则标立三者不进，则其标虽治，终亦无功。"①

严复虽然强调三育并重，"使三者诚进"，但又指出："居今而言，不佞以为智育重于体育，而德育尤重于智育"，② 实际上把"新民德"摆在三育的核心地位。另外，严复还提出，与"鼓民力""开民智"相比，"新民德"是三者中是最难实现的，因为中国自秦以来都把民众当作奴隶来看待，而长期的禁锢使民众自身在思想上也"以奴隶自待"，缺乏对社会事务关注的意愿和能力。如果要重建社会道德，就必须向西方学习，把自由、平等、民主的原则引进道德领域，并把它贯穿于社会实践中，引导社会养成一种新的道德风尚，培养具有独立自主人格、有爱国心的新国民。

2. 梁启超

梁启超（1873—1929）是近代著名的思想家和政治活动家，著述颇丰，其公民教育思想主要集中在《变法通议》《新民说》《论教育当定宗旨》等著述中。

（1）人民愚弱是国家衰弱的根本原因

戊戌变法失败后，梁启超流亡日本。在《戊戌政变记》中，梁启超提出国家衰弱的原因在于人民，"中国之弱，由于民愚也，民之愚，由于不读万国之书，不知万国之事也……"③ 但"愚"并不是中国民族内在固有的，"欧西四五百年前"也曾"守旧愚弱甚矣"，梁启超提出开学校、译书、开报馆以救中国之弊。他认为"中国人之聪明本不让欧西"，只可惜被数千年来的愚民政策所抑制，而这一切的根源在专制制度，"吾国之大患，由国家视其民为奴隶，积之既久，民之自视亦如奴隶焉"。④ 在《拟讨专制政体檄》一文中，他对专制政体进行了痛快淋漓的鞭挞："专制政体者，我辈之公敌也，大仇也，有专制则无我辈，有我辈则无专制。我不愿与之共立，我宁愿与之偕亡！使我数千年历史以脓血充塞者谁乎？专制政体也。使我数万里土地为虎狼窟穴者谁乎？专制政体也。使我数百兆人民

---

① 王拭：《严复集》，中华书局1986年版，第26页。
② 王拭：《严复集》，中华书局1986年版，第167页。
③ 梁启超：《饮冰室合集》（专集之一），中华书局1936年版，第28页。
④ 梁启超：《饮冰室合集》（专集之一），中华书局1936年版，第26页。

向地狱过活者谁乎？专制政体也。"①

（2）培养"新民"是解决国弱民愚的根本

梁启超认为国民性孱弱的根除在于培养"新民"。"新民云者，非欲吾民尽弃其旧以从人也。新之义有二：一曰淬砺其所本有而新之；二曰采补其所本无而新之。二者缺一，时乃无功。先哲之立教也，不外因材而笃与变化气质之二途，斯即吾淬厉所固有，采补所本无之说也。"②"新民"是针对"旧民"而言，即"国民知有天下，有朝廷，有一己，而不知有国家"③，这些"旧民"、臣民，表现出诸如爱国心薄弱、独立性柔脆、公共心缺乏、自治力欠缺的特征。梁启超认为，"新民"应具备国家思想、权利思想、义务思想、政治能力、进取冒险精神，以及公德、自由、自治、自尊、尚武、合群等品质。④

梁启超认为，国民素质决定民族与国家的前途和命运，"国也者，积民而成。国之有民，犹身之有四肢、五脏、筋脉、血轮也。未有四肢已断，筋脉已伤，血轮已涸，而身能犹存者；则亦未有其民愚陋怯弱，涣散混沌，而国犹能立者"⑤，他提出"然则苟有新民，何患无新制度？无新政府？无新国家？"⑥梁启超在《论教育当定宗旨》一文中阐述了通过教育培养"新民"的期待，认为没有宗旨的教育有可能培养出"汉奸""奴隶"，应当在民族文化的基础上，借鉴世界各国的文明成果来确定今日教育的宗旨，通过学习西方先进的思想和科技，打破传统的束缚，使民智大开，从而达到救国救民的目的。

（3）对新民的基本要求和描述

梁启超在《新民说》中分类阐述了他对"新民"的要求和标准，内容非常广泛。

关于公德。梁启超把道德分为公德和私德。"人人独善其身"是私德的标准，而"人人相善其群"则是公德的要求。中国道德虽然发达，

---

① 李华兴、吴嘉勋：《梁启超选集》，上海人民出版社1984年版，第381页。
② 梁启超：《饮冰室合集》（专集之四），中华书局1936年版，第104页。
③ 梁启超：《饮冰室合集》（专集之九），中华书局1936年版，第50页。
④ 梁启超：《饮冰室合集》（专集之四），中华书局1936年版，第5页。
⑤ 梁启超：《新民说》，黄坤评注，中州古籍出版社1998年版，第46页。
⑥ 《梁启超全集》（第2卷），北京出版社1999年版，第655页。

但偏于私德而轻公德，就私德与公德的比重看，私德占十分之九，公德不及其一。只有当私德转化为公德，传统的"君子"才能转化为文明社会的"国民"。

关于权利。梁启超提出"国家譬犹树也，权利思想譬犹根也"①，"凡人所以为人者，有两大要件：一曰生命，二曰权利。二者缺一，时乃非人。而号称人类者，则以保生命保权利两者相倚"②，呼吁"为政治家者，以勿摧压权利思想为第一义；为教育家者，以养成权利思想为第一义；为私人者，无论士焉，农焉，工焉，商焉，男焉，女焉，各以坚持权利思想为第一义"③。

关于自由。梁启超认为自由精神是作为"新民"的第一要义，"人人自由，而不以侵人之自由为界"④。自由适用于全人类，"自由者，天下之公理，人生之要具，无往而不适用者也"⑤。戊戌变法后，梁启超逃到日本，当年他在长沙时务学堂的学生蔡锷、林圭等也来到这里，他们经常交流阅读约翰·穆勒的《论自由》的心得。蔡锷写道："孔子曰：匹夫不可夺志。志者何？自由之志也。"⑥梁启超发挥为，"志之自由，则思想之自由也，为一切自由之起点"⑦。从1899年7月开始，梁启超在《清议报》上连载《自由书》70多篇，大力呼吁思想、言论、出版三大自由。

严复提出的三育救国论在中国首倡德智体三育并举的新教育，梁启超的新民思想则成为"五四"新文化运动的思想前驱，他们对公民教育的认识和观点，在公民教育的萌芽期发挥着重要的思想启蒙作用。

第二节　公民教育的探索期：民国时期

民国建立后，颁布了一系列反映共和思想的法律、法规。《中华民国临时约法》规定中华民国主权在民，全体国民一律平等，依法享受选举、

---

① 梁启超：《饮冰室合集》（专集之四），中华书局1936年版，第39页。
② 梁启超：《饮冰室合集》（文集之五），中华书局1989年版，第45页。
③ 梁启超：《饮冰室合集》（专集之四），中华书局1936年版，第32页。
④ 梁启超：《饮冰室合集》（文集之五），中华书局1936年版，第45页。
⑤ 梁启超：《饮冰室合集》（专集之四），中华书局1989年版，第40页。
⑥ 曾业英：《蔡锷集》（一），湖南人民出版社2008年版，第13页。
⑦ 曾业英：《蔡锷集》（一），湖南人民出版社2008年版，第14页。

参政、居住、言论、信教等各项权利。

1912年《普通教育暂行课程标准》规定，初等、高等小学校、中学校都开设修身科目，以修身科取代读经科。五四运动前后，民主主义教育思想和实用主义教育理论传入中国，提倡将个人、社会、国家三者的相互关系和民主精神的培养作为公民教育目标模式构建的基础，这些新思想的传入，使中国公民教育范围逐渐从偏重个人道德扩展到社会公共生活领域。[①] 1922年"壬午学制"规定以公民科取代修身科作为中小学系统实施公民教育的中心课程。1927年，南京国民政府成立后，公民科被党义科取代，公民教育被相对狭义的党义教育所代替。1937年后，抗战全面爆发，公民教育为抗日救亡的硝烟所湮没。中国共产党领导的苏区、抗日根据地、解放区，与国民党统治区采用了不同体系和内容的公民教育。

一 探索期公民教育的主要途径和内容

探索期公民教育主要通过学校、社会系统来完成。在国民党统治区，主要是通过学校中的公民课程、国语课程、历史课程、地理课程、训育以及童子军训练等来实施，强调三民主义和党义教育；在苏区、抗日根据地和解放区主要是通过干部教育、成人教育和学校教育来实施的，课程以马列主义为指导，强调马列主义思想和时事政策的教育。

1. 国民党统治区公民教育的主要途径和内容

（1）公民

在这个时期，学校是系统开展公民教育的主要途径。中小学校依照相关法律、规程的要求，主要通过在学校开设公民科的方式来进行公民教育，只是在探索期公民教育内容在不同时期有比较大的调整。当时中国高等教育也没有专门的公民教育课程，但有类似于大学的通识课程，以北京大学为例，学校为本科生、研究生开设的300多门课程中保留了五四运动以来开设的"马克思学说研究""劳动运动及社会主义史"等课程。[②]

民国初建，民国政府发布了一系列法律法令，对学校开展公民教育的形式、内容等做了具体规定。1912年1月，国民政府教育部颁布《普通教

[①] 郑航：《中国近代德育课程史》，人民教育出版社2004年版，第166—170页。

[②] 王学珍：《北京大学史料》（第二卷），北京大学出版社2000年版，第1175—1176页。

育暂行办法》，做出了一系列不同于清政府的新规定，如凡各种教科书，务合乎共和民国宗旨；清学部颁行之教科书，一律禁用；小学读经科一律废止；旧时奖励出身，一律废止。① 1912 年颁布的《普通教育暂行课程标准》规定，初等、高等小学校，中学校都开设修身科目。1912 年，教育总长蔡元培提出了"五育并举，以公民道德为中坚"的教育方针，明确将公民道德作为教育的核心组成部分和培养目标。1912 年 9 月，国民政府教育部公布教育宗旨，也强调"注重道德教育，以实利教育、军国民教育辅之，更以美感教育完成其道德"②。《中学校令》确定"中学校以完足普通教育、造成健全国民为宗旨"③，1913 年 3 月颁布的《中学校令施行规则》和《中学校课程标准》将"法制经济"独立设科，"旨在养成公民观念及生活上必须之知识"④，每周两课时。这个时期的公民教育强调以培养健全的共和国国民为宗旨。

袁世凯时期，公民教育发生倒退。1913 年，《天坛宪法》草案规定："国民教育以孔子之道为修身之大本。"1915 年《颁定教育要旨》提出了"爱国、尚武、崇实、法孔孟、重自治、戒贪争、戒躁进"七项教育宗旨。根据这些规定，修身科在目标和内容上更加突出传统伦理精神，孔孟思想成为课程的主旨，教学资源也更多征引经传之文，教科书的编写不再强调共和精神，而增加忠义、忠勇、义烈、法天等纲目，去掉自尊、竞争、公平、独立、坚忍等纲目。⑤ 公民教育的主旨和内容与民国初建时期相比都有较大程度退步。

五四运动以后，西方公民教育思想在国内开始传播，学校教育改革得以推进，公民科成为学校课程中的重要组成部分。1922 年颁布的"新学制"，取消了中小学的修身科，设立公民科（社会科）。1923 年 6 月颁布的《新学制课程标准纲要》规定初级小学设社会科（包括公民和历史、地

---

① 《中华民国教育部普通教育暂行办法通令》，《教育杂志》1912 年第 10 期。
② 璩鑫圭、唐良炎：《中国近代教育史资料汇编：学制演变》，上海教育出版社 2007 年版，第 651 页。
③ 璩鑫圭、唐良炎：《中国近代教育史资料汇编：学制演变》，上海教育出版社 2007 年版，第 659 页。
④ 璩鑫圭、唐良炎：《中国近代教育史资料汇编：学制演变》，上海教育出版社 2007 年版，第 654 页。
⑤ 王荄：《今后教育改进之意见》，《教育杂志》1916 年第 11 期。

理、卫生），授课时间占总课时的20%，其教学目的是：使知社会的过去、现在的状况和人生与社会的关系；培养儿童观察社会的兴趣；养成社会生活的种种必要习惯。[1] 高等小学设公民科，占总课时的4%，历史、地理、卫生分别占6%、6%、4%，其教学目的是：使学生了解自己和社会（家庭、学校、社团、地方、国家、国际）的关系，启发改良社会的常识和思想，养成适于现代生活的习惯。[2] 初级中学设公民科，记6学分，其教学目的是：研究人类社会的生活；了解宪政的精神；培养法律的常识；略知经济学原理；略明国际的关系；养成公民的道德。[3]《高级中学公共必修的人生哲学课程纲要》规定普通高中阶段设人生哲学和社会研究，每周授课3小时，共一学年，学分为4学分和6学分，主要在于使学生渐明人生之真相与修养之方法；设立社会研究科，侧重了解和研究社会问题，并略知社会学原理。[4] 这个纲要还对中小学公民科教学内容及最低限度标准做出了规定，即公民科的教学内容及其标准是以社会生活为轴心，从个人生活、家庭生活、社会生活、国家生活、国际生活等方面着手设计。

南京国民政府成立后，学校公民科的目标、内容、定位和教学组织方式等出现多次变化，小学和中学阶段公民教育课程的开设各有特点。

从小学阶段公民教育课程的开设情况来看，主要由公民训练、常识（初小）和社会科（高小）两部分组成。1928年《小学暂行条例》规定于公民科之外，添设三民主义科。1929年国民政府教育部《小学课程标准暂行条例》把公民科和三民主义科又合并为党义科，以党义科代替公民科。党义科包含的内容限于三民主义的教学内容，比较单一，引起社会人士的反对。

1932年的课程标准颁布以后，党义科重新被公民科取代，其中小学改为公民训练，中学仍然设立公民科。党义科取消以后，将党义知识、公民知识的学习融入国语、常识（初小）和社会科（高小）教学当中。这期间小学阶段的公民教育课程目标、内容和方式经历过多次调整。在初级小学

---

[1] 丁晓先：《社会科课程纲要》，《教育杂志》1923年第15卷第4号。
[2] 杨贤江：《公民科课程纲要》，《教育杂志》1923年第15卷第4号。
[3] 周鲠生：《初级中学公民学课程概要》，《教育杂志》1923年第5期，附载第2页。
[4] 吴履平：《20世纪中国中小学课程标准教学大纲汇编：思想政治卷》，人民教育出版社2001年版，第140页。

阶段，将公民知识融入常识科。1932年10月，国民政府教育部颁布《小学课程标准总纲》，将卫生、自然、社会三科在初级小学合并为常识一科，实行混合教学，其中"社会"部分的教学目标要使儿童认识个人和社会的关系，国家民族及世界的概况，培养良好的道德习惯，参加社会活动的知识经验，培养爱护国家、努力自卫的精神。1933年2月，国民政府教育部颁布的《小学公民训练标准》提出小学公民训练的目标为："发扬中国民族国有的道德。以忠孝仁爱信义和平为中心，并采取其他各民族的美德，制定下列目标，训练儿童，以养成健全公民。"①

1936年颁布的《小学常识科课程标准》中，小学低中年级常识科教学目标要求"指导儿童了解个人，家庭，学校，乡土，民族国家以及世界人类等环境和内容的大概，并明白人与自然和社会的关系"②。以后历次修订课程标准，对常识科的目标改动较少。在高级小学阶段，公民科归入社会科。根据1936年修正小学常识科课程标准，高年级常识分社会、自然两科。社会科分为公民（公民知识）、历史、地理三科；时间安排上，公民为30分钟，历史90分钟，地理60分钟。小学社会科教学目标为：指导儿童明了个人与社会国家的关系，并增进儿童参加社会活动、发现社会问题、改造环境、服务国家等的知识和能力；指导儿童明了国家民族的现状和国家历史、地理、文物制度的大概，并培养儿童救护国家、复兴民族的信念；指导儿童明了人类文明进化的情形和世界大势，并培养儿童协同以平等待我之民族，自求出路，并促进世界大同。③ 1942年，小学课程标准二次修订，修订后的高小公民科教材大纲及要目涵盖"个人和社会、政治、法律、经济"四个方面。④

从中学阶段公民教育课程的开设情况来看，公民教育主要由公民课来完成。党义科取消后，公民科成为中学阶段进行公民教育的主要课程。公民科主要讲授公民知识，内容繁多，而且课程标准随着社会需要和时代变

---

① 宋恩荣：《中华民国教育法规汇编（1912—1949）》，江苏教育出版社1990年版，第245页。
② 课程教材研究所：《20世纪中国中小学课程标准·教学大纲汇编：自然·社会·常识·卫生卷》，人民教育出版社2001年版，第189—190页。
③ 课程教材研究所：《20世纪中国中小学课程标准·教学大纲汇编：自然·社会·常识·卫生卷》，人民教育出版社2001年版，第150页。
④ 《小学社会科课程标准》，《国民教育指导月刊·贵州》1942年第1卷第10期。

化不断调整。1934年，中学公民科正式课程标准颁布，初级中学的教学目标为：使学生由实际生活，体验群己之关系，养成修己待人之善良品性；使学生明了三民主义之要旨，及政治经济法律与地方自治之基本知识，培养健全之公民资格；使学生了解中国固有道德之意义，确立复兴民族之道德的基础。① 高级中学教学目标为：使学生习得社会生活必需智识，为服务社会之准备；使学生认识中国国民党之主义政纲政策，为建国及解决社会问题唯一之途径；使学生明了人生之意义，启发其自觉心，以确定其人生观，并养成其对于复兴民族之责任心。② 可以看到，中学公民科大力强化三民主义要旨，高中阶段进一步要求学生了解国民党的主张与价值取向，政治教育色彩浓厚。

抗战爆发后，中学公民课程标准经过了几次修订，教学时间也相应有了调整。1936年修正后的中学公民课程标准增添了"实践新生活运动规律"的内容。1940年修正的中学公民课程标准，将初中阶段第二条改为"使学生明了三民主义之要旨，国家民族之意义，以正确其思想，坚定其信仰"③，将三民主义上升到信仰高度，政党色彩愈加明显。同时，抗战救国、民族复兴成为这一时期公民教育的中心任务。1934年，中学公民科课程标准规定，初级中学第一、第二学年每学期每周两小时，第三学年每周一小时。高级中学每周两小时。为减轻学生负担，1936年课程标准修订，公民科教学时数有所减少，初中三学年，均改为每周一小时，高中第一、第二学年每周为一小时，第三学年第一学期为一小时，第二学期不设公民科。1940再次修订课程标准，改为初高中各学年各学期每周教学时数均为一小时。重庆南开中学毕业的经济学家吴敬琏回忆说："我虽然只在南开念过两年书，但南开给予我的基本训练方面的影响，却是极其深远的。除语文、数学等功课外，从逻辑思维，语言表达，'公民课'上关于如何开会，如何选举，如何表决的训练……都使我终身受用不尽。"④

---

① 《部颁初级中学公民课程标准》，《青岛教育》1934年第1期。
② 《部颁初级中学公民课程标准》，《青岛教育》1934年第1期。
③ 李相勖：《训育论》，商务印书馆1936年版，第4页。
④ 傅国涌：《过去的中学——人生最关键阶段的教育和学习》，长江文艺出版社2006年版，前言第11页。

（2）国语

除了公民科，学校中开设国文、历史、地理三科也都是开展公民教育的重要途径。这三个学科依据各自的学科特点也都渗透了大量的公民教育内容。

南京临时政府成立后，颁布《中华民国教育部普通教育暂行办法通令》，规定"清学部颁布之教科书，一律禁用"[1]。商务印书馆根据这一规定，发表《编辑共和国小学教科书缘起》一文，提出"注重自由平等之精神，守法合群之德义，以养成共和国之人格；注重表彰中华固有之国粹特色，以启发国民之爱国心；注重国体政体及一切法政常识，以普及参政的能力；注重汉、满、蒙、回、藏五族平等主义，以巩固统一国民之基础；注重博爱主义，推及待外人爱生物等事，以扩充国民之德量；注重教育及军事上之知识，以发挥尚武之精神；注重国民生活上之知识与技能，以养成独立自营之能力"[2]等十四条，作为其编辑符合共和国要求教科书的指导思想。商务印书馆在其出版的不同种类的国文教科书中，如郑朝熙编写的《国文》前后编，共十二册，供单级初小使用；俞子夷编的《国文教科书》八册供国民复式学级用；庄俞等编的《国文》《新字帖》《毛笔图画》各八册供初级小学春秋季用，都渗透了以上思想。

1920年，遵照国民政府教育部训令，小学国文科改国语科，教科书改用语体文，中学称国文。1922年颁布的新学制对中小学国语的教学有了新要求，如《1922年新学制小学国语科课程纲要》明确了小学国语的目的和内容，主旨"在练习运用通常的语言文字；并涵养感情、德性；启发想象、思想；引起读书趣味；建立进修高深文字的良好基础；养成能达己意的发表能力"[3]。

1936年，在颁布的修正小学课程标准中，国语科教学目标特别增加了"指导儿童从阅读有关国家民族等的文艺中，激发起救国求生存的意识和情绪"[4]这一条。同年颁布的中学课程标准中，初中国文科教学目标之一

---

[1] 《中华民国教育部普通教育暂行办法通令》，《教育杂志》1912年第10期。
[2] 《编辑共和国小学教科书缘起》，《教育杂志》1912第4卷第1号。
[3] 顾黄初：《中国现代语文教育百年事典》，上海教育出版社2001年版，第816页。
[4] 《1936年小学国语课程标准》，人教网，http：//old.pep.com.cn/xiaoyu/book/xy_ dsyz/sw7/xy20sjzg/201008/t20100820_ 683649.htm，2019－7－30。

就是"使学生从本国语言文字上，了解固有的文化，以培养其民族精神"①；高中"使学生能应用本国语言文字，深切了解固有的文化，以期达到民族振兴之目的"②。要求中小学生从中国的语言文字出发，了解中国的传统文化，进而达到培养民族精神的目的。以 1933 年世界书局出版的《初小国语教学法》第七册为例，这册教材一共有 40 课，其中具有公民性质的课文共 17 课，占 42.5%，可见国语科与公民教育关系之密切。

从内容编选上看，中小学国（文）语所选材料中有不少关于国民革命及孙中山先生的故事，如敬爱国旗，孙中山先生幼年生活和成年后革命活动，重要的革命事实和革命纪念日等，还有一些歌颂蒋介石的文章，如国立编译馆《国语》第一册第四课《拥护领袖》这篇课文，第一自然段为"拥护领袖！拥护领袖！拥护我们的领袖！领袖蒋公，承先启后，贯彻国父的遗教，为党国努力奋斗"③，剩下四个自然段也都是采用同样句式歌颂蒋介石为同胞谋福利，为人民争自由，为世界谋和平。

（3）历史

从南京国民政府初建到国民党败退台湾，历史学科作为一门课程在中小学阶段一直在开设，但内容、课程时间也随着时代的变化有所调整。

从小学历史来看，一般没有单列，放到社会科中。1912 年颁布的《小学校令》规定初小阶段不设历史课，高小阶段设中国历史课。1923 年全国教育联合会所刊布的《新学制课程纲要》规定初小可依各科性质合并数科为一科，将卫生、公民、历史、地理合并为社会科。社会科和自然科又可合为常识科。从此，初级小学一般开设常识课，高级小学仍设历史课。1929 年公布的《小学课程暂行标准》规定初级小学设社会科，高级小学并历史、地理和卫生三科为社会科。此后，几次修订课程标准，大致如此，一直到新中国成立后。1932 年颁布的《小学课程标准·社会》将历史科包括在社会科中，历史课程目标在于指导儿童了解国家民族的历史演进，培养儿童爱护国家、努力自卫的精神，引导儿童关注民族命运，并能养成积极的心态。在课程内容中，主要有"我国革命运动史""中华民国开国史""纪念日和国耻痛史""不平等条约大概""我国古代文化""我

---

① 方田古：《中国学生教育管理大辞典》，北京师范学院出版社 1991 年版，第 484 页。
② 方田古：《中国学生教育管理大辞典》，北京师范学院出版社 1991 年版，第 484 页。
③ 国立编译馆：《高级小学国语教学法》（第 1 册），商务印书馆 1948 年版，第 43—45 页。

国历代重要发明""我国历史上重要人物""帝国主义的侵略我国和世界各弱小民族独立运动"等。抗战爆发后，历史更以其课程特点在加强学生民族意识和抗战胜利信念方面发挥了积极而重要的作用。1935年，黄竞白在《小学社会科教学应注意的几点》一文中还特别提出，中华书局小学社会课本初级第7册第5课"割让地"一节，陈述了中国所有割让地的名称、割让年月、地位的重要，但限于篇幅，失之简略。教师在讲述的时候，可将割让的原因和割让后的影响等加以充实补充，从而唤起儿童对于国防的注意和增强爱护国家、努力自卫的精神。[①] 1936年《小学高年级社会课程标准》中的历史课程目标则特别强调养成学生"复兴民族"的信念，在课程内容上增加了"我国历代疆土的变迁和现状"的内容。

中学阶段历史学科的教学目标非常明确，初中和高中阶段都颁布了专门的课程标准，并随着社会大局的变化而调整。南京国民政府于1929年8月公布了《中小学课程暂行标准》，在此基础上颁布了《中学历史课程标准草案》，共分教学目标、时间分配、教材大纲、教法要点、作业要项、毕业标准六大部分。这次的历史课程标准编写分为三个独立的部分：《初级中学历史暂行课程标准》《高级中学普通科本国史暂行课程标准》《高级中学普通科外国史暂行课程标准》。外国史课程标准第一次独立呈现出来。每个暂行课程标准又分为六个部分：目标、时间分配、教材大纲、教法要点、作业要项、毕业最低限度。

1932年颁布的《初级中学历史课程标准》《高级中学历史课程标准》是在对1929年历史课程标准修订的基础上颁行的，最大变化是取消了1929年单列的外国史课程标准，外国史的内容包含在《高级中学历史课程标准》中，这和当时抗战爆发有密切的关系。

1932年颁布的《初级中学历史课程标准》规定初级中学历史学科的教学目标为：研求中国民族之演讲，特别说明其历史上之光荣，及近代所受列强侵略之经过与其原因，以激发学生民族复兴之思想，培养其自信自觉且发扬光大之精神；叙述中国文化演进之概况，特别说明其对于世界文化之贡献，使学生明了吾先民伟大之事迹，以养成其高尚之志趣，与自强不息之精神；叙述各国历史之概况，说明其文化之特点，以培养学生世

[①] 黄竞白：《小学社会科教学应注意的几点》，《教师之友》1935年第2期。

的常识，并特别注意国际现势之由来，与吾国所处之地位，以唤醒学生在本国民族运动上责任的自觉；叙述中外各时代文化之变迁，应特别说明现代政治制度，及经济状况之由来，以确立学生对于民权主义，民生主义之信念。①

1932 年颁布的《高级中学历史课程标准》规定高级中学历史学科的教学目标为：叙述我国民族之拓展，与历代文化政治社会之变迁，以说明本国现状之由来，以阐发三民主义之历史的根据；注重近代外交失败之经过，及政治经济诸问题之起源，以说明本国国民革命的背景，指示今后本国民族应有之努力；过去之政治经济诸问题，其有影响于现代社会者，应特别注重；使学生得由历史事实的启示，以研讨现代问题，并培养其观察判断之能力；叙述各重要民族之发展，与各国文化政治社会之变迁，使学生对于世界潮流之趋势，获得正确的认识与了解；说明近世帝国主义之发展，民族运动之大势，与现代重要问题之由来，以研讨我国应付世界事变之方策，而促成国际上自由平等之实现；叙述各民族在世界文化上之贡献，及其学术思想演进之状况；应特别注重科学对现代文明之影响，以策进我国国民在文化上急起直追之努力。②

到了1936年，历史课程标准又有所调整，主要是因为1932年国民政府全面颁布各个学科的课程标准，在实际实施中，由于学制的课时量比较大，学生的学业负担相对较重，各界要求降低课时，历史课程标准因此做了调整，主要是减少了课时量。历史课程标准在1940年和1941年还进行过两次修订。由于处于抗日战争最艰苦的年代，这两个历史课程标准在内容、目标上与1936年相比都没有多大的变化，只是在课程目标上都强调"策励学生研讨世事，探求科学，而努力于抗战建国之大业"③，突出了学生负有"抗战建国"的责任。抗战结束后，为适应战后教育恢复和发展的需要，国民政府在1947年再次修订"中学课程标准"，于1948年12月颁布。新的历史课程标准在教学时数、课程内容以及课程标准的体例上，比战时都有所改善。但由于国民党政府在大陆的统治已经是穷途末路，这个

---

① 《初级中学历史课程标准》，《安徽教育行政周刊》1932 年第 5 卷第 47 期。
② 《高级中学历史课程标准》，《安徽教育行政周刊》1932 年第 5 卷第 49 期。
③ 课程教材研究所：《20 世纪中国中小学课程标准·教学大纲汇编：历史卷》，人民教育出版社 2001 年版，第 83 页。

课程标准也基本没法实施。

除以上科目外,地理、音乐、美术、体育等其他各科对公民教育都有各自的贡献和价值。以地理为例,1933年颁布的《初级中学地理课程标准》确定的教学目标为:使学生明了本国人地状况,及在国际之地位,与总理实业计划纲要,以养成其爱护国土,复兴民族之愿望;使学生明了世界各国人地状况及其异同,与国际关系,俾认识大势,及与中国前途之关系;使学生明了人生与环境相互关系,以引起其克服自然改变环境的创造力与进取心。《高级中学地理课程标准》与之相似。从教学目标看,地理科中的公民教育主要体现在:可以了解本国及世界各国之国际地位及国际形势;可以培养学生改造自然的创造力与进取心;可以养成学生爱护国家和复兴民族之观念。

(4) 训育

训育是民国时期中小学校进行的与学校管理、教学并重的培养学生的方式。民国初期,学校就设立监学,负责学生管理工作。1912年颁布的《学校管理章程》规定,除学科之外,教师对学生负有训导之责。学生如有过失,分别轻重予以惩戒。若情节过重,认为无法教诲者,令其退学。[①]推行"新学制"后改监学为训育主任,这个名称在抗日根据地和解放区也都广泛使用,并一直沿用到新中国成立初期。

训育的目标和内容在中小学阶段呈现出不同的特点。小学阶段的训育和小学公民训练有着密切的联系,二者有分有合。小学公民训练是为了解决小学阶段公民的实践能力而开设的公民课程,以1933年颁布的《小学公民训练标准》作为实施训练的依据,其教学目标是:发扬中国民族固有的道德,以忠、孝、仁、爱、信、义、和平为中心,并学习其他各民族的美德,训练儿童,以养成健全的公民。包括关于公民的体格训练:养成整洁卫生的习惯,快乐活泼的精神;关于公民的德性训练:养成礼义廉耻的观念,亲爱精诚的德性;关于公民的经济训练:养成节俭劳动的习惯,生产合作的知能;关于公民的政治训练:养成奉公守法的观念,爱国爱群的思想。[②] 公民训练每周是60分钟,在每周1170(一年级)—1560(五、

[①] 喻长志:《马鞍山市近现代新式教育研究》,安徽大学出版社2014年版,第95页。
[②] 《河南教育月刊》1932年第3卷第5期。

六年级）分钟的总课时中所占比例并不大，但由于个体训练的时间没有列入，实际上公民训练的总时间仍不少。① 在训练标准中，规定有"强健、清洁、快乐、活泼"等32个德目，规定了具体细目267条，并注明各学年所训练的事项，以方便实施。② 1936年国民政府教育部又将原有公民训练条目大加修改，并加入"新生活规律"③。

1939年9月国民政府教育部颁发《训育纲要》。1941年，国民政府教育部为配合战时需要将课程标准加以修订，小学公民训练改为团体训练，小学公民训练标准改为小学训育标准，主要以蒋介石所订的国民党《党员守则》十二条为训练要目，并制定训练细目二百条，各训练条目下还分别注明"养成习惯""养成能力""养成观念"等训练主旨。④ 1948年二次修订课程标准，团体训练又改为公民训练，训育标准和卫生习惯训练合二为一。

中等学校的训育目标和内容由相关规定和法规来确定。1930年9月，国民党第一届中央执行委员会第十七次常务会议通过《三民主义教育实施原则》，确定中等教育的培养目标，并规定训育纲要十二条：第一，训育之实施，应根据团体化、纪律化、科学化、平民化、社会化的原则，使无处不含有三民主义的精神。第二，由国民道德之提倡，民族意识之灌输以养成青年爱护国家，发扬民族之精神。第三，由工艺课外作业及其他生产劳动的实习，以训练青年勤苦耐劳之习惯及爱好职业之心情。第四，由体操游戏竞艺运动，以锻炼青年之强健的体格。第五，由自动的各种学习之研究，以养成青年潜心学问的兴趣。第六，一切训练，务使与实际生活相接触，并与家庭及社团之联络。第七，教职员均应负有训育之责，横的方面，应以青年全部生活为训育之对象；纵的方面，应顾及中学及小学训育事项之联络。第八，指导学生组织自治会及其他各种集合，以训练青年四权之运用。第九，指导参加或举办各种合作事业、社会事业，以训练青年协力互助的精神及服务社会之情意。第十，由家庭伦理观念之启发，以唤起青年对于家庭之责任，并革除其依赖家庭之心理。第十一，由课余娱乐

---

① 《安徽教育行政》1932年第5卷第44期，特载中第1页。
② 徐阶平：《小学公民训练问题的检讨》，《江苏教育》1935年第4卷第10期。
③ 《江苏省小学教师半月刊》1936年第4卷第5期。
④ 民国教育部教育年鉴编纂委员会：《第二次中国教育年鉴》，商务印书馆1948年版，第三编初等教育，第41页。

之指导，陶冶青年之优美情操。第十二，由生理卫生之讲授，指示青年对于性的卫生之注意。① 各地学校根据相关对应，也制定了相应的训育规定，如私立南开中学规定，"本校训育课、斋务课之职员有辅助训练学生品行之责。凡属于宿舍及晚间自习之训育者，皆归斋务课；凡属于讲室以及其他时间之训育者，皆归训育课。"同时强调学生自治："本校教导学生之目的，以练习其自治能力为依归，是以有提倡令学生自行组织班风团，自习时自行管理，各班举代表办理各项事件，课外组织各会（章程另详），晚间自习有值日生维持秩序并稽查勤惰，寝室内举室长、斋长分别照料。"②

1939 年，国民政府教育部通令全国各级各类学校以"礼义廉耻"作为共同校训。同年出台的《训育纲要》，规定训育目标为：高尚坚定的志愿与纯一不移的共信——自信信道（主义）；礼义廉耻的信守与组织管理的技能——自治治事；刻苦俭约的习性与创造服务的精神——自育育人；耐劳健美的体魄与保民卫国的智能——自卫卫国。

《训育纲要》还详细规定了各级各类学校训育的内容及实施要求，对中学训育的部分规定如下："一、讲解三民主义之要义及总理与总裁之言行，以确定并加强青年对三民主义之信仰，并以童子军誓词规律及青年守则，切实陶冶其国民应备之道德，发扬忠贞，公勇服从牺牲之精神。二、对于青年之训导，横的方面，应以其全部实际生活为对象，而以本身为出发点，贯通家庭，社会，国家，世界各方面之联络，纵的方面，应顾及小学与中学训育事项之联系与衔接。……四、由历史地理公民科时事之讲解，灌输民族意识，树立'民族至上，国家至上'之自信，使知如何爱护国家复兴民族，以尽其对国家民族之责任。"在《中等学校训育要目系统表》中以"诚"字为训练中心目标，第二级分为"智、仁、勇"三个目标，第三级分"对于家庭的责任、对于社会的责任、对于国家的责任、对于世界的责任"，直至第四级。③

南京国民政府时期的高等学校训育制度开始于 1931 年 9 月国民党中央常务会议通过的《三民主义教育实施原则》，就高等教育训育的目标和内

---

① 刘英杰：《中国教育大事典 1840—1949》，浙江教育出版社 2001 年版，第 452 页。
② 天津南开中学校史资料征集办公室：《私立南开中学规章制度汇编（1904—1937）》，天津教育出版社 2015 年版，第 297—298 页。
③ 《训育纲要》，《江西地方教育》1940 年第 169—170 期。

容做了规定。1938 年 4 月,国民党临时全国代表大会制定了《战时各级教育实施方案纲要》,1944 年 9 月,国民政府教育部颁布了《专科以上学校训育标准》,1947 年 1 月,国民政府教育部公布了《专科以上学校训育委员会组织规程》,这些规定使高校的训育制度日趋严格。

国民政府时期的训育采用过不同的管理方式,主要有级任制、导师制等。1932 年,南京国民政府规定中学实行级任制。级任制即每学期每个年级设专任教师担任年级主任,负责训育本年级的学生。例如,厦门集美中学的级任制就规定:"中学部鉴于学生训育之重要,非仅恃一二人之能力可以全收观感之效,因自本学期起,改行级任制。每组设级任一人,即以本级教员任之。人数既分,则管理自易,且平日教授时间接触甚多,对于学生品性之观察,训练之实施,当必较为有效。"①

1938 年国民政府教育部颁布《中等学校以上导师制纲要》,中学由级任制改为导师制。规定每级设导师一名,由专人担任,负责对学生学业、行为及思想活动方面的指导。1944 年颁布《中等学校导师制实施办法》规定:"各校应为每级设导师一人,由校长聘请专任教员充任之","各级导师对于学生之思想行为学力及身心,均应体察个性,依据训育标准表之规定及各校教导计划,施以严密之训导,使得正常发展,以养成健全人格","训导方式除个别训导外,导师应充分利用课余及例假时间,集合本级学生谈话会、讨论会、远足会、交谊会以及其他有关团体生活之训导"。②

(5) 童子军

童子军最初起源于英国,最初主要组织儿童过露营生活,进行烹饪、侦察、攀登等活动,后为各国所仿效,从而成为一种世界性的组织。1920 年,"国际童子军总会"在伦敦成立,童子军运动得到了进一步发展。据 1934 年统计,当时参加总会的国家和地区有 50 多个,童子军人数达到 226 万余名。1912 年 2 月 25 日,武昌文华书院参考英美童子军的教育形式,组织 60 个 16 岁以下的男孩,成立了"中国童子军"第一支队。③ 年满 12 岁的儿童,经过家长允许,可以参加童子军。自此,童子军运动开始在中国流传开来。

童子军原本是一种儿童训练组织,南京政府通过一系列的规程和规

---

① 洪诗农:《厦门市集美中学》,人民教育出版社 1998 年版,第 24 页。
② 孙培青:《中国教育管理史》(第 2 版),人民教育出版社 2013 年版,第 403 页。
③ 《百年童子军诞生于武昌》,《武汉晚报》2014 年 10 月 16 日,第 A5 版。

定，将童子军由一个民间组织，逐渐发展成为国民党下属的青少年组织，其训练重点也日益军事化和党化。

1914年，"中华全国童子军协会"在上海成立。南京国民政府成立后，设立中国国民党童子军司令部。1924年，国际童子军总会在丹麦哥本哈根举行第二次国际童子军大会。1929年8月，国民政府教育部颁布《中学暂行课程标准》，初中除"党义"外，还增加了"党童子军"，高中增加"党义"和"军事训练"。1929年8月，国民党中央党会决议，将"中国国民党童子军"改为"中国童子军"。1929年，中国童子军达到20余万人。①1932年11月，国民政府教育部颁布正式中学课程标准，初中将"党义"改为"公民"，"党童子军"改为"童子军"，高中将"党义"改为"公民"，"军事训练"不变。1933年10月，中国童子军总会筹备处公布《中国童子军管理总章》，总纲中规定："中国童子军以发展儿童作事能力，养成良好习惯，使其人格高尚，常识丰富，体魄健全，成为智仁勇兼备之青年，以建设三民主义国家而臻世界大同；以忠孝仁爱信义和平为训练之最高原则；以智仁勇为教育目标。"②1934年11月，中国童子军总会正式成立，蒋介石担任会长。抗战胜利后，由于国民政府忙于内战，国民党中央委员会不再兼顾童子军事务，各省的童子军理事会改由各省的教育厅领导，童子军逐渐衰落。

童子军有严格的训练标准、服务宗旨和训练要求。中国童子军大体上可分为幼童军（一般为8—11岁）、童子军（一般为12—18岁）、青年童子军（18岁以上）、女童子军、海童子军数种。中国童子军总会为全国童子军的最高领导机构，但实际工作由童子军全国理事会负责。中国的童子军团有复式和单式两种。复式的除童子军外，还附设青年童子军团、幼童军团或女童子军团；单式的仅有童子军。主办童子军团的单位主要有初中、高中、高小或其他学校、国民党各级党部、工、商、农、教育等社会团体。

童子军的编制一般为：6—9人组织一小队，设正、副小队长；2—3小队组织成一中队，设正、副中队长；二中队以上可组织童子军团，设正、副团长和教练员，以及传令、文书等。

---

① 《百年童子军诞生于武昌》，《武汉晚报》2014年10月16日，第A5版。
② 黄仁贤：《中国教育管理史》，福建人民出版社2003年版，第353页。

童子军教育的课程分三级，即初级、中级、高级，另外还有各种专科。初级课程有 10 项内容：如学习党国旗、誓词、礼节、徽章、操法等。中级课程有 14 项内容：如生火、露营、缝补、救护、侦察等。高级课程有 15 项内容：如测量、制图、架桥、星象、游泳等。专科内容较多，约七八十项，大都是日常生活中实际应用的项目，如自行车、电子及无线电、医学救护知识、操艇、航海、水上救生等。

按照《中国童子军管理总章》"总纲"中的规定，参加中国童子军的每一个人在入军前都要对着孙中山遗像进行宣誓。誓词如下："某某誓遵奉总理遗教，确守中国童子军之规律，终身奉行下列三事：第一、励行忠孝仁爱信义和平之教训，为中华民国忠诚之国民。第二、随时随地扶助他人，服务公众。第三、力求自己智识、道德、体格之健全。"[①]

1929 年，国民政府颁布中国国民党童子军初、中级课程标准，其中初级的主要内容为：三民主义、总理事略、国耻、党国旗、童子军史、记号、徽章、结绳、操法、卫生、洗涤、礼节、旅行、游唱、讯号、誓词与规律。中级的主要内容为：服务、三民主义要略、中国国民党史略、帝国主义侵略中国概况、旗语、童子军步、侦察、刀斧使用法、生火、方位、炊事、缝补、救护、露营、礼仪、党童子军组织法、贮蓄。

1933 年，依据世界童子军的惯例，《中国童子军规律》列举出童子军应有的美德与任务，包括诚实、忠孝、助人、仁爱、礼节、公平、服从、勤俭、勇敢、清洁、公德。[②]

有的学校也有自己的"童子军愿词"和"童子军规律"，并随着时代的发展而调整，如南开中学的 1919 年的《南开学校童子军愿词》为："尽国民之责任；随时随地扶助他人；遵守童子军规律"[③]，1926 年修改为"尽吾人之天职及对国家之义务；随时随地扶助他人及遵守童子军规律；使我之德育、智育、体育、群育、美育日有进步"[④]。《南开学校童子军规

[①] 杭州市教育委员会：《杭州教育志（1028—1949）》，浙江教育出版社 1994 年版，第 280 页。
[②] 三门峡市教育委员会编：《洛阳地区教育志》，中州古籍出版社 1992 年版，第 339—340 页。
[③] 天津南开中学校史资料征集办公室：《私立南开中学规章制度汇编（1904—1937）》，天津教育出版社 2015 年版，第 195 页。
[④] 天津南开中学校史资料征集办公室：《私立南开中学规章制度汇编（1904—1937）》，天津教育出版社 2015 年版，第 224 页。

律》从1919年的9条增加到1926年的12条，包括诚实、忠义、助人、友爱、礼让、仁慈、服从、快乐、节俭、勇敢、清洁、虔敬，①与全国童子军有所不同。

童子军平时会做一些社会服务工作，如清洁街道、为社会活动服务、维持秩序等。1934年，全国许多地方发生灾害，童子军发起捐助运动，以救助灾民，仅上海童子军就募捐达一万六千多元。1936年，广东举行各界民众抗日救国示威巡行，广东6000多名童子军参与服务。抗日战争爆发后，许多童子军积极参加抗战。他们组织战时服务团，担任救护、宣传、慰劳、募捐、运输、通信和维持治安等工作。1937年"八一三事变"爆发。当谢晋元率800名壮士坚守四行仓库时，11名童子军冒着枪林弹雨，不顾生命危险，将三大载重车的慰劳品送给他们。其中年仅15岁的女童子军杨惠敏的事迹最感人，她孤身一人冒着敌人的炮火，泅渡苏州河，向坚守四行仓库的"八百壮丁"献旗。在湖北省童子军理事会的组织指导下，武汉童子军参加了救护伤员、照顾市民、防空袭、组织表演队为抗日将士慰问演出等支援抗战的工作。1938年4月4日，由武汉各校公推的童子军1000人组成湖北童子军代表团，前往驻在武昌的军事委员会总政治部，向抗日将士致敬。②抗战胜利后，中国童子军运动走向衰落。1949年，随着中华人民共和国的成立，中国童子军运动终于在大陆烟消云散。

童子军发展过程中直接受到国民党的控制。童子军本来由西方传入，其目的更加重视公民意识培养和公民参与能力训练，南京国民政府则更多地强调童子军对国家、社会和政党的贡献和服从。这个时期的童子军加入了大量的政治训练和军事训练，与学校的训育目标一致，党化教育的痕迹很重，但童子军训练内容丰富，方法众多，实际也起到了一定的提高青少年自立生存能力，对青少年进行爱国主义教育、国防教育的作用。

2. 苏区、抗日根据地和解放区公民教育的主要途径和内容

同一时期，中国共产党领导的苏区、抗日根据地和解放区开展的公民教育与国民党统治区有明显的不同，另外，苏区、抗日根据地和解放区这三个阶段公民教育也不尽相同。同时，苏区、抗日根据地和解放区在不同

---

① 天津南开中学校史资料征集办公室：《私立南开中学规章制度汇编（1904—1937）》，天津教育出版社2015年版，第224—225页。

② 《百年童子军诞生于武昌》，《武汉晚报》2014年10月16日，第A5版。

阶段、不同时期，采取的主要途径和教育内容也有自己的特点，总体来看，途径主要是教育和生产劳动相结合，内容上偏重于政治教育和思想教育。

（1）苏区

苏区开展公民教育的内容、方法是和苏区对教育特点和功能的认识紧密相关的。苏区教育一个重要特点是参照苏俄经验，力图建立起苏区的共产主义教育制度，基本方针是教育要为革命战争服务，强调教育要面对工农劳苦大众，教育要和劳动生产相结合。苏区用十年的时间初步建成了自己的教育系统，包括红军及干部教育系统、国民教育系统和社会教育系统。苏区的公民教育聚焦于培养苏区的干部和具有坚定共产主义信念的人才，主要通过红军教育与干部教育、成人教育和国民教育进行，其中马克思主义思想教育、政治教育、时事教育在各种形式的教育中都占据重要地位。

苏区非常重视军队和干部的思想政治教育，1930年中共中央颁布的《中国工农红军政治工作暂行条例草案》是中国红军政治工作的第一个正式条例，明确指出政治工作的任务是"实施无产阶级的阶级教育"[1]。条例的颁布使中国共产党在红军中的政治工作逐渐规范化和制度化。1934年1月，毛泽东主席在第二次全苏大会的报告中进一步明确指出："为着革命战争的胜利，为着苏维埃政权的巩固与发展，为着动员民众一切力量，加入于伟大的革命斗争，为着创造革命的新后代，苏维埃必须实行文化教育的改革，解除反动统治加于工农群众精神上的桎梏，而创造新的工农的苏维埃文化。"[2] 报告还提出了苏维埃文化教育的总方针"在于以共产主义的精神来教育广大的劳苦民众，在于使文化教育为革命战争与阶级斗争服务，在于使教育与劳动联系起来"。苏维埃文化教育的中心任务"是厉行全部的义务教育，是发展广泛的社会教育，是努力扫除文盲，是创造大批领导斗争的高级干部"[3]。苏区教育方针的提出和中心任务的明确，推动了

---

[1] 张静如：《中国共产党通志》（第4卷），中央文献出版社2001年版，第828页。
[2] 转引自詹小平《毛泽东中央苏区教育实践与教育思想概论》，湘潭大学出版社2011年版，第195页。
[3] 詹小平：《毛泽东中央苏区教育实践与教育思想概论》，湘潭大学出版社2011年版，第197页。

苏区教育的发展，也逐渐形成了苏区公民教育的模式和特点。

红军和干部教育主要采用短期训练班和创办干部学校两种办法来进行。主要的干部学校有1933年创办的马克思共产主义学校、国立沈泽民苏维埃大学、中央农业学校、1934年创办的高尔基戏剧学校等。此外，在瑞金还办有银行专修学校、商业学校以及其他培训教师和教育管理干部的师范学校。红军部队也有类似干部教育系统，如1930年在闽西和赣西南分别创办了"中国红军军事政治学校第一分校"和红军学校。1931年冬，红军彭杨军事政治学校与红一方面军教导总队、红三军团随营学校合并，成立中央军事政治学校等。红军和干部教育的主要内容是政治教育、文化教育和军事教育，以高尔基戏剧学校为例，其任务是"栽培苏维埃戏剧运动与俱乐部、剧社、剧团的干部，养成苏维埃文艺运动的人才"①，学习期限为4个月，其学习科目中前4个星期为唱歌、舞蹈、活报、文字课、政治问答，后12个星期为俱乐部问题、政治常识和戏剧理论，课外教育包括每天早晚练习跳舞、唱歌和军事操、音乐、文艺，参加地方群众工作及各种突击运动。② 苏区红军和干部教育基本上以上政治课、开政治讨论会、生活批评、个别谈话、举行各种集会等方式进行，内容主要是诸如革命的阶段划分和前途等革命形势和任务教育，以及什么是苏维埃、共产党与国民党比较等政治常识教育。

国民教育是苏区教育关注并大力推动的重要方面。1931年11月苏维埃临时中央政府成立后，解决苏区教育水平低的问题成为苏区教育的重要工作。在全国"一苏大会"通过的《中华苏维埃共和国宪法大纲》第十二条规定，"中国苏维埃政权以保证工农劳苦民众有受教育的权利为目的。在进行国内革命战争所能做到的范围内，应开始施行完全免费的普及教育，首先应在青年劳动群众中施行并保障青年劳动群众的一切权利，积极地引导他们参加政治和文化的革命生活，以发展新的社会力量"。③ 苏区建立之初，当地教育水平都很低，适龄儿童入学率不到10%。经过提倡和大

---

① 江西省教育学会：《苏区教育资料汇编（1929—1934）》，江西人民出版社1981年版，第146页。
② 江西省教育学会：《苏区教育资料汇编（1929—1934）》，江西人民出版社1981年版，第146页。
③ 王培英：《中国宪法文献通编》，中国民主法制出版社2007年版，第288页。

力兴办，苏区内各乡村都办起了列宁小学，对所有儿童实行免费义务教育。据江西省苏维埃政府1932年11月报告，胜利、会昌、兴国等14县统计，共办有列宁小学2277所，有小学教员2535人，小学生82342人。1933年底，兴国县长冈乡有437户、1784人，办起列宁小学4所（每村一所），有小学生186人，学龄儿童入学率为65%。苏区的儿童们在学校里不仅学习文化知识，还学习劳动知识、军事知识。[①] 课程设置分初级列宁小学和高级列宁小学（1—3年级）两种，以高级小学为例，每周上课26个小时，主要有国语、算术、社会常识、科学常识、游艺、劳作实习、社会工作等课程。中央教育部编写的《共产儿童读本》一至六册、《国语教科书》等成为列宁小学通用的课本，教材内容结合当地特点，结合当时政治斗争和军事斗争，联系当地群众生活实际，革命性、故事性强，符合儿童特点，如"儿童团，跟党走；站岗哨，查敌人；年纪小，出力量"[②]。可以看到，苏区国民教育在教育的内容和形式上，都强调文化教育为革命战争和阶级斗争服务。

由于处于战争阶段，针对苏区百姓文盲多的特点，苏区的社会教育系统发展也很快，主要面向成年人，任务是努力扫除文盲。为了加强对扫盲运动的领导，省、县苏维埃政府教育部都设有社会教育科，区、乡苏维埃政府设有社会教育专职干部；村成立了识字委员会总会、分会和识字小组，具体负责组织工农群众学习文化。1933年冬，识字委员会被取消，从乡到中央各级成立"消灭文盲协会"，成为独立、广泛的群众组织。扫盲识字的方法最主要的是办夜校、半日学校、业余补习班和识字班、识字组、列宁室，设立识字牌等，形成一个遍布城乡各个街巷、村组、屋场的教育网络，扫盲效果良好。以兴国县为例，1933年，兴国全县有130个乡建立识字运动总会，有561个村识字运动分会，3387个识字小组，参加识字小组的有22529人。此外，全县每乡有夜校15所，有15740人学习。这样，全县35岁以下的不识字的男女青年差不多都扫盲了。[③] 1933年中央教

---

① 中共江西省赣州市委党史工作办公室：《赣南苏区史百讲》，中共党史出版社2013年版，第329页。
② 李国强：《中共苏区教育史》，江西教育出版社2001年版，第178页。
③ 中共江西省赣州市委党史工作办公室：《赣南苏区史百讲》，中共党史出版社2013年版，第330页。

育部颁布了《夜校办法大纲》，规定夜校的任务是"在不妨碍群众的生产和工作的条件下，于短期间扫除文盲，与提高群众的政治文化水平"[1]。闽西苏区夜校的课程有8门，国语采用平民课本，算术采用初级小学算术课本，美术主要是练习和手工，音乐采用革命歌曲，自然暂用商务印书馆的教科书。赤语主要解释各种标语和口号，游戏主要是徒手体操，劳动作业主要是农业。[2] 此外，《红色中华》《青年实话》中的政治消息也可以作为辅助教材，拿来学习和讨论。从课程设置和具体内容上也可以看到，思想政治教育的内容和时间在成人教育中占据的比例不小。

苏区通过这三种教育系统的不懈努力，在不到十年的时间取得了巨大成就，在义务教育普及方面创造了当时的奇迹。国民党第18军军长罗卓英1935年3月在宁都召开记者招待会，在谈到苏区教育时就说："其教育问题，则颇堪吾人注意"，"其匪化一般儿童之成绩，已至是惊人"。[3] 同时，苏区教育的快速发展，为中国共产党教育人民、培养干部、推动革命根据地建设都发挥了重要作用。

（2）抗日根据地

与苏区相比，抗日战争时期抗日根据地教育更加体系化，公民教育基本被思想政治教育所取代。

1938年10月，毛泽东在中国共产党六届六中全会所作的《论新阶段》政治报告中提出了关于"实行抗战教育政策，使教育为长期战争服务"[4]的主张。毛泽东在抗日战争开始后不久，曾多次指出必须实行国防教育政策，他认为这是全民族的紧急任务之一。因此，"在一切为着战争的原则下，一切文化教育事业均应使之适合战争的需要"。[5] 他指出，抗战教育政策就是："第一、改订学制，废除不急需与不必要的课程，改变管理制度，以教授战争所必需之课程及发扬学生的学习积极性为原则。第二、创设并扩大各种干部学校，培养大批的抗日干部。第三、广泛发展民众教育，组织各种补习学校、识字运动、戏剧运动、歌咏运动、体育运动，创办敌前

---

[1] 陈元晖：《老解放区教育资料（一）》，教育科学出版社1981年版，第255页。
[2] 李国强：《中央苏区教育史》，江西教育出版社2001年版，第151页。
[3] 胡国铤：《南天红中华——中央革命根据地史话》，中共党史出版社1992年版，第39页。
[4] 《毛泽东同志论教育工作》，人民教育出版社1958年版，第33页。
[5] 《毛泽东同志论教育工作》，人民教育出版社1958年版，第33页。

敌后各种地方通俗报纸,提高人民的民族文化与民族觉悟。第四、办理义务的小学教育,以民族精神教育新后代。"①

抗日战争和各抗日根据地建设事业的发展,迫切需要"改变教育的旧制度、旧课程,实行以抗日救国为目标的新制度、新课程"②,迫切需要培养大批军政干部,1942年2月,中共中央在《关于在职干部教育的决定》中提出,"干部教育工作,在全部教育工作中的比重,应该是第一位的。而在职干部教育工作,在全部干部教育工作中的比重,又应该是第一位的"③。"干部教育第一"成为各抗日根据地的口号。

抗日根据地非常重视干部教育。毛泽东指出:"每个根据地都要尽可能地开办大规模的干部学校,越大越多越好。"④ 抗日战争开始以后,共产党就着手开办了许多干部学校,如中央党校、马列学院、抗日军政大学、陕北公学、鲁迅艺术学院、延安自然科学院、中国女子大学、陕甘宁边区行政学院、白求恩卫生学校等。另外,还开办了许多短期训练班。这些干部学校和干部训练班的培养目标虽然各有不同,但都强调理论与实际联系,除学习外,还参加实际工作,参加生产劳动。干部学校的课程体系相对完整,以陕甘宁边区为例,开设的课程主要有马克思主义理论课程、政治课程和文化课程三大类。马克思主义理论课程包括哲学、政治经济学、社会科学概论等,例如,陕北公学开设的理论课程有马列主义、辩证唯物主义、政治经济学、科学社会主义等;政治课程,包括中国共产党、党的建设、中国革命基本问题、中国革命运动史、三民主义研究、实事政治问题等;文化课程,包括语文、算术、自然、地理等。短期干部课程内容与学校干部教育有所不同,根据1941年颁布的《中央关于延安在职干部学习的决定》,按照干部的政治理论水平和文化素养,将边区党、政、军干部划分为甲、乙、丙、丁四个层次。甲类,政治文化水平较高的老干部,主要学习联共(布)党史、政治经济学、辩证唯物论与历史唯物论;乙类,政治文化水平较低的老干部,主要学习党的建设、中国问题、社会科学常识、文化基础常识;丙类,政治文化

---

① 《毛泽东同志论教育工作》,人民教育出版社1958年版,第33页。
② 《毛泽东选集》第2卷,人民出版社1991年版,第356页。
③ 陈元晖:《老解放区教育资料(二上)》,教育科学出版社1986年版,第197页。
④ 《毛泽东选集》第2卷,人民出版社1991年版,第769页。

水平较高的新干部，主要学习中国共产党历史和中国革命问题；丁类，工农出身的新干部，主要学习文化基础知识和党的建设。教学采取讲授、自学、讨论、辅导、个别帮助等方式。同时，部队教育也是根据地教育的一个重要方面，对八路军、新四军教育的内容主要包括民族解放教育（中日战争的性质、"持久战"战略问题的根据等八项）、政治常识（什么是中国共产党、什么是"三三"制政权形式等九项）、军事课程和文化教育等。[①]

除了干部和军队教育，各抗日根据地也非常重视中小学普通教育。各个根据地的课程和内容有所差异，也会随着当地的情况调整教学内容的比例。根据地大力发展中小学普通教育的目的是使教育为抗战服务，教育同生产劳动相结合。总体上看，各个根据地小学阶段的教育，大都进行了小学教育的改革工作，如改革旧课程，减少不必要的科目，增设了军事训练、政治常识等抗战需要的科目，编印了适合抗战和生产需要的教材。在1942年整风运动以前，由于受了教条主义和形式主义的思想影响，教育工作曾经一度出现过强调正规化的偏向，如执行强迫义务教育，实行"正规统一"的办法，反而降低了儿童入学率。这些偏向后来在整风运动中得到了纠正。1944年4月，陕甘宁边区政府发布了关于"提倡研究范例及试行民办小学"的指示信，提出对小学教育实行民办公助，目的是尊重群众的意愿，教育内容、教学方式、教学时间都要适合群众的需要。课程内容上，大体上包括两个部分。一是政治常识，注重对统一战线与抗战政治的教育，对抗战形势有简单的了解。二是基础知识的课程，初小有国语、算术、常识、劳动、体育、唱歌、图画等，高小除了上述课程外，还增加了自然、史地和政治。各个根据地没有统一的教材或课本，同一个边区会统一教材，专区和县会补充教材。

中学和小学的情况有些相似，各个根据地也具有不同特点，总体是对这些中学执行"改变教育的旧制度、旧课程，实行以抗日救国为目标的新制度、新课程"的政策[②]，废除了原来的训育课程，增设抗日救国内容的政治课，其余的文化课程和科学知识课程仍继续讲授。抗日根据地中学教

---

① 陈元晖：《老解放区教育简史》，教育科学出版社1982年版，第71—73页。
② 《毛泽东选集》第2卷，人民出版社1991年版，第356页。

育很大程度上是担负着培养干部的任务,因为中学毕业生的绝大部分都参加了抗日工作,所以有的中学还同时开设干部班。1942年8月,陕甘宁边区公布《陕甘宁边区暂行中学规程草案》,规定"中学为依照新民主主义教育方针,继续小学教育,培养健全的新青年,以为从事边区各种建设事业及研究高深学术之预备场所"[①],这实际是中学的办学目标,对其他边区也都有一定的影响。根据地中学一般来源有两类,一类是根据地自己创立的,多在经济不发达地区,如1940年陕甘宁边区建立的陇东中学和米脂中学,鲁西南地区的冀鲁豫边区第三中学。冀鲁豫边区第三中学于1943年夏秋成立,至1948年5月与冀鲁豫边第一中学合并为新的中学,一共存在5年,办了10个班,累计学生数在400名以上,他们中有近300人前后参加八路军和人民解放军,其余学生分配到地方各条战线,成为军队和地方工作中的骨干力量。[②] 一类是原国民党控制区的中学改造或新建的,如苏中根据地,1944年时有中学54所,学生8000多人。[③] 各个根据地初中课程一般有政治、国文、数学、历史、地理、自然、军事、美术等,高中一般还增设有社会科学、物理、化学、生物等。当然,不同根据地,不同的时期,课程也是有增减的,如晋察冀边区,1940年的中学课程中,基础科学课为40%,政治课为30%,军事课为20%,美术课为10%;1941年,基础科学课增到72%,政治课减少到14%,军事课与美术课各占7%。[④]

在成人教育方面,各抗日根据地都大力消灭文盲。群众根据当时农村分散的特点,结合当地斗争和生产的需要,创造了多种多样的学习方式,如识字班、识字组、夜校、冬学、个别教学、炕头教学、"送字上门"、巡回教学等,课程主要有识字课、政治课、自然课,上课形式多种多样,如讲大课、个别教学、"小先生"、民教民、流动教学、妇女识字牌等,同时通过墙报、壁报、戏剧、电影、报纸、秧歌队、唱歌、说书等各种文娱形

---

① 陕西师范大学教育研究所:《陕甘宁边区教育资料》(中等教育部分上),教育科学出版社1981年版,第18页。
② 侯存明:《战争年代的冀鲁豫边区教育——以冀鲁豫边区第三中学为例》,《贵州文史丛刊》2007年第1期。
③ 贺世友:《试论抗日根据地的教育建设》,《上海党史研究》1995年第12期。
④ 董纯才:《中国革命根据地教育史》(第二卷),中国教育科学出版社1991年版,第250页。

式进行教育。通过这些学习组织向广大工农群众进行思想政治理论教育和识字教育，提高他们的文化水平和政治水平。

有学者认为，抗战时期的根据地教育在 20 世纪中国教育史上是第一次大规模地把政治动员和社会改良相结合的一次试验。它有三个鲜明的特点。第一，它有强烈的政治动员性。第二点，它特别面对社会底层，强调对底层民众的政治动员，并且把这种动员和对民众的知识启蒙结合在一起。第三个特点就是试验性。根据地的这个教育类型和当时大后方、沦陷区的教育类型是完全不一样的，是非常独特的。[1]

（3）解放区

抗日根据地时期在教育方面创造了丰富的经验，后来在解放战争时期的解放区内这些经验又得到了进一步的推广、充实和提高。总体上看，解放区的教育执行民族的、科学的、大众的新民主主义教育方针，坚持教育为新民主主义革命服务，教育与生产劳动相结合、理论与实际相结合的原则。解放区不同时期教育的任务也不相同，解放战争初期，把教育为解放战争和土地改革服务作为主要内容。新中国成立前期，为新中国培养建设人才又成为教育工作的重点。

干部教育仍然是解放区的首要任务，"干部教育第一"的方针在解放战争时期又有进一步发展，把短期训练与长期培养结合起来，既重视思想政治教育，又重视科学技术教育。在职干部教育、短训班教育和干部学校教育仍然是干部教育的主要方式。

在职干部教育、短训班教育在各个解放区开展的形式、课程和内容不太相同，但都很强调干部学习理论、学习时事政策、学习文化，以适应革命工作更高的要求。1948 年 7 月，中共中央西北局发出《关于在职干部学校的指示》，规定对文化程度一般的干部以学习政策为主，对于具有相当文化程度的县级以上高级干部，除学习业务政策外，还必须学习理论。[2] 1948 年 10 月《东北日报》发表的社论《进一步加强在职干部学习》、1948 年 11 月中共中央华北局发出的《关于在职干部教育的决定》等都强调党员干部必须学习马列主义的基本知识，建立必要的学习制度与定期严

---

[1] 高华：《抗战时期的解放区教育》，http://www.aisixiang.com/data/11243.html，2019-7-29。

[2] 皇甫东玉：《中国革命根据地教育记事》，教育科学出版社 1989 年版，第 364 页。

格的考试制度。学习内容上，除了上述内容外，还增加了有关城市建设与财经、政法、文教等方面知识的学习，为接收新解放区做准备。

干部学校教育相比抗日根据地时期，学校数量增多，规模增大。如1948年5月，中共中央委托华北局创办"大党校、大军校、大党报及华北大学"等，在教学内容方面，注重革命理论，注重思想改造。如1948年7月在华北创办马列学院，8月将华北联大和北方大学合并组建华北大学，1949年2月在北京西苑成立华北人民革命大学等。其中华北人民革命大学1949年4月入学的学员达12500人，学习时间为2—4个月，在课程设置上少而精，以历史唯物主义为中心，以劳动创造世界、阶级斗争和国家学说为主题，配合中国革命基本问题及政治形势、国际主义、党史党纲党章等学习。[1] 其他还有各解放区成立的一些新的干部学校，如东北军政大学、辽东人民军政学校、辽南建国学院、西北军区人民军政大学，这些学校都是以思想政治教育为中心，学员经过学习后，就输送到政治、军事、经济、文化、教育等部门工作。

解放战争时期解放区的普通教育比抗日根据地时期有很大发展。老解放区中小学向正规化方向发展，新解放区积极接受与改造中小学教育，并出现了干部教育和普通教育的融合。

随着解放战争的胜利，解放区的教育陆续进行了整顿、改革和提高，逐步向正规化、制度化方向发展。1946年，冀中教育行署召开中学教育会议，确定中学具有干部学校及干部准备学校的性质，以培养新中国普通干部和升学深造的人才为目的。[2] 同时，为了提高中学的教育质量，有的解放区还对中学进行了合并和调整，例如1946年11月，冀东行政公署将16所中学调整为10所。[3] 各解放区先后召开了一些教育会议，如1946年8月山东解放区，1948年7月晋察冀边区的冀中区行署，1948年8月华北中等教育会议及东北第三次教育会议等，在总结过去经验、肯定成绩的基础上，先后提出了向新型的正规化的教育方向发展的问题。各解放区还陆续制定了一些教育规程、教育方案及实施办法。有的地区已经提出由初小、高小、初中、高中到大学5个阶段的学制系统，改变了干部教育与国

---

[1] 董纯才：《中国革命根据地教育史》（第三卷），中国教育科学出版社1991年版，第71页。
[2] 《晋察冀边区教育资料选编》（干部教育册）下，河北教育出版社1990年版，第58页。
[3] 《晋察冀边区教育资料选编》（干部教育册）下，河北教育出版社1990年版，第79页。

民教育各成独立系统的情况，下一级学校对上一级学校已经有了预备教育的性质。学校管理体制更加健全。学校实行集体领导下的校长负责制。学校内部实行教导合一制度。中学课程逐步达到文化课占90%，政治课占10%。明确学校以教学为主，教师在学校中起主导作用，同时发挥学生学习的积极性。此外，还制定了考试、毕业、奖惩等各种规章制度。至此，学校教育就更加重视提高教育的质量。

解放战争期间，新解放区有大量学校需要接管。解放区各级政府在接管和改造旧学校中积累了丰富的经验，区分一般文化课程和反动课程，废除公民课和训导制度，解散反动党团组织，采用马克思主义的政治常识，新编国文、中国近代史等教材。加强思想政治教育，学习马克思主义基本常识，组织师生员工学习革命理论和党的方针政策，逐步做到运用马克思主义的观点来说明一些社会问题和社会现象。对旧社会遗留的私塾、私立学校和教会学校也进行了改造，要求私塾取消传播封建思想的教材，采用解放区编的小学教材，不允许打骂儿童，帮助私塾教师提高政治觉悟和文化业务水平。允许私人和教会合法办学，但必须执行新民主主义教育方针，接受民主政府的领导，教师要经政府审查，教材一律采用政府审编的统一课本，不能在学校内进行读经、礼拜或宣传教义的活动。

解放区还有一个特点是高等教育的正规化、专业化。以高等教育发展最快的东北解放区为例，到1949年8月，已有东北大学、东北行政学院、东北鲁迅文艺学院、哈尔滨工业大学、哈尔滨农学院、哈尔滨医科大学、哈尔滨外国语专门学校、沈阳工学院、沈阳农学院、沈阳医科大学、大连大学、延边大学12所高等院校。这些院校一方面提高在职干部文化水平，一方面培养未来的新干部，给未来新中国的建设作了必要的准备。

中国共产党领导的革命根据地的教育有着非常显著的不同于国民党统治区的特点，如总的指导方针是为革命战争和阶级斗争服务，提倡教育与生产劳动相结合；重视军队教育、干部教育、青少年普及教育和成人扫盲及思想教育；采用灵活有效的教育方法，讲求实效，采取多种形式办学等。共产党领导的根据地教育的成功实践，证明了中国共产党制定的新民主主义教育方针和政策符合中国革命的实际，为新民主主义革命的胜利奠定了坚实的人才基础。

二 探索期公民教育主要思想和观点

民国建立初期,任中华民国教育总长的蔡元培对公民教育的走向产生了深远的影响。蔡元培主张的"必以道德为根本"的教育宗旨,成为民国初期教育方针的理论基础,以蔡元培的教育思想为理论依据的教育宗旨,体现了"五育并举"思想。新文化运动之后,平民教育实验、乡村教育实验更为活跃,中国的知识界和实业界对农村的现代化改造进行了广泛探索,尤其是在20世纪20年代与30年代,乡村建设团体和试验区多达数百个,包括晏阳初的平教派、梁漱溟的村治派、陶行知的晓庄派、黄炎培的中华职教社等。

1. 蔡元培

蔡元培(1868—1940)在哲学、教育方面有诸多的研究,是中国近代思想和教育的引领者。蔡元培公民教育思想主要集中在《对于新教育的意见》《世界观与人生观》《教育之对待发展》《华工学校讲义》《以美育代宗教》等一系列文章或演说中。蔡元培从"育国家之良民"的角度出发,提出要继承中国注重个体道德教育的优良传统,对其进行合乎时代要求的改造,使之适应社会、国家的需要。蔡元培从个人道德、家庭道德、国家道德等层面阐述了道德教育的基本要求,提出"德育实为完全人格之本"[1],并"以公民道德教育为中坚"[2]。

(1) 道德教育的目标

蔡元培的道德教育目标,是在其教育目标的基础上提出来的。蔡元培被委任为中华民国教育总长后,于1912年2月8日发表《对于新教育之意见》,提出军国民主义、实利主义、公民道德、世界观与美育的教育方针,并系统论述了这五项内容的关系,"五育以公民道德为中坚,盖世界观及美育皆所以完成道德,而军国民教育及实利主义教育,则必以道德为根本"[3],认为军国民教育、实利教育、世界观教育、美育通过道德教育联系起来,以道德教育为中心和骨干。蔡元培认为,"教育者,养成人格之

---

[1] 中国蔡元培研究会:《蔡元培全集》(第三卷),浙江教育出版社1997年版,第13页。
[2] 中国蔡元培研究会:《蔡元培全集》(第二卷),浙江教育出版社1997年版,第178—179页。
[3] 高平叔编:《蔡元培教育文选》,人民教育出版社1980年版,第14页。

事业也"①，学校教育"欲符爱国之名称，其精神不在提倡革命，而在养成完全之人格"②。在此基础上，他提出"德育实为完全人格之本。若无德，则虽体魄智力发达，适足助其为恶，无益也"③。蔡元培把"养成完全之人格"作为教育的理想，而道德教育就成为"养成完全之人格"的根本所在。

具体而言，蔡元培认为道德教育的目标是使人明家庭、社会、国家道德之"本务"以修身，发展完全之人格，培养"国家之良民"。道德教育要让公民明白自己应承担的家庭道德义务、社会道德义务及国家道德义务，"本务者，人生本分之所当尽者也，其中有不可为及不可不为之两义"④，"孝友忠信"是人的义务，而人也有不"窃盗欺诈"的义务，道德教育的目标就是要启发人的良知，把外在的社会道德义务转化为主体内在的道德良心。道德教育还要完善人的道德人格，"发展人格者，举智、情、意而统一之光明之谓也。盖吾人既非木石，又非禽兽，则自有所以为人之品格，是谓人格。发展人格，不外乎改良其品格而已"⑤。道德教育的最终目标是培育国家之良民。蔡元培认为，道德教育特别是国家道德教育在于"务顺应时势，养成共和国民健全之人格"⑥。

（2）道德教育的内容

蔡元培希望通过道德教育使人们从专制王朝道德的束缚中解放出来，代之以"自由、平等、亲爱"，也就是法国大革命所确立的自由、平等、博爱（亲爱）。蔡元培说，"何谓公民道德？曰法兰西之革命也，所标揭者，曰自由、平等、亲爱。道德之要旨，尽于是矣"⑦，并主张公民道德教育应围绕这三者展开："三者诚一切道德之根源，而公民道德教育之所有事者也"⑧。

蔡元培认为，道德不是一成不变的，有其演化的过程，他把西方所宣

---

① 中国蔡元培研究会：《蔡元培全集》（第二卷），浙江教育出版社1997年版，第371页。
② 中国蔡元培研究会：《蔡元培全集》（第三卷），浙江教育出版社1997年版，第12页。
③ 中国蔡元培研究会：《蔡元培全集》（第三卷），浙江教育出版社1997年版，第12页。
④ 张汝伦：《蔡元培文选》，上海远东出版社1994年版，第223页。
⑤ 中国蔡元培研究会：《蔡元培全集》（第二卷），浙江教育出版社1997年版，第160页。
⑥ 高平叔编：《蔡元培教育文选》，人民教育出版社1980年版，第8页。
⑦ 中国蔡元培研究会：《蔡元培全集》（第二卷），第10页。
⑧ 中国蔡元培研究会：《蔡元培全集》（第二卷），第11页。

扬的道德观念与中国的孔孟之道联系起来,对"自由、平等、博爱"作了一番新的解释。在蔡元培看来,"自由"可以与传统伦理中"义"的观念对应,孔子的"匹夫不可夺其志",孟子的"富贵不能淫、贫贱不能移、威武不能屈"就表达了自由的含义。他说"我欲自由,则亦当尊人之自由"①,由此引申出平等的道德要求,即我不用不公平的方式对待他人,他人也不能用不平等来对待我,这就与传统的"恕"相对应。"博爱"则可以与孔子所讲的"己欲立而立人,己欲达而达人"的伦理观念相对应。

(3) 道德教育实施方法

蔡元培非常重视道德教育的实行与实践,"总之道德不是熟记几句格言,就可以了事的。要重在实行,随时随地,抱着实验的态度。因为天下没有一劳永逸的事情,若说今天这样,便可永远这样,这是大误"②。蔡元培认为,道德教育的实践一要重视"修正,自省,自制";二要持之以恒,"教育者,非为已往,非为现在,而专为将来。从前言人才教育者,尚有十年树木,百年树人之说,可见教育家必有百世不迁之主义。如公民道德是"③。三要通过劳动来"砥砺德行","劳动是人生一桩最要紧的事体"④,"养成全国人民劳动的习惯,使劳心者亦出其力以分工农之劳,而劳力者亦可减少工作时间,而得研究学识机会"⑤。

蔡元培强调道德知识学习与道德实践的结合。蔡元培主张把"修学"与"修德"结合起来,认为"知识与道德,有至密之关系"⑥,如果没有知识就不足以辨善恶,"世之不忠不孝、无礼无义、纵情而亡身者,其人非必皆恶逆悖戾也,多由于知识不足,而不能辨别善恶故耳"⑦。同时,有了分辨善恶的知识还应该勇于践行,在实践活动中增进对道德的体悟。蔡元培本人还通过创办民间组织进行道德实践。1912年,蔡元培同宋教仁、李石曾等人发起"社会改良会"组织,提倡"不狎妓、不赌博、不置婢妾以及实行男女平等"的新举措。任北大校长后,蔡元培又同李石曾、吴稚

---

① 蔡元培:《中国人的修养》,金城出版社2014年版,第244页。
② 中国蔡元培研究会:《蔡元培全集》(第四卷),浙江教育出版社1997年版,第261页。
③ 沈善洪主编:《蔡元培选集》(上卷),浙江教育出版社1993年版,第406—407页。
④ 蔡元培:《蔡元培文集》,线装书局2009年版,第211页。
⑤ 高平叔:《蔡元培教育论集》,湖南教育出版社1987年版,第449页。
⑥ 中国蔡元培研究会:《蔡元培全集》(第二卷),浙江教育出版社1997年版,第90页。
⑦ 蔡元培:《中国人的修养》,金城出版社2014年版,第17—18页。

晖等人发起"进德会",规定其会员"不嫖、不赌、不娶妾",甚至要求人们为了修养德性,最好"不作官吏,不作议员"①。

蔡元培还强调言传身教与自我管理的结合。蔡元培认为,在道德教育过程中,父母和老师的言传身教比单纯的道德说教和灌输效果要好得多,"家庭之中,悉为敬爱正直诸德之所充,则幼儿之心地,又何自而被玷乎?有家庭教育之责者,不可不先正其模范也"②。教师对学生道德品质的养成影响尤为巨大,"教员者,学生之模范也"③,因此,蔡元培要求教师能严于律己,"宜实行道德,以其身为学生之律度"④。在强调父母、教师对个体道德修养引导重要性的同时,蔡元培还主张个体应"自我管理",提出了"修己,自省,自制"的自我管理方法。蔡元培认为道德上的"修己"很关键,决定着自己是成为善人还是恶人,"故道德之教,虽统各方面以为言,而其本则在乎修也"⑤。"自省"就是通过反省自己,为迁善改过指明方向,"人之多言,于我无加损也,而吾人不可以不自省"⑥。"自制"则是自我情欲的节制,要求情欲必须服从理智的行为与道德约束,"自制者,节制情欲之谓也"⑦。蔡元培还提出,如果个体不喜欢父母或教师的管理,那就要自己"自定规则,自己遵守"⑧,只有把父母、教师的引导和自我管理的方法结合起来才能更好地促进个体道德品质的养成。

蔡元培大力提倡建立不同于封建社会的教育制度,推动近代教育体制改革,完善道德教育思想,明确提出公民道德教育的宗旨、内容、实现途径,对中国近代的社会进步、文化发展做出了重大贡献。

2. 晏阳初

晏阳初(1890—1990)在平民教育和县政建设实验活动中形成其公民教育思想。平民教育和县政建设是以现代平民政治理论为基础而展开的教育救国思想的实践活动,是希望通过公民的塑造来达到改变社会的目标。

---

① 中国蔡元培研究会:《蔡元培全集》(第三卷),浙江教育出版社1997年版,第239页。
② 中国蔡元培研究会:《蔡元培全集》(第二卷),浙江教育出版社1997年版,第109页。
③ 蔡元培:《中国人的修养》,金城出版社2014年版,第78页。
④ 蔡元培:《中国人的修养》,金城出版社2014年版,第78页。
⑤ 蔡元培:《中国人的修养》,金城出版社2014年版,第78页。
⑥ 蔡元培:《中国人的修养》,金城出版社2014年版,第192页。
⑦ 高平叔编:《蔡元培全集》(第二卷),中华书局1984年版,第176页。
⑧ 高平叔编:《蔡元培教育文选》,人民教育出版社1980年版,第132页。

晏阳初提出，"一个共和国的基础巩固不巩固，全看国民有知识没有。国民如果受过相当的教育，能够和衷共济，努力为国家负责，国基一定巩固"[①]。平民教育和县政建设成为晏阳初实现其强国富民思想的路径，在晏阳初看来，"人民是国家的根本，要建国，先要建民；要强国，先要强民；要富国，先要富民"[②]。

1918年，晏阳初赴第一次世界大战的法国战场为华工服务，设立识字班，开展识字运动。1920年，晏阳初在上海编制《平民千字科》教材，在长沙、烟台、嘉兴、武汉等地开展平民识字运动。1923年组织成立中华平民教育促进会（简称"平教会"）并任总干事，使用《市民千字课》和《士兵千字课》等多个千字课版本，开展平民教育活动。1926年，平教会选定河北定县为实验区，1930年平教会总会迁往定县。晏阳初将中国农村问题归为"愚、穷、弱、私"四端，主张以学校式、社会式和家庭式三种方式相结合来改变上述"四端"。1932年，国民政府通过县政改革案，以实践地方自治事业。1933年，晏阳初任河北省县政建设研究院院长，把定县作为县政建设实验区，以"学术政治化，政治学术化"为指导思想，试图以政治的力量配合教育的力量，推进乡村建设的开展。1936年湖南、四川分别设立湖南省实验县政委员会和四川省政府设计委员会，选定湖南衡山、四川新都为实验县，推广定县经验。1940年，晏阳初在重庆创办乡村建设育才院，用以培植乡村教育人才。晏阳初在丰富的公民教育实践中，提出了其公民教育的思想。

（1）平民教育原则

晏阳初在"定县实验"开始不久即提出了开展平民教育的原则："第一，全民的。不分男女、老少、富贵、贫贱，都有领受平民教育的必要。第二，以平民教育需要为标准的。……故所学当为所用，所用即为所学后可。第三，适合平民生活状况的。第四，根据本国国情和人民心理的。第五，地方自动负责的。第六，人人有参加的可能。"[③]

（2）"四大教育"

晏阳初针对村民的"愚、贫、弱、私"四大顽疾，提出开展"文艺、

---

① 晏阳初：《晏阳初文集》，四川教育出版社1990年版，第10页。
② 李济东：《晏阳初与定县平民教育》，河北教育出版社1990年版，第2页。
③ 晏阳初：《晏阳初文集》，四川教育出版社1990年版，第23—26页。

生计、卫生、公民"四大教育,并采用学校式、社会式和家庭式教育结合并用推行的方法。

第一,倡导文艺教育以治愚。农民因为目不识丁,不能获得知识,所以愚昧无知。通过平民识字运动,结合平民文学、音乐、美术、戏剧、民间文学、无线电广播等方式,将文化与知识传播给农民。

第二,倡导生计教育以治贫。农村生产水平低下,农民终年劳作,却收成微薄。通过引进农业科学,改进耕作方法,引入优良棉花、蛋鸡品种,对农民进行生计训练,并将成果向农民推广。组织农民自助社、合作社、合作社联合会,开展信用、购买、生产、运输方面的经济活动,实现信贷合作和互助,以增加农民收入。

第三,倡导卫生教育以治弱。农村公共卫生服务设施缺乏,疾病易发。通过实施卫生教育,普及卫生知识,培养卫生习惯;指导农民修建井盖与围圈,保证饮水清洁,以减少通过饮用水源污染致传染性疾病;创建农村三级卫生保健体系,村设保健员,联村设保健所,县设保健院,使农民在经济条件能够承受的情况下,得到有效的公共卫生服务和疾患治疗。

第四,倡导公民教育以治私。广大农村农民愚昧,缺乏道德陶冶,也不懂团结,公民意识缺乏。通过编写《公民课本》《公民图说》《公民知识纲目》《农村自治研究设计》《公民讲演图说》等书作为公民教育基本教材;选编歌谣、谚语、故事;组织农村剧社,兴建广播电台,创办《农民报》、组织家庭会、公民服务团,开展"国族精神研究""农村自治研究""公民活动指导研究""家庭式教育研究"等工作,力图提高农民道德生活,训练团结力,养成他们的公共意识与合作精神。

晏阳初尤其重视"四大教育"中的"公民教育",他明确提出:"我国人素来缺乏国家概念,可是共和国实以人民为主。今日不识字的与识字而缺乏常识的男女,二万万有余,如不励行公民教育,他们就永远不会和国家结成一体,所以,我们对近日各种公民教育运动的宗旨都非常赞成。"[①] 在晏阳初看来,"公民教育"是平民教育的最终目的与归宿。

---

① 宋恩荣:《晏阳初全集》(第一卷),湖南教育出版社1989年版,第108页。

第三节　公民教育的转型期：新中国成立后的公民教育

新中国成立后，公民教育的培养目标、内容和形式与探索期相比有很大的不同，公民教育进入新的发展阶段，但仍然没有进入稳定期，可以称之为转型期。在新中国成立以后的 71 年发展历程中，公民教育经历了明显的转型发展阶段。朱小蔓教授以中国现代公民教育观的视角，将新中国成立后的公民教育归纳为三个发展阶段，即"以政治为中心"的社会时期、"以经济为中心"的社会时期和"以人为本"的社会时期。[①] 檀传宝教授则将新中国成立以来的公民教育分为两个阶段，即新中国前三十年的沉寂阶段和改革开放三十多年公民教育的复兴阶段。[②] 这两种划分方法虽然角度不同，但都是从相对狭义的概念角度来理解公民教育的。如果从新中国成立后对培养社会主义事业接班人的角度来思考，培养社会主义的好"公民"，可以分为两个差异明显的阶段，第一个阶段是政治教育、思想教育为主的时期，基本对应的是新中国成立至改革开放前；第二个阶段是思想教育、政治教育兼顾公民意识教育的时期，基本对应的是改革开放后至党的十八大之前。

一　转型期公民教育的主要途径和内容

新中国成立以后至改革开放前，基本不用"公民""公民课""公民教育"的表述，"政治课"和思想政治教育在这个时期实际承担了公民教育的功能。改革开放后虽然出现了"公民""公民读本""公民教育"，实际也多在狭义层面使用。这里使用的广义层面的公民教育，是"思想政治教育"与"公民教育"的叠加，这才是与美国公民教育基本相对等的内容，即培养社会主义公民的教育。

从这个角度来理解，学校以外主要以国家机关、企事业单位、社区和乡镇为依托开展马克思主义理论教育、党的路线方针政策教育。学校教育

[①]　朱小蔓：《中国公民教育观发展脉络探析》，《教育研究》2006 年第 12 期。
[②]　檀传宝：《公民教育引论：国际经验、历史变迁与中国公民教育的选择》，人民出版社 2011 年版，第 119 页。

阶段的主要途径和内容集中在学校开设的政治课、语文课、历史课、地理课，以及学校开展的各种活动和社会活动等，公民教育尤以学校教育较为体系化。

1. 思想政治

学校中实施公民培养的课程名称在不同阶段、不同学段也各有不同。在第一个阶段，学校取消"公民"名称的课程，而代之以"政治课"；在第二个阶段，出现了"思想品德课"（小学）、"政治课"（中学）、"思想政治课"（中学）、"马克思主义理论课"（大学）、"品德与生活"（小学）、"品德与社会"（小学）等多种课程名称，也使用"公民"这个称谓和概念，但"公民课"的名称没有得以延续，其内容则成为"德育"中的一个部分。

新中国成立后，中小学政治课程开设时间不同，总体比较晚。小学一直到1968年，才有规定要求全日制十年制学校第五年级开设政治课。中学虽然在1959年前的教学计划中列有政治课，但没有教学大纲，课程设置和教学内容也不稳定，大多以通俗读物作代用教材。1959年，教育部颁发《中等学校政治课教学大纲试行草案》，规定初中设"政治常识"课，高中设"政治常识""经济常识""辩证唯物主义常识"课，政治课的内容及主旨为政治教育。探索期所形成的公民课程体系和话语体系消失，代之以"教育为无产阶级政治服务"，教育宗旨是培养革命接班人。1964年和"文化大革命"结束后编写的中学政治课教材大体沿袭这个课程设置框架。

改革开放后，学校开展的公民教育课程体系及内容得以修改和调整。1980年，教育部发布《关于改进和加强中学政治课的意见》，明确了课程方案。1982年，教育部制定《全日制五年制小学思想品德课教学大纲试行草案》。1986年，国家教委制定《中学思想政治课改革实验教学大纲初稿》和《全日制小学思想品德课教学大纲》。1988年，发布了中学六个年级的改革实验教学大纲。1992年，制定《九年义务教育全日制小学思想品德课教学大纲（试用）》。1993年，国家教委制定《九年义务教育全日制初级中学思想政治课教学大纲（试用）》和《全日制高级中学思想政治课教学大纲（试用）》。1995年，国家教委颁布的《中学德育大纲》规定，"中学德育工作的基本任务是把全体学生培养成为热爱社会主义祖国的具有社会公德、文明行为习惯的遵纪守法的公民"①。1996 年国家教委编订《全日制普通高级中学思想政治课课程标准（试行）》，1997 年国家教委编订《九年义务教育小学思想品德课和初中思想政治课课程标准（试行）》，"公民"作为德育的培养目标得以重新出现。2002 年《公民道德教育实施纲要》也提出要"培养一代又一代有理想、有道德、有文化、有纪律的社会主义公民"，这里"公民"实际等同于"社会主义事业合格建设者和接班人"。

新中国成立后高校就设有政治理论课，内容上包括以马列主义世界观、人生观为主的理论教育，以及爱国教育和阶级观的教育相结合的共产主义思想教育。1961 年《中华人民共和国教育部直属高等学校暂行工作条例（草案）》（简称"高校六十条"）明确了高校思想政治教育的任务、目标、内容和方法。"文化大革命"十年间，高校思想政治教育是以阶级斗争为主，思想政治教育目标、指导方针被篡改。十一届三中全会后，解放思想、实事求是的马克思主义思想路线再次被确立为思想政治教育的指导思想，并出台了一系列重要文件，如 1980 年教育部等《关于加强高等学校思想政治工作的意见》，1985 年中共中央《关于改革学校思想品德和政治理论课程教学的通知》，1987 年中共中央《关于改进和加强高等学校思想政治工作的决定》，1993 年中共中央《关于新形势下加强和改进高等学校党的建设和思想政治工作的若干意见》《关于进一步加强和改进大学生思想政治教育的意见》，2001 年教育部《关于加强普通高等学校大学生健康教育工作的意见》，2002 年教育部《普通高等学校大学生心理健康教育工作实施纲要（试行）》、2005 年教育部等《关于进一步加强和改进大学生心理健康教育的意见》等文件。1998 年对"两课"课程设置进行调整，单独开设《邓小平理论概论》课。2004 年教育部编写了《"三个代表"重要思想教育理论学习纲要》，并列入了高等学校政治理论课的学习之中。2005 年 2 月中央印发了《关于进一步加强和改进高等学校思想政治理论课的意见》，提出了新形势下加强和改进思想政治理论课的指导思想、基本原则、总体要求和主要任务。

2. 语文

根据中国的课程设计，教学大纲、课程标准最能集中反映学科教学的

---

① 《中学德育大纲》，《人民教育》1995 年第 4 期。

要求、内容和特点。在新中国成立以来的中小学校语文教学中，教学大纲、课程标准经历多次修订，提出了适应当时培养目标的教育要求。新中国成立以来，中国曾先后多次制定小学、中学语文教学大纲，强调语文教学和政治教育、道德教育的结合。

小学语文教学大纲先后有五次大的调整。1956年10月，教育部颁布《小学语文教学大纲（草案）》，强调要贯彻党的教育方针，"要在发展儿童语言的工作中完成下面任务：树立对社会主义的信心；树立辩证唯物主义世界观基础；培养共产主义道德；培养爱美的情感和审美的能力；培养对本民族语言的热爱"[1]。1963年的《全日制小学语文教学大纲（草案）》首次提出"语文是学好各门知识和从事各种工作的基本工具"，同时强调思想内容和掌握语言文字不可分割。1978年《全日制十年制学校小学语文教学大纲（试行草案）》强调"思想政治教育与语文知识教学的辩证统一"，并把无产阶级辩证唯物主义世界观作为教学的指导思想。1987年《全日制小学语文教学大纲》提出，"语文科的重要特点是语言文字训练和思想教育的辩证统一"，教学目的是"培养学生的识字、听话、说话、阅读、作文的能力和良好的学习习惯，并在语言文字训练的过程中进行思想品德教育"。1992年《九年义务教育全日制小学语文教学大纲》提出小学语文"不仅具有工具性，而且有很强的思想性"。教学目的要求"在听说读写训练的过程中，进行思想政治教育和道德品质教育，发展学生的智力，培养良好的习惯"。与1987年大纲相比，增加了培养学生"辩证唯物主义启蒙教育"的内容。

中学语文教学大纲在新中国成立之初未正式确定。1950年中央人民政府出版总署编审局发布《编辑大意》，强调通过语文教育进行思想政治教育，确立了"政治标准第一"的语文课程目标原则。1956年，语文教育进行汉语、文学分科教学，出台了《初级中学汉语教学大纲》和《初级中学文学教学大纲》，汉语教学大纲的"初级中学汉语教学的任务"明确表示汉语是对青年一代进行社会主义教育的一种重要的工具，同时也是社会斗争和发展的工具。1958年"大跃进"，语文教育由"政治标准第一"演变为"政治标准唯一"。1961年12月《文汇报》发表《试论语文教学的

---

[1] 林若男：《小学语文教育研究》，中国科学技术大学出版社1996年版，第32页。

目的和任务》社论，阐述了思想政治教育与语文教育有着密不可分的关系的观点。"文化大革命"时期，毛泽东语录著作等取代教材，思想政治教育或政治斗争取代了语文教育。1990年的《全日制中学语文教学大纲》强调语文训练和思想政治教育二者的统一和相辅相成，强调语文训练必须重视思想政治教育。2001年以后初中和小学的语文课程标准合并。2011年颁布的《全日制义务教育语文课程标准（实验稿）》在义务教育阶段语文教学目标中强调培养爱国主义感情、社会主义道德品质，培植热爱祖国语言文字的情感。2011年颁布的《义务教育语文课程标准》在总目标中提出要在语文教学中培养爱国主义、集体主义、社会主义思想道德。与2001年的实验稿相比，2011年版的"附录"中优秀诗文背诵推荐篇目略有调整，增多了15篇，增加了《革命烈士诗抄》《红岩》等弘扬革命传统的书目，更加强调社会主义核心价值观在语文课程中的渗透。2013年《高中语文新课程标准》在"课程的基本理念"中提出"使学生通过优秀文化的浸染，塑造热爱祖国和中华文明、献身人类进步事业的精神品格，形成健康美好的情感和奋发向上的人生态度"。

3. 历史

历史一向都是进行公民教育的主阵地。新中国成立之初，全国初高中所有年级都设置历史课程。初高中实行双循环，为螺旋式课程。初一、高一为中国古代史，初二、高二为中国近现代史，初三、高三为世界史。全国没有一套统一的教学大纲。直到1956年颁发《小学历史教学大纲（草案）》《初级中学中国历史教学大纲（草案）》《初级中学世界历史教学大纲（草案）》《高级中学世界近现代史教学大纲（草案）》《高级中学中国历史教学大纲（草案）》和1957年增补《高级中学中国历史教学大纲（草案）（近代史部分）》，中小学阶段历史课程的框架才确定。1963年的《全日制小学历史教学大纲》教学目标是使学生认识人类历史发展的方向，认识到资本主义必然走向灭亡，社会主义和共产主义必然会战胜资本主义。《全日制中学历史教学大纲（草案）》重申历史教学必须以马克思主义为理论指导，突出马克思主义唯物史观。

1980年《全日制十年制学校中学历史教学大纲（试行草案）》实现了历史教学大纲的拨乱反正，历史课程的地位有所提高。明确历史课程对社会精神文明建设具有重大作用，承担着社会主义现代化建设的责任。1988

年颁布了《九年制义务教育全日制初级中学历史教学大纲（初审稿）》，以适应九年制教育任务。1990年对1986年的大纲进行了修订，颁布了《全日制中学历史教学大纲（修订）》。1991年国家教委颁布《中小学加强中国近代、现代史及国情教育的总体纲要（初稿）》，要求小学到大学全面普及中国近现代史教育，以提高学生的思想政治素质，培养社会主义事业的建设者和接班人，提防西方势力的和平演变。1991年8月，国家教育委员会制定了《中小学历史学科思想政治教育纲要》，将这一指导思想具体落实到小学阶段和初中阶段。2001年教育部颁布了《基础教育课程改革纲要（试行）》，同年颁布了《全日制义务教育历史课程标准（实验稿）》和《普通高中历史课程标准（实验）》，奠定了21世纪历史课程改革的基础。

4. 地理

改革开放前的地理大纲普遍强调思想和政治教育，如1956年《中学地理教学大纲（草案）》中的德育目标强调：帮助学生形成辩证唯物主义的世界观，使他们受到爱国主义和国际主义的教育，能以无限忠诚献身于伟大祖国的社会主义建设事业，献身于保卫世界和平事业。1963年《全日制中学地理教学大纲（草案）》中的德育目标是：培养学生的爱国主义和国际主义的精神，战胜自然、建设社会主义祖国的雄心。1978年《全日制十年制学校中学地理教学大纲（试行草案）》中的德育目标是：培养学生的辩证唯物主义的观点，无产阶级爱国主义和国际主义的精神，把祖国建设成为社会主义现代化强国的雄心壮志。

与第一阶段相比，改革开放后地理教学大纲开始关注资源观、人口观和环境观的教育，要求利用乡土地理内容进行爱国主义教育。1986年《全日制中学地理教学大纲》、1988年《九年义务教育全日制初级中学地理教学大纲（初审稿）》、1990年《全日制中学地理教学大纲（修订本）》德育目标比较接近，强调中学地理教学应使学生进一步受到爱国主义、国际主义、辩证唯物主义、历史唯物主义的思想政治教育以及有关的政策教育，还要对学生进行科学的资源观、人口观和环境观的教育。此外，还应结合乡土地理的教学，对学生进行热爱家乡的教育，使他们树立把祖国建设成为社会主义现代化国家的雄心壮志。

20世纪90年代地理课程大纲是一个课程标准颁布之前的过渡时期，在加强思想教育和国情教育的同时，强调寓德育于地理知识教育和能力培养之中。大纲不再提出关于国际主义教育和历史唯物主义教育的要求，强调了辩证唯物主义人地观的教育。1992年《九年义务教育全日制初级中学地理教学大纲（试用）》、1996年《全日制普通高级中学地理教学大纲（供实验用）》、2000年《九年义务教育全日制初级中学地理教学大纲（试用修订版）》和2000年《全日制普通高级中学地理教学大纲（试验修订版）》都提出了德育目标。初中阶段强调使学生初步形成地区差异观点、因地制宜观点、人地关系观点和可持续发展观点，初步具有全球意识和环境意识，增强对家乡和祖国的热爱，培养爱国主义、集体主义和社会主义观念，对国家和民族的命运具有责任感，增强对全球环境和资源的保护意识，尊重其他国家和民族的文化传统，对自然美和环境美具有一定的感受力、想象力、判断力和创造力，初步养成健康的情感、积极的态度、正确的价值观和法制观念，并能够遵守社会主义道德准则和行为规范。高中阶段强调帮助学生形成科学的人口观、资源观、环境观，以及可持续发展的观念；深化对国情、国力以及国策的认识；积极参与协调人类与环境关系的活动。深入进行爱国主义教育，培养学生热爱祖国的深厚感情，以及对社会的责任感。

进入21世纪，地理课程标准取代原来的教学大纲。地理课程标准将德育目标归纳为"情感、态度和价值观"，突出了德育在地理课程中的地位，丰富了地理教育中的德育内容。2001年颁布的《全日制义务教育地理课程标准（实验稿）》提出的德育目标包括：使学生初步形成对地理的好奇心和学习地理的兴趣，初步养成求真、求实的科学态度和地理审美情趣；关心家乡的环境和发展，关心我国的基本地理国情，增强热爱家乡、热爱祖国的情感；尊重不同国家的文化和传统，增强民族自尊、自信的情感，懂得国际合作的价值，初步形成全球意识；增强对环境、资源的保护意识和法制意识，初步形成可持续发展的观念，逐步养成关心和爱护环境的行为习惯。2003年颁布的《普通高中地理课程标准（实验）》提出的德育目标包括：激发探究地理问题的情趣和动机，养成求真、求实的科学态度，提高地理审美情趣；关心中国的基本地理国情，关注中国环境与发展的现状与趋势，增强热爱祖国、热爱家乡的情感；了解全球的环境发展问题，理解国际合作的价值，初步形成正确的全球意识；增强对环境、资源的保护意识和法制意识，形成可持续发展的观念，增强关心和爱护环境的社会责任感,养成良好的行为习惯。①

此外,体育、美术、音乐等学科也在公民教育中发挥了重要作用。以体育为例,自新中国成立后就不断强化体育中的德育目标。1950年8月教育部颁发了《小学体育课程暂行标准(草案)》,提出体育教学目标中的德育目标为"培养儿童国民公德和活泼、敏捷、勇敢、遵守纪律、团结、友爱等品质,以加强爱国主义思想和集体主义精神"。后经过七次修改,到2001年颁布的中小学《体育与健康课程标准》,5个目标中有4个涉及德育目标,包括培养运动的兴趣和爱好,形成坚持锻炼的习惯;具有良好的心理品质,表现出人际交往的能力与合作精神;提高对个人健康和群体健康的责任感,形成健康的生活方式;发扬体育精神,形成积极进取、乐观开朗的生活态度。体育德育目标从20世纪50年代的"纯政治目标"到六七十年代突出社会价值取向,再到21世纪初增加对个性发展和创造性的关注,并把"心理健康和社会适应"纳入德育目标之中,突出了德育在体育课程中的地位,丰富了体育教育中的德育内容。

转型期开展的学校活动和社会活动形成了鲜明的阶段性特点。新中国成立之初,主要是在政治运动和社会实践中开展思想政治教育,如通过参加土地改革、镇压反革命、抗美援朝和"三反""五反"等开展思想政治教育。同时,通过土地改革等社会实践,开展宣传工作。1953—1954年,按照中央文化教育委员会和教育部指示,"特别是要加强高等学校中的政治思想教育,向学生进行国家过渡时期总路线的教育和马克思列宁主义基础知识的教育"②。1962年9月,中国共产党八届十中全会召开后,全国掀起了学雷锋、学大庆、学大寨、学解放军、学毛泽东著作的群众运动,组织干部和广大师生参加城乡社会主义教育活动。"文化大革命"时期,思想政治教育工作受到了严重破坏。改革开放后,多以全社会共同参与的大型社会活动为主,如全国范围内广泛开展的以学习中共中央文件精神,开展"五讲四美三热爱""三讲"教育、社会主义荣辱观教育等主题教育活动,举办"感动中国年度人物"等大型活动开展典型示范教育。通过举办全国精神文明建设等表彰大会,向社会宣传道德楷模和时代楷模。通过

---

① 花溪等:《建国以来我国中学地理课程标准教学目标的变迁》,《地理教育》2009年第6期。
② 何东昌:《中华人民共和国重要教育文献:1949—1997》,海南出版社1998年版,第294页。

将全国公共图书馆、博物馆、科技馆、体育馆等免费向社会开放,发挥其隐性思想政治教育作用。

二 转型期公民教育的主要思想和观点

在革命战争期间,毛泽东、徐特立、李维汉、何长工等无产阶级革命家开展了丰富的思想政治教育实践,形成了丰富的思想政治教育思想。新中国成立后,毛泽东关于思想政治教育的理论、方法和内容的重要思想,成为转型期中国思想政治教育的重要理论基石。

毛泽东关于思想政治工作的理论,深刻总结了中国思想政治教育的经验,形成了一整套思想政治教育理论。毛泽东思想政治教育理论是马克思列宁主义关于政治思想工作的理论同中国共产党的思想教育工作具体实践相结合的产物。毛泽东思想政治教育理论产生和成熟于民主革命战争时期,在社会主义建设初期有了进一步的发展,在革命战争年代和社会主义建设初期发挥了不可估量的作用。毛泽东的思想政治教育思想非常丰富,主要有以下几个方面:

1. 建构了新中国的思想政治教育理论

毛泽东思想政治教育理论主要源自于马克思列宁主义理论,社会存在社会意识辩证关系原理、政治和经济辩证关系原理、人的全面发展理论、灌输理论,以及马克思、列宁对思想政治教育宣传工作、政治工作等方面的论述等,都成为毛泽东思想政治教育理论体系的直接理论来源。

提出政治工作是一切工作的生命线的重要论断。1944年4月,毛泽东在《关于军队政治工作问题》一文中指出:"我们认为政治工作是我们军队的生命线,无此则不是真正的革命军队。"[①] 1945年,他在七大会议上强调:"掌握思想教育,是团结全党进行伟大政治斗争的中心环节。如果这个任务不解决,党的一切政治任务是不能完成的。"[②] 1955年,毛泽东又把"生命线"的提法运用到经济建设中,提出"政治工作是一切经济工作的生命线,在社会经济制度发生根本变革的时期,尤其是这样"[③]。1958年,毛泽东又继续强调:"思想工作和政治工作,是完成经济工作和技术

---

① 《毛泽东思想基本问题》,中共中央党校出版社1999年版,第151页。
② 《毛泽东选集》(第三卷),人民出版社1991年版,第1094页。
③ 《毛泽东文集》(第六卷),人民出版社1999年版,第449页。

工作的保证，它们是为经济基础服务的。思想和政治又是统帅，是灵魂。只要我们的思想工作和政治工作稍微一放松，经济工作和技术工作就一定会走到邪路上去。"① 1981 年，党的十一届六中全会决议明确提出"思想政治工作是经济工作和其他一切工作的生命线"②，毛泽东关于政治工作是一切工作生命线的观点得以坚持和遵守。

形成了实事求是的理论思想。实事求是是毛泽东思想政治工作理论的精髓，毛泽东在把马克思列宁主义原理与中国革命实践相结合的过程中，为中国传统的"实事求是"赋予了新的含义。1930 年 5 月，毛泽东在《反对本本主义》批评了党内若干同志们解决问题的错误方式，强调解决问题的唯一方式就是去调查问题，只有和人民群众保持明确的联系，深入人民群众的生活，才能得出正确的思想认识，最终才能做出正确的判断，并达到解决问题的目的。1941 年，在《改造我们的学习》的报告中，毛泽东第一次对"实事求是"作了全面阐释，指出"实事"就是客观存在着的一切事物，"是"就是客观事物的内部联系，即规律性，"求"就是我们去研究。③ 毛泽东认为，"是"就是事物的规律，"求是"就是认真追求、研究事物的发展规律，找出周围事物的内部联系，作为我们工作的向导。毛泽东指出对待马克思列宁主义的态度，就是把马克思列宁主义的理论和方法应用到具体实践之中，并且进行系统的调查和研究。1942 年，毛泽东在《整顿党的作风》中指出："中国共产党人只有在他们善于应用马克思列宁主义的立场、观点和方法，善于应用列宁斯大林关于中国革命的学说，进一步地从中国的历史实际和革命实际的认真研究中，在各方面作出合乎中国需要的理论性的创造，才叫做理论和实际相联系。"④ 通过这篇文章，毛泽东把党内实事求是思想作了更深一步的阐述说明。1978 年 12 月，邓小平在中央工作会议闭幕会上作了题为《解放思想，实事求是，团结一致向前看》的重要讲话，开启了全党解放思想、实事求是思想的新征程。

坚持"从群众来，到群众中去的"的群众路线。毛泽东把马列主义

---

① 《毛泽东文集》（第七卷），人民出版社 1999 年版，第 351 页。
② 《中国共产党党务工作大辞典》，中国展望出版社 1989 年版，第 792 页。
③ 《毛泽东选集》（第三卷），人民出版社 1991 年版，第 801 页。
④ 《毛泽东选集》（第三卷），人民出版社 1991 年版，第 820 页。

关于人民群众是历史创造者的原理和辩证唯物主义认识论的原理运用到政治思想工作中，形成了党在一切工作中的群众路线。早在1922年7月，中共二大通过的《组织章程决议案》就提出"党的一切运动都必须深入到广大的群众里面去"[①]，1928年7月，中共六大《政治决议案》提出"党的总路线是争取群众"[②]。1934年，毛泽东在江西瑞金召开的第二次全国工农兵代表大会上提出了"关心群众生活、注意工作方法"的工作路线。他提醒干部说："真正的铜墙铁壁是什么？是群众，是千百万真心实意地拥护革命的群众。这是真正的铜墙铁壁，什么力量也打不破的，完全打不破的。"[③] 1943年6月1日，毛泽东为中共中央起草的《关于领导方法的决定》指出："在我党的一切实际工作中，凡属正确的领导，必须是从群众中来，到群众中去。这就是说，将群众的意见（分散的无系统的意见）集中起来（经过研究，化为集中的系统的意见），又到群众中去作宣传解释，化为群众的意见，使群众坚持下去，见之于行动，并在群众行动中考验这些意见是否正确。然后再从群众中集中起来，再到群众中坚持下去。如此无限循环，一次比一次地更正确、更生动、更丰富。这就是马克思主义的认识论。"[④] 1945年4月，毛泽东在中共七大政治报告中将"和最广大的人民群众取得最密切的联系"列为中国共产党的三大优良作风之一，并强调群众路线是共产党区别于其他任何政党的显著标志之一。中共七大以后，群众路线被载入党章，标志着党的群众路线的真正形成。1981年6月，党的十一届六中全会通过的中共中央《关于建国以来党的若干历史问题的决议》，第一次把群众路线确定为毛泽东思想三个"活的灵魂"之一，并将党的群众路线的基本内容概括为"一切为了群众，一切依靠群众，从群众中来，到群众中去"。"从群众中来，到群众中去"是以毛泽东同志为代表的中国共产党人对群众路线的高度概括和精辟解释。

---

① 张静如：《中国共产党全国代表大会史（从一大到十七大）》（第1册），万卷出版公司2012年版，第151页。

② 张静如：《中国共产党全国代表大会史（从一大到十七大）》（第1册），万卷出版公司2012年版，第243页。

③ 《毛泽东选集》（第一卷），人民出版社1991年版，第139页。

④ 《毛泽东选集》（第三卷），人民出版社1991年版，第899页。

2. 丰富了思想政治教育的方法

毛泽东在长期的革命实践中提炼总结形成了很多关于思想政治教育的方法，具有鲜明特征和广泛影响的方法主要有以下几个方面。

开展深入的说服教育。毛泽东提出，"企图用行政命令的方法，用强制的方法解决思想问题，是非问题，不但没有效力，而且是有害的"[1]，"一定要学会通过辩论的方法、说理的方法，来克服各种错误思想"[2]。毛泽东强调说服教育的方法，为革命及新中国成立初期党的思想政治工作指明了方向。毛泽东在《关于正确处理人民内部矛盾的问题》中将人民内部矛盾定性为根本利益一致基础上的是非问题，指出这在很大程度上是人民内部的思想问题、精神世界的问题，强调"思想斗争同其他的斗争不同，它不能采取粗暴的强制的方法，只能用细致的讲理的方法"[3]，"只有采取讨论的方法，批评的方法，说理的方法，才能真正发展正确的意见，克服错误的意见，才能真正解决问题"[4]。在1957年召开的中国共产党全国宣传工作会议上，毛泽东倡导正确的思想、正确的意见与错误的思想和意见争论、交锋，在争论、交锋中引导人们认识正确思想、辨析错误思想，最终学会用正确思想来克服错误思想，"对于错误的意见，不是压服。而是说服，以理服人"[5]，"要人家服，只能说服，不能压服。压服的结果总是压而不服。以力服人是不行的"[6]。毛泽东一贯主张讨论沟通、以理服人，使人心悦诚服。

开展批评和自我批评。毛泽东指出："批评和自我批评的方法就是自我教育的基本方法。"[7] 毛泽东非常重视思想政治工作中开展批评和自我批评，通过批评和自我批评来实现自我教育。同时，毛泽东认为，"马克思主义者不应该害怕任何人批评。相反，马克思主义者就是要在人们的批评中间，就是要在斗争的风雨中间，锻炼自己，发展自己，扩大自己的阵

---

[1] 《毛泽东文集》（第七卷），人民出版社1999年版，第209页。
[2] 《毛泽东文集》（第七卷），人民出版社1999年版，第279页。
[3] 《毛泽东文集》（第七卷），人民出版社1999年版，第231页。
[4] 《毛泽东文集》（第七卷），人民出版社1999年版，第232页。
[5] 《毛泽东文集》（第七卷），人民出版社1999年版，第278页。
[6] 《毛泽东文集》（第七卷），人民出版社1999年版，第279页。
[7] 《毛泽东文集》（第七卷），人民出版社1999年版，第212页。

地"①。当然，毛泽东认为，开展批评和自我批评需要民主和民主集中制作为保障："如果没有充分的民主生活，没有真正实行民主集中制，就不可能实行批评和自我批评这种方法。"② 毛泽东还特别指出："因为我们是为人民服务的，所以，如果我们有缺点，就不怕别人批评指出。不管是什么人，谁向我们指出都行。只要你说得对，我们就改正。你说的办法对人民有好处，我们就照你的办。"③ 毛泽东倡导的这一方法，成为团结人民、教育人民的有力武器。

注重榜样示范。在革命战争时期，毛泽东就非常重视树立榜样，发挥榜样的示范教育作用。毛泽东指出，"共产党员在八路军和新四军中，应该成为英勇作战的模范，执行命令的模范，遵守纪律的模范，政治工作的模范和内部团结统一的模范"，"共产党员在政府工作中，应该是十分廉洁、不用私人、多做工作、少取报酬的模范"④，"在长期战争和艰难环境中，只有共产党员协同友党友军和人民大众中的一切先进分子，高度地发挥其先锋的模范的作用，才能动员全民族一切生动力量，为克服困难、战胜敌人、建设新中国而奋斗"⑤。新中国成立前的白求恩、张思德，新中国成立后的王进喜、焦裕禄、雷锋等体现不同时代精神的先进典型相继被树立为榜样，引导、激励了一代又一代人。

此外，广泛深入动员群众，坚持以身作则、率先垂范等也是毛泽东坚持使用的思想政治教育方法。

3. 明确了思想政治教育的内容

毛泽东非常重视马列主义理论教育，要求用马克思、恩格斯、列宁、斯大林的理论武装全党、教育干部和人民，因为马列主义"是'放之四海而皆准'的理论。不应当把他们的理论当作教条看待，而应该看作行动的指南。不应当只是学习马克思列宁主义的词句，而应当把它当成革命的科学来学习"⑥。毛泽东在《新民主主义论》中指出："应该扩大共产主义思

---

① 《毛泽东文集》（第七卷），人民出版社1999年版，第232页。
② 《毛泽东文集》（第八卷），人民出版社1999年版，第293页。
③ 《毛泽东选集》（第三卷），人民出版社1991年版，第1004页。
④ 《毛泽东选集》（第二卷），人民出版社1991年版，第522页。
⑤ 《毛泽东选集》（第二卷），人民出版社1991年版，第523页。
⑥ 《毛泽东选集》（第二卷），人民出版社1991年版，第533页。

想的宣传，加紧马克思列宁主义的学习，没有这种宣传和学习，不但不能引导中国革命到将来的社会主义阶段上去，而且也不能指导现时的民主革命达到胜利。"①

重视进行党的基本路线教育。1948年，毛泽东在晋绥干部会议上讲话中指出："许多同志往往记住了我党的具体的各别的工作路线和政策，忘记了我党的总路线和总政策。而如果真正忘记了我党的总路线和总政策，我们就将是一个盲目的不完全的不清醒的革命者，在我们执行具体工作路线和具体政策的时候，就会迷失方向，就会左右摇摆，就会贻误我们的工作。"② 1962年，毛泽东在讲话中又进一步强调："有了总路线还不够，还必须在总路线指导之下，在工、农、商、学、兵、政、党各个方面，有一整套适合情况的具体的方针、政策和办法，才有可能说服群众和干部，并且把这些当作教材去教育他们，使他们有一个统一的认识和统一的行动，然后才有可能取得革命事业和建设事业的胜利，否则是不可能的。"③

要求广泛开展爱国主义、集体主义、社会主义教育。1957年，毛泽东强调"新的社会制度还刚刚建立，还需要有一个巩固的时间。不能认为新制度一旦建立起来就完全巩固了，那是不可能的。需要逐步地巩固。要使它最后巩固起来，必须实现国家的社会主义工业化，坚持经济战线上的社会主义革命，还必须在政治战线和思想战线上，进行经常的、艰苦的社会主义革命斗争和社会主义教育"④。在利益方面，"要强调个人利益服从集体利益，局部利益服从整体利益，眼前利益服从长远利益。要讲兼顾国家、集体和个人，把国家利益、集体利益放在第一位，不能把个人利益放在第一位"⑤。

强调个人道德修养教育。毛泽东对干部、党员提出过多方面的个人修养要求，希望他们不断升华为"一个高尚的人，一个纯粹的人，一个有道德的人，一个脱离了低级趣味的人，一个有益于人民的人"⑥。对少年儿童

---

① 《毛泽东选集》（第二卷），人民出版社1991年版，第706页。
② 《毛泽东选集》（第四卷），人民出版社1991年版，第1316页。
③ 《毛泽东文集》（第八卷），人民出版社1999年版，第304页。
④ 《毛泽东文集》（第七卷），人民出版社1999年版，第268页。
⑤ 《毛泽东文集》（第八卷），人民出版社1999年版，第136页。
⑥ 《毛泽东选集》（第二卷），人民出版社1991年版，第660页。

提出了殷切期望："儿童时期需要发展身体，这种发展要是健全的。儿童时期需要发展共产主义的情操、风格和集体英雄主义的气概，就是我们时代的德育。这二者同智育是连结一道的。二者都同从事劳动有关，所以教育与劳动结合的原则是不可移易的。总结以上所说，我们所主张的全面发展，是要使学生得到比较完全的和比较广博的知识，发展健全的身体，发展共产主义的道德。"①

此外，为人民服务的宗旨教育、革命精神教育和革命纪律教育、阶级觉悟教育、艰苦创业教育和马克思主义唯物论、无神论教育等，都是毛泽东思想政治教育的重要内容。党和国家领导人邓小平、江泽民、胡锦涛、习近平继承和发扬了毛泽东关于思想政治教育的思想，拓宽了思想政治教育的内容，丰富了思想政治教育的方法，为中国社会主义事业培养建设者和接班人打下了坚实的理论基础。

---

① 《毛泽东文集》（第七卷），人民出版社1999年版，第398—399页。

第二章 美国公民教育的历史演进

公民教育的历史研究是中美公民教育比较研究的起点和基础。中、美两国的公民教育有着各自独特的历史发展轨迹。美国虽然是个年轻的国家，但公民教育开展得比较早，源起于美国建国前的殖民地时期，距今已有二百多年的发展历史。按照美国公民教育历史发展的阶段性特点，可以将美国公民教育发展的历史划分为公民教育的发轫期、形成期和稳定期三个阶段。

第一节 公民教育的发轫期：殖民地时期的公民教育

美国公民教育肇始于殖民地时期。殖民地时期，美国的教育和生活模式带着很深的欧洲烙印。在殖民地后期，带有浓厚宗教印记的类似公民教育的活动和内容开始产生。

1492年，哥伦布发现美洲大陆。在之后的一百多年中，欧洲国家，诸如西班牙、葡萄牙、法国、英国、荷兰、瑞典、丹麦等国都踏上过美洲大陆。17世纪初，英国开始向北美殖民，1607年可以作为一个标志性的时间点。1606年，英国国王詹姆士一世（James I）特许成立了伦敦公司（London Company），目的在于开发北美东海岸北纬34°—41°的殖民地。伦敦公司依据英王的"特许状"，1606年12月派出了120名殖民者前往北美。1607年5月，殖民者到达弗吉尼亚，并在詹姆斯河口建立了詹姆斯镇，成为英国在北美的第一块殖民地。

最初的北美移民主要是一些失去土地的农民、生活艰苦的工人以及受宗教迫害的清教徒。1620年9月，"五月花号"（Mayflower）从南安普顿港起航前往北美。全船共有乘客102名，其中包括英国新教中比较激进的分离派教徒35名，其余的是工匠、渔民、贫苦农民，还有14名契约奴。"他们是一群最与众不同的殖民者。他们不是贵族、手艺人或仆人——这一类人在弗吉尼亚的詹姆斯顿可以找到——他们绝大部分是些家庭——男人、女人和孩子，他们愿意忍受任何事情，如果那意味着他们能够幸福地礼拜上帝"，"他们是织布工、羊毛梳理工、裁缝、鞋匠和印刷工人"。①根据与弗吉尼亚公司签订的移民合同，他们的目的地是哈德逊河口地区，但由于海上风浪险恶，他们错过了目标。转去新英格兰不去哈德逊河的消息引起了乘客们的骚动，并引发了乘客们对未来定居点生活前景的担忧。为了建立一个大家都能受到约束的自治基础，上岸前，他们在船上拟订了一份公约。在1620年11月11日的早晨，41名自由的成年男人签署共同遵守《五月花号公约》（Mayflower Compact）："为了上帝的荣耀、基督教的发展、英国国王和国家的荣誉，我等远渡重洋，在弗吉尼亚北部建立第一个殖民地。我等在此庄严立约：为了良好的生存秩序及促进国家的进步，在上帝的见证下，为殖民地民众的共同利益而建立民主的政治体，并以此为基础逐步拟定、实施、建立公平、平等的法律、法令、宪法和国家政府机制。我等众人皆遵守该约。"②

也许这个公约的签订具有被动性和仓促性——"具有深刻讽刺意味的是，也许有一天可以这么说，'五月花'号公约标志着美利坚民族源于一群有着共同宗教信仰的教众而不是源于民主的团体"③，但它确实成为美国民主自治的肇源和基础，并成为一个鲜活的公民教育的案例。

殖民地时期的北美大陆还只是十三块先后建立的殖民地，各个殖民地有自己的法律和制度，授权的来源和自治的方式也不完全一样，没有形成统一的管理，也不是一种国家形态，在这期间恐怕还很难形成现代意义上的公民教育，但业已形成的自治组织和管理机构，以类似于《五月花号公约》为根基的自治约定，以及以传承宗教伦理为主旨开展的各种宗教活

---

　　① ［美］纳撒尼尔·菲尔布里克：《五月花号：关于勇气、社群和战争的故事》，李玉瑶、胡雅倩译，新星出版社2006年版，第7页。
　　② ［美］纳撒尼尔·菲尔布里克：《五月花号：关于勇气、社群和战争的故事》，李玉瑶、胡雅倩译，新星出版社2006年版，第40—41页。
　　③ ［美］纳撒尼尔·菲尔布里克：《五月花号：关于勇气、社群和战争的故事》，李玉瑶、胡雅倩译，新星出版社2006年版，第40页。

动、家庭教育和学校教育，实际成为传承殖民地政治和宗教传统培养未来公民的重要方式和内容。正如加里·纳什（Gary B. Nash）所总结的："清教社会最后一个具有凝聚力的因素是强调文化教育，这一点最终成为美国社会的特征。清教徒将宗教置于生活的中心，因此他们对阅读教义问答手册、赞美诗集，尤其是圣经的能力格外重视。清教徒将会读书写字视为使其在新大陆不向周围所谓的野蛮人屈服的保证。通过教育，他们能够保护自己的核心价值观。"[1]

一 发轫期公民教育的主要途径

殖民地时期公民教育主要通过家庭、学校、教会、学徒训练等途径展开，只是在不同时期，各种途径发挥的作用和地位不同。

1. 家庭

殖民地时期移民生活在印第安土著的土地上，再加上定居点的生活方式，家庭实际承担着多种功能和任务，"当时的家庭就是一个独立的生产单位，家庭成员齐心协力，伐木筑屋，开荒种地，自制生产工具和生活用品"[2]。家庭教育多采用个别阅读、对答阅读和集体阅读等不同方式。教学时大都是指导个别阅读。对答阅读即由家长和子女有问有答地阅读，常由家长问而子女答。集体阅读即家人共同阅读。

在普通家庭和富裕家庭，家庭教育有所不同。富裕家庭对孩子的教育比较系统，家长检查孩子基本的知识和技能，"子女早晨读圣经，如何学习处理家务的技术。中午用餐和午后用茶时，讨论各种知识，经常还以勤于编织养成他们的生产技能"[3]。普通家庭的教育多和劳动相结合，注重培养生产、生活技能，以适应现实生活。

殖民地时期有些地区的家庭教育还受到法律的约束。马萨诸塞1642年的法律授权城镇的市镇管理会委员"时常考察所有的父母、师傅和他们的孩子，看他们如何管教他们的子女，尤其是他们阅读和理解教义以及国

---

[1] ［美］加里·纳什等：《美国人民：创建一个国家和一种社会》（第6版）（上卷），刘德斌主译，北京大学出版社2008年版，第87页。

[2] 李青、傅颖：《美国家庭问题的历史考察》，《杭州师范大学学报》（社会科学版）1996年第4期。

[3] 滕大春：《美国教育史》，人民教育出版社1994年版，第87页。

家基本法律的能力"①，经法庭或治安官同意后，还可以"把哪些没有能力，或不适合管教和养育子女的人的孩子送出去做学徒"②。

总的来看，当时的家庭教学条件并不理想，所谓教学不过是厨房活动中附带的事务，总体水平并不高。这种家庭教育方式一直持续到美国内战前。"内战前，美国南部大部分地区的教育主要还是通过家庭、社区和教会来实现"③。

2. 学校

殖民地很早就开始建立起各种层次、各种类型的教育机构，包括以乡镇税收支付为主的准公立学校，教会创办的教区学校，以及学徒学校和私立学校等，并初步形成了初等、中等、高等教育相互衔接的学校体系。

最初创办的殖民地学校，基本是英国教育的移植，主要是为宗教信仰服务的。"当时所有的新教教徒都有一个观念，认为人类的得救不是来自旧教所宣传的教会权威，而在于每一个人与上帝的训诫直接相通。《圣经》是记载上帝语言与精神的经典，因此，为了捍卫各派教义和保证个人与上帝同在，必须通过教育学会读写，以直接领会《圣经》与教义。为此，在十三个殖民地中大都有平民的初等教育措施。"④

各个殖民地学校创办的情况不同。1634—1638 年，马萨诸塞殖民地曾在法律中规定，一切财产都需纳税，以税收兴办公共事业，包括办学校。⑤1642 年，马萨诸塞殖民地通过一项法令，"坚持了它在这块殖民地土地上的所有市镇和村庄加强对儿童的学徒训练的权力"⑥。1647 年，马萨诸塞殖民地又通过一项被称作"老骗子撒旦法"（The Old Deluder Satan Law）

---

① ［美］劳伦斯·A. 克雷明：《美国教育史：殖民地时期的历程（1607—1783）》，周玉军等译，北京师范大学出版社 2002 年版，第 89 页。
② ［美］劳伦斯·A. 克雷明：《美国教育史：殖民地时期的历程（1607—1783）》，周玉军等译，北京师范大学出版社 2002 年版，第 89 页。
③ ［美］厄本·瓦格纳：《美国教育——一本历史档案》，周晟、谢爱磊译，中国人民大学出版社 2009 年版，第 165 页。
④ 王天一、夏之莲、朱美玉：《外国教育史》（上册），北京师范大学出版社 1984 年版，第 216 页。
⑤ 王天一、夏之莲、朱美玉：《外国教育史》（上册），北京师范大学出版社 1984 年版，第 217 页。
⑥ ［美］S. E. 佛罗斯特：《西方教育的历史和哲学基础》，吴元训等译，华夏出版社 1987 年版，第 298 页。

的法律,指出:"这是老骗子撒旦禁止人们掌握《圣经》知识的重要计划","所以命令:在管辖范围内的每个乡镇区,有五十户时就要指定一人教所有儿童读和写。教师的工资由家长、保收人或居民们支付,但主要部分由税收支付。乡镇政府指令,要提供补助,使家长支付的钱数不能超过其他乡镇。后来又命令:每乡镇增加到一百户时,要设立一所文法(拉丁)学校,教育青年,适合哈佛大学的需要。假如哪个乡镇不能做到这点,超过一年,它要给附近学校五英镑,一直到它实现了这个命令"。[1]

马萨诸塞为其他殖民地提供了初等和中等教育发展的样板。此后不久,北部的一些殖民地也先后仿效马萨诸塞的做法,颁布义务教育法令,要求居民聘请教师,提供校舍,为孩子购买课本。但中部殖民地由于各国移民杂居,教派众多,没有向政府提出统一设学的要求,形成了一些由各教会所辖教区主办的教区学校,教师由教士担任,在较大的城市中还开设了私立学校。南部殖民地由于存在奴隶制,教育只局限于上层社会青年,多采用模仿英国学校模式、聘任家庭教师、送回英国接受教育等形式。

殖民地时期学校的办学形式大多仿照和移植了当时英国的学校形式。初等教育机构主要模仿英国的妇女学校和贫民初等小学而设立,中等教育机构以拉丁文法学校为主。高等教育机构早期多仿照英国牛津、剑桥大学而设立,如哈佛学院、耶鲁学院。17世纪下半叶,苏格兰爱丁堡大学、阿伯丁大学的教育模式等则直接影响了威廉与玛丽学院、国王学院和费城学院的课程设置。1700年,在北部殖民地已有39所拉丁文法学校。到1769年,殖民地已经拥有9所学院。[2] 而殖民地的人口,"到18世纪40年代突破了100万人,并在独立战争前夕达到250万人"[3]。随着人口的迅猛增长,通过建立学校来进行公民教育的途径也更加重要,并不断得到完善。

3. 教会

教会通过教堂来实施宗教教义的传授,通过宗教仪式来教化民众。当时民众到教堂礼拜是普遍、规律而虔诚的,"每个清教村庄的中心都矗立

---

[1] [美] S. E. 佛罗斯特:《西方教育的历史和哲学基础》,吴元训等译,华夏出版社1987年版,第298—299页。

[2] 王天一、夏之莲、朱美玉:《外国教育史》(上册),北京师范大学出版社1984年版,第218页。

[3] 李仲生:《发达国家的人口变动与经济发展》,清华大学出版社2011年版,第1页。

着礼拜堂。这些普通的木质建筑有时称为'主的粮仓',一周两次聚集村中的每一个灵魂。牧师是社会中地位最高的人。在这些以家庭为基础、以社会为中心的小定居点,牧师是精神领袖,这些地方把人生看作基督徒的朝圣之旅"①。清教徒以教堂为中心来实施教化,而其他教派,如来自英国的公谊会、德国和瑞典的信义会、法国的胡格诺教派、北欧的归正会,以及巴西、荷兰人控制区的犹太教等也纷纷来到北美躲避宗教迫害②,而教会无一例外都是最主要的领导者和管理者,教堂则是信徒们社会和教育活动的中心。

此外,殖民地时期的教会也是创办学校的直接推动者。1746年,长老会创办了新泽西学院(后改名为普林斯顿大学);1754年,圣公会创办了英王学院(后改名为哥伦比亚大学);同年,公理会创办了培养印第安人传教士的穆氏印第安慈善学校(后改名为达特茅斯学院);1764年,浸理会创建了罗德岛学院(后改名为布朗大学)。③ 1693年,英国国教安利甘派建立了威廉与玛丽学院,成为南部殖民地教育史中的一件标志性大事。除了9所学院基本都由教会创办外,众多的教区学校也是由教会直接创办的。

从1720年后,席卷北美大陆的两次宗教大觉醒运动持续了一个多世纪。第一次大觉醒持续了半个世纪,影响也更大,在把更多人带进了上帝的怀抱的同时,也改变了不同教派之间的力量对比,更重要的是,它强化了北美殖民地人民民族一体化、"上帝选民"命运一体化的思想意识。可以说,教会以其知识拥有者和传播者的地位,在殖民地时期发挥了重要的精神引领和文化同化作用。

4. 学徒训练

早期殖民地时期的学徒训练是基于英国1562年的《英国技工法》(English Statute of Artificers)和1601《英国济贫法》(English Poor Law)而开展的。《英国技工法》强调学徒制的教育性,使其与奴役制严格区分开来,主要对象是贫民、无业游民以及大家庭的孩子们,内容包括行业培

---

① [美]加里·纳什等:《美国人民:创建一个国家和一种社会》(第6版)(上卷),刘德斌主译,北京大学出版社2008年版,第86页。
② 刘澎:《当代美国宗教》,社会科学文献出版社2001年版,第56页。
③ 刘澎:《当代美国宗教》,社会科学文献出版社2001年版,第61页。

训、基础教育以及合理的伦理教育。①《英国济贫法》规定贫穷家庭的孩子需由教会牧师来监管,直到女孩年满 21 岁、男孩年满 24 岁,以使他们获得基本的生存技能。② 学徒期限为 5—10 年,学徒期满,徒工的能力将在一个市民会议上由牧师进行鉴定,鉴定合格方可进入行业工作,否则,继续延长学徒期限。③ 学徒未来从事的职业很多,包括面包师、铁匠、铜匠、皮匠、金银匠、油漆工、细木工、纺织工、印刷工、裁缝等。

随着殖民地的发展,学徒训练制度逐渐得到各殖民地本土颁布的相关法规的支持。1641 年,新普利茅斯殖民地(New Plymouth Colony)颁布一项学徒制法规,批准优秀的殖民者招收贫穷的儿童作为徒工到其家中,为他们提供较好的生计来源和教育机会。④ 后来,马萨诸塞湾殖民地(Massachusetts Bay Colony)、康涅狄格殖民地(Connecticut Colony)等也相继通过类似的法规。

殖民地时期的学徒训练制度从根本上来说主要是为培养手工艺人,但这种教育培训形式,"为贫穷儿童接受最为基本的识字教育以及获得生存技能创造了条件,这些都具有广泛而深远的历史积极意义"⑤。同时,也有相关的法律规定,除了培养劳动技艺外,师傅还要传授相关知识,如 1665 年纽约颁布的一项教育法令就明确要求师傅们对学徒要传授有关宗教、法律、道德、读写以及与一种职业有关的知识。⑥

二 发轫期公民教育的主要内容

殖民地时期公民教育的内容主要集中在宗教、道德、实用知识和生活技能教育方面。

---

① Gordo, H. R. D., *The History and Growth of Vocational Education*, Illinois, IL: Waveland Press, Inc, Second edition, 2003, pp. 4 – 7.
② Thompson, J. T., *Foundations of Vocational Education: Social and Philosophical Concepts*. Englewood Cliffs, N. J.: Prentice-Hall, 1973, p. 58.
③ Gordo, H. R. D., *The History and Growth of Vocational Education*, Illinois, IL: Waveland Press, Inc, Second edition, 2003, pp. 4 – 7.
④ Bennett, C. A., *History of Manual and Industrial Education up to 1870*, Peoria, IL: Manual Arts, 1926, p. 268.
⑤ 陈鹏:《简论美国学徒制的移植、断裂与重塑》,《职教论坛》2011 年第 25 期。
⑥ 惠刚:《美国职业教育的发展历程——兼论对我国职业教育的启示》,《陕西师范大学继续教育学报》2003 年第 4 期。

英属殖民地的殖民者大部分是新教徒。他们自欧洲移居北美主要是为了逃避宗教迫害，追求信仰自由。如何在新大陆确立基督教的主体地位，维护基督教的纯正性和确保信仰的连续性，是早期移民关注的主要目标。

《圣经》是殖民地教会、家庭和学校教育教学的主要内容。殖民地初期，学习的内容比较单一。简易学校的学生一般是学习简单的读写算和宗教，读写算一般是依照识字书从学习字母和音阶开始。音阶学习完了之后，就直接进入教理问答的阶段，以及诗歌、启蒙书之类的教学阶段。

早期殖民地中小学的主要教学目的是培养学生阅读《圣经》的能力。小学的主要任务是使学生能够读懂《圣经》，能够听懂传教士的讲道，能写，会计算，具备一定的谋生手段。一般会要求学生"先学习字母，然后进入与教义相关的启蒙知识。他们使用的教科书，具有明显的宗教色彩。马萨诸塞殖民地儿童使用的教科书《新英格兰识字课本》，实际上是经过简化的宗教经文，《儿童教义问答》、《教义问答手册》和《美洲儿童精神乳汁》则是当时颇为流行的初级教材"[1]，如《好孩子应当做到的》这篇课文写道："敬畏上帝、尊敬父母、不说谎话，永不迷途。爱基督、常祷告、做好事、莫迟疑。"[2] 为了监控质量，"教会代表定期考核学生熟悉和理解《圣经》的程度，以此衡量教师对宗教知识、教义问答和赞美诗掌握的水平"[3]。

文法学校的学生大部分以学习拉丁文为主，偶尔有基础的还学习希伯来文，除此之外就是读礼教和虔诚标准方面之类的书籍了。从1655年哈佛学院对新生入学的要求中，我们大致可以推断出当时的拉丁文法学校对学生的学习要求：具备一定的拉丁文水平，能阅读和书写拉丁文的散文和诗歌，并能用拉丁文讲话，具有阅读古罗马著名政治家和演说家西塞罗（前106—前43）、古罗马诗人维吉尔（前70—前19），以及其他古代作家作品的能力，并能读懂希腊文《圣经》。[4]

---

[1] 赵文学：《美国殖民地时期教育发展主要特点探析》，《东北大学学报》（社会科学版）2008年第6期。

[2] ［美］D. 郝克：《美国殖民地时期历史读物与文件汇编》，人民教育出版社1966年版，第232页。

[3] 赵文学：《美国殖民地时期教育发展主要特点探析》，《东北大学学报》（社会科学版）2008年第6期。

[4] Lawrence A. Cremin, *American Education: The Colonial Experience (1607-1783)*, New York: Harper and Row, 1970, p.185.

殖民地时期的高等院校也把宗教教育放在首位。哈佛学院早期的培养目标就是为教会培养具有良好教养的教士。1643年出版的《新英格兰早期成果》(New England's First Fruits),在讨论哈佛学院成立宗旨时就指出:"在上帝把我们安全地送到新英格兰之后,我们已修盖了自己的房屋、制作了各种生活用品,修建了礼拜堂,并组织了自己的地方政府。下一步便是为了子孙后代的繁荣昌盛,需要进一步提高他们的文化教育水平了。否则,当我们现在的传教士离开尘世之后,教会中继承他们事业的将是一批目不识丁的人。"[①] 1754年,耶鲁学院院长则声称"学院是传教士的社团,以造就从事宗教事务的人才为己任"[②]。国王学院成立时的办学目的在于"教育和指导青年理解耶稣基督,热爱并服从上帝,养成优良习惯,获得有用知识"[③];哈佛学院的主要任务就是"提供受过教育的牧师、政府官员、教师和保证未来国家稳定性的专业人员"[④]。

殖民地时期的各个学院都规定宗教课为所有学生的必修课,"神学受到广泛重视,是奠定学生哲学基础的最主要科目。各学院普遍开设由校长或著名神学教授讲授的'道德哲学'课。它试图结合基督教义、理性和科学,培养学生'正确'的思维习惯、文化观念和价值取向。另外,传教布道、研读经书需要掌握的拉丁语、希腊语和希伯来语也是各校学生学习的重要内容"[⑤]。

实用知识成为教育的主要内容主要出现在殖民地中后期。在殖民地,纽约和宾夕法尼亚传授实用知识比较早。纽约商业比较发达,为适应商业活动需要,开办了许多教授贸易知识和技能的私立学校。在宾夕法尼亚,新来的移民非常重视对子女的教育,实用教育尤其得到关注。当时在费城办起了各式各样的职业学校,如簿记学校、航海学校、音乐学校、舞蹈学校、绘画学

---

① Peirce, B., *A History of Harvard University from its Foundation in 1636 to the Period of the American Revolution*, Cambridge: Brown, Shattuck, and Company, 1833: Appendix 3.

② Brubacher, J. S., Rudy, W., *Higher Education in Transition: A History of American Colleges and Universities: 1636–1956*, New York: Harper & Row, 1958, p. 8.

③ Cubberley, E. P., *Public Education in the United States*, Cambridge, MA: Riverside Press, 1919, p. 265.

④ [美] S. E. 佛罗斯特:《西方教育的历史和哲学基础》,吴元训等译,华夏出版社1987年版,第306页。

⑤ 赵文学:《美国殖民地时期教育发展主要特点探析》,《东北大学学报》(社会科学版) 2008年第6期。

校，还有专门为学徒工人开办的夜间补习学校，为妇女开办的缝纫学校等。这与该殖民地的创始人威廉·宾（William Penn）的思想有关，也和本杰明·富兰克林的积极倡议有着密切的关系。在最初创建宾夕法尼亚殖民地的政府机构时，威廉·宾就再三强调开办公立学校，并要求当地儿童在满12岁时都要学习一门有用的行业技能，"其目的是不让一个人吃闲饭，穷人可以有一个谋生的手段，而富人一旦变穷，也可以此为生"[1]。

殖民地后期，各所学院的课程设置和培养目标都较殖民地前期有了明显的变化，逐步走出以培养牧师为主的既定目标，逐渐过渡到面向社会培养各种人才。18世纪末，全国学院的毕业生仅有1/4成为牧师。1746年，新泽西学院成立时就以培养牧师和政府官员以及律师、法官作为办学宗旨，不再单纯强调培养牧师。1755年，美国第一个无教派学院费城学院创立，学院强调造就适应工商业发展需要的人才，很少提及训练牧师。[2] 耶鲁学院院长克莱普亲自向学生讲授有关"国民政府的性质"，"法院种类"，"宪法、土地法、民法、惯例法、军事与海事法规"，"农业、商业航海、医学、解剖学"等专业领域的知识。国王学院于1774年增设航海、测量、矿物学、地理、商业管理及家政等实用性课程。[3]

1750年后，由于经济、政治的发展，中、高等教育的内容更加实用。1749年，富兰克林发表了《对宾夕法尼亚州青年教育的几点意见》（Proposals Relating to the Education of Youth），倡导建立一种用英语代替拉丁语教学，注重向学生传授实际有用的知识和技能，能够为更多的民众服务的中等学校。1751年，按照富兰克林的建议，中学开始重视英语、现代外语和实科知识，被称为文实学校。一些大城市还出现了交费即可入学的私立中学，课程中也重视实用的职业知识。在一些高等院校中，学生信教自由，课程内容也倾向自由主义和实用的要求。[4] 从各校毕业生从事的职业情况来看，从事神职工作的人数日趋下降。18世纪上半期，各校毕业生中

---

[1] L. B. Wright, *The Cultural Life of the American Colonies*, New York: Harper & Row, 1957, p. 108.

[2] 郭健：《哈佛大学发展史研究》，河北出版传媒集团2016年版，第33页。

[3] 赵文学：《美国殖民地时期教育发展主要特点探析》，《东北大学学报》（社会科学版）2008年第6期。

[4] 王天一、夏之莲、朱美玉：《外国教育史》（上册），北京师范大学出版社1984年版，第219页。

大约有一半成为教士，到 1761 年，这个比例下降到 37%，1801 年为 22%，1836 年，"信仰复兴精神"使该比例回升到 30%，其后，该比例持续下降，1861 年为 20%，1881 年为 11%，1900 年仅为 6.5%。①

三 发轫期公民教育的主要思想和观点

殖民地时期的中后期活跃着一批资产阶级民主主义的思想家和宣传者，他们著书立说，宣传自由、平等思想，这些启蒙思想家的革命宣传主观上是为了争取独立战争的胜利，客观上却成为一场为争取独立而对公民实施教育的过程，其中以本杰明·富兰克林（Benjamin Franklin）、托马斯·潘恩（Thomas Paine）和托马斯·杰斐逊（Thomas Jefferson）的影响力最为显著。

1. 本杰明·富兰克林

本杰明·富兰克林（1706—1790）组织、参与或发起了一系列公民活动，主要包括：

（1）组织"共读社"

1728 年，富兰克林组织"共读社"（也称"皮围裙俱乐部"）和哲学研究会。"每星期五聚会一次。我起草一个章程规定，每个会员应轮流交出一个或数个有关道德、政治或自然科学方面的问题来，大家共同讨论，每隔 3 个月交送并宣读本人的短文一篇，题目可任选"②。当时，大多数殖民地民众的受教育程度低，仅有少数人能够阅读伏尔泰等法国启蒙作家的作品，"但是富兰克林等人的努力使很多人受到了新思潮的影响，尤其是城市居民。这便点燃了一种希望，受到富饶环境恩泽的美洲人或许可以实现启蒙运动的理想，建立一个完美社会"③。

（2）主编报纸

1728 年，富兰克林出版费城第一份报纸《宾夕法尼亚公报》，大获成功。报纸内容主要是官方公告、杂文、新闻和广告，从数量上看，广告所

---

① Brubacher, J. S., Rudy, W., *Higher Education in Transition: A History of American Colleges and Universities: 1636 – 1956*. New York: Harper & Row, 1958, p. 11.
② [美] 本杰明·富兰克林：《本杰明·富兰克林自传》，李瑞林、宋勃生译，国家行政学院出版社 1998 年版，第 66 页。
③ [美] 加里·纳什等：《美国人民：创建一个国家和一种社会》（第 6 版）（上卷），刘德斌主译，北京大学出版社 2008 年版，第 133 页。

占版面最大，而新闻中绝大部分内容是关于欧洲和英国的，这成为殖民地了解母国的重要信息来源。

（3）建立图书馆

1731年，富兰克林与其他人合力组建了费城的第一家公共图书馆。图书馆收藏的书籍包括神学、历史、文学、科学等。富兰克林在其自传中评价道："这就是北美众多捐资读者图书馆的源头。图书馆如今已是个伟大的事业了，并在不断地增多。众多的图书馆已改善了美国人民的日程生活、交谈，使得普通的工人、农民变得如其他一些国家的大多数人一样文明、聪明，并且可能在某种程度上为殖民地人民广泛开展保卫自身权力的斗争做出了贡献。"①

在长期的公民教育实践中，富兰克林还提出了自己的公民教育观点，主要在《本杰明·富兰克林自传》（简称《自传》）和《穷理查年鉴》（也译为《格言历书》）中得以体现。富兰克林在自传中列出了自己当时认为的值得和必须做到的十三种德行，包括节制、少言、秩序、决心、节俭、公正、勤勉、谦虚等，这些关于美德的论述，被后人编成美德故事书或小学生读物，用来教育孩子。《自传》全书展现了富兰克林在自学、创业、研究等方面的进取心和不屈不挠的精神，被称为"一份独一无二的美国圣书"②，同时，也从一个侧面反映了北美殖民地人民不断觉醒和争取解放的过程。《自传》对美国民众的人生观、道德观、事业观都产生了深远的影响。《穷理查年鉴》是富兰克林自1758年以来连续编撰的历书，假托一个名叫"穷理查"的人以谈生活经验的形式写成。富兰克林在年鉴中利用成语、插图和寓言等形式，介绍科学知识，批判宗教偏见，宣传关于创业治学、处世持家、待人律己等道德原则。《穷理查年鉴》成为13个殖民地区的畅销书，发行量达到1万册，费城家庭几乎人手一本，成为许多家庭除了《圣经》外的第二本书。《穷理查年鉴》教导人们勤奋工作，诚实守信，对事物持有健康的怀疑态度，对殖民地人民有很好的启蒙教育作用，在一定程度上反映了北美广大人民自力更生、发展民族经济、争取自由解

---

① ［美］本杰明·富兰克林：《本杰明·富兰克林自传》，李瑞林、宋勃生译，国家行政学院出版社1998年版，第77页。

② ［美］本杰明·富兰克林：《本杰明·富兰克林自传》，李瑞林、宋勃生译，国家行政学院出版社1998年版，"序言"第5页。

放的愿望。同时，对于构建殖民地人民共同的价值观也起到了积极作用。

2. 托马斯·潘恩

1774年10月，托马斯·潘恩（1737—1809）以契约奴身份来到美洲，凭富兰克林的推荐在费城担任《宾夕法尼亚》杂志的编辑。当时北美人民反英情绪高涨，但同时，殖民地人民的君主制观念依然根深蒂固。在这种形势下，潘恩发表了《常识》。在这本厚度不过50页、字数不到3.5万字的小册子中，潘恩用"泛论政权的起源和目的，并简评英国政体""论君主政体和世袭""对北美目前形势的意见""论北美目前的能力：附带谈一些杂感"和"附记"五个部分，宣扬他认为是常识一样的真理，具体包括：

（1）英王和英国议会是罪恶和残暴的，也并非北美的母国

"如果我们能够扯掉古代隐蔽的遮盖，追溯到他们发迹的根源，我们就会发现，他们的始祖只不过是某一伙不逞之徒中的作恶多端的魁首罢了。"[1]"我们曾经自夸受大不列颠的保护，不去注意它的动机是利益而不是情谊。"[2] 英国并非北美的母国，"欧洲，而不是英国，才是北美的亲国"[3]。潘恩说，如果英国是父母，其表现就连豺狼和野蛮人都不如，因为"豺狼尚不食其子，野蛮人也不同亲属作战"[4]。

（2）独立是唯一出路

潘恩指出："但一切论据中最有力的是，除了独立（即联合殖民地的政权形式）以外，再没有别的方式能维持大陆的治安，使它不受内战的侵害"[5]，"英国属于欧洲，北美属于它本身"[6]，并断言："现在是分手的时候了"[7]，因为没有选择的权利，"作为最后手段的武力决定着这场争执：诉诸武力的办法是由英王选择的，北美大陆已经接受了这个挑战。"[8] 潘恩还分析了独立的好处："北美的真正利益在于避开欧洲的各种纷争，如果它由于对英国处于从属地位，变成英国政治天秤上的一个小小的砝码，它

---

[1] [美]潘恩:《常识》，马清槐译，商务印书馆1961年版，第32页。
[2] [美]潘恩:《常识》，马清槐译，商务印书馆1961年版，第39页。
[3] [美]潘恩:《常识》，马清槐译，商务印书馆1961年版，第40页。
[4] [美]潘恩:《常识》，马清槐译，商务印书馆1961年版，第40页。
[5] [美]潘恩:《常识》，马清槐译，商务印书馆1961年版，第50页。
[6] [美]潘恩:《常识》，马清槐译，商务印书馆1961年版，第47页。
[7] [美]潘恩:《常识》，马清槐译，商务印书馆1961年版，第42页。
[8] [美]潘恩:《常识》，马清槐译，商务印书馆1961年版，第37页。

就永远不能置身于纷争之外。"① 他认为在英国统治下，只会被英国拉进混乱的欧洲事务之中，对发展中的殖民地的利益和安全都构成不利影响。

（3）实行共和政体

"让我们为宪章加冕，从而使世人知道我们是否赞成君主政体，知道北美的法律就是国王"②，"那就不妨在典礼结束时推翻国王这一称号，把它分散给有权享受这种称号的人民"③，"只要我们能够把一个国家的专权形式，一个与众不同的独立的政体留给后代，花任何代价来换取都是便宜的"④。

《常识》不出三个月就发行 12 万册，总销售量达 50 万册以上。《常识》彻底改变了当时美国保守派的态度，为美国独立打下了理论依据。

3. 托马斯·杰斐逊

托马斯·杰斐逊（1743—1826）参加或推进了多项推动公民教育的重要活动，主要包括：①积极推进立法。1776 年，杰斐逊被选入新成立的弗吉尼亚代表议会。三年时间，杰斐逊起草了 126 条法案。他起草的《废止限嗣继承法规》，沉重打击了从英国带到美洲的封建主义残余。他起草了《弗吉尼亚宗教自由法案》，并使这一法案在州议会获得通过，使政教分离，并使司法体系现代化。②组织反英斗争。1769 年杰斐逊当选为弗吉尼亚议会议员，1773 年与帕特里克·亨利（Patrick Henry）等人成立弗吉尼亚通讯委员会，进行反英斗争。③组建政党。1793 年底，杰斐逊辞去国务卿职务，建立和领导民主共和党（Democratic-Republican Party），与亚历山大·汉密尔顿领导的联邦党（Federal Party）相抗衡，对日后美国两党制的形成和发展有重大影响。④创建新型大学。创立弗吉尼亚大学，成为美国第一所与宗教学说完全无关的高等学院。

在这个过程中，杰斐逊还系统阐述了其民主思想，对美国建国后公民教育思想的发展产生了重大影响，主要包括：

（1）人人生而平等的自然权利思想

自然权利学说在 16 世纪文艺复兴时代被提出来，经过 17、18 世纪欧洲

---

① ［美］潘恩：《常识》，马清槐译，商务印书馆 1961 年版，第 42 页。
② ［美］潘恩：《常识》，马清槐译，商务印书馆 1961 年版，第 53—54 页。
③ ［美］潘恩：《常识》，马清槐译，商务印书馆 1961 年版，第 54 页。
④ ［美］潘恩：《常识》，马清槐译，商务印书馆 1961 年版，第 57 页。

启蒙思想家的发扬，到 18 世纪末风靡一时，并在殖民地深入人心。自然权利学说强调人类生活在"自然状态"中，人人都是自由的、平等的，人们只服从"自然法则"，而不受任何人的管辖。一切人都享有自由、平等的"自然权利"，这种权利是生来就有的，是神圣不可侵犯的。杰斐逊继承并不断充实这一学说。杰斐逊在 1770 年就公开说过："在自然法则下面，一切人生来都是平等的。"① 这是他关于自然权利的最早的言论。1774 年，杰斐逊在《英属美利坚权利概观》中又指出，人们的权利"来源于自然法则，而不是他们的国家元首所赐予的"②。1776 年，在他所执笔草拟的《独立宣言》原稿中，对自然权利学说作了正面的阐述："我们认为下面这个真理是神圣的和无法否认的：人人生下来就是平等的和独立的，因而他们都应该享有与生俱来的，不能转让的权利，其中包括生命、自由和追求幸福的权利。"③

（2）人民主权论的思想

杰斐逊在《独立宣言》中列举人民的自然权利之后，紧接着指出："为了保障这些权利，所以才在人们中间成立政府，而政府的正当权力，则得自被统治者的同意。"④ 1793 年，杰斐逊还写道："我认为组成为一个社会或国家的人民，是那个国家的一切权威的来源；他们有靠他们认为合适的任何代理人来处理他们公共事务的自由；有撤换这些代理人的个人或他们的组织的自由，在他们愿意的任何时候。"⑤ 杰斐逊多次表述了人民主权思想。刘祚昌先生认为，人民主权思想虽不是由杰斐逊首创，但杰斐逊的贡献有两点，第一，他把这个思想用朴素的语言写进《独立宣言》这个重要的历史文件中去，使其成为指导美国人民和英国殖民者进行斗争的强有力的武器。第二，他使这个学说的内容更具体化了。⑥

---

① Dumas Malone, *Jefferson and His Time*, *Volume I*, *Jefferson the Virginian*, Boston: Little, Brown and Company, 1948, p. 175.

② Julian P. Boyd, *The Papers of Thomas Jefferson*, *Volume I*, Princeton University Press, 1950, p. 134.

③ Julian P. Boyd, *The Papers of Thomas Jefferson*, Volume I, *Princeton University Press*, 1950, p. 423.

④ Julian P. Boyd, *The Papers of Thomas Jefferson*, Volume I, *Princeton University Press*, 1950, p. 123.

⑤ Philip Foner, *Basic Writings of Thomas Jefferson*, New York: Willey Book Co., 1944, p. 52.

⑥ 刘祚昌：《略论托马斯·杰斐逊的民主思想》，原载于中国美国史研究会《美国史论文集》，生活·读书·新知三联书店 1980 年版，第 170—280 页。

(3) 对政府权力制约的思想

杰斐逊认为欧洲制度的弊端在于各国政府权力的不断膨胀，最终产生腐化和暴政。为防止美国政府权力膨胀，他主张实行三权分立，立法、行政、司法三个权力互相牵制、互相平衡，而把三个权力都集中在一个主体，就会产生压迫人民的暴政："把全部管理权力都总揽和集中到一个主体手中的，……毁灭了人的自由和权利。"[1] 因此政府"不仅仅建立在自由原则的基础上，而且在几个政权机构之间实行分权和互相平衡，俾无一个政权机构能够超越其合法限度之外，而由其他机构予以牵制和限制"[2]。杰斐逊认为不仅三个权力要分开，而且三个权力还要互相牵制，互相平衡，不使任何一个权力过大，以致凌驾于其他权力之上。

殖民地初期，主要靠宗教在精神上将北美人统一起来。殖民地后期，主要是通过本杰明·富兰克林、托马斯·潘恩以及托马斯·杰斐逊等人阐述的资产阶级民主思想，将殖民地的北美人团结起来，他们以《独立宣言》作为旗帜，取得了民族独立的伟大胜利。

第二节 公民教育的形成期：美国建国至"一战"前的公民教育

美国建国后至"一战"爆发前，公民教育在社会发展过程中逐渐形成了体系，构成了美国公民教育的基本模式和框架。

1776年7月4日，由大陆会议通过并发表的《独立宣言》，标志着十三个英属殖民地独立建国的开始。1787年，美国《宪法》颁布，奠定了美国立国的基础。建国后的美国人口飞速扩张。1800年，美国人口仅为530万人，远远不足以推动其不断扩大的领土内的工农业生产发展。为此，美国针对国内劳动力不足的问题，采取了鼓励移民大量入境的政策。到1860年，美国人口增至3144万人。[3]

随着国家不断扩展，联邦政府与南方州政府在蓄奴问题上的分歧不断

---

[1] Vernon Louis Parrington, *Main Currents in American Thought Volume I*, Univ. of Oklahoma Pr., 1954, p. 157.
[2] Dumas Malone, *Jefferson and His Time: Volume I*, Little, Brown and Company, 1948, p. 380.
[3] 李仲生：《发达国家的人口变动与经济发展》，清华大学出版社2011年版，第3页。

加大。1860年，亚伯拉罕·林肯（Abraham Lincoln）当选总统后，南北方的冲突彻底爆发，内战开始。南北战争后，奴隶制度被废除，美国从19世纪初就开始的工业化在内战后步入成熟阶段。到第一次世界大战时，美国已经从一个农村化的共和国变成了城市化的国家。1790年，美国拥有8000人以上的大城市只有5个，其人口不到13万人。1820年城市人口占总人口的比重为7.2%。到1870年，城市数目增至663个，城市人口占总人口的比重为25%。城市数目和城市人口的年平均增长率分别为4.9%和5.5%……到1920年，有5020万人居住在2722个城市中，城市人口占总人口的比重为50.9%。①

美国建国后就认识到公民教育的重要性。美国独立宣言的起草者之一的本杰明·拉什（Benjamin Rush）曾明确指出："战争已告终结，但就美国革命而言，则远非终结。恰恰相反，这不过是伟大戏剧的第一幕刚刚完毕而已。我们还要建立和完善我们的新政府；当这个政府建立和完善之后，还须给我们的公民以新思想、新道德和新态度来适应这个新政府。"②

19世纪30年代贺拉斯·曼对公立学校的推动，使美国公民教育发展进入了一个新阶段，即通过公共教育运动来推动公民教育的发展。但真正对美国公民教育模式产生影响的，是内战后大量移民涌入所带来的变化。1860—1910年，大约有2300万移民迁入美国。1881—1910年这三十年间到美国的1390万新移民中③，大多数来自意大利、俄罗斯、希腊等国，信奉天主教或犹太教，其中1891—1900年的移民在总移民中的占比为51.9%，1901—1910年为70.8%。④ 1911年，美国移民委员会发布了针对新移民的调研报告，对新移民职业情况、学业成就、文盲率、出生率、同化率等进行了统计。报告认为新移民具有比较大的犯罪倾向和较高的文盲率，与老移民相比缺乏职业技能。老移民强化了美国，而新移民会给美

---

① 杨荣：《工业革命对美国城市化的影响》，《安庆师范学院学报》（社会科学版）2002年第5期。
② 滕大春：《美国教育史》，人民教育出版社2001年版，第136页。
③ Bureau of the Census, *Historical Statistics of the United States: Colonial Times to 1970*, Washington, D. C.: Government Printing Office, 1975, pp. 105–106.
④ 黄兆群：《熔炉下的火焰——美国的移民、民族和种族》，东方出版社1994年版，第47页。

国带来无法弥补的灾难。① 不同的信仰，不同的社会派别，客观上需要一种新的民主精神来维系。

针对新移民对美国公民社会的冲击，教育家埃尔伍德·丘伯利（Ellwood Cubberley）在1907年也表示了担忧："这些南欧和东欧移民与先于他们到来的北欧移民有很大的不同。他们没受过教育，温顺，缺少独立和创造精神，并且不具备盎格鲁—撒克逊人关于法律、秩序和政府的观念，他们的到来极大地冲淡了我们的民族根基，并且破坏了我们的公民生活。我们的任务就是……尽可能地在他们子女的心中种下盎格鲁—撒克逊人关于公正、法律、秩序和民众政府的观念，同时唤醒他们对我们的民主制度和那些认为在我们的民族生活中具有永久价值的东西的崇敬。"②

丘伯利实际上提出了具体的解决办法，那就是通过教育来完成公民同化的任务。而在工业化的过程中，安德鲁·卡内基（Andrew Carnegie）、约翰·戴维森·洛克菲勒（John Davison Rockefeller）等人建立了庞大的工业帝国，他们对教育都表现出了浓厚的兴趣。在他们的帮助下，成立了很多学院、大学以及一些条件较好的公立学校，这些学校尤其是公立学校的快速发展，为体系化地开展公民教育提供了条件。为了使移民尽早"美国化"，以及美国本土居民了解他们所在国家的政治制度，美国开始在公立学校开设专门的课程"美国政治史"（Political History），讲授美国的政治制度和政治过程，"在19世纪后期的几十年内，学校担负着美国化的责任，主要向青年一代传授英语以及美国历史常识和公民学"③。

一 形成期公民教育的主要途径和内容

形成期美国各级各类学校特别是公立学校得到快速发展，学校成为承担公民教育的重要途径。这个时期美国开始的公共教育运动在公民的受教

---

① Butts, R. Freeman And Others, *History of Citizen Education Colloquium Papers*, Washington, D. C.: National Inst. of Education (DHEW), 1978, p. 196.

② Stephen Macedo, *Diversity and Distrust: Civic Education in a Multicultural Society*, Cambridge, MA: Harvard University Press, 2000, p. 91.

③ ［美］劳伦斯·A. 克雷明：《美国教育史：城市化时期的历程（1876—1980）》，朱旭东等译，北京师范大学出版社2002年版，第264页。

育权、教育的公共性，以及培养"好公民"中发挥了巨大作用。

1803年，俄亥俄州率先在州宪法中明确规定："公民接受教育的权利不应当由于后天的因素而造成差别。"① 南北战争后，国家认同的意识进一步强化，公立学校在承担公民教育方面被赋予了更大职能。1821年，美国第一所免费的公立中学英语古典学校（English Classical School）在波士顿建立，目的是为那些不打算继续学习大学课程的年轻人提供良好的英语教育，使他们能积极地生活，具备在公共和个人生活中所需的素质②。但在此后的半个多世纪中，公立中学并没有取得真正的发展。1871年，美国圣路易斯教育局局长哈里斯表示了担忧："可以期望的是，在公共学校中比在其他任何地方更能体现美国学校的精神。如果年轻一代不是发展民主思想，那么，责任就在于公共教育制度。"③ 直到1874年，密歇根州高等法院关于卡拉玛祖案（the Kalama-zoo case）的判决直接推动了公立中学的发展。从19世纪80年代开始，公立中学的数量进入了一个高速增长的时期。据统计，1880—1890年，美国共有公立中学2526所，学生202963人。到1900年，公立中学达到6005所，学生519251人。到1920年增至220万人，14—17岁适龄青年入学率达到28%。④

形成期美国公民教育主要通过学校课程及活动、社会组织及活动等途径进行，同时，美国政党制度的形成和对公民的政治动员，也成为这个时期美国公民教育发展的重要影响因素。

1. 学校课程及活动

形成期美国学校课程中承担公民教育任务的主要是公民科与社会科、历史等学校课程。

（1）公民科与社会科

18世纪末，继《美国史》和《美国政府》教科书问世后，美国于

---

① 吴德刚：《中国全民教育问题研究——简论教育机会平等问题》，教育科学出版社1998年版，第134页。

② David B. Tyack, *Turning Points in American Educational History*, Lexington: Xerox College Publishing, 1967, p. 363.

③ [美]劳伦斯·A. 克雷明：《学校的变革》，单中惠等译，上海教育出版社1994年版，第19页。

④ [美]乔尔·斯普林：《美国学校——教育传统与变革》，史静寰等译，人民教育出版社2010年版，第235页。

1790 年开始在公立学校系统开设公民科（Civics）课程。那时开设公民科的目的十分明确，就是要培养学生的爱国心，以及对美国政治制度、国家理念的理解。1787 年，本杰明·拉什写道："为使我们公民之原则、道德与举止能与共和政府之形式相适应，绝对有必要将每一种知识传播于美利坚合众国之各处。为此，学校应教授'与政府有关之一切事宜'。"[①] 但在初期，公民科的内容还多集中在职业指导、适应个人家庭生活和社会生活等方面，在教学方法上，主要采取传统的问答和记忆的方式。

19 世纪中叶，学校的公民科课程加强了对政治价值观的教学，但大部分学校仍然以名人逸事为主要内容。"教科书强调各种光辉灿烂的价值，如自由、平等、爱国、基督教仁慈的美德，在当时又加上了（尤其是在新英格兰地区）中产阶级的道德：工作勤劳、诚实和正直、个人努力以取得成就，以及服从合法的权威。"[②]

20 世纪初，随着大批移民来到美国，融入美国文化的要求也更加强烈和具体。因为担心移民的到来对美国主流文化产生威胁，以及先前的说教式方法教育效果不理想，一些教育学者在 1880—1890 年提出了加强"美国历史的学习"的主张，并得到了美国十大教育团体委员会的赞同。19 世纪末，教育界感到原来完全以政治为内容的公民教育相对局限，不符合社会的发展对公民的要求。1916 年，全美教育协会（National Education Association，NEA）就公民教育的内容、方式、课程设置等向全国学校提出了建立"社会科"的建议报告。同年，全美教育协会（NEA）下属的中等教育重组委员会发表了报告——《中等教育的社会科》（Social Studies in Secondary Education），"这份报告被评价为美国公民教育史中最重要的文件"，因为"它首创了'社会科'（Social Studies）这一用语，以此指明了正规的公民教育形式，并明确地提出了这一领域中全部有助于该目标的那些主题"[③]。1918 年，美国正式建立了

---

① ［美］劳伦斯·A. 克雷明：《美国教育史：城市化时期的历程（1876—1980）》，朱旭东等译，北京师范大学出版社 2002 年版，第 123 页。

② ［美］富兰克·布朗：《美国的公民教育》，陈光辉译，东大图书公司 1988 年版，第 55 页。

③ Murry R. Nelson, *The Social Studies in Secondary Education: A Reprint of the Seminal 1916 Report with Annotations and Commentaries*, ERIC Clearinghouse for Social Studies/Social Science Education, 1994, p. 8.

"社会科"。

社会科的设立丰富了公民教育的内容,社会科不但包括历史、公民学和政府等课程,而且还包括社会学和经济学等方面的知识。同时,学校相应地在第三、四年级设立了"社区教育",在第九和十二年级开设公民学课,美国历史在第五、八、十一年级开设,地理、州历史、欧洲或世界历史一般在第七和十年级开设。

社会科的出现,将公民教育放置在比国家更广阔的生活世界当中,承认了理解社会、研究社会问题对于塑造公民的重要性。正如宾夕法尼亚大学内尔森教授(Murry R. Nelson)所说的,"在承认历史和社会学科对公民教育贡献的重要性时,委员会就已经承认了公民教育是比分权治理原则更重要的某些东西"[1]。与原有的公民科相比,在社会科体系指导下的公民教育视角更加广阔,内容也更加广泛。用社会科代替公民科的目的及重要意义还在于,旧的公民科几乎只有对政府机构颁布的法律政策的学习,它必须让位于新的公民科,学习为了促进人类发展的各种社会努力。让学生知道总统是如何产生的同时也让他们明白社区卫生公务员的职责更重要。[2]所谓的"正规的公民教育形式",指的就是由历史、地理和公民科所组成的多学科教育领域。

(2)历史

美国建国后,民族意识被强化,了解和学习历史尤其是美国历史被看成当时进行爱国主义教育的最好手段。一些政治家、思想家、文学家对历史作为美国中小学一门课程开设起到了积极的推动作用。杰斐逊提出,公民教育的主要读本就是历史,"历史能让人们了解过去,能使他们判断未来;历史将使他们的经验,在任何时候和任何国家中皆可所用;历史可以使他们能胜任对人民的行动和设计予以甄别;历史的假定能使人们了解在任何伪装下的野心,因而了解历史就可以防患于未然"[3]。

---

[1] Center for Civic Education, *National Standards for Civics and Government*, CA: Center for Civic Education, 1994, p. 5.

[2] R. Freeman, Butts, *The Revival of Civic learning: A Rationale for Citizenship Education in American Schools*, Bloomington IND, Phi Delta Kappa Education Foundation, 1980, p. 65.

[3] B. Frank Brown, *Education in Responsible Citizenship: The Report of the National Task Force on Citizenship Education*, New York: McGraw-Hill Book Company, 1977, p. 49.

本杰明·拉什强调，对美国制度的未来捍卫者最重要的是教导他们学习历史，特别是教他们"古代共和国以及欧洲各国的自由与专制演进的历史"①。著名词典学家诺亚·韦伯斯特（Noah Webster）也认为，"想改进年轻人的心智和提高年轻人的情趣，也要用美国的地理、历史、政治去教导他们"②。韦伯斯特还于 1785 年在其《英语文法论》一书里，专门编写了美国地理同历史的短篇故事。1787 年，约翰·素卡洛奇（John M. Culloch）编写了第一本美国史教材《美国史入门》（Introduction to the History of America）。1827 年，马萨诸塞州议会以立法形式规定本州中学必须开设美国史课程，到 1837 年，马萨诸塞州三分之二以上的中学开设了美国史。③

随着公立学校的普及，历史课程也逐渐在美国中小学陆续开设了历史课程，到课程内容、历史内容的年级分配、与大学入学考试科目的衔接等问题，但各州、各学校各不相同。针对这些问题，一些教育团体和其他组织尝试探索改革。1884 年，美国历史学会成立。1892 年 7 月，美国全国教育委员会（the National Council of Education）成立了中等学校课程十人委员会（the Committee of Ten on Secondary School Studies），主要职责是负责组织召开有中学和大学教师参加的关于中学各主要学科的研讨会，以"探讨学科的恰当界限、最佳的教学方法、最适宜的时间分配以及测试学生成绩的最佳方式等"④。中等学校十人委员会召开了九门学科的研讨会，包括：拉丁语，希腊语，英语，其他现代语言，数学，物理、天文和化学，博物学（生物，包括植物学、动物学和生理学），历史、公民政治（Civil Government）和政治经济学，地理（自然地理、地质学和测量学）⑤。虽然名为中等学校十人委员会，但其于 1893 年出具的报告所涉及的内容却非常广泛，涉及中学的性质、中学教育的宗旨、中学课程设置方案、中小学

---

① 瞿葆奎：《课程与教材（上册）》，人民教育出版社 1990 年版，第 69 页。
② 瞿葆奎：《课程与教材（上册）》，人民教育出版社 1990 年版，第 69 页。
③ 孙立田：《美国中学历史课程的确立与改革》，《历史教学月刊》1999 年第 2 期。
④ National Educational Association, *Report of the Committee of Ten on Secondary School Studies*, with the Reports of the Conferences Arranged by the Committee, Knoxville: American Book Company, 1894, p. 3.
⑤ National Educational Association, *Report of the Committee of Ten on Secondary School Studies*, with the Reports of the Conferences Arranged by the Committee, 1894, p. 5.

学制以及中学与大学的关系等。关于历史，制订了一个八年历史课计划，规定小学、中学各四年。以中学历史课程安排为例：第一年，法国史，讲授时以说明中古同近代史的发展为目的；第二年，英国史，要求同法国史一样；第三年，美国史；第四年，选择一个特别时期进行精深的研究。报告对历史课程的授课内容、授课年级做了相对具体的规定。同时，该委员会提出在教学方法上要少用讲演，多用即兴讨论和辩论，强调学生历史思维的训练。

1896 年，新英格兰委员会试图解决中学历史课程安排与大学入学考试科目衔接问题。委员会提出七个主题，每一主题讲授一年。其主题如下：希腊史，着重讲授希腊的生活、文学和艺术；罗马史（止于公元 800 年）；德国史，讲授时以说明中古史和近代史的一般运动为目的；法国史，要求同德国史一样；英国史，着重注意社会和政治的发展情况；美国史和政治大纲；某一时期的特别研究。

1898 年，美国历史学会"七人委员会"考察中等教育的历史课，强调历史在公民教育中的价值，呼吁把传统的历史课作为社会科的堡垒。[①]该委员会强调，历史培养学生的公民能力，让学生成为明智的公民；历史通过引导学生看到因果关系培养学生的判断力；历史的学习不仅获得知识，而且训练系统化这些知识的能力，养成科学家思考的习惯。[②]中学历史课应该像大学那样设置古代史、中世纪史、现代欧洲史、英国史、美国史等几个部分，这个建议后来被广泛采纳。1907 年，美国历史协会根据校长协会的请求，再次组织了一个五人委员会，重新设计了历史课程安排，进一步提高了近代史的地位。新定课程如下：第一年，古代史至公元 800 年左右；第二年，1760 年前的英国史，包括英国同上古世界的关系，并尽量多讲欧洲大事，美洲移民史；第三年，近代欧洲史，1760 年以后的英国史；第四年，美国史和政治。

经过一系列改革，"一战"爆发前夕，美国中学历史课程体系基本确定。其鲜明特点是历史在公民教育中的重要性得到了重视，课程偏重欧洲史和本国史，但忽视亚洲、非洲、拉美广大地区的历史。

[①] 唐克军：《美国学校公民教育》，中国社会科学出版社 2012 年版，第 53 页。
[②] Ronald W. Evans, *The Social Studies Wars: What Should We Teach the Children*, Teacher College Press, 2004, p. 12.

2. 社会组织及活动

除了通过学校的课程来实施公民教育外，形成期社会组织、社会团体在公民教育中的作用逐渐凸显出来。内战以后，美国出现了一些全国性的社会团体，如美国内战联邦退伍军人协会（the Grand Army of the Republic，GAR）、美国革命女儿会（The Daughters of the American Revolution，DAR）等，这些组织在化解南北矛盾、激发民族凝聚力等方面发挥了积极作用，可以说，"内战后的几十年是美国人民国民意识大爆发的时期……现今的种种爱国举措、组织和象征大多数是源起于那一时期或是建立于那一时期"[1]。

美国内战联邦退伍军人协会成立于1866年，1956年解散。GAR是美国最早的支持美国政治活动的组织之一，主要参与的活动有支持黑人退伍军人的投票权，推进爱国主义教育，推动阵亡将士纪念日（Memorial Day）成为国定假日，游说美国国会建立定期的退伍军人津贴等。其巅峰期是在1890年，会员曾达到49万人之多。[2]

美国革命女儿会成立于1890年，1896年成为国会授予特许状的群众性组织。根据协会规定，其成员必须是美国独立战争时期革命前辈嫡系子孙当中的女性。DAR是一个非营利的妇女志愿者服务性组织，其宗旨是弘扬爱国精神，维系美国历史，为少年儿童提供更好的教育以保障美国的未来。目前其会员有16.5万人，在美国和世界上十多个国家建立有3000个支部。[3]

此外，形成期美国一些重要的政治纪念日逐步确定下来。内战前，美国带有明显政治意义的纪念日只有7月4日的"独立日"（Independence Day）和每年2月第三个星期一的"华盛顿生日"（Washington's Birthday）。内战后，为促进南北和解，各界开始倡议建立或恢复一些新的全国性周年纪念日，如阵亡将士纪念日（Memorial Day）、国旗纪念日（Flag Day）。

阵亡将士纪念日始于1866年的5月，是为了纪念南北战争中牺牲的将士们。1873年，纽约州政府开始官方承认、纪念阵亡将士。1890年，这个节日也得到了北方各州的认可。阵亡将士纪念日是一个联邦假日。1918

---

[1] Lyn Spillman, *Nation and Commemoration: Creating National Identities in the United States and Austria*, New York: Press Syndicate of the University of Cambridge, 1997, pp. 24-25.

[2] https://en.wikipedia.org/wiki/Grand_Army_of_the_Republic, 2018-12-22.

[3] https://www.dar.org/national-society, 2018-8-12.

年第一次世界大战结束后，阵亡将士纪念日逐渐演变为纪念那些在战争中死去的美国士兵。1971年，为了让更多的人能够方便地纪念这一天，联邦政府将其定为国家节日，并将日期定为5月的最后一个星期一。

国旗日是为了纪念美国大陆会议1777年6月14日通过了美国第一面正式国旗，但实际上并没有得到严格的执行。美国第一次大规模的国旗纪念活动则是1876年庆祝建国100周年时进行的。19世纪90年代，不少公立学校倡议每年在6月14日举行国旗纪念活动。1893年费城首先承认6月14日为国旗纪念日，1897年纽约州也承认了这一节日，并要求这一天各大建筑物上必须悬挂国旗，以纪念这一天的荣誉。当时的其他庆祝方式还包括升旗仪式、国旗日服务、关于美国国旗的学校测验和征文比赛、街头游行等。1892年，经过美国《青年伴侣》（Youth's Companion）杂志社编辑弗朗西斯·贝拉米（Francis Julius Bellamy）改写的国旗誓词广为流传："我宣誓忠实于美利坚合众国国旗，忠实于她所代表的合众国——苍天之下一个不可分割的国家，在这里，人人享有自由和正义。"[1] 进入20世纪后，美国国旗协会再次发起纪念活动。

这个时期美国社会组织和团体的形成有其独特的历史背景，初期都是为了解决某一单一问题而成立的，但后来的使命及活动则推动了美国普通公民的公民实践和体验，起到了很好的公民教育作用。

3. 美国政党制度及影响

随着美国政党制度的建立和完善，其在美国公民教育中发挥了至关重要的作用。美国学者麦理安（C. E. Merrian）指出："美国公民训练制度最显著的特点之一就是政党制度……因为，政党制度是公民利害关系观念上的重要元素。政党已经募集了新分子，使他们和政治现实接触。他们已经大规模地激起人民对政事的兴趣，使公共事务的进行成为一般讨论的题目。……大体上说，政党不能不说是大众公民教育的一种卓越工具。"[2]

作为典型的政党政治国家，美国两党制的政党制度的建立和形成有其独特性。美国建国之初并没有政党，华盛顿、杰斐逊、汉密尔顿等开国元勋，几乎都认为政党是导致相互倾轧和政治动乱的祸根。美国联邦宪法关

---

[1] https://en.wikipedia.org/wiki/Pledge_of_Allegiance, 2019-1-6.
[2] ［美］麦理安（C. E. Merrian）：《公民教育》，黄嘉德译，商务印书馆1935年版，第205—206页。

于政党只字未提，就反映了宪法制定者们的这种态度。随着政治环境的变化，美国在政治建设中逐渐形成了以汉密尔顿为首的"联邦党人"和以杰斐逊为首的"反联邦党人"两大政治团体，后来又演变为政党。1801年，杰斐逊就是依靠政党力量当选为美国总统，这也标志着美国政党制度的初步建立。在随后的几十年间，经过多次分化及重组，逐渐演变成为美国政坛上的共和党和民主党两大政党，并形成了典型的两党制。

美国政党制度在这个时期不断发展、定型，对美国的公民教育发展起到了积极有效的促进作用。从美国政党制度的演变可以发现，19世纪末至20世纪初的美国政党尤其是地方组织形成了严格的等级制组织模式，政党组织多由联邦、州及基层财政补贴供养。政党的核心是选举，政党地方组织的主要作用就是动员本党党员为候选人投票。在大部分州，这些老式政党组织能够控制政党的提名，这个时期的政党组织被称为军阀（militarist）[1]。随着美国选举制度的发展，政党地位下降，选举人地位提升。恰恰是在这个时期，在公立学校系统未建立之前的美国，政党在公民教育中发挥了至关重要的作用。一是推动普选。两党为了获得选民的支持，都倡议和要求各州政府降低对选民选举资格的限制，推动了美国选举权的普及。同时，随着选举权的不断普及，相关选举制度也不断完善，实现了选举制度的规范化。二是规范民意。政党在国家和社会两者中起到联接作用，既将民意传递到国家层面，也将国家意志传递到社会各界。政党制度为政党发挥这种传递和凝聚的作用提供了便利，实现了上传下达的功能。三是动员宣传。民众通过政党制度平台，不断完善竞选制度，发挥动员号召的作用，使更多的选民参与到国家的政治活动中来，同时，民众又在不断的政治参与中培养自身的政治觉悟和实践技能。

除了公民教育途径的丰富和多样外，这一时期公民教育的内容逐渐得以完善，并形成独特的时代特点，主要体现在突出爱国主义教育，宗教和道德教育并重，针对学校学生的心理健康教育也在这个时期得以开创和发展。

美国建国后，急于摆脱英国殖民统治的影响，公民教育以强化国家认同、培养爱国主义为核心内容。曾经教育过几代清教徒的《新英格兰识字

---

[1] Burnham, *Critical Elections and the Mainsprings of American Politics*, New York: Norton, 1970, pp. 72–73.

课本》在讲解字母 W 的句子时，已经从"大海中的鲸，也服从上帝的声音"变成了"伟大的华盛顿英勇，他的国家得以拯救"①。"让孩子忠于国家和民族""爱国感情和对上帝的虔敬不分先后"以及"爱国主义作为美德的基石必须被视为最崇高的社会美德"② 等主题成为学校教育的重点，把培养公民作为重要培养目标："只有当美国人成为有教养、懂礼仪、有独立思想的公民时，革命才能算完成，共和国的基础才能建立起来。而教育的使命就是培养新的共和国的个体，培养具备德行、忠贞爱国、理性睿智、受过教育的公民是美国教育的目标。"③

1776 年的《独立宣言》和 1787 年的美国《联邦宪法》奠定了两百多年间美国民主政治的基础，同时也成为美国公民教育的启蒙宝典。林肯总统 1863 年在葛底斯堡战地建立的国家公墓落成典礼上发表的"民治、民享、民有"的著名演说，同样成为美国公民教育的经典名篇。

美国建国之初，1791 年宪法第一修正案确定了美国"政教分离"的立国基础，但这并不排斥宗教成为美国公民教育的一种重要力量。《独立宣言》中强调"人生而平等"是"造物主"赋予的"不可转让的权利"。托克维尔也认为，"在美国，启发民智的正是宗教，而将人们导向自由的则是遵守神的诫命"④。同时，建国后，美国也仍然将宗教作为传播公共道德的重要工具。本杰明·拉什也认为，"没有宗教就没有道德，没有道德就没有自由，而自由正是共和政府的目标"。⑤ 建国之后美国的宗教和道德教育在某种意义上还是一体的。

美国建国之初的青少年宗教和道德教育主要是通过严格纪律、教师榜样等方式来进行的，《圣经》是当时的参考书。19 世纪七八十年代，随着社会的发展，人们开始排斥在公立学校教授《圣经》。威廉·麦古费

---

① [美] 丹尼尔·布尔斯廷:《美国人：建国历程》，中国对外翻译出版公司译，生活·读书·新知三联书店 1993 年版，第 283 页。

② Ruth miller Elson, *Guardians of Tradition: American School books of the Nineteenth Century*, Lincoln: University of Nebraska Press, 1964, p. 282.

③ Lawrence A. Cremin, *American Education: The National Experience*, New York: Harper and Row, 1980, p. 5.

④ [法] 托克维尔:《论美国的民主》（上册），董果良译，商务印书馆 1988 年版，第 46 页。

⑤ R. Freeman Butts, *The Civic Mission in Education Reform: Perspectives for the Public and the Profession*, Stanford: Hoover Institution Press, 1989, p. 78.

（William McGuffey）花了 20 年时间于 1836 年编撰完成了《麦古费读本》（*McGuffey Readers*），用于普通学校教授日常生活中社会公认的美德，如诚实、正义、感谢、慷慨、刻苦、善良、爱国等。[1] 该书在保留《圣经》中经典故事的基础上，又增加了许多诗歌、格言等，成为当时发行量仅次于《圣经》的图书，据统计，1836—1870 年就发行大约 4700 套，并一直沿用到 20 世纪初。[2]

美国建国后主要采用的是以传统的"品格教育"（moral character）为指导的道德教育模式，这种模式从殖民地时期一直延续到 20 世纪初期，以后由于杜威等教育思想的兴起而影响式微。

传统的品格教育思想源于苏格拉底、柏拉图、亚里士多德为代表的古希腊美德论，特别是亚里士多德的"美德理论"：人应该具备四种基本的美德，即智慧、勇敢、正义和节制。按照"美德理论"，人们把道德的内容确定下来，教师按照规定向学生传授道德规则、道德内容，学生只需记住这些道德规则并去做即可。到了 20 世纪早期，随着移民激增，公立学校的增多，学校也多采用灌输的方式向学生传递民主价值观念，传授美德。这一时期形成了对成人移民和未成年移民的两种公民教育途径："在民族交流中起作用的是工会和学校，工会对成年移民起作用，学校对青少年起作用，一般来说，后一种效果极为明显"，"学校是使众多民族融为一体的最伟大的机构"[3]。20 世纪 20 年代，品格教育逐渐被忽视，其中和个人权利、自由地位的提升，多元化的倾向，进步主义教育思想的活跃都有密切的关系。

对儿童和青年提供心理健康教育也是在这个时期开始的。1896 年，美国临床心理学创始人维特曼（Lightner Witmer）在宾夕法尼亚州立大学的心理实验室开始研究和治疗学生在心理、行为或智力方面的缺陷，创立了美国第一个心理门诊。20 世纪初，美国许多学校相继建立起心理门诊，以帮助那些有学习问题的学生。

1907 年，作为密西根州大溪城（Grand Rapids）学校系统的总监，戴

---

[1] 丁连普：《美国青少年"素质教育"的内涵分析及启示》，《基础教育参考》2009 年第 5 期。

[2] Rodak Nancy, *Character Education in the Elementary School*, New York: State University of New York Empire State College, 2005, p. 77.

[3] 纪晓林：《美国公共教育的管理和政策》，北京师范大学出版社 1992 年版，第 489 页。

维斯（Tene B. Davis）第一个在学校开设系统咨询辅导课程。1908 年，帕森斯（Frank Parsons）在波士顿创办了波士顿职业指导局，参与针对青年的职业的辅导，还设计问卷帮助青年人选择职业。1909 年出版的《选择职业》（Choosing a Vocation）系统阐述了职业选择理论。比尔斯（Clifford Beers）则致力于改善心理疾病患者境况和治疗方法，1908 年出版专著《一颗自我发现的心》（A Mind That Found Itself），通过比尔斯亲自经历的粗暴对待心理疾病患者的体验，唤起民众对儿童行为问题的关注。到 1910 年，全美已有 35 个城市开始效仿波士顿。1912 年，匹兹堡大学建立了对学龄儿童的问题进行研究和指导的诊所，从心理咨询的角度对儿童进行行为指导。1920 年，伊里诺州也建立了类似的研究所。

1915 年，康涅狄格州聘请心理学家格塞尔（Gesell, A.）在全州对儿童进行智力测验，以便对有特殊需要的儿童进行特殊分班，格塞尔也被看作是美国第一个获得"学校心理学家"头衔的心理学家。[1] 同时，20 世纪初兴起的心理健康运动使许多儿童指导中心将他们的服务范围也从防止青少年犯罪扩展到为各种问题的儿童提供服务，扩大了心理学的服务范围。

二　形成期公民教育主要思想和观点

从 18 世纪末期起，美国产业革命开始兴起。工业革命、西进运动、都市兴起、移民激增、普选权的扩大，对学校教育提出了更高要求。建国不久，华盛顿就指出学校的重要性："知识是每个国家和每个公民幸福的可靠基础。为了普及知识，其主要目标就是要建立学校。"[2] 杰斐逊于 1779 年在《知识普及法案》中提出了建立多级教育制度的设想：三年的普及免费教育，然后是自费入学的寄宿式文法学校教育，经挑选的优秀者而父母无力承担入学费用的，可公费入学。直到 19 世纪早期，美国的公共教育状况仍不理想，据公立学校协会干事 1839 年所统计，全国 4—16 岁的儿童总数是 350 万人，但约有 60 万人没有享受到公立学校的好处，已有的公立学校也成了"差的教师、差的教学、差的学生、差的校舍、差的

---

[1] French, J. L., "On the Conception, Birth, and Early Development of School Psychology: With Special Reference to Pennsylvania", American Psychologist, 1984, Vol. 39, pp. 976–987.

[2] ［美］菲利普·方纳：《华盛顿文选》，王缓昌译，商务印书馆1960年版，第74页。

设备和差的课本"①。美国建国后的学校发展，尤其是公立学校的发展，显然不能适应当时国家发展的需要，亟须推动中小学校尤其是公立学校的发展。在这种情况下，一批有识之士推动兴起了公立学校运动，涌现出一大批思想先进、富有远见卓识的教育家、社会人士和学者。如宾夕法尼亚州的物理学家拉什（B. Rush）、新英格兰的律师沙利文（C. J. Sullivan）等，贺拉斯·曼（Horace Mann）是其中最有影响力的人物，他通过卓有成效的公民教育实践和丰富的公民教育思想，推动了公立学校的发展，推动了美国公民教育的发展。

贺拉斯·曼（1796—1859）于 1827—1837 年先后任马萨诸塞州议会众议员、参议员、议长。1837 年放弃律师职业和议长职务，任州教育委员会秘书，投入公立教育运动。在 12 年任期内，贺拉斯·曼与各种反对公立教育的社会和宗教势力作斗争，建立州立师范学校，创建了州一级的教育管理体制，成为美国州级管理的样本。贺拉斯·曼发起公立学校运动，推动普及教育，为美国公立学校制度发展奠定了基础，被誉为美国"公立学校之父"。

贺拉斯·曼的教育思想集中反映在他每年撰写的教育年度报告、讲演、信件和日记中。其中，12 份年度报告几乎涉及教育领域的各个方面，如《第三年度报告》专门论述了图书馆的改进。通过 1844 年给州教育委员会的《第七年度报告》，他把到欧洲访问考察的结果公布给美国公众，其中多次宣扬普鲁士小学分班教学的优点。贺拉斯·曼关于公民教育的思想也很丰富，主要集中在两个方面，一是从培养共和国公民的角度论述普及教育的重要性和必要性；二是从教学内容设置的角度，阐述了体育、智育、政治教育、道德教育、宗教教育在公民教育中的作用。

1. 普及教育以培养共和国合格公民

贺拉斯·曼认为普及教育是实现国家民主理想和社会平等的重要手段。他认为普及知识是共和政府继续存在的必不可少的条件，如果没有普及教育，虽然所有的人都吃得好、穿得好、住得好，他们仍然可能是半开化的，这种无知的人"食欲像猪一样，而犯罪的能力却胜于猪"，所以，

---

① E. I. F. Williams, *Horace Mann*: *Educational Statesman*, The Macmillan Company, New York, 1937, p. 85.

"在一个共和国里,愚昧无知是一种犯罪"。①

贺拉斯·曼对普及教育对共和国的意义有深刻的认识。他说:"没有知识的人民不仅是,而肯定是贫困的人民。……这样的一个国家不能创造出它自己的财富。"② 他认为知识应该尽可能广泛地在人民群众中间得到传播。所以,对一个共和国来说,它各方面的成就在很大程度上依赖于普及教育。

贺拉斯·曼认为用建立免费公立学校的办法来普及教育"是人类的最大发现"。1840年2月20日,贺拉斯·曼在日记中写道:"公立学校是这样的一种机构,它使得儿童在参加生活竞争之前,能够在知识和道德的范围内得到良好的训练。这种机构是人类的大发现;我们再重复一遍,公立学校是人类的最大发现"③。他发起公立学校运动的目的就是普及教育,而普及教育则是实现培养具有美国化精神公民的重要途径。他甚至还认为"没有公立的免费学校,就不可能实现普及教育和养成共和国公民的理想"④。

他在历年的州教育厅报告中提出的观点清晰而富有逻辑性:"一个自由而又无知的共和国一定是短命的,因此必须实行普及义务教育;这种教育必须是由有志于普及教育对教育具有浓厚兴趣的民众来赞助来领导的教育;这种教育必须对不同宗教信仰、不同种族、不同文化背景的儿童一视同仁;这种教育以广泛的道德教育为特征,必须摒弃褊狭的宗教影响;一个自由社会所应具有的精神、方法和纪律必须渗透于这种教育的始终,它排斥一切粗暴、体罚的教育理论;只有训练有素的专业教师才能实施这种教育。"⑤ 在这里,他提出了普及教育对维系共和国的重要性以及实施途径。

2. 公民教育应包含的教学内容

(1) 智育

贺拉斯·曼认为智育是创造财富的主要条件:"一个受过教育的民族,

---

① Horace Mann, *Report of An Education Tour*, Simpkin and Compony, London, 1846, p. 262.
② 任钟印:《世界教育名著通览》,湖北教育出版社1994年版,第780页。
③ Mary Peabody Mann, *Life and Works of Horace Mann*, Washington, D. C. : National Education Association of the United States, 1937, p. 142.
④ 滕大春:《美国教育史》,人民教育出版社1994年版,第397页。
⑤ 刘传德:《外国教育家评传精选》,北京师范大学出版社1993年版,第99—100页。

往往是更勤劳的、更有生产能力的民族。智力是各国财富的重要组成部分。"① 智育是消除贫困、富国强民的重要手段："没有知识的人民，不仅是而且肯定是贫困的人民。——这样的国家不能创造出它自己的财富。"② 如果智力开发先行，无数的财富会滚滚而来。通过接受教育，穷人将获得实际经验，获得智慧，从而改变生存状态，"有智慧、有实际经验的人竟会永远贫穷，这样的事从来没有过，也决不会发生"③。

贺拉斯·曼指出："免费学校的优越性有时是以政治经济的理由而被提倡的。受过教育的人民是更加勤奋和创造的人民。知识和富裕相互支持，犹如原因和结果的关系。在国家的财富中，人的智力基本上是它的一个组成部分。"④

在他看来，普及教育对从事商业和工业以及关系到物质进步的工艺技术发展是必要的；反过来，经济发展和工业化又为普及教育提供了牢固的物质基础。而这一切都可以通过公立免费学校的智育来完成，通过教育，培养有知识、有才能的公民。

在学习内容方面，贺拉斯·曼认为文字的学习是获取知识的前提和基础，学会了文字，就可以了解过去的经验与教训，还可以习得新的知识。他重视音乐的学习，认为音乐可以增加肺活量，促进血液循环，有益于身体健康。此外，音乐还可以陶冶性情。同时，还应该开设语文、人体生理学、地理学、音乐等实用科目。

（2）政治教育

贺拉斯·曼所说的政治教育，实际就是关于政治知识和政治基本观念的教育。为了保证共和国政权的稳定，贺拉斯·曼强调学校中除了开设一般的课程外，还要开设马萨诸塞州宪法、美国宪法、历史、地理等课程，"用那些所有人都接受、所有人都相信、形成我们的政治信念的共同基础的关于共和主义信条的论文对一切人进行教育"⑤，使他们了解共和国的历

---

① 滕大春：《外国教育通史》（第三卷），山东教育出版社1990年版，第394页。
② 赵祥麟：《外国教育家评传》（第二卷），上海教育出版社1992年版，第382页。
③ 滕大春：《外国教育通史》（第三卷），山东教育出版社1990年版，第395页。
④ L. A. Cremin, *The Republic and the School: Horace Mann on the Education of Free Men*, Teachers College Press, New York, 1974, p. 61.
⑤ 任钟印：《世界教育名著通览》，湖北教育出版社1994年版，第783页。

史、国家的性质，了解宪法的基本知识，了解公民的基本权利和义务，增强他们爱国主义情感和责任意识。

(3) 道德教育

贺拉斯·曼把知识、法律和道德的作用做了区分，强调"道德教育是社会存在的基本需要"①。贺拉斯·曼认为，知识可以使人行善，也可以使人作恶，一个有知识有才华的人一旦做起恶来，对社会造成的危害要远大于一个目不识丁的人。此外，无论是对个人成长，还是对社会发展来说，道德都发挥了知识无法替代的作用，因为即便一个人知识储量非常丰富，也不能确保他道德层面的正直。同时，贺拉斯·曼认为，法律和道德的作用也不相同，道德教育对公民养成的作用是法律无法比拟的。法律只能够惩罚不道德的行为，却不能产生道德的行为，即便是死刑，作用也是有限的。相比较而言，只有道德教育可以从根本上解决问题。道德教育可以使人分辨善恶，与人为善，从而形成良好的人际关系。公立免费学校的道德教育对儿童品德的早期培养具有决定意义。道德培养要从小抓起，及早注意，并且要按照儿童自然发展的规律去培养。如果一个人在童年时代就被引上正路，那他成年以后一般也不会偏离它："按照儿童应该走的道路来培养训练他，当他年老时他将不会离开这条道路。"② 作为公立免费学校的教师，应该了解儿童的心理特点，抓住有利时机对儿童进行道德教育。

(4) 宗教教育

贺拉斯·曼认为"宗教和知识是同一个光荣的永恒真理的两个特征"③，表明贺拉斯·曼把宗教教育放在和知识教育同样重要的地位，这在重视对儿童进行宗教教育的美国是极为必要的。贺拉斯·曼认为宗教信仰是个人或其父母所决定的事情，政府乃至教会均无权干涉。他最担心的是教派之间的纷争进入到学校中，以及政府甚至教会干涉或强迫儿童的宗教信仰自由。他认为强迫的信仰对儿童的培养极其有害，会"把和平所在的

---

① 任钟印:《世界教育名著通览》，湖北教育出版社 1994 年版，第 787 页。
② [美] 理查德·D. 范斯科德:《美国教育基础——社会展望》，北师大外国教育研究所译，教育科学出版社 1984 年版，第 13 页。
③ [美] E. P. 克伯雷:《外国教育史料》，任宝祥、任钟印主译，华中师范大学出版社 1991 年版，第 628 页。

福音变成社交死斗的战场"①，会"致使狂热的宗派精神肆虐，一切对天国的冥想都被世俗的感情毒化"②。贺拉斯·曼担心儿童在智力、理性还未成熟之前就接受了某种教派的影响，而使得儿童丧失了自身的宗教信仰和追求。贺拉斯·曼从培养国家公民的需要出发，认为解决教派间激烈纷争的最佳途径是宗教信仰自由或教育中立，公民自己理性地选择自己喜欢的宗教信仰。

贺拉斯·曼认为公立免费学校应该不受政治、宗教等外界因素的干预，但他并不反对在学校进行宗教教育，只是他从培养共和国公民的角度出发，主张公共教育机构不应以某一特定教派的教义作为宗教教育的唯一内容，而应该广泛学习基督教各教派共有的虔诚与道德原则，如虔诚、正义、忠诚、尊重真理、热爱祖国、爱人类、仁慈、爱国、勤勉、美德和责任等。他还指出，《圣经》作为陶冶品德与性情的书籍，儿童应该阅读，但不能加注存在任何教派倾向的诠释，教师也不能加以评论，"给儿童提供判别是非的共同标准，培养未来公民的理智与良知，团结在同一个上帝周围"③。贺拉斯·曼指出，这种宗教教育"不是为了让儿童在懂事之后参加这个或那个教派而传授教义给他们，而是为了使他们能够根据自己的理解与领悟，进而判断自己的宗教义务是什么，向何处发展"④。

（5）体育

贺拉斯·曼非常重视体育的作用。他认为，无论是对个体自身，还是对整个社会，健康的体魄都是非常重要的。贺拉斯·曼认为个体身体的衰弱就是对社会财富的一种损害，所以共和国的合格公民必须具有健康的体魄："在人类现世昌盛中，健康和体力是必不可少的组成部分"⑤。

除此之外，贺拉斯·曼提出，体育锻炼还可以锻炼学生的意志，培养学生的耐心与毅力，为将来更好地适应社会打下基础。为此，公立免费学校必须重视体育，必须要对儿童普及人体生理学的知识和健身常识，使儿

---

① [美]格莱夫斯：《近三世纪西洋大教育家》，庄泽宣译，商务印书馆1925年版，第167页。
② 滕大春：《外国教育通史》（第三卷），山东教育出版社1990年版，第398页。
③ 滕大春：《外国教育通史》（第三卷），山东教育出版社1990年版，第392页。
④ L. A. Cremin, *The Republic and the School: Horace Mann on the Education of Free Men*, Teachers College Press, New York, 1974, p. 104.
⑤ L. A. Cremin, *The Republic and the School: Horace Mann on the Education of Free Men*, Teachers College Press, New York, 1974, p. 81.

童不仅要了解这个方面的知识,还要养成健康卫生的习惯。从这个意义上讲,人体生理学应是公立学校课程中一门不可缺少的学科。在贺拉斯·曼看来,公立学校是传授健康卫生知识的唯一合适的机构。他甚至还认为不精通生理学主要原理的教师是不称职的教师,"愿我们把人体生理作为一门不可缺少的学科引进公立学校,但愿任何一个不能精通生理学的主要原理并将它们应用于生活中的各种环境的人都不得成为教师"[①]。另外,贺拉斯·曼还提出要开展各项运动竞赛。

建立和改善公立学校对美国普及教育的意义重大。贺拉斯·曼的努力,极大地推动了美国普及教育的发展,他的著作也被翻译成好几种语言。可以说,贺拉斯·曼不仅在美国国内,而且在国际上也有影响。全国教育协会在贺拉斯·曼去世后曾通过了对他的颂词:"一般地说,教育事业失去了一位朋友;广义地说,世界上失去了一位朋友。他在人类改善的事业中极为出色的努力,使他有资格被每一个对他历程的热爱者持久地回忆"[②]。

第三节 公民教育的稳定期:"一战"后的美国公民教育

1917年,美国被卷入第一次世界大战旋涡中,在世界舞台上开始扮演新的角色。1929年世界范围内的经济危机爆发,美国上百万的工人失业,大批的农民被迫放弃耕地,工厂商店关门,银行倒闭,一片萧条。1932年,富兰克林·罗斯福当选总统,全面推行以政府干预市场为主要手段的"罗斯福新政",推出一系列政策。1941年日本偷袭珍珠港后美国参战。"二战"后,随着轴心国的战败,以及英、法等国家实力的衰退,美国和苏联成了超级大国,世界被分成了东西方两大阵营,美苏及其各自阵营分别在军事、政治、经济、宣传等方面全面对抗。进入六七十年代后,美国的黑人民权运动、青年反主流文化、反战运动、妇女解放运动风起云涌,成为群众运动高涨的时代,主流文化受到挑战。80年代里根当选总统后,美国进入了保守主义改革时期,强调市场经济、自由企业和有限政府,并

[①] 任钟印:《世界教育名著通览》,湖北教育出版社1994年版,第777页。
[②] Joy Elmer Morgan, Horace Mann: His ideas and Ideals, National Home Library Foundation, Washington, D. C., 1936, p.131.

在后任几届总统任期中得到有效延续。

"一战"后，美国公民教育的途径更加丰富，方法也有很多创新，内容虽然有反复，但总体趋于稳定。随着时代的发展，稳定期的美国公民教育也出现了一些新趋势和新特点。

第一次世界大战以后，美国在世界的影响力大增，美国的国家意识和价值得以强化，并在几届总统期间得到不同程度的贯彻。罗斯福总统为保证"新政"的顺利实施，促使美国政府"动员了一切力量来建立共同一致的舆论"①。罗斯福总统1941年在美国国会大厦演讲时提出的"四大自由"(The Four Freedoms)，杜鲁门的"公平施政"(Fair Deal)和肯尼迪的"新边疆"(New Frontier)，以及约翰逊的"伟大的社会"(The Great Society) 等核心执政理念的提出，都强化了美国的国家意识和核心价值。

1957年，苏联成功发射了世界上第一颗人造地球卫星，引发了美国上下对教育的焦虑和反思。1958年，美国国会通过了《国防教育法》，加大了自然科学在中小学课程中的比重，目的是"加强国防，鼓励和支持教育计划的扩展与改进，以满足国防的重大需要"②。

60年代，美国出现道德危机现象，公民教育得到重视，很多州通过立法要求9—12年级学生必须学习公民教育课程。兴起的"新社会科运动"(The New Social Studies Movement) 则强调培养有批判性思维和解决问题能力的公民。

70年代，美国强调要培养学生具有爱国精神的"责任公民"，美国教育协会等组织也开展了不同形式的调查研究，以提出有效的策略改进和加强美国的公民教育。1971年通过了第26个宪法修正案，投票权从21岁改为18岁，全国重新关注公民教育，关注公民权利。

80年代里根总统在任期间，美国国会通过对《联邦初等和中等教育法》(Elementary and Secondary Education Act) 的再次确认，明确了公民教育的重要意义和地位，并规定各州政府资助中学开设公民教育的课程，资助担任公民教育课程的教师定期进修。随着经济实力的不断增强和苏联的瓦解，美国成了世界上唯一的超级大国，美国与世界各国的交往越来越频

---

① [美]托马斯·英奇：《美国通俗文化史》，漓江出版社1988年版，第229页。
② 瞿葆奎：《教育学文集·美国教育改革》，人民教育出版社1990年版，第117页。

繁，培养具有全球意识的世界公民成为越来越多美国人的共识，美国的公民教育开始注重国际政治方面的研究，更加强调公民责任、全球意识，美国公民教育进入了"全球教育"的时代。

一 稳定期公民教育的主要途径和内容

由于美国公立学校系统的稳定和快速发展，这个时期美国公民教育的途径呈现出以公立学校系统为主要载体的特点，社会组织和机构在公民教育方面也发生了转型，更多地由帮危扶困、争取权利转向对青少年的教育和志愿服务。公民教育内容形成了相对稳定的体系，这个内容体系的核心是美国精神、国家意识，强调爱国主义教育、政治制度教育及公民权利教育。

1. 学校课程及活动

"一战"后社会科出现，中小学校逐渐把社会科作为学校公民教育的主体课程。其间虽然有对社会科的不同认识和结构分类，但总体上社会科或独立或和历史、政府等课程共同成为中小学公民教育的主体课程。

从1917年开始，各州制定了法律，要求学校进行历史和政治教育的教学。1927年，几乎所有州都通过了要求学校进行公民教育的法规，"如有违法，可能的处罚是处以100美元以上500美元以下的罚金，或者处以在地方监狱30天以上6个月以下的监禁，或者二者并罚。教师如果有不法行为，将会被结果或者调离"[1]。1923年，俄勒冈州通过法律，禁止采用"轻视共和国的建国者，或者捍卫国家团结的人，或者轻视或贬低他们的工作"的教科书。[2] 1922年，美国成立社会科全国协会，推动社会科的研究和在全国的推广。在进步主义教育运动、行为主义心理学的影响下，研究者们对社会科课程的目标、内容、结构、实施和评价等进行了深入研究，突出的变化是公民学和政府等课程被加入中学课程中。

1958年，美国政府出台《国防教育法》，增加对教育的投资，数学、科学和外语等科目最先受到重视，社会科作为"国家防御"的一部分也得

---

[1] Pierce, B. L., *Civic Attitudes in American School Textbooks*, Chicago, IL: University of Chicago Press, 1930, p. 231.

[2] Pierce, B. L., *Civic Attitudes in American School Textbooks*, Chicago, IL: University of Chicago Press, 1930, p. 233.

到重视，新社会科运动由此产生。在经历过对社会科课程精密化、学术性研究的基础上，研究者将注意力逐渐转移到社会科课程如何教孩子及时捕捉学术研究所需要的核心观念和方法性知识上，这就要求社会科要打破教育学、社会学、历史学、地理学、政治学、经济学和哲学之间的学科界限，进行专门研究。为此，国家科学基金、全美人文发展基金大力资助大学院校，用于进行社会科课程研究和课程资源的开发。研究者们集中在课程结构和探究过程两个方面，研究的目的是试图通过嵌入一些新内容、新方法，甚至新的教学技能，以挑战现存的课程体系，希望找到一种新的课程替代现存的课程。但实际上由于对现有课程体系的挑战过大、课程资料价格过高等原因，这次对社会科的改革并不成功，遗留下来的有价值的资料也很少。另外，美国20世纪六七十年代的各种社会运动也对社会科在学校的开展产生了消极影响，带来了对社会科的怀疑和不信任，使得社会科进入成立以来的最低谷时期。

到里根总统时期，由于社会各界认识到美国学生严重缺乏对美国文化的了解，突出的问题表现为，没有掌握最为基础的历史知识，不能在地图上正确地标出一些城市的地理位置等，这些问题使美国上下触动很深，开始强调加强中小学地理和历史的教学，社会科在20世纪80年代又得到了复兴。在这个过程中，对社会科的课程结构和内容也有多种声音，甚至还有人要求社会科要回到20世纪初的版本。总体上看，对历史和地理的教学加强是一种趋势。1989年，全美社会科协会还建议中小学的社会科应以历史、地理为基本架构，然后综合其他学科，如政治学、经济学等的基本概念和观点。

2. 社会机构、组织及社会活动

在稳定期，美国各社会机构、社会组织的活动更加积极，不但通过努力产生了新的国家纪念日，而且还利用美国重要的节日、纪念日、传统的大型庆祝活动，利用纪念碑、纪念馆、科技馆、政府设施等进行公民教育。

这一时期，又有一个重要的节日——退伍军人日（Veterans' Day）成为联邦假日，这是美国公民努力争取的结果，同时，也在这个具有特殊纪念意义假日的基础上衍生出来一系列的公民教育活动和形式。1953年，堪萨斯州恩波里亚市（Emporia）的居民为了感谢市里的退伍军人们，将休战日称为"退伍军人日"。不久之后,美国国会通过了堪萨斯州议员的提案,正式将此假日更名为退伍军人日。1971年,尼克松总统(Nixon)宣布退伍军人日为联邦假日。

在这个基础上,退伍军人们还组织了一些支持性团体,如退伍军人协会(American Legion)、海外作战退伍军人协会(Veterans of Foreign Wars)、美国退伍军人协会妇女会(American Legion Auxiliary)、美国退伍军人之子协会(Sons of the American Legion)。这些协会的全国总部都位于印第安纳州首府印第安纳波利斯,退伍军人协会在华盛顿还设有办事处。

这些协会经过发展,活动范围和形式更加多样,已经远远超越了原有的服务内容。退伍军人协会通过各种发扬美国精神的项目,为儿童和青少年提供教育或娱乐机会。协会为18岁以下的青少年成立了美国退伍军人棒球队,此外还成立了很多童子军,发起全美高中生演讲比赛,设立大学奖学金,资助公民培训项目,包括建立州少年队/国家少年队(Boys State/Boys Nation)。而且,地方分会也加入到这些活动组织和服务中来。美国退伍军人协会的基层组织地方分会都有集会或举行社交活动的设施。在很多小城镇,退伍军人协会分会是城镇团体活动的中心。目前,退伍军人协会共有15000多个分会,各分会组成分区,分区组成分部。本土50个州、哥伦比亚特区,以及波多黎各、法国、墨西哥和菲律宾的众多分会由各分部代表。《退伍军人协会杂志》是协会的正式出版物。协会大约有310万会员。

美国退伍军人协会妇女会和美国退伍军人之子协会参与的公民活动也类似。美国退伍军人协会妇女会成立于1920年,由退伍军人协会会员或有资格加入协会的已故/现役军人的母亲、妻子、姐妹、女儿或孙女等女性亲属组成。曾在军事机关服役的女性既可加入退伍军人协会,也可加入妇女会。妇女会的会员在退伍军人医院做义工,主持公民培训项目"州少女队"(Girls State),指导协会每年一度为残废军人募捐的人造罂粟花义卖。妇女会的总部也在印第安纳波利斯,会员总数约为100万。美国退伍军人之子协会于1932年成立,由美国退伍军人协会会员或有资格加入协会的已故退伍军人的男性子孙组成。会员总数约为17.2万。[1] 他们主要是通过募集捐款、在医院和家中照顾残疾军人等方式参与活动。

---

[1] https://sal291.org/about-us/, 2019-1-2.

3. 为移民开展系统的公民教育

美国作为一个移民国家，移民尤其是成人移民的同化问题是美国公民教育的一个重要方面。19世纪末至20世纪初美国两次大的移民潮使得移民公民化成为美国的一个重要社会活动和内容，未成年移民一般在学校接受教育，而成年移民则通过夜校、培训班，学习为移民开设历史、文学、法律、政治和公民学等课程，最后归化为美国公民。早在1907年，美国国会就成立专门委员会调查"新移民"情况，开展新移民的美国化运动。"一战"前，美国各地都成立了帮助外来移民归化为美国公民的社会组织，其中影响较大的有"纽约市教育联盟"（New York Education Alliance）、"费城希伯莱裔教育协会"（Philadelphia Hebrew Education Association）、"青年基督教协会"（Young Men's Christian Association）和"外来移民北美公民联盟"（Immigrants in North America Citizens Union）等。[1] 在"一战"初期，美国保持独立，但美国各族裔集团对战争的反应不一。英国裔美国人希望美国表态支持英国，爱尔兰裔美国人因为受到克伦威尔的压迫而反对美国支持英国，作为移民最大群体的德裔美国人则表现得相对激烈，不但为德国红十字会募款，还要组织美籍德国裔志愿兵团。这种情况，尤其是德裔移民的狂热，引起了美国国内的恐慌，联邦政府也要求美国人树立"美国第一"的信念。1915年5月10日，威尔逊总统在费城归化公民大会上公开宣称："一个认为自己是属于在美国的特别民族集团的人，就还没有成为美国人"[2]，并向全国通告，确定1915年7月4日为"美国化运动日"（National Americanization Movement Day）。西奥多·罗斯福首次提出"百分百美国人"的同化思想。[3] "一战"时期，美国人对尚未归化的外国人的担忧激发了美国人同化移民的紧迫感。"一战"结束后，美国移民的自然同化运动逐渐演变成了美国联邦政府强制的归化运动，被称为"高压锅式的同化"（pressure cooking assimilation）。[4] 许多州通过立法，规定为外

---

[1] 阮一帆、孙文沛：《美国公民教育的历史变迁与启示（1776—1976）》，《武汉大学学报》（人文科学版）2016年第1期。

[2] 邓蜀生：《美国与移民——历史·现实·未来》，重庆出版社1990年版，第383页。

[3] George E. Pozzetta, *Americanization, Social Control, and Philanthropy*, New York: Garland Publishing, Inc., 1991, p.235.

[4] 邓蜀生：《世代悲欢"美国梦"：美国的移民历程及种族矛盾（1607—2000）》，中国社会科学出版社2001年版，第390—391页。

国出生者提供受教育和美国化的机会，1921年，几乎每个州都通过了相关法律。同时，由于对移民的担心，1921年5月，国会颁布了《紧急限额法》，成为美国第一个限制欧洲移民的法案。该法案规定，1921年允许入境的移民数额为1910年美国人口统计的各民族人口数的3%。在这一年里，将欧洲移民总额控制为35.5万人左右，其中55%为西北欧移民，东南欧移民占45%。[1] 1929年移民限额制度正式确立，并再次缩减了移民限额，美国移民数量开始逐年递减，"美国化运动"也逐渐成为历史。

美国移民的高峰期虽然过去了，但美国国内的非美国公民身份的移民仍然很多。据1944年的统计数字，美国有将近350万非美国公民身份的移民[2]，分布在美国的48个州，其中85%的移民居住在12个州。移民人数按多少排列，意大利第一，为475000人；加拿大第二，为306000人；波兰第三，为303000人；墨西哥第四，为283000人。接下来依次是俄国、德国、英国、奥地利等。[3] 这些移民特别是来自非英语国家的移民，由于缺乏英语学习的机会和动力，很大程度上保留着自己原有国家的语言和生活习惯。

美国教育政策委员会（Educational Policies commission）根据当时成人移民的状况，提出成人移民公民教育应包括四个方面的内容。第一，自我实现。具体包括八个方面：说英语；理解别人说的英语；理解性地看英文书籍；用英语写作；具有日常商业交易需要的数学能力；进一步学习的愿望；发展休闲活动；理解关于健康的基本知识并付诸实施。第二，人际关系。具体包括四个方面：建立和保持家庭民主原则；缩小移民父母和他们在美国出生的孩子之间的差距；通过与说英语的人的接触和交往消除偏见；参加社会和文化活动。第三，经济利益。具体包括四个方面：找到一份工作，并有效率地完成工作；获得为了改善和调整工作的职业培训机会；培养获得工作成绩的满足感；成为一个明白的消费者。第四，公民效

---

[1] Robert A. Divine, *American Immigration Policy (1924-1952)*, New York: Da Capo Press, 1972, p. 5.

[2] *Civic Education for the Foreign-born in the United States*. A joint publication of the immigration and Naturalization Service, United State Department of Justice and American Association of School Administrators, a Department of the National Education Association of the United States, 1945, p. 1.

[3] Henry Pratt Fairchild, *the Melting-Pot Mistake*, New York: Arno Press, Inc., 1977, p. 2.

益。具体包括六个方面：成为发挥作用的美国公民，履行职责和义务的同时享受公民权利；了解美国政府的工作原则；了解民主的理想和标准；培养民主效忠；培养能经受蛊惑的社会智力；培养愿意参加改善社区生活的志愿服务活动。① 这实际上是评价个人是否成为美国公民的一个标准，按照这个标准，美国移民规划局、各种类型的学校和社会团体作为主要实施机构，发挥了重要作用。尤其是移民规划局，通过确定相关人选、移民课程设置、出版相关教科书等起到了对成人公民教育规划和引领的作用。

稳定期公民教育内容中和以往相比有个重要变化，就是爱国主义教育、政治制度教育和公民权利教育得以不断强化。

美国的爱国主义教育在两次世界大战期间得以不断强化。"一战"爆发之初，美国人民反对参加战争。但随着"一战"战事的推进，美国民众逐渐跟随政府由反对战争到支援战争，这与美国政府的不断宣传有相当密切的关系。1917 年 4 月 2 日，威尔逊请求国会宣战，他说德国政府是一个恶魔，危及人类生活之根本。② 为了战争持久进行，就必须对美国民众进行爱国主义教育，使民众认识到"一战"的正确性，美国媒体在这个过程中也起到了推波助澜的作用。另外，通过颁布战时条令及法规，禁止任何反战行为，如 1917 年颁布的《反间谍法》（*1917 Espionage Act*）规定，"在美国出于战争状态时，任何人蓄意引起或者试图引起不服从，不忠诚或者拒绝承担应负的对美国陆海军的义务……都将受到长达二十年的监禁"③。一个著名的案例是，电影《1776 年精神》（*The Spirit of 1776*）于 1917 年上映，但放映后迅速被禁止，电影制片人被用刚刚通过的《反间谍法》中的罪名起诉，制片人被法院判 10 年监禁。

"一战"结束后，爱国主义教育得以延续，内容和形式更加丰富和多样。查理斯·E. 孟里欧（Charles E. Merriam）在其 1934 年的著作中描述道："各种历历在目的聚会，示威，游行，国旗典礼，以及重要日期，伟大的歌典等，这一切无疑成为公民教育过程的重要组成部分……随处可见

---

① 陈正桂：《20 世纪中期美国成人移民公民教育概述》，《河北大学成人教育学院学报》2011 年第 12 期。

② Jack Lane and Maurice O'Sullivan eds., *A Twentieth-Century American Reader*, Washington, D. C., United States Information Agency, 1999, Vol. 1, p. 125.

③ 姚利明：《美国爱国主义教育与对外战争》，《环球市场信息导报》2016 年第 46 期。

的名人纪念馆，成为举国炫耀的中心，它们在未来青年的心理上与情绪上，所留下的印象是深刻的，对于参观者及参加者的影响是深远的。在这里，个人就乐意认明自己是属于这个国家的，因为这个国家是由光辉的任务所变现的，他们是国家功业与称颂的传送者，是公民团结的重要力量。在个人周围，产出纪念馆，纪念碑，绘图，神话，然后崇拜英雄的意识出现，当作爱国主义教育与感动兴趣的媒介物，并最终集中于我们公民教育的制度化的方式里。"①

"二战"中美国爱国主义教育内容既有对日本的丑化，把日本人妖魔化为老鼠、狗、猩猩和毒蛇，激起美国人对日本的蔑视与仇恨，同时，美国政府也通过制作许多宣传海报，运用高超的创意与幽默，掩饰战争的残酷，彰显军人的英勇。如海报塑造的一个深入民心的"山姆大叔"形象，是一个长着鹰钩鼻、留着白色山羊胡须的老人形象，他穿着星条旗纹样的礼服，头戴高礼帽，身材高瘦。"山姆大叔"在"二战"期间已成为一种美国征兵的符号，美国人将"山姆大叔"诚实可靠、吃苦耐劳及爱国主义精神视为自己公民的骄傲和共有的品性。当然，姚利明认为美国的爱国主义教育存在美国政府非理性的引导："如果说在第一次世界大战的时候非理性的爱国主义是政府偶尔的利用。那么二战之中，这种非理性的爱国主义就进一步得到了巩固。其实二战中，爱国主义的非理性的操作过程与一战是一样的。不过二战之后美国的爱国主义并没有像一战那样得到重新回归，而是随着二战的结束而进一步加强。"②

政治制度教育的突出特点是和反共、防共的教育融合在一起的。1945年美国联邦教育局编写了《对美国民主的热忱》一书，对学生进行美国民主制度优越性的教育。在"冷战"思维和"赤色恐惧"的政治气氛中，美国学校管理者协会在其第32册年刊中发表了它下属的公民教育委员会（Commission on Educating for Citizenship）提交的报告，指出"美国公民经常用他最大的力量去努力实现本国历史上的观念。现在，当共产主义者的霸业威胁到各方面的安全时，公民对这种旧有的观念有一个新的赞赏——把这种观念作为在动荡不安的世界局势中的一种永不动摇的基石。这种旧

---

① [美] 查理斯·E. 孟里欧：《美国公民教育》，严菊生译，商务印书馆1930年版，第112页。
② 姚利明：《美国爱国主义教育与对外战争》，《环球市场信息导报》2016年第46期。

有的观念，就是指美国人民最多地依赖于公立学校这种途径来确保所有儿童能够继承美国的传统。所以现在，公民们要求学校进行公民教育、培养合格的公民比过去更为迫切。"[1] 公民教育委员会认为，苏联共产主义直接威胁到西方的道德、宗教和伦理标准，学校应当加强公民教育，培养学生的公民态度，提高分析解决问题的能力。1964 年，联邦政府又决定延长《国防教育法》，还把公民教育列入国防教育之中，这些都可以看作是冷战时期美国公民教育的一种应激反应。

美国公民权利意识和教育的形成也经历了一个比较长的发展阶段，如建国初期使用的词语从人民（people）到公民（citizen）的转变，到内战后公民经济权利（economic rights）意识的形成，再到罗斯福新政时期对公民权利的关注。罗斯福新政使得劳工的集体签约谈判权和社会保障权两项重要公民权利得到确认。妇女于 1920 年获得了选举权。1965 年黑人获得了选举权。同时，在肯尼迪和约翰逊两任总统任期内，美国城市居民的生活居住条件得到改善，医疗保险制度的确立，受教育机会权利的平等，不因种族而受歧视的权利环境的改善等，"使得很多原属于私人领域范围的权利逐步成为公共领域的权利，受到联邦政府的保护和管理"[2]。20 世纪 60—70 年代可以说是美国公民权利的大发展时期，公民权利教育也逐渐进入公民教育的视阈中。

二 稳定期公民教育主要思想和观点

"一战"结束后，美国公民教育研究相对活跃，美国历史协会社会科研究会的主席乔治·康茨（George Counts），哥伦比亚大学教授哈罗德·拉格（Harold Rugg）、约翰·杜威（John Dewey）都是当时的重量级人物。其中，杜威的公民教育思想对美国公民教育产生重大影响并一直延续到当代。

约翰·杜威（1859—1952）是美国实用主义哲学的创始人之一，功能心理学的先驱，美国进步主义教育运动的代表。先后在密歇根大学、明尼苏达大学、芝加哥大学、哥伦比亚大学任教，担任过美国心理学联合会、美国哲学协会、美国大学教授联合会主席等职位。杜威著述颇丰，涉及科学、艺

---

[1] Freeman Butts, *the Civic Mission in Education Reform: Perspectives for the Public and the Profession*, Stanford: Hoover Institution press, 1989, p.194.

[2] 王希：《美国公民权利的历史演变》，《读书》2003 年第 4 期。

术、宗教伦理、政治、教育、社会学、历史学和经济学诸方面。他的公民教育思想主要反映在《我的教育信条》(1897)、《学校和社会》(1899)、《儿童与课程》(1902)、《明日之学校》(1915)、《民主主义与教育》(1916)、《经验与教育》(1938)和《人的问题》(1946)等论著中。

1. 关于公民教育的目的

杜威提出教育就是培养出"好公民",这在他的论著和讲演中都有明确的表达。他在中国的一次讲演中提出:"教育的目的——民治国家尤其如此——是要养成配做社会的良好分子的公民。详言之,就是使社会各分子能承受社会的过去或现在的各种经验,不但被动地吸收,还须每人同时做一个发射的中心,使他所承受的及发射的都贡献到别的公民的心里去,也来加入社会的活动"①。滕大春教授也认为,"在杜威那里,民主社会是他的理想国,教育在实现这个理想国的过程中担负着至为关键的作用"②。杜威希望通过民主的教育,培养公民智能的个性以及共同活动的观念与习惯,促进公民"效能"的提高。杜威十分重视人的个性发展,他认为某种程度上民主与个性等同。杜威曾经说过:"我试图建议,民主是一种道德观念,个性观念,蕴含无限的能量,构成每一个人。"③

2. 关于公民教育的标准

杜威认为一个良好社会成员的标志就是他能遵守纪律、有文化修养、有理性思维能力、有责任心等。杜威列出了五条好公民的标准:"第一,乃是要做一个良好的邻舍或朋友,因为人是共同生活的,一切公共娱乐以及图书馆等等都很重要。进一层,第二,不但我受别人的益处,还要别人受我的益处。第三,经济方面应该做一个生利的、出产的人,不要做分利的人。第四,应该做一个好的消费家。生利固然不容易,消费也不容易。譬如各种货物,要监督它使它没有假冒,便是极不容易的事;所以,我说应该要做一个好的主顾或消费家。我因此连带想到女子教育的重要。女子与消费的接触最多,因为女子总不能与家庭脱离关系的。要是女子有了教育,便可以随时限制、随时鉴别消耗品的好坏,做一个良好的消费家。西洋女子就是大家在那里注意消费品的监督或限制。最后一层,第五,较为

---

① 单中惠、王凤玉编:《杜威在华教育讲演》,教育科学出版社2007年版,第22页。
② 滕大春:《杜威和他的〈民主主义与教育〉》,《河北大学学报》1988年第4期。
③ [美]约翰·杜威:《道德教育原理》,王承绪译,浙江教育出版社2003年版,第244页。

肤泛,便是应该做个良好的创造者或贡献者。"①

杜威认为,一个良好的公民应该愿意分享社会经验,并积极参与社会活动。从个体的成长来说,要成为社会的良好分子,就必须首先掌握社会的经验,分享成熟社会成员所具有的知识、价值观、信念和生活习惯等,通过在活动中积极地扮演这种社会角色,从而主动地按照共同体所设定的方式行动。

杜威申明,良好的公民必须是社会的完全有能力的有用的成员,是能够全面支配自己的生活的人。一个良好公民应该积极承担各种社会责任,包括政治意义上的选举与守法,以及家庭、社区和职业等多个方面。杜威提出学校德育必须确立这样一条根本原则,即"必须从最广义上把儿童看作是社会的一个成员,要求学校做的任何事情都必须使儿童能够理智地认识他的一切社会关系并参与维护这些关系"②。人们习惯于把公民定位于政治生活的主体,把公民资格的训练理解为明智地投票的能力和服从法律的素质,这种理解其实是把公民的整体人格割裂了,把个体宽阔多样的社会生活简单化了。在民主社会中,个体不只要能服从,还要能领导;要成为家庭的一个成员,要培养未来的儿童;要从事有益于社会的工作,并通过工作维护他自己的独立和自尊;成为社区中的好邻居、积极成员,对生活的价值、文化的发展做出贡献。③

杜威认为,要成为良好公民,个体有必要发展各方面的有用的习惯或德行。杜威指出,"道德有三个部分:知识、感情、能力。先有了知识,知道因果利害及个人与社会的关系,然后可以见诸行为。不过单有知识,而没有感情以鼓舞之,还是不行,所以,又要感情引起他的欲望,使他爱做,不得不如此做,对于社会有一种同情和忠心。但是,单有知识感情还没有用,所以还须有实行的能力,对于知道了要做和爱做不得不做的事体,用实行能力去对付它"④。要造就积极的社会共同生活的参与者,学

---

① 单中惠、王凤玉编:《杜威在华教育讲演》,教育科学出版社2007年版,第22页。
② [美]约翰·杜威:《学校与社会·明日之学校》,赵祥麟等译,人民教育出版社1994年版,第145页。
③ [美]约翰·杜威:《学校与社会·明日之学校》,赵祥麟等译,人民教育出版社1994年版,第145页。
④ 沈益洪:《杜威谈中国》,浙江文艺出版社2001年版,第158页。

校教育必须从三个方面入手：（1）培养儿童对社会负责的愿望与情感；（2）使他知道社会生活的需要是什么；（3）训练出一种本领去适应社会的需要。① 杜威强调，对于一个良好的公民而言，知识、情感和能力这三要素都是非常必要的。

3. 关于公民教育的内容

杜威提出教育应该适应民主社会的要求，把新生一代培养成为民主社会的合格公民。具体而言，包括4个方面。

（1）对学生进行科学教育

科学技术的发展给人们带来了巨大的物质利益，但各种社会问题却层出不穷。杜威认为，原因在于我们没有把曾引起物质知识的革命的科学方法应用到与社会和人生有直接关系的事务上。事实上，"科学在人类活动中产生的影响，已经打破了过去把人们隔离开来的物质障碍，大大地拓宽了交往的领域"②。科学的方法在社会问题上的运用就是民主的方法，"研究的自由、不同的观点的容忍、交流的自由、把发现的东西分配到每一个人手里，把它当作智识的最后消费者，这些都是既包含在民主方法之中，也包含在科学方法之中的"③。在杜威看来，科学的精神和态度就是民主的精神和态度，"在教育上利用科学的问题，就是要创造一种智力，深信智力指导人类事务的可能性。通过教育，使科学方法深入学生的习惯，就是要使学生摆脱单凭经验的方法以及单凭经验的程序而产生的惯例"④。只有使青少年一代养成科学、民主的思维方式和行为习惯，才能保证民主主义前途的安全。

（2）对学生进行文化素质培养

杜威认为文化是"培养观念、艺术和广泛的人类兴趣的鉴赏能力"⑤。他认为，在民主社会中教育的社会效率目的和个体文化目的具有内在的一致性，如果教育只重视社会效率目的而忽视了个体文化目的，就会使效率丧失正当的理由，对民主主义也会造成致命的打击。杜威强调："所谓教

---

① 沈益洪：《杜威谈中国》，浙江文艺出版社2001年版，第101页。
② [美] 约翰·杜威：《民主主义与教育》，王承绪译，人民教育出版社1990年版，第237页。
③ [美] 约翰·杜威：《自由与文化》，傅统先译，商务印书馆1964年版，第77页。
④ [美] 约翰·杜威：《民主主义与教育》，王承绪译，人民教育出版社1990年版，第242页。
⑤ [美] 约翰·杜威：《民主主义与教育》，王承绪译，人民教育出版社1990年版，第134页。

育以社会效能为目标,应该意指要培养学生自由而充分地参与共处活动的能力。"这个目标对文化有帮助,如果没有文化,是不可能达到的。因为,与他人分享交流中必然有所学习,必然得拓展视角,从而理解观点狭隘的人不知道的事。因此,个人发展与社会进步是同一的,"如果民主主义具有道德的和理想的含义,那末就要求每个人对社会做出贡献,同时,给每个人发展特殊才能的机会"①。杜威反对把个体与社会割裂开来的教育目的二元论,主张把个人发展与社会进步的两种目的统一起来,"使社会效率和个人修养是同义词,而不是彼此对抗"②。

(3) 对学生进行道德教育

在杜威看来,德育在教育中占有重要地位。杜威极力强调道德才是推动社会前进的力量,道德是民主社会最基本和最宝贵的柱石。教育就是要塑造民主社会所需要的具有优良道德品质的公民,使"他能生活得像一个社会成员,在和别人的共同生活中,他对社会的贡献和他所得到的好处能保持平衡"③。

(4) 对学生进行公民训练

杜威认为,民主社会除了要对学生进行职业训练之外,还应该对他们进行公民训练,培养他们参与共同活动的能力,比如训练他们与他人合作的能力,在经济上自谋生计的能力和有效地管理经济资源的能力,在政治上"明智地判断人和各种措施的能力,在制订法律和服从法律时起决定作用的能力"④,以及创作艺术和欣赏艺术的能力、娱乐的能力、有意义地利用闲暇的能力等。

4. 关于公民教育的方法

杜威强调"民主的目的要求有民主的方法来实现它"⑤,必须为每个学生提供他所需要的学校教育,"使每个人都有对于社会关系和社会控制的个人兴趣,都有能促进社会的变化而不至引起社会混乱的心理习惯"⑥,并

---

① [美] 约翰·杜威:《民主主义与教育》,王承绪译,人民教育出版社1990年版,第136页。
② [美] 约翰·杜威:《民主主义与教育》,王承绪译,人民教育出版社1990年版,第134页。
③ [美] 约翰·杜威:《民主主义与教育》,王承绪译,人民教育出版社1990年版,第135页。
④ [美] 约翰·杜威:《民主主义与教育》,王承绪译,人民教育出版社1990年版,第378页。
⑤ [美] 约翰·杜威:《杜威教育论著选》,赵祥麟、王承绪译,华东师范大学出版社1981年版,第392页。
⑥ [美] 约翰·杜威:《民主主义与教育》,王承绪译,人民教育出版社1990年版,第110页。

且学会和别人共同生活。杜威提出要加强教育中的"沟通",包括各学科之间的沟通、教材与学生已有经验的沟通、学生与他人的沟通、教师与学生的沟通、职业教育与文化修养的沟通等,打破传统教育中的对立。杜威强调教育应该从学生的经验过程出发,让学生通过科学的探究活动,获得科学和民主的态度,培养科学的思维方式。杜威认为公民教育过程也是一种经验过程,学生要通过社会实践来实践公民资格,养成民主观念和公民意识。他主张学生应该通过做地方社会调查和改进地方社会的方式来学习公民课,学生学会做木工、修理、制鞋、烹饪、园艺等工作,不仅可以帮助学校改善设施,还可以激发学生对社会和邻居的责任感,并加强学校与社区的关系从而影响地方生活。①

杜威所建立的实用主义哲学体系及由此而来的教育思想,对美国乃至世界都产生了巨大的影响。美国历史学家亨利·康马杰（Henry Steele Commager）将他誉为"美国人民的领路人、导师和良心","整整一代人都是因杜威而得以启蒙的"②。杜威的学生和密友悉尼·胡克（Sidney Hook）评价杜威:"因为他的存在,数百万美国儿童的生活才更加丰富、更加幸福。"③

杜威是美国20世纪重要的思想家,康马杰称他是"美国人民的向导和导师,是美国人的良心","在整整一个时代里,所有的主要问题都要等到杜威发言后才得以澄清"④。直到20世纪50年代苏联卫星上天,杜威教育思想才遭遇挑战。在历经了50年代的沉寂后,60年代逐渐复兴,到70年代末人们才开始重新认识其作为美国民主传统的重要组成部分从而被大量研究。⑤ 更为重要的是,杜威公民教育思想对美国的公民教育发展产生了深远的影响,至今仍受到广泛关注。

---

① [德]乔治·凯兴斯泰纳:《凯兴斯泰纳教育论著选》,郑惠卿译,人民出版社1993年版,第39页。
② Henry Steele Commager, *the American Mind*, New Haven: Yale University Press, 1995, p. 100.
③ Sidney Hook, *Pragmatism and the Tragic Sense of Life*, New York City: Basic Books, 1974, p. 101.
④ [美]罗伯特·威斯布鲁克:《杜威与美国民主》,孙红欣译,北京大学出版社2010年版,第6页。
⑤ [美]斯蒂文·洛克菲勒:《杜威:宗教信仰与民主人本主义》,赵秀福译,北京大学出版社2010年版,第1页。

第三章　中美公民教育内容比较

公民教育内容是公民教育培养目标的具体化。公民教育内容由多学科研究成果构成，主要来自政治学、教育学、历史学、经济学、社会学、伦理学、心理学、文化人类学等学科。同时，公民教育内容设计体现知识学习和实践训练的有机结合。公民教育不但要传播公民知识，更要养成公民的行为和习惯，培养公民能力。当前，中、美两国公民教育内容都很丰富，都形成自己的内容体系和框架，但内容的差异也很明显。

第一节　中国公民教育的主要内容

在不同历史时期，中国公民教育内容也在发展变化中。中国构建了完整的公民教育体系，内容很多，很难全面罗列展示分析，但总体涵盖我们通常所说的思想政治教育、学校德育和公民教育。同时，中国公民教育内容在结构上又有较强的逻辑性、层级性、时代性等特点。

中国公民教育覆盖人群很广，包括对学校、党政干部、社会群体、军队等教育的内容和要求，但学校教育体系仍然是最主要的平台。2005年，教育部发布《关于整体规划大中小学德育体系的意见》，提出"德育主要是对学生进行政治、思想、道德、法制、心理健康教育"，同时提出了大学、中学、小学阶段的德育目标、德育内容、课程安排和活动要求等。2015年修订的《中华人民共和国教育法》第六条规定："教育应当坚持立德树人，对受教育者加强社会主义核心价值观教育，增强受教育者的社会责任感、创新精神和实践能力。国家在受教育者中进行爱国主义、集体主义、中国特色社会主义的教育，进行理想、道德、纪律、法治、国防和民族团结的教育。"①

2019年3月18日,习近平主持召开学校思想政治理论课教师座谈会并发表重要讲话。他在讲话中强调,办好思想政治理论课,最根本的是要全面贯彻党的教育方针,解决好培养什么人、怎样培养人、为谁培养人这个根本问题。新时代贯彻党的教育方针,要坚持马克思主义指导地位,贯彻新时代中国特色社会主义思想,坚持社会主义办学方向,落实立德树人的根本任务,坚持教育为人民服务、为中国共产党治国理政服务、为巩固和发展中国特色社会主义制度服务、为改革开放和社会主义现代化建设服务,扎根中国大地办教育,同生产劳动和社会实践相结合,加快推进教育现代化、建设教育强国、办好人民满意的教育,努力培养担当民族复兴大任的时代新人,培养德智体美劳全面发展的社会主义建设者和接班人。

2019年8月14日,中共中央国务院印发《关于深化新时代学校思想政治理论课改革创新的若干意见》,就思想政治课的内容做出规定:"坚持用习近平新时代中国特色社会主义思想铸魂育人,以政治认同、家国情怀、道德修养、法治意识、文化素养为重点,以爱党、爱国、爱社会主义、爱人民、爱集体为主线,坚持爱国和爱党爱社会主义相统一,系统开展马克思主义理论教育,系统进行中国特色社会主义和中国梦教育、社会主义核心价值观教育、法治教育、劳动教育、心理健康教育、中华优秀传统文化教育。遵循学生认知规律设计课程内容,体现不同学段特点,研究生阶段重在开展探究性学习,本专科阶段重在开展理论性学习,高中阶段重在开展常识性学习,初中阶段重在开展体验性学习,小学阶段重在开展启蒙性学习。"②

中国对培养一个社会主义公民的内容要求很多,归纳起来,主要包括政治与思想教育、道德教育、法治和纪律教育、心理健康教育等方面。

一 政治与思想教育

政治与思想教育主要包括爱国主义教育、集体主义教育、社会主义教育、公民权利与义务教育、世界观价值观人生观教育。

---

① 中国政府网,http://www.gov.cn/zhengce/2015-12/28/content_5029900.htm,2020-1-24。
② 中国政府网,http://www.gov.cn/xinwen/2019-08/14/content_5421252.htm,2019-12-27。

1. 爱国主义教育

爱国主义教育是我国公民教育的核心。中共中央对爱国主义教育非常重视,发布了多个重要指导文件。

1994年,中共中央发布《关于进一步加强和改进学校德育工作的若干意见》,强调把爱国主义放在学校德育工作的首位。同年,中宣部颁布了《爱国主义教育实施纲要》,对爱国主义教育的基本原则、内容、重点、基本建设、途径与方法等都做了详细的叙述,强调要"搞好爱国主义教育的理论建设、教科书建设、制度建设和基地建设"。其中,爱国主义教育的主要内容包括:中华民族悠久历史的教育,中华民族优秀传统文化教育,党的基本路线和社会主义现代化建设成就的教育,中国国情的教育,社会主义民主和法制教育,国防教育和国家安全教育,民族团结教育,"和平统一、一国两制"方针的教育。① 上述爱国主义教育内容是广义层面的,在各级学校系统的课程设置中都得到了很好的体现。

2001年10月,中共中央颁布《公民道德建设实施纲要》,提出"爱祖国、爱人民、爱劳动、爱科学、爱社会主义作为公民道德建设的基本要求,是每个公民都应当承担的法律义务和道德责任"②。2017年,教育部发布《中小学德育工作指南》,提出中小学德育的总体目标是"培养学生爱党爱国爱人民,增强国家意识和社会责任意识"③,要求利用劳动节、青年节、国庆节等重大节庆日集中开展爱党爱国等主题教育活动。

2019年10月,中共中央颁布《新时代公民道德建设实施纲要》,总结了党的十八大以来我国公民道德建设的成果,提出"以习近平新时代中国特色社会主义思想为指导,促进全体人民在理想信念、价值理念、道德观念上紧密团结在一起,在全民族牢固树立中国特色社会主义共同理想,在全社会大力弘扬社会主义核心价值观"④,"以爱国主义为核心的民族精神和以改革创新为核心的时代精神,是中华民族生生不息、发展壮大的坚实

---

① 《爱国主义教育实施纲要》,《中国高等教育》1994年第11期。
② 《公民道德建设实施纲要》,《党的建设》2001年第12期。
③ 《中小学德育工作指南》,http://www.moe.gov.cn/srcsite/A06/s3325/201709/t20170904_313128.html,2019-12-17。
④ 《新时代公民道德建设实施纲要》,新华网,http://www.xinhuanet.com/politics/2019-10/27/c_1125158665.htm,2019-10-27。

精神支撑和强大道德力量"①。同时,强调公民道德建设既要面向全体社会成员开展,也要聚焦重点、抓住关键,如党员干部、青少年和社会公众人物。这些重要文件对开展爱国主义教育具有纲领性的指导意义。

2019年11月,中共中央印发《新时代爱国主义教育实施纲要》,指出"爱国主义是中华民族的民族心、民族魂,是中华民族最重要的精神财富,是中国人民和中华民族维护民族独立和民族尊严的强大精神动力"②,明确了八个方面的教育内容,即坚持用习近平新时代中国特色社会主义思想武装全党、教育人民;深入开展中国特色社会主义和中国梦教育;深入开展国情教育和形势政策教育;大力弘扬民族精神和时代精神;广泛开展党史、国史、改革开放史教育;传承和弘扬中华优秀传统文化;强化祖国统一和民族团结进步教育;加强国家安全教育和国防教育。要求"新时代爱国主义教育要面向全体人民、聚焦青少年",充分发挥课堂教学的主渠道作用,"要把青少年作为爱国主义教育的重中之重,将爱国主义精神贯穿于学校教育全过程,推动爱国主义教育进课堂、进教材、进头脑。在普通中小学、中职学校,将爱国主义教育内容融入语文、道德与法治、历史等学科教材编写和教育教学中,在普通高校将爱国主义教育与哲学社会科学相关专业课程有机结合,加大爱国主义教育内容的比重"③。

中国爱国主义教育的内容很广,开展的渠道和方式也很多。各级各类学校中开展的爱国主义教育,最能体现国家层面对爱国主义教育内容的整体设计和要求。这些爱国主义教育的内容,既体现在专门的思想政治教育课程中,也体现在其他课程、学校活动及学校管理中,并从小学一直延续到大学。

小学阶段的爱国主义教育内容,在《义务教育品德与生活课程标准(2011年)》和《道德与法治》教科书中有专门的安排,语文、历史、自然等教科书和教学中也有很多体现。

---

① 《新时代公民道德建设实施纲要》,新华网,http://www.xinhuanet.com/politics/2019-10/27/c_1125158665.htm.,2019-10-27。
② 《新时代爱国主义教育实施纲要》,http://www.gov.cn/zhengce/2019-11/12/content_5451352.htm?trs=1,2019-12-18。
③ 《新时代爱国主义教育实施纲要》,http://www.gov.cn/zhengce/2019-11/12/content_5451352.htm?trs=1,2019-12-18。

《义务教育品德与生活课程标准（2011年）》在"课程内容"部分提出了"爱集体、爱家乡、爱祖国"的要求："喜欢集体生活，爱护班级荣誉；了解家乡的风景名胜、主要物产等有关知识，感受家乡的发展变化；热爱公民领袖，了解英雄模范人物的光荣事迹；尊敬国旗、国徽，学唱国歌。为自己是中国人感到自豪。"[①] 课程总课时设计为36课时，包括32个理论课时与4课时的课外实践教学。在课外实践教学中，爱国主义教育部分为2课时。在《道德与法治》教科书中，爱国主义教育内容渗透其中，尤其在小学中低段比较集中。一年级的"校园里的号令"单元，通过升国旗、奏国歌等活动让学生认识国旗，学习国歌。二年级"欢欢喜喜过国庆"单元，让学生了解国庆节的来由，认识国徽等，尊重国家象征。三年级通过"可爱的祖国""国旗国旗真美丽""可亲可敬的中国人"三个连续的单元，让学生了解有关祖国的知识，让学生感受到祖国的美丽和伟大，为自己是中国人而感到自豪；让学生了解有关国旗的知识，懂得国旗是国家的标志和象征，尊敬国旗，了解有关升国旗时应该注意的事项；了解为民族解放不怕牺牲的革命先烈、英雄模范，自觉向这些英雄人物学习，培养学生对英雄人物的尊敬与崇敬。

《义务教育品德与社会课程标准（2011年）》对小学高段的五、六年级提出，"知道我国的地理位置、领土面积、海陆疆域、行政区划。知道台湾是我国不可分割的一部分，祖国的领土神圣不可侵犯（高）。知道我国是一个地域辽阔、有着许多名山大川和名胜古迹的国家，体验热爱国土的情感（高）。知道我国是有几千年历史的文明古国，掌握应有的历史常识，了解中华民族对世界文明的重大贡献。珍爱我国的文化遗产（高）。知道近代我国遭受过列强的侵略以及中华民族的抗争史。敬仰民族英雄和革命先辈，树立奋发图强的爱国志向（高）"[②]。课程总课时设计为36课时，包括32个理论课时与4课时的课外实践教学。在课外实践教学中，爱国主义教育部分为2课时。小学高年级的教科书多以单元的形式来组织教学，爱国主义教育的内容主要集中在《道德与法治》教科书五年级上册

---

① 中华人民共和国教育部：《义务教育品德与生活课程标准（2011年）》，北京师范大学出版社2012年版，第9页。

② 中华人民共和国教育部：《义务教育品德与社会课程标准（2011年）》，北京师范大学出版社2012年版，第14—15页。

第三单元"我们的国土 我们的家园"和第四单元"骄人祖先 灿烂文化",目的是了解祖国有辽阔的国土面积,有五十六个民族组成的中华民族大家庭,有灿烂辉煌的文字和源远流长的传统美德。

从2017年秋季起,新颁布的小学语文教科书开始使用。新颁布的部编教材,通过对祖国山河的描绘、对祖国文化的赞美、对家国情怀的弘扬、对爱国先驱的歌颂、对国家标志和象征的记录等方面内容的选取和编排,进行爱国主义教育。如对祖国山河的选文有《黄山奇石》《日月潭》《葡萄沟》《富饶的西沙群岛》《美丽的小兴安岭》《记金华的双龙洞》《颐和园》《七月的天山》等,中国的东西南北各个区域、大好河山都进入教科书,台湾、西沙群岛都有专门介绍;歌颂革命英雄人物的有《朱德的扁担》《邓小平爷爷植树》《梅兰芳蓄须》《狼牙山五壮士》《王二小》《小英雄雨来》《冀中的地道战》《黄继光》《为人民服务》《金色的鱼钩》等选文,从革命战争到社会主义建设时期的革命英雄人物都广泛涉及。

初中阶段的爱国主义教育内容,在《义务教育思想品德课程标准(2011年)》及道德与法治、语文、历史等教科书中有集中的安排。《义务教育思想品德课程标准(2011年)》在"课程内容"的"认识国情,爱我中华"部分要求:"知道我国的人口、资源、环境等状况,了解计划生育、保护环境、合理利用资源的政策,形成可持续发展意识。知道我国是一个统一的多民族国家,各民族人民平等互助、团结合作、艰苦创业、共同发展。学习和了解中华文化传统,增强与世界文明交流、对话的意识。了解当今世界发展趋势,知道我国在世界格局中地位、作用和面临的机遇与挑战,增强忧患意识。"[①] 课程总课时设计为36课时,包括32课时的理论与4课时的课外实践教学。在课外实践教学中,爱国主义教育部分为2课时。具体到教科书,《道德与法治》八年级上册第四单元"维护国家利益",要求学生做到国家利益至上,维护国家安全,建设美好祖国。九年级下册第二单元"世界舞台上的中国",要求学生知道与世界相连、与世界共发展,了解中国的担当与使命。

初中语文课程标准、教科书和教学中,爱国主义教育的相关内容也非

---

① 中华人民共和国教育部:《义务教育思想品德课程标准(2011年)》,北京师范大学出版社2012年版,第14—15页。

常丰富。《义务教育语文课程标准（2011年）》在"课程基本理念"部分提出，语文教学"要继承和发扬中华民族优秀文化传统和革命传统，体现社会主义核心价值体系的引领作用，突出中国特色社会主义共同理想，弘扬以爱国主义为核心的民族精神和以改革开放为核心的时代精神，树立社会主义荣辱观，培养良好道德风尚，同时也要尊重学生在语文学习过程中的独特体验"①。"课程目标与内容"中明确提出，"在语文学习过程中，培养学生的爱国主义精神、社会主义道德品质，逐步形成积极的人生态度和价值观，提高文化品位和审美情趣"②。部编初中《语文》教材中有关爱国主义教育的内容可以归纳为热爱祖国的悠久文化、大好河山、爱国反战、纪念革命先驱等几个方面。以革命先驱人物为例，七年级下册第一单元选取《邓稼先》为范文，通过小故事阐述他矢志不渝的报国之志和脚踏实地的爱国之行，感受"两弹元勋"邓稼先的爱国情怀。八年级下册第四单元《最后一次讲演》讲述闻一多先生为了国家和民族的振兴大业，不惜冒着生命危险，勇敢捍卫民主与和平，体现了他作为卓越的学者和大无畏的民主战士的伟大情怀。

为发挥历史学科的教育功能，2016年版《历史》教科书在内容选择上特别注重爱国主义教育，不同的年级学生侧重点不同。七年级《历史》教科书介绍了我国古代劳动人民的智慧成果，如元朝设立澎湖巡检司和宣政院，郑成功收复台湾等，增强学生的民族自豪感和爱国主义情感，让他们认识到台湾和西藏隶属于中国的合法性。八年级历史教科书在抗战史方面深度挖掘，让学生感受和学习中国人民顽强不屈的反侵略精神。通过学习"一五"计划、十一届三中全会等内容感受中国共产党的伟大成就，培养他们的爱党爱国情怀。同时，2016年版《历史》教科书八年级下册还吸收了中国特色社会主义的最新理论。2012年中国共产党第十八次全国代表大会倡导全国中小学生加强爱国教育和党性教育，习近平总书记首次提出"中国梦"，历史教科书新增第十课"建设中国特色社会主义"，阐述第十八次、第十九次全国代表大会的思想成就；新增第十一课"为实现中

---

① 中华人民共和国教育部：《义务教育语文课程标准（2011年）》，北京师范大学出版社2012年版，第3页。

② 中华人民共和国教育部：《义务教育语文课程标准（2011年）》，北京师范大学出版社2012年版，第6页。

国梦而努力奋斗"，阐述中国梦的内涵，以此鼓舞学生为建设中国努力学习。据相关研究，部编新教材中，中国古代史两册涉及中国历史文化名人45人，科技、文学著作56部，文物众多，相关知识点50余处，所选的人、事、物对传统文化的阐释比较系统、全面，以此帮助学生了解和感悟悠久的中华文明，涵育初中生的爱国主义精神和人文素养。同时，新教材还增加了"人物扫描"栏目，共介绍了毛泽东、邓小平为代表的43位老一辈革命家，许多人物首次出现在历史教材中。①

高中阶段爱国主义教育内容在《高中思想政治课程标准（2017年版）》及《思想政治》教科书中有集中安排。《普通高中思想政治课程标准（2017年）》在"学科素养和课程目标"中指出，"我国的政治认同，就是拥护中国共产党的领导，坚持和发展中国特色社会主义，认同中华人民共和国、中华民族、中华文化，弘扬和践行社会主义核心价值观"②，这是高中阶段思想政治学科的核心素养之首。高中《思想政治》教科书贯彻了这一思想，其中必修1《中国特色社会主义》对社会主义中国的热爱予以集中表达。第二课"只有社会主义才能救中国"、第三课"只有中国特色社会主义才能发展中国"以及第四课"只有坚持和发展中国特色社会主义才能实现中国民族伟大复兴"开宗明义，指出要实现中华民族伟大复兴的中国梦就必须坚持和发展中国特色社会主义。

《普通高中语文课程标准（2017年）》提出高中语文课程，必须以习近平新时代中国特色社会主义思想为指导，坚持立德树人，弘扬民族精神，融入社会主义核心价值观教育，培养热爱中华文明、热爱祖国、热爱人民、热爱中国共产党的深厚感情，增强为中华民族伟大复兴而努力的历史使命感和社会责任感。③ 在高中语文教学中进行爱国主义教育，是语文教育的重中之重。以高中语文教材中的爱国主义人物形象为例，有关爱国主义人物的选文就有30多篇，所选爱国者人物纵跨古今，如古代烛之武、屈原、苏武、杜甫、辛弃疾，近现代蔡元培、毛泽东、刘和珍、聂荣臻、

---

① 马晓霞：《谈部编教材中爱国主义教育的时代性》，《中学历史教学》2018年第3期。
② 中华人民共和国教育部：《普通高中思想政治课程标准（2017年）》，人民教育出版社2018年版，第4页。
③ 中华人民共和国教育部：《普通高中语文课程标准（2017年）》，人民教育出版社2018年版，第2页。

杨成武,和平时期焦裕禄、袁隆平、杨利伟等;横跨中外,如马克思、恩格斯、马丁·路德·金等。

《普通高中历史课程标准(2017年)》要求"学生通过高中历史课程的学习,进一步拓宽历史视野,发展历史思维,提高历史学科核心素养,能够从历史发展的角度理解并认同社会主义核心价值观和中华优秀传统文化,认识并弘扬以爱国主义为核心的民族精神和以改革创新为核心的时代精神,具有广阔的国际视野,树立正确的世界观、人生观、价值观和历史观,为未来的学习、工作与生活打下基础"[①]。按照课程标准,高中《历史》教科书分成通史和专题史两大类。通史包括《中外历史纲要》上下两册,上册为中国通史,下册为世界通史,是历史学的基础知识,也是普通高中学生的共同基础教育课程;专题史类规定为选择性必修课三册,分别为《国家制度与社会治理》《经济与社会生活》《文化交流与传播》,供高中学生根据个人兴趣、升学需求选择使用。高中《历史》教材注重关于国家主权、国防教育等方面的爱国主义教育,对中国古代史中历代的疆域变迁均有较为详细的阐述,对中国近代史时期的不平等条约涉及国家主权损失的部分作了总结,介绍了新疆、西藏、台湾、南海诸岛等作为我国领土不可分割一部分的历史渊源,让学生通过学习历史,树立正确的历史观,从历史分析的角度认识中国的国情,增强维护国家统一和国家安全意识,形成对祖国的认同感。

高校是开展爱国主义教育的主阵地。爱国主义教育在《马克思主义基本原理概论》《毛泽东思想与中国特色社会主义理论体系》《近代史纲要》《思想道德修养与法律基础》《形势与政策》等教科书及教学中都有体现,其中《思想道德修养与法律基础》对爱国主义教育内容作了专门规定。根据《思想道德修养与法律基础》课程标准,要求高校学生"理解爱国主义的内涵;认识中华民族爱国主义的优良传统;认识新时期的爱国主义,培养爱国情操;增强国防观念。做忠贞的爱国者。培养奉献国家、奉献社会的精神"[②]。2018年版《思想道德修养与法律基础》教材在2015年版教材

---

① 中华人民共和国教育部:《普通高中历史课程标准(2017年)》,人民教育出版社2018年版,第1页。

② 《〈思想道德修养与法律基础〉课程标准》,http://skb.hdc.edu.cn/kcbz/4725.jhtml,2018-3-22。

的基础上进行了修订,在"爱国主义的基本内涵"下增加"爱自己的国家"要点,强调爱国主义精神本就具有的鲜明政治特征;在第二目阐述新时代爱国主义的基本要求时,增加维护民族团结、尊重和传承中华民族历史和文化、坚持立足民族又面向世界等要点。

在课时的分配上,各个大学、学院有所不同。北京大学从 2015 年起,对元培学院实验班学生"基础课"教学进行试点改革,形成了"大班授课、小班管理;课下阅读、课上研讨"的教学模式。以 2017 级元培学院"基础课"实验班为例,学生 230 人,每逢单周周一进行大班授课,分为"思想道德修养"与"法律基础"两部分,共计八个专题,思想道德修养部分涉及理想信念、中国精神、人生观、道德观四个专题;法律基础部分涉及法学原理、法治观念、民法专题、刑法专题四个专题。每逢双周周一分成十个小班进行课上研讨,10 名助教分别组织和带领各自的小班(20 余人)在指定小教室进行专题讨论,讨论的范围是单周大班授课专题和阅读书目的相关主题。[①] 山西职业金融学院《思想道德修养与法律基础》总课时设计为 56 学时,包括 28 个理论学时与 28 个实践学时。在课外实践教学中,爱国主义教育部分为 2 课时。[②]

从以上的梳理分析中我们可以看到,中国各级各类学校都开展了系统而丰富的爱国主义教育,形成了大中小思想政治教育一体化有序衔接。随着中国进入新时代,建设社会主义现代化强国的步伐加快,全国人民爱国主义热情高涨,增强了中国的国家认同和民族自豪感。

2. 集体主义教育

集体主义教育是中国公民教育特别强调和突出的一个重要内容,"集体主义是社会主义价值体系的重要组成部分,也是社会主义教育的基本价值原则。集体主义意识和精神的培养是社会主义教育的重要任务,也是爱国主义教育的重要基础"[③],是中国公民教育内容区别于美国的一个重要特点。各级学校仍然是开展集体主义教育的主要渠道,从内容上体现出相互

[①] 张会峰:《改造我们的课堂——北京大学"思想道德修养与法律基础"教学改革札记》,https://marxism.pku.edu.cn/szkjx/qxszkjx/1206873.htm,2019 - 12 - 21。

[②] 《2019 年〈思想道德修养与法律基础〉课程标准》,https://max.book118.com/html/2019/0304/8136056026002011.shtm,2019 - 12 - 21。

[③] 石中英:《重申集体主义教育》,《北京教育(普教版)》2017 年第 9 期。

衔接的连续性。

《义务教育品德与社会课程标准（2011年）》"我们的学校生活"部分，分别对小学中年级（三、四年级）和高年级（五、六年级）提出有关集体主义教育需要掌握的内容："知道自己是集体的一员，关心集体，参加集体活动，维护集体荣誉，对自己承担的任务负责（中）。知道班级和学校中的有关规则，并感受集体生活中规则的作用，初步形成规则意识，遵守活动规则和学校纪律（中）。通过学习和班级等集体生活，体会民主、平等在学校生活中的现实意义（高）。"[1] 从《道德与法治》教科书的内容来看，二年级"我爱我们的班"单元通过对班级的热爱培养孩子的集体荣誉感，积极参加班集体的活动；"装扮我们的教室"单元强调在集体生活中体验分工与合作的方法和好处，学会在集体中相处。四年级上册第一单元"与班级共成长"让孩子们回忆班级成长历程，学习做小主人，自己的班级自己管。

初中阶段的集体主义教育主要集中在《思想品德》课程及教科书中。《义务教育思想品德课程标准（2011年）》"在集体中成长"部分要求："正确认识个人与集体的关系，主动参与班级和学校活动，并发挥积极作用。有团队意识和集体荣誉感，感受学校生活的幸福，体会团结的力量。理解竞争与合作的关系，能正确对待社会生活中的竞争。敢于竞争，善于合作"[2]。《道德与法治》七年级下册第三单元"在集体中成长"，从"集体生活成就我"到"我与集体共成长"，学会理解和包容。九年级上册第四单元"和谐与梦想"，知道中国是五十六个民族和谐相处的大家庭，要树立为实现中华民族伟大复兴中国梦而努力奋斗的远大目标。

高中阶段的集体主义教育在《普通高中思想政治课程标准（2017年）》中有具体要求，在"课程目标"中提出培养"具有公共素养参与的学生，应能够：具有集体主义精神；遵循规则，有序参与公共事务"[3]。集

---

[1] 中华人民共和国教育部：《义务教育品德与社会课程标准（2011年）》，北京师范大学出版社2012年版，第10页。

[2] 中华人民共和国教育部：《义务教育思想品德课程标准（2011年）》，北京师范大学出版社2012年版，第11页。

[3] 中华人民共和国教育部：《普通高中思想政治课程标准（2017年）》，人民教育出版社2018年版，第7页。

体主义教育内容在高中《思想政治》教科书各个模块都有体现,有的单元会集中体现,如《经济与社会》第二单元中就强调作为劳动者、经营者、管理者,要处理好国家与集体、企业与个人的关系,第三单元强调作为国家要发挥财政、税收的作用,取之于民、用之于民,同时作为纳税人要依法纳税,以维护人民和国家的利益,这些都从侧面阐述了公民作为消费者、劳动者心中有集体、心中有国家的集体主义原则。

大学也非常重视大学生的集体主义教育,并形成了一套制度体系和实施路径。大学通过分班管理、设辅导员的方式,加强班级建设;建立大学生德育考核体系评价指标,引导学生参与集体活动与公益活动;通过建设学习型团队,鼓励同学互相帮助、合作共赢;鼓励学生积极参与学校的集体活动,如运动会、志愿者日活动等,体会集体合作的成功与乐趣。

3. 社会主义教育

社会主义教育是中国公民教育的重要内容,也是中国公民教育区别于美国的重要内容,贯穿小学到大学。

小学《道德与法治》六年级上册第三单元"我们的国家机构"介绍了我国的国家机构、组织体系,人民代表大会制度的基本情况等,要求了解社会主义政治制度的特点和运作机制。

初中阶段社会主义教育在课程标准和教科书中都有要求。《义务教育思想品德课程标准(2011年)》提出了社会主义教育的具体要求:"了解全面建设小康社会的奋斗目标。知道促进城乡、区域协调发展是实现全面建设小康社会奋斗目标的一项重要要求。知道中国特色社会主义理论体系。了解我国现阶段基本经济制度和政治制度,知道我国各民族人民的共同理想。"[①] 具体内容体现在八年级《道德与法治》下册第三单元"人民当家作主",对国家基本政治制度、国家机构做了介绍;九年级上册第一单元"富强与创新"、第二单元"民主与法治"、第三单元"文明与家园",让学生认识到只有社会主义才能救中国,认识到社会主义政治制度和文化的优越性。

高中阶段的《普通高中思想政治课程标准(2017年)》和思想政治选

---

① 中华人民共和国教育部:《义务教育思想品德课程标准(2011年)》,北京师范大学出版社2012年版,第14—15页。

修和必修课教科书中社会主义教育都是重中之重。《普通高中思想政治课程标准（2017 年）》在"学科素养和课程目标"中指出，"思想政治学科的核心素养，主要包括政治认同、科学精神、法治意识和公共参与"①。在"课程结构"中又特别指出，基于发展中国特色社会主义的主题、主线，设计必修课程的整体框架，包括四个模块。模块 1 "中国特色社会主义"，依循历史进程，讲述为何开创和发展中国特色社会主义；模块 2 "经济与社会"、模块 3 "政治与法治"、模块 4 "哲学与文化"，依托模块 1 的基本原理，讲如何坚持和发展社会主义。② 所以，高中阶段思想政治课程的主线就是开展社会主义教育。

具体而言，"中国特色社会主义"模块"着眼于人类社会的发展历程，立足于中国特色社会主义的伟大实践，明确中国特色社会主义是科学社会主义理论逻辑与中国社会发展历史逻辑的辩证统一，中国特色社会主义已进入新时代，帮助学生树立为共产主义远大理想和中国特色社会主义共同理想而奋斗的信念"。③

"经济与社会"模块"依据习近平新时代中国特色社会主义经济思想的基本原理，讲述我国社会主义基本经济制度，解析社会主义市场经济的基本特征，阐释指导我国经济社会发展的新理念，帮助学生理解全面深化改革的意义，提升在新时代参与社会主义现代化建设的能力"。④

"政治与法治"模块"以党的领导、人民当家作主、依法治国有机统一为主线，讲述党的领导是人民当家作主的根本保证，人民当家作主是社会主义民主政治的基本特征，依法治国是党领导人民治理国家的基本方式，奠定学生政治立场与法治思维的基础"。⑤

"哲学与文化"模块"阐明马克思主义哲学是科学的世界观和方法论，

---

① 中华人民共和国教育部：《普通高中思想政治课程标准（2017 年）》，人民教育出版社 2018 年版，第 4 页。
② 中华人民共和国教育部：《普通高中思想政治课程标准（2017 年）》，人民教育出版社 2018 年版，第 9 页。
③ 中华人民共和国教育部：《普通高中思想政治课程标准（2017 年）》，人民教育出版社 2018 年版，第 11 页。
④ 中华人民共和国教育部：《普通高中思想政治课程标准（2017 年）》，人民教育出版社 2018 年版，第 14 页。
⑤ 中华人民共和国教育部：《普通高中思想政治课程标准（2017 年）》，人民教育出版社 2018 年版，第 16—17 页。

讲述辩证唯物主义和历史唯物主义的基本,坚持实践的观点、历史的观点、辩证的观点、发展的观点,在实践中认识真理、检验真理、发展真理;讲述社会生活及个人成长中价值判断、行为选择和文化自信的意义、为培养学生思想政治学科核心素养,奠定世界观、人生观基础"。①

高中思想政治教科书一共有7册,分别是:《思想政治教育必修1(中国特色社会主义)》《思想政治教育必修2(经济与社会)》《思想政治教育必修3(政治与法治)》《思想政治教育必修4(哲学与文化)》《思想政治教育选修1(当代国际政治与经济)》《思想政治教育选修2(法律与生活)》《思想政治教育选修3(逻辑与思维)》,这些教科书非常好地落实了《普通高中思想政治课程标准(2017年)》的编制要求,如《思想政治教育必修1(中国特色社会主义)》教科书一共有四课,第一课讲述社会主义从空想到科学、从理论到实践的发展;第二课讲述只有社会主义才能救中国;第三课讲述只有中国特色社会主义才能发展中国;第四课讲述只有坚持和发展中国特色社会主义才能实现中华民族伟大复兴。社会主义教育贯穿并统领整个高中《思想政治教育》教材。

高校开设了系统的马克思主义理论课。按照中共中央办公厅、国务院办公厅印发的《关于深化新时代学校思想政治理论课改革创新的若干意见》中的规定,要求博士阶段开设"中国马克思主义与当代",硕士阶段开设"中国特色社会主义理论与实践研究",本科阶段开设"马克思主义基本原理概论""毛泽东思想和中国特色社会主义理论体系概论""中国近现代史纲要""思想道德修养与法律基础""形势与政策",专科阶段开设"毛泽东思想和中国特色社会主义理论体系概论""思想道德修养与法律基础""形势与政策"等必修课。各高校要重点围绕习近平新时代中国特色社会主义思想,党史、国史、改革开放史、社会主义发展史,宪法法律,中华优秀传统文化等设定课程模块,开设系列选择性必修课程。② 中国特色社会主义教育是贯穿高等教育的重点内容。

除学校系统外,全社会也非常重视社会主义教育,学习党的文件、

---

① 中华人民共和国教育部:《普通高中思想政治课程标准(2017年)》,人民教育出版社2018年版,第20页。
② 中华人民共和国中央人民政府,http://www.gov.cn/xinwen/2019－08/14/content_5421252.htm,2019－12－27。

政策，传达党的历届大会和全会的精神。2018年1月19日党的十九届二中全会在北京闭幕后不久，3月27日，四川省南充市嘉陵区人民政府都尉街道就发布了《关于认真学习贯彻党的十九届二中全会精神的通知》，要求各社区党总支、机关党支部、西兴小学党支部就学习贯彻党的十九届二中全会精神有关事项发布通知，要求通过学习深刻认识党的十九届二中全会的重大意义，准确把握党的十九届二中全会的精神实质，切实抓好党的十九届二中全会精神贯彻落实，要以习近平新时代中国特色社会主义思想为指导，全面深入贯彻落实党的十九大和十九届二中全会精神，做到知行合一，学以致用。① 十九届三中全会召开后，山东济宁市任城区人民法院专门发布《济宁市任城区人民法院关于认真学习贯彻党的十九届三中全会精神的通知》，要求法院属各部门、各审判团队迅速组织收听、收看中央主流媒体的有关新闻报道，认真开展学习讨论，切实把思想和行动统一到党的十九届三中全会精神上来，努力开创新时代法院工作新局面。《通知》还要求各部门、各审判团队组织学习讨论情况要及时报法院政治处教育培训科。② 作为社会主义国家，中国特色社会主义教育是核心内容。

4. 公民权利与义务教育

公民权利与义务教育在我国越来越受到重视，在相关课程标准和教科书中都有具体的规定和要求。

小学在中高年级出现公民权利与义务教育的内容，主要集中在《义务教育品德与社会课程标准（2011年）》和《道德与法治》教科书中。《义务教育品德与社会课程标准（2011年）》中的"课程内容"部分，要求中高年级学段小学生"知道自己是中华人民共和国的公民，初步了解自己拥有的基本权利和义务。（中、高）"③《道德与法治》六年级上册第二单元"我们是公民"，让学生了解什么是公民，什么是国籍，以及如何使用身份证。

初中阶段的权利与义务教育内容主要集中在《义务教育思想品德课程

---

① 嘉陵区政府，http：//www.jialing.gov.cn/puls/view.php？aid=13801，2019-12-27。
② 济宁市任城区人民法院，http：//jningrcqfy.sdcourt.gov.cn/jningrcqfy/384598/384622/3015499/index.html，2019-12-27。
③ 中华人民共和国教育部：《义务教育品德与社会课程标准（2011年）》，北京师范大学出版社2012年版，第15页。

标准（2011年）》以及《道德与法治》教科书中。《义务教育思想品德课程标准（2011年）》"课程内容"的规定，要求学生"知道责任的社会基础，体会承担责任的意义，懂得承担责任可能需要付出代价，知道不承担责任的后果，努力做一个负责任的公民"。① 七年级《道德与法治》下册第二单元"做情绪情感的主人"，学会正确对待青春期的情绪，体味美好情感，学会关爱自己、关爱他人、关爱社会。八年级上册第二单元"遵守社会规则"，第三单元"承担社会责任"，都是要求学生讲规则、守道德，做负责任的人，积极奉献社会。八年级下册第二单元"理解权利义务"，了解自己作为公民，有哪些权利，需要履行哪些义务。九年级下册第三单元"走向未来的少年"，要做有担当的现代青少年，认真学习，为将来的发展做好准备。

《普通高中思想政治课程标准（2017年）》在"课程目标"中提出，要培养具有法治意识素养的学生，应能够理解法治是人类文明演进中逐步形成的先进的国家治理方式，全面依法治国是国家治理的一场深刻革命，明确建设社会主义法治国家的基本要求；树立宪法法律至上、法律面前人人平等的法治理念；懂得权利与义务的关系，养成依法办事、依法履行义务的习惯；拥有法治使人共享尊严，让社会更和谐、生活更美好的认知和情感。② 在选择性选修模块2《法律与生活》教科书中，聚焦公民依法维护合法权益的法律行为，介绍公民一般的民事权利和义务，理解婚姻家庭中的法律关系和法律责任、劳动关系的法律保障、社会纠纷的解决机制和法律程序。

5. 世界观、价值观、人生观教育

世界观、价值观和人生观教育是中国思想政治教育的重要内容。世界观是人们对世界的整体看法，世界观对人们的活动具有一定的支配作用。价值观是人们对事物价值大小的看法。人生观是人生在世的生活态度以及对人生的评价，可以看作是世界观在人生领域的一种延伸。

中国的世界观教育引导人们认真地学习辩证唯物主义和历史唯物主

---

① 中华人民共和国教育部：《义务教育思想品德课程标准（2011年）》，北京师范大学出版社2012年版，第13页。
② 中华人民共和国教育部：《普通高中思想政治课程标准（2017年）》，人民教育出版社2018年版，第6—7页。

义,自觉地运用马克思主义的立场、观点和方法,分析和认识复杂的形势并指导实践。价值观教育引导人们开展社会主义价值观念教育,正确处理个人和集体、国家的关系,反对拜金主义、享乐主义和极端个人主义。人生观教育号召人们树立共产主义远大理想,把个人理想与社会理想乃至共产主义理想结合起来,把个人价值与社会责任、社会贡献结合起来,在实现社会理想的过程中实现自身的价值。

小学阶段通过班会等形式开展和中小学生生活、学习习惯养成相关的教育活动。初中《道德与法治》教科书中没有直接出现世界观、价值观、人生观的字眼,但有属于"三观"教育的内容,如七年级上册的"少年有梦"是理想信念教育,"做更好的自己"是成才教育,这些都属于人生观教育;七年级下册"我与集体共成长"、九年级"承担责任 服务社会"是奉献集体与社会的价值观教育;八年级上册"诚实守信""做负责任的人""坚持国家利益至上"帮助初中生逐步树立起科学的世界观。

高中阶段系统开展世界观、价值观和人生观的教育。《普通高中思想政治课程标准(2017年)》在"学科素养和课程目标"中指出,"我国公民的科学精神,就是在认识世界和改造世界的过程中表现出来的一种精神取向,即坚持马克思主义的世界观和方法论,能够对个人成长、社会进步、国家发展和人类文明作出正确的价值判断和行为选择"。[1] 高中思想政治教科书直接讲授了"三观"的内容。高中思想政治必修模块4《哲学与文化》主要阐明马克思主义哲学是科学的世界观和方法论,让学生理解实践的观点、历史的观点、辩证的观点、发展的观点;理解辩证唯物主义和历史唯物主义是认识和改造世界的强大思想武器,讲述社会生活及个人成长中价值判断、行为选择和文化自信的意义,为培育学生思想政治素养奠定世界观、人生观和价值观基础。

大学阶段是一个人发展阶段中"三观"成熟的关键时期。大学生生理、心理年龄逐渐成熟,同时为走向社会做准备,高校的教学围绕培养合格建设者接班人的使命来进行。通过提高大学生科学文化素质、知识水平和理论水平,树立正确的思想道德观念,以养成良好的行为习惯。以大学开设的"马

---

[1] 中华人民共和国教育部:《普通高中思想政治课程标准(2017年)》,人民教育出版社2018年版,第4页。

克思主义基本原理概论"为例,通过"世界的物质性及发展规律"专题,对世界多样性与物质统一性、事物的联系和发展做了分析,提出唯物辩证法是认识世界和改造世界的根本;通过"实践与认识及其发展规律"专题,对于实践与认识、真理与价值的关系进行了梳理,提出认识世界和改造世界的观点和方法;通过"人类社会及其发展规律"专题分析社会基本规律及其运动规律、社会发展的动力,让大学生认识到人民群众在历史发展中的作用;通过对资本主义本质、规律、趋势的剖析,对社会主义发展规律的学习,认识到实现共产主义是历史发展的必然趋势。"思想道德修养与法律基础"则以"人生的青春之问"为专题,和青年大学生探讨人生与人生观、个人与社会的辩证关系,探讨如何通过科学高尚的人生追求、积极进取的人生态度来树立正确的人生观;以"坚定理想信念"专题思考什么是理想信念,为什么要信仰马克思主义,要处理好理想与现实的关系,实现个人理想与社会理想的统一,为实现中国梦注入青春能量。

除了学校系统的学生,中国的9000多万党员也要进行世界观、价值观、人生观的教育。2019年1月发布的《中共中央关于加强党的政治建设的意见》要求,"大力弘扬忠诚老实、公道正派、实事求是、清正廉洁等价值观,……发扬革命文化,传承红色基因,弘扬革命精神,教育党员干部正确处理公和私、义和利、是和非、正和邪、苦和乐的关系。弘扬社会主义先进文化,推进社会主义核心价值观宣传教育,引导党员干部带头做社会主义核心价值观的坚定信仰者、积极传播者、模范践行者"[①]。中国还在全国范围内进行社会主义核心价值观教育。社会主义核心价值观是社会主义核心价值体系的内核,体现社会主义核心价值体系的根本性质和基本特征,反映社会主义核心价值体系的丰富内涵和实践要求,是社会主义核心价值体系的高度凝练和集中表达。党的十八大提出,倡导富强、民主、文明、和谐,倡导自由、平等、公正、法治,倡导爱国、敬业、诚信、友善,积极培育和践行社会主义核心价值观。"爱国、敬业、诚信、友善",是公民基本道德规范,是从个人行为层面对社会主义核心价值观基本理念的凝练。党的十九大报告中指出,要培育和践行社会主义核心价值观。要

---

① 新华网,http://www.xinhuanet.com/politics/2019-03-28/c_1124297439.htm,2020-1-11。

以培养担当民族复兴大任的时代新人为着眼点，强化教育引导、实践养成、制度保障，发挥社会主义核心价值观对国民教育、精神文明创建、精神文化产品创作生产传播的引领作用，把社会主义核心价值观融入社会发展各方面，转化为人们的情感认同和行为习惯。

在政治与思想教育中，除了上述内容外，中国共产党的基本理论、路线方针政策、基本路线和基本经验教育、基本国情和形势教育、政策教育、民族团结教育、国防与国家安全教育等也是重要内容。

二 道德教育

道德教育一直是中国非常重视、非常重要的内容，颁布的相关文件也很多。2001年10月，中共中央颁布《公民道德建设实施纲要》，对在社会主义市场经济条件下加强公民道德建设提供了重要指导。2004年2月，中共中央印发《关于进一步加强和改进未成年人思想道德建设的若干意见》，要求扎实推进中小学思想道德教育，切实加强对未成年人思想道德建设工作的领导。

2019年10月，中共中央印发《新时代公民道德建设实施纲要》，提出"要以习近平新时代中国特色社会主义思想为指导，紧紧围绕进行伟大斗争、建设伟大工程、推进伟大事业、实现伟大梦想"[1]。在道德教育的内容方面，提出"要把社会公德、职业道德、家庭美德、个人品德建设作为着力点。推动践行以文明礼貌、助人为乐、爱护公物、保护环境、遵纪守法为主要内容的社会公德，鼓励人们在社会上做一个好公民；推动践行以爱岗敬业、诚实守信、办事公道、热情服务、奉献社会为主要内容的职业道德，鼓励人们在工作中做一个好建设者；推动践行以尊老爱幼、男女平等、夫妻和睦、勤俭持家、邻里互助为主要内容的家庭美德，鼓励人们在家庭里做一个好成员；推动践行以爱国奉献、明礼遵规、勤劳善良、宽厚正直、自强自律为主要内容的个人品德，鼓励人们在日常生活中养成好品行"[2]。内容覆盖所有人群，同时提出要抓好重点群体的教育引导，"公民

---

[1] 新华网，http：//www.xinhuanet.com/politics/2019-10/27/c_1125158665.htm，2019-12-27。

[2] 新华网，http：//www.xinhuanet.com/politics/2019-10/27/c_1125158665.htm，2019-12-27。

道德建设既要面向全体社会成员开展，也要聚焦重点、抓住关键"①。其中，党员干部和青少年是重点，社会公德、职业道德、家庭美德、个人品德建设是核心内容。

道德教育贯穿学校教育的全过程。青少年道德教育中个人品德、社会公德、家庭美德是贯穿普通学校教育整个过程的重点内容，职业及职业教育系统对职业道德有专门的要求。

《义务教育品德与生活课程标准（2011年）》提出了具体的、针对小学低年级特点的道德教育内容，要求小学生低年级要遵守社会道德规范，具体包括"懂礼貌，守秩序，爱护公物，行为文明；能初步明辨是非，做了错事用于承认和改正，诚实不说谎；尊重社会各行各业的劳动者，爱惜他们的劳动成果；爱护动植物，节约资源，为保护环境做力所能及的事"②，提出"爱护家庭和公共环境卫生。做事认真负责，有始有终，不拖拉。爱父母长辈，体贴家人，主动分担力所能及的家务劳动。关心他人，友爱同伴，乐于分享与合作。认真完成自己承担的任务。懂礼貌，守秩序，爱护公物，行为文明。能初步分辨是非，做了错事勇于承认和改正，诚实不说谎。尊重社会各行各业的劳动者，爱惜他们的劳动成果。爱护动植物，节约资源，为保护环境做力所能及的事"③ 等具体教学内容，很多是对学生行为习惯和品德的基本要求。

《义务教育品德与社会课程标准（2011年）》要求中高年级学段小学生要"懂得做人要自尊，自爱，有荣誉感和知耻心，愿意反思自己的生活和行为。（中、高）理解做人要诚实守信，学习做有诚信的人。（中、高）懂得感恩和基本的礼仪常识；学会欣赏、宽容和尊重他人。了解在公共生活中存在不同的社会群体，各种群体享有同等的公民权利，应相互尊重，平等相待，不歧视，不抱有偏见。（高）"④

---

① 新华网，http://www.xinhuanet.com/politics/2019-10/27/c_1125158665.htm，2019-12-27。
② 中华人民共和国教育部：《义务教育品德与生活课程标准（2011年）》，北京师范大学出版社2012年版，第15页。
③ 中华人民共和国教育部：《义务教育品德与生活课程标准（2011年）》，北京师范大学出版社2012年版，第8页。
④ 中华人民共和国教育部：《义务教育品德与社会课程标准（2011年）》，北京师范大学出版社2012年版，第15页。

在小学的《道德与法治》教科书中有关道德教育的内容主要有：小学1—2年级强调养成良好的生活习惯，早睡早起，关注自己的健康、安全。尊重和爱戴家人，帮助做家务。尊重生命，热爱自然，善待动植物。言行有礼貌，友好地和他人相处。帮助同学，自己班级自己爱、自己管。遵守公共秩序，爱护公共设施。爱自己的家乡，热爱祖国。尊敬师长，热爱校园生活。树立自信，克服学习困难。3—4年级强调成长离不开学习，学会克服学习中的畏难情绪，体会战胜困难后的快乐。生命最宝贵，珍惜生命，树立安全意识。学会理解父母，体谅父母，帮助做家务，帮助父母改掉不好的习惯。学会分析自己的优缺点，认识自己，完善自我。尊重和理解他人，明白什么是友谊，与人相处要讲究信用。能分辨是非，学会用诚实的行为解决问题。学会在集体中生活，能与人合作与交流，关爱他人。学会正确对待班级间的竞争，能欣赏其他班级的优点。5—6年级强调学会处理交往中的矛盾，学会友爱宽容的品质，尊重自己，尊重他人。合理安排课余生活，远离烟酒。体会家人的爱，懂得家庭中的责任分担。在公共生活中爱护公共设施，遵守公共秩序，服务社区，参与公益活动。增强环境保护意识，懂得保护环境的方法，为环保做自己力所能及的事。

初中阶段《道德与法治》教科书中有关道德教育的内容主要有：认识到初中是认识发展的一个重要阶段，通过自我评价、他人评价认识自己，学会欣赏自己，做更好的自己。感受到友谊的珍贵，学会处理好友谊和竞争的关系。学会接纳尊重不同风格的老师，学会正确对待老师的表扬和批评，师生之间相互尊重。感受亲情之爱，学会和父母沟通，做到家庭成员之间和睦相处。理解自由和规则之间的关系，做到自觉遵守规则。学会尊重他人，以礼待人。知道诚信的意义，在生活中做到诚信待人。坚定中华民族的文化自信，弘扬中华传统美德。

《普通高中思想政治课程标准（2017年）》在《思想政治3（文化生活）》中提出："引述公民基本道德规范，评析文化修养与思想道德修养的关系，说明加强社会主义思想道德建设是发展先进文化的重要内容。"[①] 高中《思想政治》教科书中没有集中对道德教育专门集中的规定，主要是对

[①] 中华人民共和国教育部：《普通高中思想政治课程标准（2017年）》，人民教育出版社2018年版，第25页。

如何践行社会主义核心价值观做了阐述。

在高校开设的思想政治教育课程中,《思想道德修养与法律基础》集中对道德教育做了专门阐述,虽然有不同版本,但基本内容相同,主要就什么是道德,道德的历史发展阶段,如何继承和借鉴中华传统美德、革命道德和人类优秀文明优秀道德成果,加强社会主义道德建设。培养优良道德品质,遵守社会公德、职业道德、家庭美德和培养良好的个人品德。

在普通教育系统中道德教育的重点是个人品德、家庭美德和社会公德,而职业道德教育主要是在职业院校开展的。职业道德是道德教育的重要组成部分,它既是对本职人员在职业活动中的行为标准和要求,同时又是职业对社会所负的道德责任与义务,一般包括爱岗敬业、诚实守信、办事公道、奉献社会、服务群众、遵纪守法等内容。同时,我国各个行业都形成了自己的职业道德规范,如2019年11月中华全国新闻工作者协会重新修订的《中国新闻工作者职业道德准则》,提出了全心全意为人民服务、坚持正确的舆论导向、坚持新闻真实性原则、发扬优良作风、坚持改进创新、遵守法律纪律、对外展示良好形象的七条新闻工作者职业道德准则。[①]

中国道德教育内容丰富而全面,学校系统注重各个阶段内容的衔接。同时,除了在学校系统开展道德教育外,家庭、社区也会配合学校完成学生的道德教育。

三 法治和纪律教育

法治教育和纪律教育是一体两翼,社会主义法治教育主要是使广大群众知法、懂法、尊法、守法,是在法律层面的要求;纪律教育是使人们遵守业已确定的秩序并履行自己的职责,是非法律层面的约定性要求,两者都具有强制性特点。

1. 法治教育

中国一般语境下一般常用"法制教育"。"法制"是法律制度的简称,它包括以法为核心的整个法律上层建筑系统,它与国家政权相伴而生;"法治"要求政治民主和普遍守法,是掌握这种实体工具,充分发挥其作

---

① 中国新闻网,http://www.chinanews.com/gn/news/2009/11-27/1988722.shtml,2020-1-12。

用的原则。有"法制"不一定有"法治","法治"是我们追求的目标。[①]随着中国对"以法治国"认识的不断深化,强调民主政治为核心的社会主义民主和法治教育更能反映时代发展的方向,内涵也更加丰富。

中国在 1986 年就开始全国性的普法教育,经过 30 多年的努力,各种形式的基础法律课程基本普及,法治教育深入人心。

2016 年 6 月,教育部、司法部、全国普法办发布《青少年法治教育大纲》,在"总体内容"中规定:"青少年法治教育要以法律常识、法治理念、法治原则、法律制度为核心,围绕青少年的身心特点和成长需求,结合青少年与家庭、学校、社会、国家的关系,分阶段、系统安排公民基本权利义务、家庭关系、社会活动、公共生活、行政管理、司法制度、国家机构等领域的主要法律法规以及我国签署加入的重要国际公约的核心内容;按不同的层次和深度,将自由、平等、公正、民主、法治等理念,宪法法律至上、权利保障、权力制约、程序正义等法治原则,立法、执法、司法以及权利救济等法律制度,与法律常识教育相结合,在不同学段的教学内容中统筹安排、层次递进。"[②] 紧接着,提出了"分学段的教学内容与要求",就义务教育、高中教育、高等教育三个阶段的法治教育内容作了详细规定。

《青少年法治教育大纲》(以下简称《大纲》)提出,义务教育阶段以基础性的行为规则和法律常识为主,侧重法治意识、遵法守法行为习惯的养成教育。

《大纲》对小学段法治教育内容的要求为:小学低年级(1—2 年级)认知国家象征及标志,初步建立国家、国籍、公民的概念,初步建立对家庭关系的法律认识。初步建立规则意识,初步理解遵守规则、公平竞争、规则公平的意义与要求。初步建立法律面前人人平等的观念。了解消防安全知识、基本交通规则,知晓常用公共服务电话。初步了解自然,爱护动植物,为节约资源、保护环境做力所能及的事。小学高年级(3—6 年级)建立对宪法的法律地位和权威的初步认知,了解人民代表大会制度,初步认知主要国家机构,国家主权与领土,认知国防的意义,增强民族团结意

[①] 孙国华:《法制与法治不应混同》,《中国法学》1993 年第 3 期。
[②] 教育部, http://www.moe.gov.cn/srcsite/A02/s5913/s5933/201607/t20160718_272115.html, 2020 – 1 – 6。

识。初步了解公民的基本权利和义务，简要认知重要民事权利，了解法律对未成年人的特定保护；初步理解权利行使规则，树立依法维权意识，树立有权利就有义务的观念，建立对校园欺凌行为的认知和防范意识。了解制定规则要遵循一定的程序，进一步树立规则意识，遵守公共生活规则。初步了解合同以及合同的履行，理解诚实守信和友善的价值与意义。初步了解消费者权益保护、道路交通、环境保护、消防安全、禁毒、食品安全等生活常用法律的基本规则。初步认知未成年人能够理解和常见的违法和犯罪行为及其危害和要承担的法律责任。初步了解司法制度，了解法院、检察院、律师的功能与作用。知道我国加入的一些重要国际组织和国际公约。

此外，《义务教育品德与社会课程标准（2011年）》也对法治教育做了专门要求，其"课程内容"部分要求中高年级学段小学生"知道我国颁布的与少年儿童有关的法律、法规，学习运用法律保护自己，形成初步的民主与法制意识。（中、高）"[1] 同时，"课程内容"中"心中有法"部分规定："知道法律是由国家制定或认可，由国家强制力保证实施的一种特殊行为规范。理解我国公民在法律面前一律平等的。知道不履行法律规定的义务或作出法律所禁止的行为都是违法行为，理解任何违法行为都要承担相应的法律责任，受到一定的法律制裁。知道法律对未成年人的特殊保护，了解家庭保护、学校保护、社会保护和司法保护的基本内容。掌握获得法律帮助和维护合法权益的方式和途径，提高运用法律的能力。了解违法与犯罪的区别，知道不良心理和行为可能发展为违法犯罪，分析未成年人犯罪的主要原因，增强自我防范意识"[2]，"知道中华人民共和国宪法是我国的根本大法，是全国各族人民、一切国家机关和武装力量、各政党和各社会团体、各企业事业组织的根本活动的准则，增强宪法意识。知道依法治国就是依照宪法和法律的规定管理国家，体会依法治国基本方略的实施有赖于每个公民的参与，是全体公民的共同责任。知道我国环境保护的基本法律，增强环境保护意识，自觉履行保护环境的义务。了解建立、健

---

[1] 中华人民共和国教育部：《义务教育品德与社会课程标准（2011年）》，北京师范大学出版社2012年版，第15页。
[2] 中华人民共和国教育部：《义务教育思想品德课程标准（2011年）》，北京师范大学出版社2012年版，第9页。

全监督和制约机制是法律有效实施和司法公正的保障，增强公民意识，学会行使自己享有的知情权、参与权、表达权、监督权"①。

《大纲》对初中阶段（7—9年级）法治教育的要求比小学阶段更加明晰，内容也增加了很多，包括进一步深化宪法教育，了解国家基本制度，强化国家认同。初步了解政府依法行政的基本原则，了解重要国家机构的职权。认知国家尊重和保障人权的意义。加深对公民基本权利和义务的认识。了解民事法律活动的基本原则。了解合同和违约责任，树立诚信意识和契约精神。初步了解物权的概念，加深对知识产权的认识，理解保护知识产权的意义。了解有关民事侵权行为的法律规范和基本原则，认识与学生生活实践相关的民事侵权行为（校园伤害事故等）。了解劳动权利及其保障原则，以及教育、社会保险等相关方面的法律规定。初步了解政府运行的法治原则，了解治安、道路交通、消防、环境保护、国家安全、公共卫生、教育、税收等公共事务的法律原则，初步形成依法参与社会公共事务的意识。加深对社会生活中常见违法行为的认知，强化法律责任意识，巩固守法观念。了解犯罪行为的特征、刑罚种类，建立对校园暴力等青少年常见违法犯罪行为的防范意识和应对能力；初步认知罪刑法定、无罪推定等原则，正当防卫、紧急避险等概念。初步了解我国司法制度的基本原则，建立尊重司法的意识。初步理解程序正义在实现法治中的作用，建立依法处理纠纷，理性维护权利的意识。②

相应地，《义务教育思想品德课程标准（2011年）》对法治教育的内容也有很详细的规定，如"心中有法"对法治教育的规定有："知道法律是由国家制定或认可，由国家强制力保证实施的一种特殊行为规范。理解我国公民在法律面前一律平等；知道不履行法律规定的义务或作出法律所禁止的行为都是违法行为，理解任何违法行为都要承担相应的法律责任，受到一定的法律制裁；知道法律对未成年人的特殊保护，了解家庭保护、学校保护、社会保护和司法保护的基本内容。掌握获得法律帮助和维护合法权益的方式和途径，提高运用法律的能力；了解违法与

---

① 中华人民共和国教育部：《义务教育思想品德课程标准（2011年）》，北京师范大学出版社2012年版，第16页。

② 教育部，http://www.moe.gov.cn/srcsite/A02/s5913/s5933/201607/t20160718_272115.html，2020-1-6。

犯罪的区别，知道不良心理和行为可能发展为违法犯罪，分析未成年人犯罪的主要原因，增强自我防范意识"[1]。在"法律与秩序"中规定："知道中华人民共和国宪法是我国的根本大法，是全国各族人民、一切国家机关和武装力量、各政党和各社会团队、各企业事业组织的根本的活动准则，增强宪法意识；知道依法治国就是按照宪法和法律的规定管理国家，体会依法治国基本方略的实施有赖于每个公民的参与，是全体公民的共同责任；知道我国环境保护的基本法律，增强环境保护意识，自觉旅行保护环境的义务；了解建立、健全监督和制约机制是法律有效实施和司法公正的保障，增强公民意识，学会行使自己享有的知情权、参与权、表达权、监督权；懂得维护国家统一，维护各民族的团结，维护国家安全、荣誉和利益是每个公民的义务"[2]。

与《义务教育思想品德课程标准（2011年）》相对应的，是初中《道德与法治》教科书中对法治教育的具体规定，如七年级《道德与法治》下册第四单元"走进法治天地"，让学生了解社会需要法律，了解法律的特征、法律保护未成年人健康成长，学会依法办事，树立法律信仰。八年级《道德与法治》下册第一单元"坚持宪法至上"，强调维护宪法权威，保障宪法实施；第四单元"崇尚法治精神"，让学生了解"自由"和"平等"的真谛，理解法律面前人人平等，要维护社会的公平正义。

赖文婷对教育部编版初中三年六册《道德与法治》教科书做了分析，列出法治教育的具体内容分布情况，具体见表3-1。

表3-1　　　　　　初中《道德与法治》具体内容分布

	标题	正文	插图	运用你的经验	探究与分享	相关链接	阅读感悟	方法与技能	拓展空间	总计
法的认识	5	17	8	3	10	4	0	0	3	50
未成年人相关法律	2	5	4	1	3	3	0	1	1	20

---

[1] 中华人民共和国教育部：《义务教育思想品德课程标准（2011年）》，北京师范大学出版社2012年版，第13页。
[2] 中华人民共和国教育部：《义务教育思想品德课程标准（2011年）》，北京师范大学出版社2012年版，第13页。

续表

	标题	正文	插图	运用你的经验	探究与分享	相关链接	阅读感悟	方法与技能	拓展空间	总计
民事法律活动	3	5	6	2	6	5	1	3	1	32
权利教育	7	40	8	2	12	4	0	0	1	74
义务教育	8	20	9	2	13	2	2	0	3	59
违法制裁和预防犯罪	4	14	7	2	7	7	1	0	2	44
依法办事和善用法律	3	14	10	1	8	3	1	2	2	44
宪法教育	8	43	7	4	9	4	4	0	2	81
法治理念	16	75	33	7	32	17	12	0	10	202
法治原则	3	14	4	2	5	2	2	0	2	34
法律制度和法律条文	7	18	3	0	6	16	3	0	2	58
总计	66	265	99	29	111	67	26	6	29	698

资料来源：赖文婷：《基于教材内容分析的初中法治教育教学实施研究》，硕士学位论文，湖南师范大学，2019年。

通过分析初中"道德与法治"教科书可以看到，初中法治教育内容注重帮助学生树立法治理念、注重以宪法教育为核心、注重学生的权利与义务教育，与《青少年法治教育大纲》中的内容要求一脉相承。

《青少年法治教育大纲》对高中教育阶段法治教育的要求更加丰富，包括要了解我国社会主义法律体系的构成；理解法的特征与作用，法治的内涵与精神，初步形成对中国特色社会主义法治道路的认同。加深对宪法的地位、功能和价值的认识，明晰宪法原则，深入理解宪法所确立的国家基本制度，加深对公民基本权利与基本义务的认知，加深对重要法治原则的理解，了解选举制度和重要法律规定，认知法治与民主的关系。了解物权的法律概念与基本规则，了解与生活密切相关的行政法律中的重要规则，了解保障人权的重要性及其含义，了解人民法院、人民检察院的机构设置与职能，理解法官、检察官对维护司法公正的价值。了解国际法的基本原则等基本内容。[①]

[①] 教育部，http://www.moe.gov.cn/srcsite/A02/s5913/s5933/201607/t20160718_272115.html，2020-1-6。

高中阶段的《普通高中思想政治课程标准（2017年）》和思想政治选修、必修课教科书中都对法治教育作了专门要求。《普通高中思想政治课程标准（2017年）》在"学科素养和课程目标"中指出，"我国公民的法治意识，就是尊法学法守法用法，自觉参加社会主义国家法治建设"[①]。在必修模块3"政治与法治"中有很多法治教育的内容规定，包括简述我国法治建设的成就；明确全面推进依法治国的总目标是建设中国特色社会主义法治体系，建设社会主义法治国家；阐明建设法治国家、法治政府、法治社会的意义等。[②] 在选择性选修模块2《法律与生活》中，主要让学生了解我国民法、物权法的基本原则，识别我国公民的民事权利和民事责任；熟知监护、抚养、赡养、继承等民事关系；了解劳动法的基本原则，理解劳动者的权利和义务；识别人民调解、行政调解等不同的调解方式，熟悉公民获得法律援助的渠道等。[③]

《青少年法治教育大纲》对高等教育阶段法治教育的内容作了详细规定，包括要系统介绍中国特色社会主义法学理论体系的基本内涵；掌握法治国家的基本原理，知晓法治的中西源流；明确全面推进依法治国的战略目标、道路选择和社会主义法治体系建设的内容与机制；了解法治的政治、经济、文化、社会和国情基础，理解法治的核心理念和原则；掌握宪法基本知识，了解中国特色社会主义法律体系中的基本法律原则、法律制度及民事、刑事、行政法律等重要、常用的法律概念、法律规范；增加法治实践，提高运用法律知识分析、解决实际问题的意识和能力。[④]

中国法治教育经过多年的发展，建构了一套完整的法治教育内容体系，形成从低到高、循序渐进、有机衔接的特点。

2. 纪律教育

纪律教育在中国目前常用的含义是中国共产党党内的纪律教育，是一

[①] 中华人民共和国教育部：《普通高中思想政治课程标准（2017年）》，人民教育出版社2018年版，第5页。

[②] 中华人民共和国教育部：《普通高中思想政治课程标准（2017年）》，人民教育出版社2018年版，第19页。

[③] 中华人民共和国教育部：《普通高中思想政治课程标准（2017年）》，人民教育出版社2018年版，第26—27页。

[④] 教育部，http://www.moe.gov.cn/srcsite/A02/s5913/s5933/201607/t20160718_272115.html，2020-1-6。

种非法律层面带有约束性的规定。党的十九大报告要求"加强纪律教育，强化纪律执行"，十九届中央纪委二次全会要求"全面加强党的纪律建设，开展经常性纪律教育"，各级党组织、纪检监察机关会按照中央统一部署，加强党员干部纪律教育，强化纪律约束，要求党员干部加强党纪党规学习，围绕党章、廉洁自律准则、纪律处分条例、关于新形势下党内政治生活的若干准则、党内监督条例、问责条例、巡视工作条例、监察法、公职人员政务处分暂行规定等开展学习。以江苏如皋市审计局为例，2018年3月发布《如皋市审计局2018年度党员纪律教育方案》，学习时间从2018年1月开始，到2018年12月底结束。教育主体是：班子成员。教育对象是：全体共产党员。教育内容为党的十九大报告关于全面从严治党的重要论述，《中国共产党章程》《关于新形势下党内政治生活的若干准则》《中国共产党廉洁自律准则》《中国共产党纪律处分条例》《中国共产党问责条例》《中国共产党党内监督条例》，中央"八项规定"精神和《实施细则》，反"四风"方面的纪律要求。同时，对组织学习的方式和时间做了具体部署，并提出分管党风廉政建设负责人每月以一定形式对单位党员进行纪律教育，按月对本局基层党组织开展纪律教育工作进行检查、部署。①

中小学开展的纪律教育，是在一定规则下对学生行为举止的规约与引领，是为了保障正常教学工作而要求全体成员必须遵守的制度规章或行为规范。纪律教育强调约束和限制，教育内容多是关于各类生活遭遇的规约，其判断基准相对固定且一般有明文可见，其实现形式多靠强制及训练。

国家层面的纪律教育主要是以学生守则和行为规范的方式来进行的，如教育部2004年发布了《中小学生守则》10条、《小学生日常行为规范（修订）》20条、《中学生日常行为规范（修订）》40条。教育部最新发布的《中小学生守则（2015年修订）》共九条，有鼓励性行为，也有禁止性行为，包括爱党爱国爱人民、好学多问肯钻研、勤劳笃行乐奉献、明礼守法讲美德、孝亲尊师善待人、诚实守信有担当、自强自律健身心、珍爱生命保安全、勤俭节约护家园九个方面内容。②

---

① 如皋市审计局，http://www.rugao.gov.cn/rgssjj/zcwj/content/390e61ed-2e77-4be1-ba81-851fed3459a5.html，2020-1-13。

② 教育部，http://www.moe.gov.cn/jyb_xwfb/gzdt_gzdt/s5987/201508/t20150827_203497.html，2020-1-13。

各省根据教育部相关文件也颁发了地方版本的中小学生规范。浙江省2017年颁发的《中小学生日常行为规范（试行）》（以下简称《行为规范》）分小学、初中、高中三个版本，各22条。针对不同学生的年龄和认知差异，行为要求在每个学段各有侧重。如对照《中小学生守则》第七条"自强自律健身心"，《行为规范》小学用3条、初高中用4条细化；而对照第八条"珍爱生命保安全"，小学、初高中分别用4条、2条细化。《行为规范》针对学生行为养成的日常生活情境规范日常行为，重"日常"、重"细节"、重"行为"，可操作性强。如要求小学生"记住家人生日""遇到危险会拨打求助电话"；要求初中学生"每天运动一小时""遇到挫折会向他人倾诉"。[1]《河南省中小学生日常行为规范（2019年修订）》中小学未分开，内容15条，增加了"了解河南，热爱家乡"等方面的内容。[2]

在高等教育阶段，注重纪律教育一直是高校的传统。"有纪律"作为道德涵养的内在组成，一直是人才培养的目标之一。中国高校纪律教育的内容以纲领性为主。教育部2017年颁布了《普通高等学校学生管理规定》，以规范普通高等学校学生管理行为，维护普通高等学校正常的教育教学秩序和生活秩序，保障学生合法权益，维护学生的合法权益为基础，从学生的权利与义务、学籍管理、校园秩序、奖励处分、学生申诉等多个方面对学生管理做出了概括性指导和综合性要求。各高校又根据实际情况进行了细化，建立了一系列相关规定。

中国高校的纪律教育以校规校纪教育、安全教育、诚信教育等为主。一般来说，在新生入学时要进行为期一周到数月不等的入学教育，一般包括学校规章制度、校园生活注意事项、考试纪律、补考降级等规定，纪律教育是其中重要内容。如河南科技大学2018年的入学教育，从新生军训结束后开始，入学教育的内容主要包括思想政治教育、专业教育、校规校纪教育。思想政治教育部分是以各个学院单独开设讲座为主，如医学院、护理学院、物理工程学院等开展思想政治教育专题讲座。专业教育通过解读培养方案、参观实验室、优秀学生座谈会等方式开展。校规校纪教育主

---

[1] 浙江民办教育网，http://www.zjmbjy.net/detail.asp?id=7746，2020-2-21。
[2] 平顶山市教育体育局，http://www.pdsedu.gov.cn/xwzx/ksdt_＿jgsz/ks/jcjyk/gzdtp/content_68075，2020-2-21。

要是开展专题讲座，如林学院、农学院开展的校规校纪教育讲座。① 沈阳医学院 2018 年新生入学教育则是采取"分阶段循序推进、集中教育与分散教育相结合、校院班三级开展"的工作模式，其中开学第一课以新生入学教育大会的形式于 2018 年 9 月 5—6 日与新生同学见面，从学院院长到各职能部门领导，从《做一个洒满阳光的人》《沈阳医学院教学管理简介》《大学生科研管理办法解读》《逐梦沈医　书海启航——如何利用图书馆》《我的青春我的团》《走进新时代　开启新征程》《大学生如何做好安全防范和自我保护》到《金融知识进校园》逐一开讲，内容涵盖校史校情、校规校纪、教学管理制度、学生服务指南、网络思想政治教育、励志力行教育、科技创新教育、安全法制教育、志愿服务教育等各个方面。这之后，学院还将结合学生实际自行组织安排分散式入学教育，重点突出专业教育、思想教导、学业指导、心理疏导、生活向导、行为督导、就业指导 7 个模块，组织开展为期两个月的新生入学教育。②

《普通高等学校学生管理规定》（以下简称《规定》）在第四章校园秩序与课外活动中有了一些禁止性规定，如"学生不得有酗酒、打架斗殴、赌博、吸毒，传播、复制、贩卖非法书刊和音像制品等违法行为；不得参与非法传销和进行邪教、封建迷信活动；不得从事或者参与有损大学生形象、有悖社会公序良俗的活动。学校发现学生在校内有违法行为或者严重精神疾病可能对他人造成伤害的，可以依法采取或者协助有关部门采取必要措施。任何组织和个人不得在学校进行宗教活动"。③ 在第五章奖励与处分中规定，"对有违反法律法规、本规定以及学校纪律行为的学生，学校应当给予批评教育，并可视情节轻重，给予如下纪律处分：（一）警告；（二）严重警告；（三）记过；（四）留校察看；（五）开除学籍"。第五十二条规定，学生有违反宪法，反对四项基本原则、破坏安定团结、扰乱社会秩序的；触犯国家法律，构成刑事犯罪的；受到治安管理处罚，情节严重、性质恶劣的；屡次违反学校规定受到纪律处分，经教育不改的等八种情形之一，学校可以给予开除学籍处分。《规定》还对处分决定书的内

---

① 河南科技大学，http：//www.sohu.com/a/256366808_706019，2020 - 1 - 13。
② 沈阳医学院，http：//www.sohu.com/a/253077245_100015246，2020 - 1 - 13。
③ 教育部，http：//www.moe.gov.cn/srcsite/A02/s5911/moe_621/201702/t20170216_296385.html，2020 - 1 - 13。

容、原则、学生申辩、程序、流程、档案管理等作了具体规定。

四 心理健康教育

心理健康教育一直受到全社会的关注，学校教育体系是开展心理健康教育的主要载体。1999年，教育部下发《关于加强中小学生心理健康教育的若干意见》，对中小学生心理健康教育的内涵作了规定："中小学心理健康教育是根据中小学生生理、心理发展特点，运用有关心理教育方法和手段，培养学生良好的心理素质，促进学生身心全面和谐发展和素质全面提高的教育活动。"① 心理健康教育在中国的学校教育体系中逐步形成了体系，在中小学校和大学中都有关于心理健康教育的内容要求。

中小学校心理教育的内容要求集中体现在教育部于2012年颁布的《中小学心理健康教育指导纲要（2012年修订）》（以下简称《纲要》），大学心理教育的内容则由2001年颁布的《教育部关于加强普通高等学校大学生心理健康教育工作的意见》、2002年颁布的《普通高等学校健康教育工作实施纲要（试行）》、2011年颁布的《普通高等学校学生心理健康教育工作基本建设标准（试行）》以及2017年教育部印发的《高校思想政治工作质量提升工程实施纲要》等作了专门规定。

进入新时代以来，中国从健康中国的层面来关注心理健康教育。2019年6月，国务院发布《国务院关于实施健康中国行动的意见》。7月9日，依托全国爱国卫生运动委员会成立的国家层面的健康中国行动推进委员会发布《健康中国行动（2019—2030年）》，提出健康中国行动开展三大板块15个专项行动，其中第一板块6项行动中就有心理健康，并提出了心理健康促进行动的指标体系、行动目标，要求从个人和家庭、社会、政府等维度提供实施途径②，把心理健康放到全国健康行动的总体规划中，并面向全体提供心理健康教育指导。

2019年12月26日，《健康中国行动——儿童青少年心理健康行动方案（2019—2022年）》（以下简称《行动方案》）发布，要求到2022年底，实现《健康中国行动（2019—2030年）》提出的儿童青少年心理健康

---

① 《关于加强中小学生心理健康教育的若干意见》，《大众心理学》2000年第4期。
② 国家卫生健康委员会，http://www.nhc.gov.cn/guihuaxxs/s3585u/201907/e9275fb95d5b4295be8308415d4cd1b2.shtml，2020-1-4。

相关指标的阶段目标，基本建成有利于儿童青少年心理健康的社会环境，形成学校、社区、家庭、媒体、医疗卫生机构等联动的心理健康服务模式，落实儿童青少年心理行为问题和精神障碍的预防干预措施，加强重点人群心理疏导，为增进儿童青少年健康福祉、共建共享健康中国奠定重要基础。[①] 此外，在"行动目标"中还提出了具体要求："各级各类学校建立心理服务平台或依托校医等人员开展学生心理健康服务，学前教育、特殊教育机构要配备专兼职心理健康教育教师。50%的家长学校或家庭教育指导服务站点开展心理健康教育。60%的二级以上精神专科医院设立儿童青少年心理门诊，30%的儿童专科医院、妇幼保健院、二级以上综合医院开设精神（心理）门诊。各地市设立或接入心理援助热线。儿童青少年心理健康核心知识知晓率达到80%。"[②]

《行动方案》还提出了6个方面具体行动：一是心理健康宣教行动。媒体、学校、医疗卫生机构对儿童青少年及家长、教师等开展健康教育和科普宣传。二是心理健康环境营造行动。实施"心理滋养1000天"行动，营造心理健康从娃娃抓起的社会环境。学校、村（居）委会、妇联、新闻出版、网信等部门营造促进心理健康的校园环境、社区环境、网络环境，倡导家长营造良好的家庭环境。三是心理健康促进行动。学校实施倾听一刻钟、运动一小时"两个一"行动，建立学生心理健康档案，每年评估学生心理健康状况。四是心理健康关爱行动。学校对面临升学压力的学生及家长开展心理辅导，对贫困、留守等学生重点关爱。五是心理健康服务能力提升行动。教育、卫生健康等部门对教师、家长、精神科医师、心理热线工作人员等开展培训，提升服务能力。六是心理健康服务体系完善行动。教育、卫生健康等部门搭建心理健康服务网络，拓展服务内容，完善服务体系。[③]

具体到中小学心理健康教育的内容和实施，《中小学心理健康教育指

---

① 国家卫生健康委员会，http://www.nhc.gov.cn/jkj/tggg1/201912/6c810a8141374adfb3a16a6d919c0dd7.shtml，2020-1-4。

② 国家卫生健康委员会，http://www.nhc.gov.cn/jkj/tggg1/201912/6c810a8141374adfb3a16a6d919c0dd7.shtml，2020-1-4。

③ 国家卫生健康委员会，http://www.nhc.gov.cn/jkj/tggg1/201912/6c810a8141374adfb3a16a6d919c0dd7.shtml，2020-1-4。

导纲要（2012年修订）》对中小学校心理健康教育内容有详细的规定，其中心理健康教育的主要内容为："普及心理健康知识，树立心理健康意识，了解心理调节方法，认识心理异常现象，掌握心理保健常识和技能。其重点是认识自我、学会学习、人际交往、情绪调适、升学择业以及生活和社会适应等方面的内容。"①

《中小学心理健康教育指导纲要（2012年修订）》提出了分阶段的具体教育内容，小学分低、中、高三个阶段，详细而具体。

小学低年级心理健康教育内容主要包括："帮助学生认识班级、学校、日常学习生活环境和基本规则；初步感受学习知识的乐趣，重点是学习习惯的培养与训练；培养学生礼貌友好的交往品质，乐于与老师、同学交往，在谦让、友善的交往中感受友情；使学生有安全感和归属感，初步学会自我控制；帮助学生适应新环境、新集体和新的学习生活，树立纪律意识、时间意识和规则意识。"② 与《中小学心理健康教育指导纲要（2012年修订）》相对应的，《义务教育品德与生活课程标准（2011年）》"课程内容"提出，"在学校里情绪安定，能利用学校中的卫生保健设施。喜欢和同学、老师交往，高兴地学，愉快地玩。在成人的帮助下能较快地化解自己的消极情绪。能看到自己的成长和进步，并为此而高兴。学习欣赏自己和别人的优点与长处，并以此激励自己不断进步。学习与生活中遇到问题时愿意想办法解决"③等具体教学内容。

小学中年级心理健康教育内容主要包括："帮助学生了解自我，认识自我；初步培养学生的学习能力，激发学习兴趣和探究精神，树立自信，乐于学习；树立集体意识，善于与同学、老师交往，培养自主参与各种活动的能力，以及开朗、合群、自立的健康人格；引导学生在学习生活中感受解决困难的快乐，学会体验情绪并表达自己的情绪；帮助学生建立正确的角色意识，培养学生对不同社会角色的适应；增强时间管理意识，帮助学生正确处理学习与兴趣、娱乐之间的矛盾。"④

---

① 《中小学心理健康教育指导纲要（2012年修订）》，《中小学心理健康教育》2013年第1期。
② 《中小学心理健康教育指导纲要（2012年修订）》，《中小学心理健康教育》2013年第1期。
③ 中华人民共和国教育部：《义务教育品德与生活课程标准（2011年）》，北京师范大学出版社2012年版，第9页。
④ 《中小学心理健康教育指导纲要（2012年修订）》，《中小学心理健康教育》2013年第1期。

小学高年级心理健康教育内容主要包括:"帮助学生正确认识自己的优缺点和兴趣爱好,在各种活动中悦纳自己;着力培养学生的学习兴趣和学习能力,端正学习动机,调整学习心态,正确对待成绩,体验学习成功的乐趣;开展初步的青春期教育,引导学生进行恰当的异性交往,建立和维持良好的异性同伴关系,扩大人际交往的范围;帮助学生克服学习困难,正确面对厌学等负面情绪,学会恰当地、正确地体验情绪和表达情绪;积极促进学生的亲社会行为,逐步认识自己与社会、国家和世界的关系;培养学生分析问题和解决问题的能力,为初中阶段学习生活做好准备。"①

与《中小学心理健康教育指导纲要(2012年修订)》相对应的,《义务教育品德与社会课程标准(2011年)》"课程内容"部分,小学分中、高年级段提出:"了解自己的特点,发扬自己的优势,有自信心,知道人各有所长,要取长补短。(中)能够面对学习和生活中通到的困难和问题,尝试自己解决问题,体验克服困难、取得成功的乐趣。(中、高)体会生命来之不易。知道应该爱护自己的身体和健康。知道日常生活中有关安全的常识,有安全意识和基本的自护自救能力。(中)了解迷恋网络和电子游戏等不良嗜好的危害,抵制不健康的生活方式。(中、高)知道吸毒是违法行为,远离毒品,珍爱生命,过积极、健康的生活。(高)"② 可以看到,《中小学心理健康教育指导纲要(2012年修订)》对《义务教育品德与社会课程标准(2011年)》做了进一步的细化。

《中小学心理健康教育指导纲要(2012年修订)》规定,初中年级心理健康教育内容主要包括:"帮助学生加强自我认识,客观地评价自己,认识青春期的生理特征和心理特征;适应中学阶段的学习环境和学习要求,培养正确的学习观念,发展学习能力,改善学习方法,提高学习效率;积极与老师及父母进行沟通,把握与异性交往的尺度,建立良好的人际关系;鼓励学生进行积极的情绪体验与表达,并对自己的情绪进行有效管理,正确处理厌学心理,抑制冲动行为;把握升学选择的方向,培养职业规划意识,树立早期职业发展目标;逐步适应生活和社会的各种变化,

---

① 《中小学心理健康教育指导纲要(2012年修订)》,《中小学心理健康教育》2013年第1期。
② 中华人民共和国教育部:《义务教育品德与社会课程标准(2011年)》,北京师范大学出版社2012年版,第1页。

着重培养应对失败和挫折的能力。"①

在初中阶段开设的有关心理健康教育的内容，集中体现在《初中思想品德课程标准（2011年）》"课程内容"的"成长中的我"这一部分，包括"悦纳自己的生理变化，促进生理与心理的协调发展。了解青春期心理卫生常识，体会青春期的美好，学会克服青春期的烦恼，调控好自己的心理冲动。正确对待学习压力，克服厌学情绪和过度的考试焦虑，培养正确的学习观念和成就动机。理解情绪的多样性、复杂性，学会调节和控制情绪，保持乐观、积极的心态。客观分析挫折和逆境，寻找有效的应对方法，养成勇于克服困难和开拓进取的优良品质。主动锻炼个性心理品质，磨砺意志，陶冶情操，形成良好的学习、劳动习惯和生活态度。了解自我评价的重要性，能够客观地认识自我，积极接纳自我，形成客观、完整的自我概念。自尊、自爱，不做有损人格的事。体验行为和后果的联系，懂得每个行为都会产生一定后果，学会对自己的行为负责。"②《道德与法治》七年级下册第一单元"青春时光"介绍了如何调节青春期的矛盾心理，什么是真正的爱情，如何与异性交往。第二单元"做情绪情感的主人"介绍了青春期的情绪特点，合理调节情绪的方法，如何学会关心和传递情感正能量。

《中小学心理健康教育指导纲要（2012年修订）》规定，高中年级心理健康教育内容主要包括："帮助学生确立正确的自我意识，树立人生理想和信念，形成正确的世界观、人生观和价值观；培养创新精神和创新能力，掌握学习策略，开发学习潜能，提高学习效率，积极应对考试压力，克服考试焦虑；正确认识自己的人际关系状况，培养人际沟通能力，促进人际间的积极情感反应和体验，正确对待和异性同伴的交往，知道友谊和爱情的界限；帮助学生进一步提高承受失败和应对挫折的能力，形成良好的意志品质；在充分了解自己的兴趣、能力、性格、特长和社会需要的基础上，确立自己的职业志向，培养职业道德意识，进行升学就业的选择和准备，培养担当意识和社会责任感。"③

---

① 《中小学心理健康教育指导纲要（2012年修订）》，《中小学心理健康教育》2013年第1期。
② 中华人民共和国教育部：《义务教育思想品德课程标准（2011年）》，北京师范大学出版社2012年版，第7—9页。
③ 《中小学心理健康教育指导纲要（2012年修订）》，《中小学心理健康教育》2013年第1期。

大学阶段的心理教育内容在教育部相关文件中有具体规定，并通过各个高校开设相应的心理健康教育课程来实施。大学心理教育的内容则由2001年颁布的《教育部关于加强普通高等学校大学生心理健康教育工作的意见》、2002年颁布的《普通高等学校大学生心理健康教育工作实施纲要（试行）》、2011年颁布的《普通高等学校学生心理健康教育工作基本建设标准（试行）》以及2017年教育部印发的《高校思想政治工作质量提升工程实施纲要》等作了专门规定。

《教育部关于加强普通高等学校大学生心理健康教育工作的意见》规定了高等学校大学生心理健康教育工作的主要内容，主要包括宣传普及心理健康知识、介绍增进心理健康的途径、传授心理调适的方法、解析心理异常现象[①]等几个方面。《普通高等学校大学生心理健康教育工作实施纲要（试行）》对《教育部关于加强普通高等学校大学生心理健康教育工作的意见》进行了细化，提出高等学校大学生心理健康教育工作的主要内容是："宣传普及心理科学基础知识，使学生认识自身的心理活动与个性特点；宣传普及心理健康知识，使大学生认识到心理健康的重要作用，特别是心理健康对成才的重要意义，树立心理健康意识。培训心理调适的技能，提供维护心理健康和提高心理素质的方法，使大学生学会自我心理调适，有效消除心理困惑，及时调节负面情绪；使大学生养成良好的学习习惯，掌握科学、有效的学习方法，提高学习能力，自觉地开发智力潜能，培养创新精神和实践能力；使大学生树立积极的交往态度，掌握人际沟通的方法，学会协调人际关系，增强适应社会生活的能力；使大学生自觉培养坚韧不拔的意志品质和艰苦奋斗的精神，提高承受和应对挫折的能力。认识与识别心理异常现象，使大学生了解常见心理问题的表现、类型及其成因，初步掌握心理保健常识，以科学的态度对待各种心理问题。根据大学生活不同阶段以及各层次、各学科门类学生、特殊群体学生的心理特点，有针对性地实施心理健康教育。新生心理健康教育重点放在适应新环境等内容上，帮助他们尽快完成从中学到大学的转变与适应；二、三年级学生心理健康教育要以帮助他们了解心理科学基础知识、初步掌握心理调

[①] 《教育部关于加强普通高等学校大学生心理健康教育工作的意见》，《思想理论教育导刊》2001年第4期。

适技能以及处理好学习成才、人际交往、交友恋爱、人格发展等方面的困惑为重点；对于毕业生，要配合就业指导工作，帮助他们正确认识职业特点，客观分析自我职业倾向，做好就业心理准备。在日常的学习、生活中，要针对大学生普遍存在的、较为集中的心理问题安排专题教育。要特别重视经济困难学生等特殊群体学生的心理健康教育工作。"①

2011 年颁布的《普通高等学校学生心理健康教育工作基本建设标准（试行）》从机制、师资、教学、活动、咨询服务以及危机干预等制度体系等方面提出了明确的建设标准以及心理健康教育的要求和目标，要求高校科学系统地组织实施教学活动，保证学生能够普遍接受心理健康教育。2011 年，全国大部分地区开始建立学校心理健康教育研究与指导委员会，负责制定组织协调、规划指导以及调查探究工作，并颁布了相应的指导纲要。习近平同志在 2016 年 8 月全国卫生与健康大会中也指出要加大心理健康问题的研究，做好心理健康知识科普工作，规范心理健康服务。20 世纪 80 年代中期以后，中国各高校陆续开展心理健康教育和活动，心理健康教育课程以必修、选修、讲座、团体咨询等形式进入高校课堂，内容涵盖人格、情绪、学习、爱情、择业等方面。很多高校设计学生心理健康中心，开展心理测验、心理咨询与团体辅导等服务，建立学生心理档案，定期开展心理健康活动，开设心理辅导热线等。以北京航空航天大学为例，2019 年 11 月，大学所属的北京学院、网络空间安全学院、航空科学与工程学院联合举办了"快乐航行"心理月活动，以"积极心理"为指导思想，以"了解自己，与自己和解；结交朋友，共度美好时光"为主题，鼓励学生积极找寻获取幸福的方法，以乐观向上的态度面对生活。"快乐航行"活动在线上、线下同步进行：线上以"推倒压力墙"和"三件好事儿打卡"为主题，让学生分享自己的心理故事。线下以"性格优势团辅""cosplay 心理剧"和"解忧茶话会"活动为载体，通过多种形式缓解学生的心理压力。"快乐航行"心理月活动共有 130 人次参与，覆盖三个学院的近 600 名本科生。②

中国公民教育内容很丰富，许楚玲将其归纳为三大类："一是方向性

---

① 教育部，http://www.moe.gov.cn/s78/A12/szs_lef/moe_1407/moe_1411/s6874/s3020/201001/t20100117_76892.html，2020 - 2 - 19。

② 北京航空航天大学，https：//news.buaa.edu.cn/info/1004/50799.htm，2020 - 1 - 5。

内容，包括理想信念教育、爱国主义教育和国际主义教育等；二是认知性内容，包括世界观人生观教育、集体主义教育和审美观教育等；三是规范性内容，包括道德教育、法制教育、职业规范教育和纪律教育"①，这实际上从另一个角度归纳了思想政治教育的内容体系。

第二节　美国公民教育的主要内容

美国公民教育内容随着历史发展而变化和调整。1921年，全美社会科协会（National Council for the Social Studies）成立，社会科课程得到广泛开设，学校教育系统，尤其是中小学校逐渐成为美国公民教育的主渠道，公民教育内容也渐成体系。

进入20世纪80年代，美国出现了公民参加投票人数下降、政治参与冷漠的情况，某种程度上促进了美国把公民教育写进法律。1985年，《民主教育法》（Education for Democracy Act）通过，政府据此委托"公民教育中心"开发推广《我们人民：公民与宪法》（We the People：The Citizen and Constitution）系列课程。

90年代，由于对教育质量的担忧，许多团体开始发表自己的标准，从1991年美国公民教育中心发布的《公民教育纲要》（A Framework for Civic Education），到1994年发布的《全美社会科课程标准——卓越的期望》（Expectations of Excellence：Curriculum Standards for Social Studies）、《公民学与政府国家标准》（National Standards for Civics and Government）、《生活化的地理学：国家地理标准》（Geography for Life：National Geography Standards），1996年发布的《美国国家历史课程标准》（National Standards for History Basic Edition）、《美国国家科学教育课程标准》（The National Science Education Standards），1997年发布的《全美自愿性经济学内容标准》（Voluntary National Content Standards in Economic）等。多项学科标准的密集发布，主要目的是使教学有章可循，以提高教育质量。

2001年，布什政府签署的《不让一个孩子落伍法》（No Child Left Behind Act），再次把公民教育作为一项单独条款写进法律。这样，在中小学

---

① 姜妙妙：《中外学校德育的比较与思考》，《学理论》2012年第30期。

教育阶段，美国就形成了以社会科标准为框架，以其他相关学科内容为核心的公民教育内容体系。在高校，主要是开展各具特色的通识教育。针对成人移民，主要是通过社会团体和社区来完成移民的国家认同教育。

目前来看，美国公民教育内容很丰富，形成了完整的内容体系，涉及多个学科，比较系统地开展的公民教育内容主要包括政治教育、道德教育、法治和纪律教育、心理健康教育等。

一　政治教育

美国的政治教育内涵丰富，主要包括爱国主义教育、美国政治制度教育、公民权利义务教育等。

1. 爱国主义教育

美国的中小学、大学，并没有专门的爱国主义（Patriotism）教育课程，也没有相应的爱国主义教育（Education in Patriotism）专题。但美国人普遍表现出的爱国情怀和行为却令人印象深刻，相关的调查也证明了这一点。1982年，美国阿波斯特托莱德研究中心对18个国家进行的一次调查显示，在欧美18个发达国家中，美国人对国家的认同感和自豪感最强，也最愿意为保卫他们的国家而战。[①] 美国的爱国主义教育内容很丰富，具体体现在美国价值观教育，国旗、国歌教育等。

（1）美国价值观教育

由于建国的特殊经历，美国逐渐形成了独特的美国精神、美国价值观。美国历史学家康马杰认为"美国精神"首要的前提是美国人有自己的性格和自己的哲学，并将其概括为异乎寻常的乐观精神、坚定的信念、广阔的视野、对物质文化的追求、坚毅的精神、强烈的数量观念、注重实际等。[②] 在这个基础上，又形成了美国人信奉的"美国信条"（American Creed），也就是美国的政治信仰和价值观。塞缪尔·亨廷顿（Samuel P. Huntington）认为到18世纪末至19世纪初，美国就已经形成了某些基本

[①] 杨正贵：《新形势下高校思想政治工作理论与实践》，电子科技大学出版社2005年版，第157页。

[②] 王沪宁：《美国反对美国》，上海文艺出版社1991年版，第32—35页。

的政治价值,这便是美国信条。① 这些信条被广泛宣传,并在日常生活中得以实践,具体包括自由、平等、民主、个人主义、追求幸福、法治等。

  这些核心价值被不断阐述和坚守,如对自由的认识。在美国人看来,"自由也许是美国人最响亮、最根深蒂固的一种价值。从某些方面来说,自由规范着个人生活和政治生活中一切好的东西。然而自由在现实生活中的意义却是不让别人过问自己的事;不许别人把他们的价值、想法、生活方式强加给自己;以及在工作、家庭生活和政治生活中不受独裁专制的统治"②。《独立宣言》宣告人人生而平等,造物者赋予他们若干不可剥夺的权利,其中包括生命权、自由权和追求幸福的权利。同时,美国也通过法律来保护美国的核心价值观。《美国宪法》第14条第一款对公民权利和自由规定为:非经正当法律程序,不得剥夺任何人的生命、自由或财产;在州管辖范围内,也不得拒绝给予人以平等的法律保护。

  美国特别强调以个人主义为核心的自由主义和美国政治制度优越性教育,把宪法和《独立宣言》作为神圣不可侵犯的最高经典来进行传播和灌输,大力宣扬美国的"三权分立"制度和民主、自由、平等、博爱的价值观念,把美国的制度说成是理想的制度,是人类社会发展的顶峰。同时,美国还宣扬社会主义制度威胁论,开展对"对抗性政体"的研究。这些本是冷战时期的思维,但是在当代社会,美国在全球范围内推行其价值观时,仍然会采用多种方式来否定社会主义制度及思想。

  (2) 国旗、国歌教育

  国旗、国歌是国家的象征,美国是世界上最早进行国旗、国歌教育的国家之一。

  美国在建国之初制定过三部《国旗法》(*Flag Act*),包括《1777年国旗法》《1794年国旗法》以及《1818年国旗法》,但每部《国旗法》的内容都是关于国旗本身设计的,并不涉及国旗悬挂、展示、保护等。1942年,国会通过《美国法典》(*Code of Laws of the United States of America*),对国旗作了相关规定:在建筑物和露天固定旗杆上展示的国旗,习惯上应

---

① Samuel P. Huntington, *American Politics: The Promise of Disharmony*, Boston: Harvard University Press, 1983, p. 56.
② [美] 罗伯特·贝拉:《心灵的习性:美国人生活中的个人主义和公共责任》,翟洪彪等译,生活·读书·新知三联书店1991年版,第33页。

该日出升旗、日落降旗；升旗和降旗都应该快速；如果需要夜间挂旗，应该有适当的照明；恶劣气候下不适宜悬挂国旗；学校上学日应该悬挂国旗；如果有其他旗帜与国旗一起悬挂，国旗应该在中间并且最高；悬挂着的国旗不应触及其下方的任何物体，例如地面、地板、水或物品等；不得将旗帜用作服装、床上用品或帷幔等；不得将旗帜用作天花板的遮盖物；不得将旗帜用作接收、持有、携带或运送任何物品的容器；不得以任何方式用于广告目的；国旗一旦破损或老旧而不再适合悬挂时，应以有尊严的方式销毁。①

美国国歌为《星条旗永不落》(The Star-Spangled Banner)。1814 年美英战争期间，由美国律师弗朗西斯·斯科特·基 (Francis Scott Key) 作词，美国作曲家约翰·斯塔福德·史密斯 (John Stafford Smith) 作曲创作而成。这首歌深受美国人民的喜爱，很快就传遍全国。1931 年，美国国会正式将《星条旗永不落》定为美利坚合众国的国歌。美国《国旗法》之 301 款 "国歌" 具体规定：在演唱国歌时，如果有国旗展现（如升旗），穿制服的军人行军礼，所有其他的人应该面向国旗立正，右手放在心口上；如果没有国旗展现，所有的人应该面向音乐方向，所要求做的跟有国旗展现是一样的。

美国许多州专门制定有关法律，规定了对国旗的礼节，这种礼节来自于 1942 年《美国法典》，规定美国人对国旗宣誓时，应取立正姿势，右手郑重地放在左胸前，以示对国旗的崇敬。

美国人有对国旗宣誓的传统。誓词由美国《青年伴侣》(Youth Companion) 杂志社的编辑弗朗西斯·贝拉米 (Bellamy Francis)，在 1892 年为全国公立学校庆祝哥伦布发现美洲大陆 400 周年起草的："我宣誓忠实于美利坚合众国国旗，忠实于她所代表的合众国——苍天之下一个不可分割的国家，在这里，人人享有自由和正义。"② 在美西战争期间，纽约州率先要求所有公立学校学生在每个上学日的一开始背诵效忠誓词。许多州开始仿效，宣誓成为许多中小学校每日常规的一个重要内容。1988 年 9 月 13 日，效忠誓词首次在众议院得到诵读。从此以后，众议院开会期间每天开

---

① 《美国有没有〈国旗法〉?》，http://www.jintiankansha.me/t/QqoxyEmzlo, 2019-4-6。
② 陈朝晖:《美国》，京华出版社 2000 年版，第 8 页。

始工作前都必须诵读效忠誓词。参议院直到 1999 年 6 月 24 日才开始每日诵读效忠誓词。此后，宣誓逐渐成为几乎各州和地方政府机构开门仪式的组成部分。① 美国学校及政府会议开始前，也会面向国旗朗诵《效忠宣誓》(Pledge of Allegiance)，以向美国国旗以及美利坚合众国表达忠诚。

美国人从幼儿园开始就要学习画国旗、唱国歌。很多美国中小学校的教室都挂有国旗、州旗，每天第一节课学生做的第一件事就是面对国旗肃立，右手放置左胸前唱国歌。阿灵顿国家公墓有一个巨大的标志性雕塑——硫磺岛美军护卫国旗，反映的是"二战"时期美国海军陆战队员在消灭驻守硫磺岛日军后竖起一面美国国旗的动人场景。美国海军陆战仪仗队定期在此进行升旗仪式，每次降下的国旗就赠送给美国各地的中小学。在美国，随处可以买到印有国旗图案的产品，包括服装、鞋帽、玩具、食品等。美国的各种集会，几乎人手一面小国旗。年满 18 岁的美国公民还要参加成人仪式，面对国旗宣誓效忠祖国。

美国民众对国旗热爱有加，每到节日，许多民众都会自发在自家门前悬挂国旗。美国还设有专门的国旗日（Flag Day）作为联邦的一个节日。1777 年 6 月 14 日，美国举行第二次制宪会议，会议上决定采用十三道条纹和十三颗星星象征当时美国十三州的旗帜来代表美国。1949 年 8 月 3 日，美国国会批准了国旗日法案（36 U. S. Code § 110 – Flag Day），将 6 月 14 日定为国旗日。议案中要求总统发布年度公告以号召民众庆祝该节日，同时，联邦政府所有建筑物上都须悬挂国旗。② 1966 年又把国旗日开始的一周定为"国旗周"。按照《美国法典》规定，在重大节日，如元旦（1 月 1 日）、马丁·路德·金纪念日（1 月的第三个星期一）、林肯生日（2 月 12 日）、总统节（2 月的第三个星期一）、陆军日（5 月的第三个星期六）、美国独立日（7 月 4 日）、圣诞节（12 月 25 日）等，以及美国总统宣布的其他日期、所有的选举日、各州加入联邦纪念日以及州立节日等，美国国旗应当被升至杆顶悬挂；爱国日（9 月 11 日）、防火周开始日（10 月的第一个星期日）、珍珠港纪念日（12 月 7 日）等节日要降半旗，无名战士墓、阿灵顿国家公墓和珍珠港亚利桑那纪念馆常年降半旗。

---

① Marc Leepson, Five myths about the American flag, The Washington Post, June 10, 2011.
② 康奈尔大学法学院, https://www.law.cornell.edu/uscode/text/36/110., 2019 – 5 – 5.

美国国旗法虽然是联邦法规,如果民众违法,并无任何惩罚规定。国会将处罚规定留给各个州及首都特区去决定,让它们自己制定法律。1984年,得克萨斯州发生了一起民众在示威集会中焚烧国旗的事件,得州政府根据本州法律起诉当事人格里高利·约翰逊（Gregory Lee Johnson）,案件最后打到联邦最高法院,即著名的得克萨斯州诉约翰逊案（Texas v. Johnson）,1989年6月21日,最高法院以五比四判定约翰逊胜诉,理由是此行为受到宪法第一修正案言论自由的保护,因为这一判决,各个州有关处罚亵渎国旗的法律也失效。最高法院的判决引起国会及民众的不满,国会不久通过了《国旗保护法》（Flag Protection Act of 1989）,但在1990年的另外一起案件——美国诉艾奇曼案（United States vs. Eichman）中,最高法院判艾奇曼胜诉,因此《国旗保护法》也失效。[1] 自此以后,国会多次努力尝试通过新的国旗保护法,但一直未能如愿。在目前的法律体系中,即便对国旗不敬,亦不会受到处罚。但如果有违国旗国歌的相关规定,还是会遭受很大压力。在2016年的里约奥运会上,美国女子体操队选手之一的布丽埃勒·道格拉斯（Gabby Douglas）,因为在赛后的颁奖环节奏响美国国歌时,未将手放在胸口并注视国旗,引发美国社交媒体讨伐,被逼道歉。当然,在如何对待国旗国歌和宪法权利之间,也有不同的做法和看法。2016年8月底,在一场赛前极为庄严肃穆的国旗仪式当中,NFL联盟49人队四分卫科林·卡佩尼克（Colin Kaepernick）拒绝在奏国歌的时候站立,直接坐在板凳上。这一行为引发了巨大的争议,卡佩尼克也遭到各种媒体的围攻。遭到媒体围剿的卡佩尼克不肯屈服,在接下来的国旗仪式当中改成面向美国国旗单膝下跪。卡佩尼克的行为遭到许多观众的嘘声,但却引发了NFL范围内的各方面支持,诸如新英格兰爱国者队、杰克逊维尔美洲虎队、克利夫兰布朗队等五支球队表示了对卡佩尼克的支持,全队的球员集体单膝下跪! 当时还在美国总统职位上的奥巴马选择了支持卡佩尼克,认为他有权利发表自己的看法。2018年9月22日,总统特朗普在阿拉巴马州指责卡佩尼克:"我们以美国为荣,我们也尊重美国的国旗! 你们难道不想看看NFL的老板们说:把那个孙子（指卡佩尼克）赶走! 他被解雇了!"两天后的NFL,仅仅24日当天的13场比赛当中,

---

[1] 强国论坛,http://bbs1.people.com.cn/post/1/1/2/169348753.html,2019-4-6。

就有大约130名球员拒唱国歌和拒绝对国旗敬礼,甚至还有许多球员当众焚烧美国国旗,以表达对美国总统特朗普的不满。对权利理解的分裂与矛盾处处存在,这也许就是美国的特点。

2. 美国政治制度教育

了解美国政治制度是美国公民教育的核心内容。美国在各级学校都开设有不同层级的介绍美国政治制度的课程。各种社区活动、竞选活动,参与报道的新闻媒体也经常通过这些活动宣传美国的选举制度、民主制度。高峰认为,"美国公民教育是为学生参与公共的民主生活做准备的。要让学生了解政府机构、政治原理、社会与政治发展趋势以及不同层次的政治、经济和道德问题。因为,不了解各级政府,不知道当前地方的、国家的与国际的问题,就难以参与公共生活"①。

有关美国政治制度教育的内容,比较集中地体现在公民教育中心1991年发布的《公民教育纲要》和1994年发布的《公民学与政府国家标准》(National Standards for Civics and Government)这两个文件中。这两个文件虽然不是官方发布,但受到美国联邦教育部(US Department of Education)的赞助和支持,美国50个州的中小学校都有一定的使用比例,具有一定的代表性。其中,《公民学与政府国家标准》(以下简称《标准》)对美国政治制度的介绍详细而具体。

《标准》在序言中明确指出,公民与政府课程标准内所列的各种建议,目的在于协助各中小学培养有能力、负责任,能够保存与发扬美国宪政式民主政治的基本价值和原则的公民②,并提出了公民知识(Civic Knowledge)、公民技能(Civic Skills)、公民道德品性(Civic Values)三方面的培养目标,其中,"公民知识"部分集中对美国政治制度的学习作了具体要求。

"公民知识"围绕五类问题展开:(1)什么是政府?政府应做什么?(2)美国宪政民主制度基本价值和原则是什么?(3)建立在宪法基础上的政府是如何体现美国宪政民主制度目的、价值和原则的?(4)美国与世

---

① 高峰:《美国公民教育的基本内涵》,《比较教育研究》2005年第5期。
② Center for Civic Education, *National Standards for Civics and Government*, 1994, p. 9. http://www.lawforwa.org/sites/default/files/53858149-National-Standards-for-Civics-and-Government.pdf., 2018 – 6 – 8.

界其他国家及世界事务的关系是怎样的？（5）在美国宪政民主制度中，公民都有哪些作用？

围绕这五类问题，《标准》分别设定了幼儿园到 4 年级（K-4）、5—8 年级、9—12 年级这三个阶段的标准。

下面以 5—8 年级为例，就上述五类问题做具体分析。这五类问题中，每类问题都按照内容摘要与基本原理（Content summary and rationale）、内容标准（Content standards）两个方面展开。

关于第一类"什么是公民生活、政治、政府"的问题，《标准》分"什么是公民生活、什么是政治、什么是政府""关于有限政府、无限政府的基本特征""关于宪法的性质和目的""关于立宪政府的不同组织形式"四个部分，从"内容摘要与基本原理""内容标准"两个层面进行了阐述，其中对公民生活、政治、政府、有限政府、无限政府、法治、宪法、权力共享制度（分权制）和议会制度等概念予以明确界定，并提出了相应的内容标准，也就是执行的标准或要求。

关于第二类"什么是美国政治制度的基础"的问题，《标准》分"关于美国立宪政府的理念""关于美国社会的显著特征""关于美国的政治文化""关于美国宪政民主的价值观和原则"四个层面予以阐述，强调要让学生明白分权与限制权力是与宪法的原则同样重要的两项，通过这两项保护个人基本自由不被侵犯；个人、社会、政府三者之间恰当合理的关系，是美国政府最显著的特征；平等社会的信念及民主生活方式促生了的自愿精神是美国的一大特色；美国的显著特征就是公民共同认可政治的价值观和原则胜过种族、民族、阶级、语言、性别和种族裔源；共享的价值观及原则有助于背景不同的美国人民在危机时刻找到共同点，在日常生活中提升美国的核心凝聚力。

关于第三类"美国宪政民主的任务、价值观和原则在政府机构设置中的体现"的问题，标准从"关于美国宪法中所规定的责任和权力的分配与限制在国家机构设置中的体现""关于联邦政府制定的国内外政策对每一个美国人的生活都有重要的影响""关于地方政府和州政府的组建方式及其工作内容""关于谁在代表你所在的国家、州、地方政府""关于美国宪政体系中的法律部门""关于美国政治体系为参与者提供的选择与机会"六个层面进行了阐述，强调美国人民生活处于地方政府、州政府、国家这三级管辖范围内；联邦政府的一举一动都对每一位美国人的日常生活都有重要影响；政策制定等一系列政府活动直接影响公民的安全、生活水平以及赋税状况；每州均有各自的法律、执行机关、判决机构，州政府掌握实权，与地方政府和中间的执行机构一起，直接影响公民的一生；法治在美国宪法提供的框架下运行，法律遍及美国社会的各个方面。

关于第四类"美国与世界事务及世界其他国家的关系"，《标准》从"关于世界是怎样一个政治组织形式""关于美国的政治和社会是如何与其他国家相互影响的"两个层面进行了阐述，强调要学生认识到，在国际范围内，政治组织无权对主权国家进行制裁或是强迫达成协议；政府以及非政府间的组织提供了不少用于主权国家之间能够相互沟通、影响，以和平方式解决争端的途径；学生应该能够阐释美国是如何制定并执行外交政策的；美国并不是孤立的存在，它在于世界范围内的互动中，始终扮演着重要的角色；《独立宣言》《宪法》《权利法案》等无时无刻不在彰显着美国政治的传统；政治、经济、人口、环境发展在世界范围内影响美国，这就要求美国进行合理和高效的应对。

关于第五类"公民在美国民主中的角色"，《标准》从"关于公民的身份""关于公民的权利""关于公民的责任""关于维护并促进美国宪政民主的主要因素""关于公民参与公民生活"五个层面做了阐述，提出公民身份不同于专制或集权主义政治制度下的公民身份，公民之间无差别平等地享有区域自治的权利；政府和公民都有责任保护个人权利和共同利益；政府的首要目的就是保护个人权利；在美国政治体制中，将权利的概念清晰地分为三大类：个人范围或私人权利、政治权利、经济权利；公民有必要审视美国宪法的基本价值和原则以及监督政治领导人和政府机构的忠诚；美国宪政民主需要每个人肩负的责任是对自我进行管理，道德、自律、对私产的尊崇、人格尊严都是个人性格中对构建幸福社会至关重要的特征；公民必须能够认识到美国的宪政民主并不是"一台自动运转的机器"，自由制度的建立是创国者付出的艰辛，凭借无数发生过的政治事件所积累的宝贵经验。宪政民主不仅需要前赴后继地参与、专业的知识，而且更需要全国公民的智慧。

从以上的列举中可以看到，美国 5—8 年级开展的美国政治制度教育的内容相当广泛和具体。限于篇幅，这里只就 5—8 年级对"公民知识"的规定做了介绍。相比较而言，K-4年级阶段对这五类问题的规定更加基础，而9—12年级阶段公民知识标准要求则是进一步的深化、扩展和延伸。

关于美国政治制度的相关教育内容，美国小学、初中在美国历史教科书中会有些关于三权分立、宪法这方面的内容。高中会开设美国政治政府课、AP政府和政治比较（AP Comparative Government and Politics）、AP美国政府和政治（AP United States Government and Politics），但一般都是选修课。

3. 公民权利与义务教育

根据《公民教育纲要》和《公民学与政府国家标准》，美国公民权利与义务教育的主要内容包括：一是个人应享有的权利，包括个人生命的权利、个人自由自主行动的权利、个人尊严的权利、个人安全的权利、寻求和得到平等机会的权利、得到正义的权利、保持隐私的权利和私人拥有财产的权利。二是个人应享有自由，包括参与政治程序的自由、宗教信仰的自由、思想的自由、意识的自由、集会的自由、咨询及获得信息的自由和表达意见及感情的自由。三是个人应有的责任，包括尊重人类的生命、尊重别人的权利、诚实、宽容、有同情心、证明有自我控制的能力、参与民主程序、为共同的目标而工作、尊重别人的财产。四是政府及其职能，包括政府应当由人民来选，政府应当尊重和保护个人的权利和自由，政府应当保护民权，政府应当为大众的福利而工作。[1]

美国公民教育非常重视如何培养行使公民权利的能力。《公民学与政府国家标准》专门就公民技能设立了标准，提出要训练包括智力技能（Intellectual Skills）和参与技能（Participatory Skills）两种公民能力。智力技能包括：辨认能力（Identify）、描述能力（Describe）、解释能力（Explain）、评判能力（Evaluate a Position）、坚持立场能力（Take a Position）、为自己立场辩护能力（Defend a position）。参与技能包括：与人合作影响别人的能力（To Influence by Working with Others）、清晰表达观点的能力（Clearly Articulating Interests）、协商与让步的能力（Negotiating, Compromising）和冲突处置的能力（Managing Conflicts）等。[2] 可以看到，美国对公民权利和义务的界定清楚，而且注重公民技能的培养，提出了很具体的要求。

---

[1] 曾令辉：《现代爱国主义教育理论与实践》，广西人民出版社2006年版，第66页。
[2] Center for Civic Education, *National Standards for Civics and Government*, Calabasas, CA: Center for Civic Education, 2010, pp. 20-21.

二 道德教育

开展系统性的道德教育主要在学校教育阶段。从道德教育开展的理论模式来看，价值澄清模式、认知发展模式在20世纪六七十年代产生了巨大影响，随着社会的发展，20世纪80年代末，"品格教育"运动再次兴起，并一直发挥重要影响。这个概念首先由美国校长协会提出。1984年，"长颈鹿英雄计划"（the Giraffe Heroes Project）品格教育项目启动[①]。90年代初，品格教育日益受到关注，"可能已经成为今日美国发展最快的教育运动"[②]。1993年，全美范围的"品格教育联盟"（Character Education Partnership）和"重视品格同盟会"（Character Counts Coalition）研究推广机构成立，有力地促进了"品格教育运动"（Character Education Movement）在美国的迅速扩展。克林顿总统在1997年的国情咨文中强调"要恢复美国的国际竞争力，必须从培养人才开始，学校必须进行品格教育，必须把美国儿童培养成好公民"[③]。

目前，美国品格教育不但受到公众的欢迎，还得到了美国联邦政府、国会及各州政府的支持。其中，"重视品格同盟会"提出的"品格的六大支柱"（the Six Pillars of Character）和"品格教育联盟"倡导的"有效品格教育11项原则"（Eleven Principles of Effective Character Education）互为支撑。

"品格的六大支柱"于1992年提出，是"重视品格同盟会"推广的主要内容，分别为：（1）信赖（Trustworthiness），包括诚实，不欺骗，不偷窃，坚持真理，爱惜名声，忠于家庭、朋友和国家；（2）尊重（Respect），包括尊重别人，宽容差异，举止礼貌，语言文明，顾及他人情感，心平气和地处理愤怒、羞辱与分歧；（3）责任（Responsibility），包括做好本职工作的自控自律、谨慎可靠、持之以恒、尽力而为、行动前考虑后果、为自己的行为负责；（4）公平（Fairness），包括照章办事、不存偏见、倾听别人意见、不占别人便宜和轻易指责人；（5）关怀（Caring），包括善良、热情、

[①] "长颈鹿英雄计划"，http://www.giraffe.org/aboutus_founder2.html.，2019-2-1。

[②] Madonna M. Murphy: *Character Education in American's Blue Ribbon Schools*: *Best Practice for Meeting the Challenge*, Rowman & Littlefield Education, 2002, p.39.

[③] State of the Union Address, 1997. https://files.eric.ed.gov/fulltext/ED404744.pdf, 2019-12-22.

感恩、宽恕、助人；(6) 公民意识 (Citizenship)，包括参与学校和社区事务、合作、好知、睦邻、投票、遵守法纪、尊重权威、保护环境。①

"有效品格教育11项原则"于1996年提出。后来，"品格教育联盟"据此制定了《品格教育质量标准》(Character Education Quality Standards)，具体为：(1) 把核心道德价值作为良好品格基础；(2) 要把品格界定得更加广泛，包括思考、感受和行为；(3) 采取有意识、积极、综合有效的方式促进品格发展；(4) 创建满怀关爱的学校社群；(5) 给学生提供道德实践机会；(6) 提供有意义、充满挑战且尊重所有学生的课程来帮助他们成功；(7) 激发学生内在动机；(8) 全体教职工参与把学校建设成讲学习、讲道德、承担品格教育责任的社区，坚持使用同一核心价值作指导；(9) 教职工和学生要有道德领袖以促进品格教育；(10) 需要家长、社区成员作为伙伴参与品格构建过程；(11) 教育评价应评估学校的品格、学校教职工作为品格教育者的功能以及学生在多大程度上表现出了好的品格。②

此外，《公民学与政府全国标准》中对公民道德品性和技能也提出了具体的要求，包括：(1) 成为社会一名独立的成员。这一品性包括自愿尊崇自我施加的行为标准，而非要求外部强迫的控制；为自己的行为承担责任，履行民主社会中成员的道德和法律义务。(2) 承担公民个人政治的和经济的责任。这些责任包括照料自己，支撑家庭，照顾、养育、教育自己的孩子。还包括投票、纳税、在陪审团服务、履行与自己才能相应的公共服务以及在领导岗位上服务的责任。(3) 尊重个人价值与人类尊严。尊重他人意味着倾听他们的意见，以礼貌的方式行事，考虑同伴公民的权利与利益，以及坚持多数人统治原则但是承认少数人持有异议的权利。(4) 以有创见的和有效的方式参与公民事务。这一品性要求公民在投票或参与公共辩论之前承担知情的责任，进行公民富有见识的谈话，以及在适当的时候担当领导的责任。同时，也承担评估的责任，即作为公民，一个人的义务是否和何时需要使个人的意愿和利益从属于公共利益，评估一个人的义务或立宪原则是否和何时强制其放弃某些公民的期待。(5) 促进宪政民主的健康运作：这一品性包括对公共事务的知情与留意，学习和思考立宪价

---

① "重视品格同盟会"，http：//josephsoninstitute.org/sixpillars.html.，2018-7-5。
② "品格教育联盟"，http：//www.character.org/.，2018-7-5。

值与原则，监督政治领导人和公共机构对这些价值和原则的信奉程度，并在这种信奉缺乏时采取适当的行动。这一品性同时还使其公民通过和平的法律手段来改变他们认为不明智的或不公平的法律。① 这些关于内容的规定都特别强调学校、社区、家长在道德养成中的重要作用。

三 法治教育和纪律教育

美国法律体系完善而繁复，在公民教育中也非常重视法治教育和纪律教育，而且都通过相关法规或制度予以明确的规定。

1. 法治教育

美国的法治教育（Law-Related Education），也译为"与法律相关的教育"。《1978年法治教育法案》（*Law-related Education Act of 1978*）将其定义为"用与法律、法律程序、法律系统及它们赖以为基础的基本原则和价值观相关的知识和技能装备非法律专业人员的教育"②。

早在殖民地时期，在校学生就开始学习法律知识，当时以宗主国的法律为主。20世纪50年代，美国出台了《国防教育法》，包括法官、学者、教师的美国社会各界呼吁，一个国家培养的科学家、数学家如果没有掌握作为国家公民应该遵守的社会准则，那么教育是不成功的，不仅高等教育，中学生也应该学习有关《美国宪法》《人权法案》《独立宣言》这些美国法律的奠基性文本，熟悉美国的司法程序。

20世纪60年代，全美开展了"法律学习运动"（Law Studies movement）。1962年，国家社会研究委员会（NCSS）和公民自由教育基金会（CLEF）共同发表了《威廉斯敦报告》（The Williamstown Report），目的是增强高中生对人权法案的了解。该报告指出，"社会问题之所以没有被充分地认识和彻底地解决，是因为没有对我国法律和与之相互依存的教育系统形成深刻的认识"③。1963年成立的林肯—法林研讨中心（Lincoln-Filene

---

① Center for Civic Education, *National Standards for Civics and Government*, Calabasas, CA: Center for Civic Education, 2010, p. 16.

② Robert S. Leming, *Essentials of Law-Related education*, American Bar Association's National Law-Related Education Resource Center, 1995, p. 233.

③ Feinstein S., Wood R. W., *History of Law-Related Education*, Washington D. C.: U. S. Department of Education Educational Resources Information center, 1995, p. 9.

Center Workshop），通过组织研讨会等方式，对美国中学教师进行集训，引导美国中学教师学习《独立宣言》和《人权法案》。1971 年，里昂·亚万斯基（Leon Javorski）把美国律师协会（ABA）的资源运用到青少年法治教育中，使美国的法治教育得到专业法律机构的支持。

1975 年，法治教育被正式列入社会科课程范围。到 1985 年，美国一半以上的州都将法治教育增加到社会科课程当中。在全美国的中小学中，共有四百多个法治教育计划，其中有三十五个是以州为范围，在全州展开的。①《1978 年法治教育法案》的发布，将法治教育定义为"用与法律、法律程序、法律系统及它们赖以为基础的基本原则和价值观相关的知识和技能装备非法律专业人员的教育"②。莱明（Leming）与海利（Healy）认为，法治教育是"一种有组织的学习经历，它向教师和学生提供理解法律制度赖以建立的价值和原则的机会"③。

美国在实施法治教育的过程中，特别强调法治教育应关注影响现实情境中的现实法律问题，"法治教育注重的是学生的社区成员身份，而非单纯的学生身份，关注其对法律规定的权利和义务的理解；期望学生在面对并解决争执与冲突，讨论与分析社会问题的过程中学会理解法律，运用法律。这从根本上决定着社区参与（community involvement）是法治教育的必要组成部分"④。

从以上的界定和描述中我们可以清楚地看到，美国的法治教育目标很明确，是区别于培养专业法律人才的一种法律教育活动，在中小学阶段，主要是通过美国中小学社会科及相关活动来完成的。法治教育的目的在于培养学生具有在法治社会中发挥作用所必需的知识、技能和价值观，即能够知道法律是如何影响自己，自己可以如何影响法律。法治教育使学生能够通过法治教育的学习，理解自己所属的公民社会，服务所属的公民社

---

① 沈英：《美国中小学法治教育探析——兼谈对我国中小学法制教育的启示》，硕士学位论文，东北师范大学，2005 年。

② Robert S. Leming, *Essentials of Law-Related Education*, American Bar Association's National Law-Related Education Resource Center, 1995, p. 7.

③ Carolyn Pereira, *Law-related Education in Elementary and Secondary Schools*, ERIC Clearinghouse for Social Studies/Social Science Education Bloomington IN, 1988, p. 16.

④ 沈英：《美国中小学法治教育中的社区参与：内涵、实施及特色》，《外国教育研究》2005 年第 1 期。

会，最终成为具有法治意识、支持民主宪政制度、积极参与社会发展的公民。

美国十分重视青少年的法治教育，通过培养学生的法治意识和公民素养，使其成为适应未来发展的合格公民，是美国在青少年法治教育中所秉承的基本理念。因此，美国青少年法治教育一直都是在美国公民教育的体系下展开的。由于美国各州没有统一的法治教育课程设置，所以课程设置各有不同。小学阶段没有专门的法律教育课程，大多是在社会科学习中进行，中学阶段在选修课中包含法律教育的内容。有的州将法律教育作为《公民与政府》中的一部分内容，有的州设置专门的《宪法》课程，有的州则开设《法律与你》（The Law and You）、《妇女、法律和社会》（Women，Law and Society）等课程。① 在佛罗里达州，就有30多种不同的课程在一个学校里实施，这些课程包括《法律研究》《法律制度》《刑法》《法律辩护》《社会伦理学》《商业管理与法律》《法律概念》《宪法》等。有时，学校根据《法律预备》（pre-law）、《公共行政学》和《刑法》的顺序来提供多样化的课程。② 这些多样化的课程，主要是围绕法律（law）、权力（power）、正义（justice）、自由（liberty）、平等（equality）五个以宪政民主与法治为基础的核心概念展开的。

纵观各州的法律教育内容，归纳起来主要涉及以下六个方面：（1）法律法规对于政治、社会、文化的作用；（2）探究法律如何影响学生，反过来学生如何影响法律；（3）解释法律系统内部所蕴藏的价值观，并形成与之相适应的信念和态度；（4）公民与社会的关系，学生与更大的社区之间的关系；（5）在各种情境之下运用法律的技能；（6）了解法律系统中的公平和正义的重要性③。

美国法治教育的内容随着时代的发展不断扩充。例如，原本由美国大学法学院学生作为选修课教科书的《街道法》（Street Law），后来也逐渐发展成为高中法治教育的重要内容。1972年，乔治城大学法律中心杰森·

---

① 陈屹：《诱惑与困惑——美国教育参考》，中国社会出版社2001年版，第35页。
② 蒋一之：《培养积极公民的另一种努力——美国中小学法治教育述评》，《外国中小学教育》2003年第9期。
③ Essentials of Law-Related Education, ERIC Digest, http：//www.ericdigests.org/1996 – 3/law.htm, 2018 – 9 – 2.

纽曼教授（Jason Newman）和法学专业学生爱德华·比恩（Edward bean）发起了"街头法"项目，作为法学院公共利益法课程的法律诊所实践项目，项目最初在两所高中进行试点，后来发展成为哥伦比亚特区所有中学的必修课程。[①]《街道法》中的法律知识多用以解决日常生活中常见的法律问题，所以名为"街道法"。《街道法》一般为法学院大二学生的选修课，内容按单元、章和专题划分，如法律状况章节包括立法和司法系统、律师和解决纠纷的方法问题，侵权问题包括民事侵权、雇员和过失的侵权、后果和责任、侵权及公共政策等专题，有关消费者和房屋的法律问题涉及合同、信用、销售中的欺诈行为等专题。大学生选修这个课程的成绩，是以考察其对高中生运用法律指导情况来考核的，这既锻炼了大学生的法律运用能力，也提高了高中生的法律学习能力。高中生学习的法律课程包括小额诉讼、刑法、刑事诉讼法、个人权利、家庭法以及侵权法。[②]"街道法"项目与美国国内50所高校建立了合作关系，包括耶鲁大学、哥伦比亚大学、杜克大学等著名高校，并在世界上其他国家开展。之后还有许多其他法治教育项目也仿效这种做法，如1999年创始于美利坚大学（American University）的"马歇尔—布伦南宪法素养计划"（the Marshall-Brennan Constitutional Literacy Project），也采用了由大学生到中小学普及宪法知识的做法，并在美国18个州开展。[③]

在整个法治教育的内容中，美国特别重视宪法教育。学生主要是通过必修课程来完成宪法的学习，如美国历史、政府学和公民学。陈正桂通过研究指出，美国政府明确要求16—18岁的学生要学习《独立宣言》《美国联邦宪法》《人权法案》等内容，各级学校的各种法制教育一环扣一环。大多数美国人在中学至少受到三次正规的宪法教育。[④] 美国南加州大学也专门为学生开设了美国宪法研究的课程，供全校学生选修。哥伦比亚大学

[①] Kamina A. Pinder, "Street Law: Twenty-Five Years and Counting", *Journal of Law & Education*, No. 2, 1998, pp. 211–219.

[②] Johnson N. H., "Law-Related Education: The Street Law Program In Washington, DC", *Judicature*, Vol. 62, No. 9, 1979, pp. 425–427.

[③] https://www.colorado.edu/law/research/byron-white-center/marshall-brennan-constitutional-literacy-project, 2019–12–6.

[④] 陈正桂：《宪法教育：美国公民教育的重点与核心》，《学校党建与思想教育》2010年第10期。

要求教育学院社会科学教育专业的硕士生和博士生必须学习宪法。①

美国还有专门的法律日（Law Day），以"庆祝法律在社会中的作用，培养对法律职业更深层次的理解"②。法律庆祝日由美国总统艾森豪威尔于 1958 年为"表明国家对法律的承诺"而建立，1961 年，国会发布了一项联合决议，指定 5 月 1 日为庆祝法律日的正式日期，随后将其编入美国法典第 36 篇第 113 节。此后，每一位总统都在每年的 5 月 1 日发布法律日公告，以庆祝国家对法治的承诺。③

2. 纪律教育

美国的纪律教育主要由各级学校实施。在美国中小学教育中，《学生行为守则》(code of student conduct) 往往发挥着纪律约束和教育的作用。很多州教育法要求学校制定学生行为规范，并将《学生行为守则》在学区内存档。一些郡县教育委员会制定全学区统一的《学生行为守则》，尽量包含学生在学校行为时应该知道的所有规则。④ 新生入学时，学校会要求学生人手一份《学生行为守则》，并要求家长阅读后将签完字的表格上交给学校。《学生行为守则》一般都会引用相关的法律条文作为制定守则的依据，同时，《学生行为守则》每隔一年或两年都要做法律审查，看是否符合美国的法律。《学生行为守则》核心内容是对于学生权利和责任的规定，对于学生违规的分级分类，以及对于惩罚的相关规定，与药品、酒精、武器、袭击、欺侮、暴力等相关的违规行为都会受到严厉的惩罚。

以纽约为例，该市于 2008 年 9 月开始实施《全市纪律和干预措施标准》(Citywide Standards of Discipline and Intervention Measures)，也称为《纪律准则及幼儿园至 12 年级学生权利与责任法案》（以下简称《纪律准则》）。《纪律准则》出台的目的在于"确保每天进行教学的学校环境安全、有保障和有秩序"，"在学生努力成为多元化社会中有生产力的公民时，透过设立指导方针为学生提供帮助，提倡负责任的学生行为，以及促

---

① 陈正桂：《宪法教育：美国公民教育的重点与核心》，《学校党建与思想教育》2010 年第 10 期。
② https：//www.americanbar.org/groups/public_education/law-day/.，2019 - 3 - 1.
③ https：//www.americanbar.org/groups/public_education/law-day/.，2019 - 3 - 1.
④ Rosen, Louis, *School Discipline*: *Best Practice for Administrators*, Corwin Press Inc., 1997, p. 10.

进尊严和尊重的环境。"①《纪律准则》由两大部分组成，第一部分是纪律标准和干预措施，第二部分是 K-12 年级（学前班至 12 年级）学生权利和责任法案。

"纪律标准和干预措施"主要涉及以下内容："行为标准：问责和支援""预防与干预""家长作为伙伴""出勤""违纪行为和可能采用的纪律措施的范围""违规的级别""指导干预及其类别""纪律程序""上诉"九个方面，每个方面又有具体详细的解释。这部分所列标准为学校处置学生违纪行为提供严格可区分的纪律依据。

在"K-12 年级学生权利和责任法案"中，有"前言"和"学生纪律准则"两部分。"前言"中规定了学生在学校接受教育时所享有的权利和应尽的责任。中小学生的权利包括：接受免费的公立学校教育的权利，有 15 个条款；言论自由和人身自由的权利，有 12 个条款；了解法定诉讼程序的权利，有 10 个条款。应尽的责任共 24 条，包括自己应该做到的和与别人发生关系时应该做到的。

以学前班到 5 年级阶段标准为例，违纪行为的 5 个级别是：

一级——不守纪律的行为，包括言语不尊敬、迟到或旷课、制造过多噪音、穿戴不安全或扰乱教学秩序的衣服头饰（宗教因素除外）、未经允许使用学校的电子设备等。

二级——扰乱性的不良行为，包括吸烟（拥有火柴和打火机也属违纪）、赌博、使用粗俗语言或姿势、未经许可而离开教室或学校、乱用别人的东西、考试作弊或作业剽窃等学习上不诚实的表现等。

三级——严重扰乱学校秩序或危险的行为，包括对抗和违背学校人员的法定权威，对他人的种族、宗教、性别或残障等进行诋毁，猛推或向他人吐唾沫或扔东西，未经允许而带来访者入校，未经允许而故意将别人的财产据为己有，不正当地触碰他人身体，参与与帮派有关的活动，故意破坏公私财物，张贴或散发诽谤性的材料（包括在互联网上）等。

四级——危险或暴力行为，包括张贴或散发含有暴力内容的材料（包括在互联网上），争执或打架，胁迫或欺侮行为，带有性意味的言论或身

---

① https：//www.nyclu.org/en/publications/changes-citywide-standards-discipline-and-intervention，2019-4-4.

体行为，未经许可而拥有受管制的药品、毒品、毒品用具及含酒精的饮料，假报火警或其他灾难警报，使用有可能造成身体受伤的物品如打火机、皮带扣或雨伞而导致严重受伤，放火或制造骚乱等。

五级——严重危险或暴力行为，包括恐吓、使用暴力、参与帮派暴力行为、性侵犯、售卖毒品或受管制药物、拥有或使用非枪械的武器、拥有或使用枪械等。6—12年级的标准在以上基础上又增加了与学生年纪相关的（比如性行为、毒品或管制药品以及武器枪械等）少数违纪行为描述。①

《纪律准则》根据违规的级别提供了相应的纪律措施以及在纪律措施以外的可能采用的指导干预的范围。

纪律措施包括：学校教学员工予以告诫、学生/教师会议、由适当的督导人员（如副校长、校长）予以训斥、与家长开会、校内纪律措施（例如不准参加课外活动、课间休息或公共午餐）、由教师逐出课堂（如果学生在一学期中有三次或在一年三学期的一个学期中有两次被老师逐出课堂，而之后再次发生足以导致被教师赶出课堂的行为，则必须报告校长以勒令停学）、校长勒令停学、学监勒令停学（停学时间从6—10个教学日直至一年，如果学监勒令停学一年，学前班至5年级的学生将被安排到另外的教学场地，6—12年级的学生将转到停学中心一年），已满17岁的学生最严重可以被开除。

在纪律措施之外可能采用的指导干预范围包括：与家长交流，由辅导人员提供干预，指导会议，单独或小组咨询辅导，同侪调解，指导计划，短期行为进展报告，转介给学生人事组、经家长同意的小区服务，转介给小区组织，转介给适当的滥用药物问题辅导服务机构，转介给针对青少年恋爱关系虐待行为或性暴力的辅导服务机构，转介给针对基于偏见的欺凌、威胁或骚扰行为的辅导服务机构等。②

《纪律准则》的核心是要学生对其行为负责。这些准则与公约权利与责任明晰，保证了学生的成长空间。同时，这些纪律措施重在预防而非惩戒，成为促进学生良性发展的手段。

---

① 李响：《浅析纽约市中小学的学校纪律教育》，https://wenku.baidu.com/view/548e17966bec0975f465e2d5.html，2018-6-9。

② 李响：《浅析纽约市中小学的学校纪律教育》，https://wenku.baidu.com/view/548e17966bec0975f465e2d5.html，2018-6-9。

美国高校的纪律教育则具有法治化的特点，相关内容相当庞杂，内容几乎无所不包，同时，对于规定所涉及的相关词语都作了法律意义上的严格定义，让学生有章可循、有法可依。在美国加州大学圣地亚哥分校，有关学生以及学生组织的行为规范的书面文稿就有20多本，摞起来厚度超过50厘米。① 归纳起来，美国高校纪律教育的相关规定可分为学术性和非学术性两大类。学术性的主要指学术诚信教育，非学术性的主要指学校日常管理规章制度。

美国高校十分重视对学生的学术诚信教育。资料表明，美国现有4000多所高校中，98.3%的学校都制定有学生学术诚信条例。条例对考试作弊、论文抄袭等学术不诚实行为，对定义、表现形式、处罚规则和申辩程序等都做了详尽的规定。②

除了学术之外，美国高校对非学术性的纪律规范也很严格。宿舍管理方面的规章制度即人性化也很严格。人性化体现在美国很多高校都会给新入校的学生发放比较细致的住宿调查表，了解新生的生活作息时间、爱好兴趣等，以便安排舍友。同时，学生和学校在宿舍管理上是合同关系，宿舍管理制度通过合同的形式来规范和约束双方的行为，保障双方的权利。当然，各高校的学生行为规范不能与联邦、州、地区的法律发生冲突，但有的学校的规定要比联邦、州、地区的法律更加严格、更加细化。学校在学生社团的注册、名称使用、经费申请，以及活动组织的人员、时间和地点等方面都有严格规定。如果违反规定，就会受到限制或取消学校有关设施、设备、空间等资源的使用，直至取消注册资格等惩戒。③

四 心理健康教育

心理健康是人健康发展的一个重要指标，也是成为一个合格公民的必备素养。学校是系统开展心理健康教育的重要载体。在美国，学校心理健康教育习惯上称为"学校心理健康服务"（School mental health service）。自1896年维特曼在宾夕法尼亚州立大学创立了美国第一个心理门诊，美国心理健康教育发展至今已经有一百多年的历史。

---

① 王晓庆、周宏武：《中美高校纪律教育比较及启示》，《思想理论教育》2009年第17期。
② 王晓庆、周宏武：《中美高校纪律教育比较及启示》，《思想理论教育》2009年第17期。
③ 王晓庆、周宏武：《中美高校纪律教育比较及启示》，《思想理论教育》2009年第17期。

1987年，美国疾病控制与预防中心（Centers for Disease Control and Prevention，CDC）将综合性学校健康教育（Comprehensive School Health Education，CSHE）内容从课堂健康指导、学校卫生服务、健康的学校环境等3个方面扩展到相互依存的八要素：学校健康教育，学校保健服务，学校卫生环境，学校食物服务，教职员参与健康促进活动，学校咨询、心理和社会服务，体育教育和体育活动，学校健康教育促进活动与社区相结合。①

1992年，来自38个机构的代表在美国癌症协会（American Cancer Society，ACS）的支持下，成立美国健康标准联合委员会（The Joint Committee on National Health Education Standards），开始制定健康教育的国家标准。1995年，《国家健康教育标准》（The National Health Education Standards）颁布，2007年得到修订。修订后的《国家健康教育标准》一共设计了8级标准：（1）理解与健康提升和疾病预防有关的概念；（2）分析家庭、同辈、文化、媒体、科技等对健康行为的影响；（3）能够获得有效的健康信息和有助于健康的产品和服务；（4）能够实行增进健康的行为，减少健康危险；（5）能够分析文化、媒体、科技和其他因素对健康的影响；（6）能够运用交流的技能来增进健康；（7）能够使用目标设定和决策技能来增进健康；（8）能够促进个人、家庭和社区健康。在每条标准后都分别对幼儿园至2年级、3—5年级、6—8年级、9—12年级制定了相应的教学目标，这些目标中包含了大量的与心理健康直接相关的内容②，同时也把心理健康教育的领域、内容从学校拓展到了家庭和社区。

此外，美国疾病控制与预防中心（CDC）基于《国家健康教育标准》对心理健康教育课程进行了研究，要求学生通过学习心理健康教育课程应该做到：（1）用健康的方式表达感情；（2）积极参加有益于心理与情感健康的活动；（3）用健康的方式预防和处理人际冲突；（4）用健康的方式预防和处理情感的压力与焦虑；（5）使用自我控制与冲动控制的策略促进健康；（6）寻求有效的帮助，避免或减少不健康的想法、情绪与行为；

---

① Ken Resnicow：《有关学校综合健康教育的几个问题》，李志敏译，《中国健康教育》1994年第1期。

② The National Health Education Standards, https：//www.cdc.gov/healthyschools/sher/standards/index.htm, 2018 - 7 - 1.

(7) 包容与接受他人的差异性；(8) 建立并保持良好的人际关系。①

在一些州，例如肯塔基、新泽西、明尼苏达和西弗吉尼亚，《国家健康教育标准》是以法令的形式出现的。另外一些州把标准看作方针政策或建议，并把由全国健康和教育机构制定的标准"地方化"，以适应自身的需要，例如密歇根州。② 依据《国家健康教育标准》，马里兰州健康教育委员会制定了《全面健康教育标准》（Comprehensive Health Education State Curriculum Standards），其中包括了心理与情感健康教育的标准。该标准的总目标是培养学生运用心理与情感健康的知识、技能和策略的能力，增强学生的自我概念，提高学生的人际交往能力，减少学生间的暴力与冲突，从而使他们更好地生活和学习，并取得优秀的学业成绩。③ 为了达成这一目标，该课程标准设置了十个课程主题，包括交流、情绪情感、人格特征、决策的制定、压力、健康的构成要素、自我形象、个人目标、冲突的解决、心理疾病。④

就美国学校心理健康教育而言，其主要任务是帮助学生解决他们的心理问题，以确保每一位学生能进行正常的学习和健康的发展。学校心理健康教育的内容和模式也因各个学校实际需求的不同而不同。通常而言，美国中小学的心理健康教育关注以下一些心理问题：物质滥用（主要是吸毒、酗酒和吸烟）、由抑郁引起的自杀、过度悲伤、辍学、学生帮派、早孕、饮食问题（如厌食症或易饿病）、性疾病、暴力、自我效能感、人际关系、焦虑、残疾、慢性病、学校适应问题、学习问题、注意力和行为问题等。⑤

大多数学校心理健康教育提供以下几种服务：(1) 对学生心理状况的诊断、鉴别。美国对中小学学生心理状况的诊断与鉴别主要是通过相关的

---

① Centers for Disease Control and Prevention, *Health Education Curriculum Analysis Tool* (*HECAT*): *mental and emotional health curriculum*, http://www.cdc.gov/healthyyouth/hecat/pdf/HECAT_Module_MEH.pdf., 2018-7-3.
② 王建平：《美国学校健康教育的问题与对策研究》，首都师范大学出版社2004年版，第37页。
③ Maryland State Department of Education, *Health Education Voluntary State Curriculum Standards*, http://www.mdkl2.org/instruction/curriculum/health/vsc_health_relationales.pdf, 2018-5-14.
④ 冯航贞：《美国中小学心理健康教育课程设置——以马里兰州为例》，《中小学心理健康教育》2015年第15期。
⑤ 肖旻婵：《中小学心理健康教育研究：中美比较研究》，博士学位论文，华东师范大学，2005年。

心理问卷，并结合访谈等方法来诊断和鉴别，多种手段并用以准确了解学生的心理健康状况。①（2）心理健康预防。预防是美国中小学心理健康教育的重要组成部分。美国的中小学心理健康教育还特别重视预防心理问题和提升学生整体心理健康水平，很多学校建立起专门的心理问题预防机构，重视心理健康教育课程在各年级的开展和实施。学生心理健康的预防包括两种类型：初级预防（Primary Prevention）和二级预防（Secondary Prevention）。初级预防面向正常儿童，通过教给学生诸如社交技能、行为技能之类的各种技能和加强学生的各种能力来确保和促进学生的健康发展。二级预防面向那些经过系统的评价后被认为有早期功能紊乱的学生，这些学生正在或已经遭受各种各样严重的冲突，可能会出现严重的心理疾病。（3）生活指导和生涯指导。生活指导涉及学生和社会需要的各个领域，如学习、健康、人格、道德、心理、交际等。美国生涯指导形成相对完整的体系，学校会通过一系列课程和活动帮助学生发现和了解自己的兴趣和能力倾向，指导学生进行求职专题训练。例如，波士顿拉丁学校（Boston Latin School）是一所百年高中名校，学校就设有专门的学生辅导处，有9名学生顾问（counselor），这些老师主要帮助学生解决学业、人际交往问题和进行升学指导等。②

美国高校一般是通过其设立的咨询中心（consulting center）来完成大学生的心理健康教育相关内容。李焰等认为，美国高校的咨询中心扮演着三个基本角色，最基本的角色是对需要心理关注的学生提供咨询和治疗服务。第二是预防角色，辅助学生有效达到教育和生活目标技能。第三是促进学生健康成长和发展的人文校园环境的形成。③李明忠认为，美国大学开展心理健康教育的内容主要包括心理健康咨询、学习辅导、就业指导和健康服务四个方面。④美国通过这种体系化的公民教育内容设计，确保其培养出来的公民符合美国未来人才的需求。

---

① Hamkins S., "Mental Health Care in the College Community", *Psychiatric Services*, Vol. 62, No. 8, 2011, pp. 981-982.
② 吴增强：《医教结合：美国波士顿地区学校心理服务系统考察》，《上海教育科研》2013年第1期。
③ 李焰、马喜亭：《中美高校心理咨询与心理健康教育的比较》，《思想教育研究》2010年第7期。
④ 李明忠：《学生事务管理下的美国大学生心理咨询》，《中国青年研究》2004年第1期。

第三节 中美公民教育内容比较

经过对中、美两国公民教育内容的梳理,可以看到中美两国都形成了相对完整的公民教育内容体系和框架。同时,中美两国公民教育内容既有相同或一致性要求,也有南辕北辙的差异。

一 中美公民教育内容的相同之处

中美两国公民教育内容相同的基础是两者公民教育结果的一致性:通过体系化设计的公民教育内容培养符合本国意识形态要求的"好公民"。从两国公民教育发展历程中可以看到,公民教育内容经过多年的积累、扩充和完善,伴随着公民教育理论研究的深入,以及彼此之间借鉴、交流的增多,两国公民教育内容在体系化建设方面具有一致性,有共同关注的内容以及共性要求。

1. 中美公民教育内容的体系和框架结构相近

经过漫长的发展,中美两国都形成了具有自己特点、相对完备的公民教育内容体系和框架结构,按照这个内容体系和框架,以培养出符合本国国家认同、政治认同、道德观念、守法守纪、心理健康的"好公民",这些框架和维度都是建立在培养一个"好公民"必须具备的基本品质和能力基础之上。

中美两国虽然表述不同,但两国都形成了分类、分层相结合的内容体系和框架,按照大类主要可以分为政治教育、道德教育、法治和纪律教育、心理健康教育四个方面,每一大类还包含有几个小类的具体内容。两国公民教育内容在大分类方面比较接近,具体内容有所不同。如政治教育,美国的包括爱国主义教育、政治制度教育、公民权利与义务教育,其中爱国主义教育还可以分为美国价值观教育和国旗国歌教育两个方面。相对应地,中国不但强调政治教育,还强调思想教育,包括爱国主义教育、集体主义教育、社会主义教育、公民权利与义务教育、世界观价值观人生观教育。当然,不管对两国公民教育内容的大分类还是小分类,都带有研究者个人的印记,但总体来说两国的公民教育内容框架是相近的。另外,限于篇幅,也只是对其中比较重要的公民教育内容作了梳理分析,也难免挂一漏万,但并不影响两国公民教育内容体系和框架一致性的事实。

2. 中美公民教育有共同关注的公民教育内容

中美两国都强调本国政治制度的优越性，所以在公民教育内容方面，都对国家政治制度教育、爱国主义教育、核心价值观教育、宪法教育、道德教育特别关注。

以国家政治制度教育为例，美国建国以来就非常重视这个内容版块。美国认为"三权分立"制度是世界上最美好的政治制度，无论是冷战时期、苏联解体，还是弗朗西斯·福山在《历史的终结》中所作的判断，都在一定程度上强化了美国这种政治制度优越的信念。美国通过社会科、历史、美国政府与政治、地理、经济学等多学科、多维度的内容设计来建构这种逻辑，例如通过英语课来学习美国创立者们的演讲稿、著作和思想观点，通过历史课讲述建国者和思想家们对自由、民主制度的向往和抗争经历，通过美国政府与政治课来介绍"三权分立"、两党制的具体运行情况，甚至连移民申请成为美国公民，都要参加包含"三权分立"制度、美国宪法、美国历史等内容的考试，只有70岁以上的申请入籍者才能缩小考题范围和减少数量。

中国要培养社会主义事业的建设者和接班人，同样特别重视社会主义制度教育和马克思主义理论教育，中国特色社会主义、社会主义核心价值观方面的教育内容贯穿小学到研究生教育阶段，并在领导干部、中国共产党党员、国家机关工作人员、普通公民中广泛开展教育。2019年召开的中国共产党十九届四中全会，把中国国家制度和国家治理体系具有的多方面显著优势概括为"13个坚持"，包括坚持和完善党的领导制度体系、坚持和完善人民当家作主制度体系、坚持和完善中国特色社会主义法治体系、坚持和完善中国特色社会主义行政体制等，并着重强调"这些显著优势，是我们坚定中国特色社会主义道路自信、理论自信、制度自信、文化自信的基本依据"[1]。中国把对政治制度优越性的自豪感和自信心都体现在公民教育的内容中，体现在中小学的教科书和宣传教育活动中。其他还有宪法教育、国防教育等，也都是两国公民教育共同关注的内容。

3. 中美公民教育内容中有共性的要求

中美公民教育对"好公民"有共同的要求，在公民教育内容方面也有

---

[1] 环球网，https://china.huanqiu.com/article/9CaKrnKnC4J，2020-1-24。

很多相同的要求，尤其以道德教育方面共性要求为多，至少在概念层面是相接近的。美国提出的道德教育的核心内容比较多，包括信赖、诚实、坚持真理、爱惜名声、忠于家庭、忠于朋友、忠于国家、尊重、举止礼貌、语言文明、顾及他人、责任、自控自律、谨慎可靠、持之以恒、尽力而为、公平、照章办事、不存偏见、善于倾听、关怀、热情、感恩、宽恕、助人、公共参与、合作、好知、睦邻、遵守法纪、尊重权威、保护环境等。中国道德教育以社会主义核心价值观为引领，包括富强、民主、文明、和谐、自由、平等、公正、法治、爱国、敬业、诚信、友善等多方面要求，具体的道德教育要求包括文明礼貌、助人为乐、爱护公物、保护环境、遵纪守法、以爱岗敬业、诚实守信、办事公道、热情服务、奉献社会、尊老爱幼、男女平等、夫妻和睦、勤俭持家、邻里互助、爱国奉献、明礼遵规、勤劳善良、宽厚正直、自强自律等。通过这些道德教育内容要点的列举可以看到，中美两国公民教育内容确实有很多共同的要求，因为培养忠于国家、互帮互助、诚实守信、善于合作、爱护环境的"好公民"是两国共同的要求，也是现代国家对公民的基本要求。

此外，两国公民教育内容都在学校系统得以完整体现。学校是系统培养公民的专门机构，国家、社会对于"好公民"的要求，可以通过学校加以系统化的开展，学校公民教育的内容也最能够展示一个国家完整的公民教育构想和实施框架。公民教育不局限于学校教育，但中美两国在学校系统开展的公民教育内容是最系统、最完善的。

二 中美公民教育内容的不同之处

中美公民教育内容也有很多不同之处，本质的区别是中美两国社会性质不同，同样内容框架下、同样概念下的具体内容不同，如同样是政治制度教育，美国开展的是为培养资本主义接班人而设置的公民教育内容，中国开展的是为培养社会主义接班人而设置的公民教育内容，两者内容有本质的不同。此外，中美两国公民教育内容的形成路径不同、公民教育内容的构成不同、公民教育内容关注的重点有所不同。

1. 中美公民教育内容的形成路径不同

公民教育内容的形成需要一定的历史过程和发展路径，中美两国公民教育内容的形成路径有明显的不同。美国公民教育的内容没有官方统一的要求，美国公民教育内容是面对世界局面的变化和国内发展的需要自下而上慢慢聚集形成，大多是通过专业机构、行业协会发布各项公民教育内容标准，国家通过拨款、专项资助等方式予以支持，逐渐被学校、社会认可而得到采用。以美国公民教育中心（CCE）为例，在发展过程中多次得到美国政府及相关机构的资助。公民教育中心的前身是1964年成立于加州大学洛杉矶分校的公民教育委员会，1969年加州律师协会资助公民教育委员会启动了"自由社会中的法律"项目，公民教育委员会也脱离加州大学成为加州律师协会的下属机构。"自由社会中的法律"项目聚焦与"政治和政府"相关8个基本概念，如权力、隐私、责任、正义、自由、多样性、财产和参与。1974年，委员会以之为基础成功获得国家人文科学基金会共75万美元的经费。1994年，《2000年目标：美国教育法》生效，法案要求各州将公民教育课程作为核心课程纳入学校教育体系。公民教育中心因其编制的公民教育框架获得了联邦政府的高度认可而得到教育部和皮尤基金会的资助，承担编制《公民学与政府国家标准》的任务，但这种资助并不稳定。2007年，美国爆发次贷危机，联邦政府在教育方面的投资大幅缩减。公民教育中心得到的政府资助也大幅度下降，中心2011年得到的总资助额是2300多万美元，2012年降低至390多万美元，到2013年则减少到220多万美元。[1] 就是这样一个长期得到国家资助的机构所编制的公民教育标准，也是由美国各州自行决定是否接受和使用，没有强制性，这和美国采取分权、下放式、多元化管理体制有关。

与美国不同的是，中国公民教育内容由党中央和政府统一规划、统一发布。学校系统的公民教育内容由教育部根据中央政策和文件统一规划，无论是大纲、教科书，还是课时数量都有统一的规定。如全国从一到九年级开设《道德与法治》课程，从十到十二年级开设《思想政治》课程，都有统一的课程标准、统一的教材、统一的课时和要求。高校都要求开设《马克思主义基本原理概论》《毛泽东思想与中国特色社会主义理论体系》《近代史纲要》《思想道德修养与法律基础》《形势与政策》课程，有课时的具体要求。此外，语文、历史、地理等课程也广泛涉及公民教育，内容

---

[1] 束永睿：《从学术团体到国家智库：美国公民教育中心的历史考察》，《清华大学教育研究》2017年第10期。

从爱国主义教育、社会主义教育、集体主义教育、世界观价值观人生观教育、权利与义务教育、法治和纪律教育、心理健康教育，从低到高呈螺旋式上升排列。中国公民教育内容是由上而下的发布，美国公民教育内容是由下而上的聚焦，这是两国公民教育内容形成路径不同的重要表现。

2. 中美公民教育内容的构成不尽相同

中美公民教育内容中有很多相同点，但也有非常明显的不同。中国公民教育的内容更丰富和完备，并通过法律和政策予以确定，如2015年修订的《中华人民共和国教育法》所规定的"在受教育者中进行爱国主义、集体主义、中国特色社会主义的教育，进行理想、道德、纪律、法治、国防和民族团结的教育"①，2019年《关于深化新时代学校思想政治理论课改革创新的若干意见》规定的"坚持用习近平新时代中国特色社会主义思想铸魂育人，以政治认同、家国情怀、道德修养、法治意识、文化素养为重点，以爱党、爱国、爱社会主义、爱人民、爱集体为主线，坚持爱国和爱党爱社会主义相统一，系统开展马克思主义理论教育，系统进行中国特色社会主义和中国梦教育、社会主义核心价值观教育、法治教育、劳动教育、心理健康教育、中华优秀传统文化教育"②。其中的集体主义教育、民族团结教育是中国特有的公民教育内容。

以集体主义教育为例，美国没有这方面的内容，美国与之最相近的内容是团队建设。中国重视集体主义教育，与中国的历史传统有关，也与中国开展的社会主义教育相关。在中国传统社会，个人的价值与他人的关系是并存的，一个人的生活和其他人是相关联的。1843年，马克思和恩格斯在《神圣家族》一书中写道："既然正确理解的利益是整个道德的基础，那就必须使个别人的私人利益符合于全人类的利益。"③ 在马克思主义理论的基础上，马卡连柯在《论共产主义教育》中系统论述了集体教育，并指出教育任务就是培养集体主义者。苏霍姆林斯基继承了马卡连柯的集体教育理论，在《培养集体的方法》中详细论述了培养学校集体的原则，而且

---

① 中国政府网，http：//www.gov.cn/zhengce/2015-12/28/content_5029900.htm，2020-1-24。
② 中国政府网，http：//www.gov.cn/xinwen/2019-08/14/content_5421252.htm，2019-12-27。
③ 《马克思恩格斯全集》（第2卷），人民出版社1957年版，第167页。

进一步指出了真正的集体教育是一种自我教育,"书中最有价值的内容就是青年男女学生在教育别人的同时也教育了自己"①。苏霍姆林斯基认为,集体必定是思想上的联合体,它具有一定的组织结构,具有明确的相互依从、共同合作、彼此帮助、严格要求、组织纪律的体系,具有个人对大家负责和大家对个人负责的义务。② 中国在借鉴苏联研究的基础上,把集体主义教育作为社会主义的重要内容,强调集体利益比个人利益更重要,批判个人主义,强调个人必须服从集体。此外,世界观、价值观、人生观教育也是中国所特有的教育内容。

3. 中美公民教育内容关注的重点有所不同

中美两国除了对政治制度教育、道德教育等共同关注外,两国还有各自关注的重点,如美国特别关注世界教育,中国则比较关注社会主义教育和历史教育。

以美国的世界教育为例,美国各级学校开设的关于世界教育的名目十分繁多,诸如"国际教育""国际事务研究""世界事务研究""国际关系研究""交叉文化教育"等。它们不仅名称有别,而且内容也有差异。③ "二战"结束后,美国对世界教育的关注度有很大提高。联合国的建立和合作的国际组织的剧增,使得美国进一步注重国际交往。从20世纪60年代起,世界公民教育就以综合的形式在全美范围内开展④,1966年还颁布了《国际教育法》(*International Education Act*),通过教育交流以推动其政治主张;到20世纪70年代,"全球公民"概念已经在美国公民教育领域备受重视⑤;且在美国公民教育界,兴起了一股关注世界公民塑造的热潮,而其所采用的最主要的方法,就是在公民教育领域广泛地开展与其他国家的交流⑥。1994年,美国社会科课程标准十大主题中第九主题"全球关联",提出关于世界关联与依存的重要性,以及提供学生探究世界重要议题的学习机会,该主题明确

---

① 蔡汀:《苏霍姆林斯基选集》(第1卷),教育科学出版社2001年版,第708页。
② 梁娅:《苏霍姆林斯基的集体主义教育思想及启示》,《教育与教学研究》2015年第12期。
③ [美] T. E. 克奇:《美国学校世界教育的发展及其前景》,《教育论丛》1986年第5期。
④ 付宏:《从国家公民到世界公民:美国公民教育目标的转向》,博士学位论文,华中师范大学,2011年。
⑤ 孔恺:《美国公民教育模式研究》,博士学位论文,东北师范大学,2008年。
⑥ Mary Rauner, *the Worldwide Globalization of Civics Education Topics from 1955 to 2004*, the School of Education, Stanford University, 1998, pp. 117 – 118.

指出"社会科课程应该为学生提供研究全球关联和相互依赖的经验",其课程内容如下:(1)文化探索人类需求:学习者可以借助语言、艺术、音乐、宗教及其他文化元素的探索,以促进全球认知或导致误解;(2)美国大变革下的全球视野:学习者可以描述及分析有关团体、社会及国家间的冲突、合作及相互依赖;(3)包容与偏执:学习者可以说明有关国际人权的关心、标准、议题及冲突的认知;(4)多元社会——美国历史中的移民学习者可以说明个人的行为及决定如何与全球系统连接;(5)城市的问题:学习者可以分析关于长期、现今及将来出现全球议题(如健康福利、经济发展、资源分配和环境质量等)的原因、结果及其可能的解决之道;(6)世界的政治体系:学习者可以分析主权与国家利益间的关系及紧张,如领土、政治和军事联盟以及人权议题等事件。[1]

"9.11"事件后,布什政府对美国的教育战略作了调整,新颁发的《美国教育部2002—2007年战略规划》(The U. S. Department Of Education Strategic Plan 2002 - 2007)要求更加凸显教育服务于国家利益的一面[2]。"9.11"事件后的美国更加关注世界教育,关注如何培养理解其他国家、其他种族与文化的能力。2012年,储建国教授访问了一所名叫Providence Day School的美国私立学校后,发现其高年级的学生有个科目叫"全球研究",它所承担的使命就是让学生理解和评估世界各地人民之间的差异,具备成为积极的全球公民的知识、技能和性格。在这个使命下面,有七个具体目标:(1)了解所有文化之间的共性;(2)理解新的知识体系或思考世界的新方式;(3)熟练掌握世界性的语言;(4)理解和促进让地球可持续生存的生活方式;(5)理解全球各种因素的关联性和全球问题的复杂性;(6)显示参与世界事务的积极的同情心而不只是对外面更大世界的宽容;(7)培养对世界问题的真正关注和寻找解决方案的执着。学生的培养计划包括必修课、选修课、课外活动、跨文化经验等。其中必修课有:全球公民、世界历史、世界语言(汉语、法语、德语或西班牙语)、全球问题(可以选择世界上不同的区域)、世界领导、比较政府与政治。还有丰富的选修课,涉及文学、

---

[1] Fred Sharon Shockley Lee, *Social Studies in a Global Society*, Delmar Publishers Inc, 1994, pp. 58 - 71.

[2] 冯大鸣:《美国国家教育战略的新走向——〈美国教育部2002—2007年战略规划〉评析》,《外国教育研究》2004年第1期。

历史、政治、宗教、科学、艺术、体育等。① 这所学校"全球研究"课程所涵盖的内容，正是美国世界教育的一个很好的例证。

相比较而言，中国的全球教育或世界教育还在发展形成中。20世纪90年代，肖川在研究中提出，"美国全球教育的理论和实践，对于改革开放的中国，对于日益成为国际舞台上有着重要影响力的中国，无疑是具有重要的参考价值的，如何使我们的学生树立全球观念，真正能'胸怀祖国、放眼世界'，能自觉地、富于鉴赏力地从世界其它民族的文化中吸取有价值的东西，使我们的民族文化更具世界意义，使中华民族为人类作出较大的贡献，这是我国教育界必须回答的问题"②。2010年7月发布的《国家中长期教育改革和发展规划纲要（2010—2020）》明确提出"加强国际理解教育，推动跨文化交流，增进学生对不同国家、不同文化的认识和理解"。目前，国际理解教育的实施方式主要是通过开设专门的国际理解教育课程，在学科教学中渗透国际理解教育内容，开展国际理解教育主题活动，如举办外国文化周、国外的东夏令营等方式，以及利用互联网进行国际交流。

中国非常重视社会主义教育和历史教育。社会主义教育是美国所没有的教育内容，也是中国公民教育中的核心内容，中国教育最根本的是要解决好培养什么人、怎样培养人、为谁培养人这个根本问题，中国在公民培养中始终坚持马克思主义指导地位，贯彻新时代中国特色社会主义思想，坚持社会主义办学方向，坚持教育为人民服务、为中国共产党治国理政服务、为巩固和发展中国特色社会主义制度服务，培养德智体美劳全面发展的社会主义建设者和接班人。同时，中国也非常重视历史教育，尤其是党史、新中国史、改革开放史、社会主义发展史教育。历史教育也是从小学贯穿大学的必修课程。2019年12月19日，习近平观摩了澳门英才学校的一堂《"一国两制"与澳门》的历史公开课后指出，为了推进民族复兴的伟业，对青年一代要特别抓好两个重点，一是学习传统文化的精华，认识中华文明的特征，培养民族自豪感，增强民族自信心；二是要了解近代中华民族的屈辱史，激发实现民族伟大复兴的崇高责任感，奋发努力，勇于

---

① 储建国：《美国的世界公民教育》，《长江日报》2012年10月30日，第6版。
② 肖川：《全球教育在美国》，《高等师范教育研究》1994年第3期。

担当。① 关于中国人民近代以来斗争史的教育，习近平指出："学习中国近现代史，就要了解近代中国所经历的屈辱历史，深刻汲取落后就要挨打、就要受欺负的教训，增强励精图治、奋发图强的历史使命感和责任感。"②因此，"要注重学习鸦片战争以来我国近现代历史和中共党史，加深对近现代中国国情和中国社会发展规律的认识"③。关于中华人民共和国60多年发展史的教育，习近平强调："学习党史、国史，是坚持和发展中国特色社会主义、把党和国家各项事业继续推向前进的必修课。这门功课不仅必修，而且必须修好。"④

三 中美公民教育内容比较给我们的启示

梳理、对比中美公民教育内容的目的，是为了总结中美两国在公民教育内容方面的好的做法和经验教训，以期对中国公民教育内容体系的构建提供借鉴，具体就是继续加强中国公民教育内容体系建设，进一步提升中国公民教育内容的可操作性。

1. 继续加强公民教育内容的体系化建设

中美两国公民教育内容都形成了体系，不同的是中国由国家统一发布，公民教育内容的学习和实施具有强制性。美国公民教育内容在不同的州开设的内容也不一样，有体系但不强制，所以有些内容并不能完全得以落地。美国比较重视历史教育，中小学阶段历史是必修课，但历史测验数据并不理想。1995年11月1日，美国教育部公布了1994年美国对全国各地2.2万多名公私立学校的学生进行历史测验，结果表明美国中学近3/5的学生显然缺乏对美国历史的基本了解。他们许多人不知道美国历史上的基本事实，或者在要求他们描述这些历史的意义时不知所措。举例而言，接受测验的全体四年级学生中只有4成知道英国清教徒为什么到美洲来。大约6成的高中毕业班学生说不出门罗主义的意义，而他们之中知道围堵共产主义是第二次世界大战以后美国外交政策主要目标的还不到一半。只

---

① 《一堂面向未来的历史课》，《人民日报》2019年12月20日，第3版。
② 习近平：《领导干部要读点历史》，《中共党史研究》2011年第10期。
③ 习近平：《领导干部要读点历史》，《中共党史研究》2011年第10期。
④ 《习近平在中共中央政治局第七次集体学习时强调：在对历史的深入思考中更好走向未来 交出发展中国特色社会主义合格答卷》，《人民日报》2013年6月27日，第1版。

有27%的学生知道《戴维营协议》促进了埃及与以色列间的和平。①

这是个较早的调查，最新的数据来自于2017年，据西班牙《国家报》网站2017年7月4日报道，23%的美国人甚至不知道他们的先辈是从哪个国家的殖民统治下获得独立从而建立美国的。一些人认为美国摆脱的是法国、墨西哥或德国的殖民统治。在这项调查中，还有人回答的是阿富汗、巴西、加拿大、中国、哥伦比亚、丹麦、意大利、日本、巴拿马、俄罗斯等。77%的受访者知道，最初的13个殖民地进行的抗争使美国从英国的统治下获得独立。这项调查由马里斯特学院舆论研究所进行，其结果与该研究所于2011年进行的上一次调查非常接近。此次的调查结果还显示，30%美国人不清楚美国独立的确切年份是1776年。11%的受访者回答了错误的年份，而19%的受访者表示自己无法确定。但这一结果仍然要好于2011年的调查。在上一次调查中，42%的受访者不清楚美国独立的确切年份。②

从政治制度教育的情况来看，结果也不乐观。据宾夕法尼亚大学安纳伯格公共政策中心2014年9月17日报道，由该中心发起的一项全国性调查显示，美国民众在回答与政府运作相关的基本问题时十分不确定，对政府的相关情况了解不足。该项调查有1416名成年人参加。调查发现，只有36%的受访者能够说出美国政府的三大分支，将近35%的人甚至没有回答出一个分支；只有约27%的人知道需要2/3的参众两院投票来推翻总统的否决权。调查还发现过半数的美国人不知道参议院和众议院分别由哪一个党派掌控。当被问及众议院中哪个党派所占席数多时，38%的受访者表示知道共和党占多数，17%回答为民主党，44%表示不清楚。"尽管多项调查反映出民众对国会、总统以及最高法院行事方式的不满，该项调查则表明，很多民众对政府的分支机构其实知之甚少。"中心主任凯瑟琳·霍尔·吉姆森（Kathleen Hall Jamieson）说道："调查结果有力地证明了美国仍然需要推行更多、更好的公民教育。"为进一步解决这一问题，该中心与包括美国国会图书馆等在内的25个无党派组织成立了"公民复兴网"（Civics Renewal Network），作为国家公民教育

---

① 周鹏：《美国中学生历史知识差》，《世界教育信息》1996年第7期。
② 《西媒称美国人历史知识堪忧：有人认为美国曾是中国殖民地》，参考消息网，http://www.cankaoxiaoxi.com/world/20170706/2170578.shtml，2020-1-26。

负责人的一个独特合作平台,通过一站式网站向教师们提供免费的、高质量的资源。①

开展系统的公民教育效果如何呢？2003 年秋季,美国公民教育中心与项目研究管理公司联合对使用其编写的《我们人类》公民教材的学生进行测试,结果发现使用该教材的学生比没有使用该教材的学生在公民知识和态度方面略胜一筹。试题库由专家编制,在学期初和学期末由学生抽取相应的问题进行书面回答以及口头回答,然后由研究人员将得到的答案进行整理记录；同时研究人员还会根据学生在学习教材期间的实践活动中的表现,来测量这部教材实施的效果。测试内容是根据公民教育中心在 1991 年颁布的《公民教育大纲》和 1994 年颁布的《公民学与政府》（全国教材标准）,规定公民教育基本内容包括公民知识（Civic Knowledge）、公民技能（Civic Skill）和公民品性（Civic Disposition）三个方面,其中公民知识又包括 5 方面的内容,而对《我们人类》教材的调查分别从公民知识和公民态度两个维度进行测试。测试对象选择选择了加利福尼亚州 7 个学区 16 所学校的 33 个班级,考虑到了不同族群、不同层次的学校,在美国具有一定的代表性。测试的结果表明,使用了《我们人类》的 AP 班级的学生在公民知识方面平均分数从 49.0 增加到 63.5,同时,常规班级学生的平均分数从 32.3 增加到 34.1。在 AP 班级使用该教材后,学生在公民知识方面表现的效果要比常规班级好,原因可能是 AP 班学生在团体学习和教材所需要的批判性思维技巧方面有更多的经验,因而他们可能在测试回答问题时比普通班级的学生更有所准备。② 另外是公民态度方面的测试结果。通过使用一个选择性的回归分析模型来控制这些变量,发现使用了《我们人类》这部教材的学生在以下的领域有更大的提高：对政治的关注、利用信息、政治参与、政治效果的感受、公民责任、公民义务、政治和社会责任感。这次测试显示出是否使用《我们人类》教材对学生的公民知识和公民品性有着较大影响,同时不同程度的学生在接受《我们人类》教材后所表现的结果也是不一样的。这表明在对中小学生进行公民教育时,选择内

---

① 《美国公民教育严重不足》,中国社会科学网,http://www.cssn.cn/sjs/sjs_xsdt/201409/t20140926_1343190.shtml,2020-1-26。

② The Centerfor Information and Research on Civic Learning and Engagement, The Civic Mission of Schools, New York and Washington, DC., 2003, p. 54.

容合适、编排良好的教材是非常重要的。①

美国公民教育正反两方面的例子给我们的启发是，只有体系化的公民教育内容，没有组织好体系化的实施，仍然会产生很多问题。中国应该在现有体系化的基础上继续加强公民教育内容框架体系和实施体系的建设。中国公民教育内容在不同时期、不同层级、不同角度都有相关政策、法规等的规定，如中共中央《关于进一步加强和改进学校德育工作的若干意见》（1994年），中共中央、国务院《关于深化新时代学校思想政治理论课改革创新的若干意见》（2019年），中共中央《新时代公民道德建设实施纲要》（2019年），中共中央《新时代爱国主义教育实施纲要》（2019年）等，还有专门针对军队的文件，如中央军委总政治部《中国人民解放军思想政治教育大纲》（2009年）、总政治部《2014年全军思想政治教育意见》（2014年）等，这些文件和法规总体不少，但需要进一步聚焦，并通过法律的形式确定下来，形成统一的思想政治教育内容标准。

2. 进一步提升公民教育内容的可操作性

设置体系化的公民教育内容，就是要通过对这些内容的学习和实践，最终使受教育者能达到预设的"好公民"的标准，成为一名合格公民。基于这种原则，美国公民教育内容中可量化、可操作的比较多，例如《纪律准则及幼儿园至12年级学生权利与责任法案》，考虑到幼儿园到K12年级跨度过大，为便于执行，分成"K－5年级"和"6—12年级"两个阶段的标准。在K－5年级标准中，与违纪描述相对应的"可能采取的纪律措施的范围"从低到高包括：A. 学校教学员工予以告诫；B. 学生/教师会议；C. 由适当的督导人员予以训斥（如副校长、校长）；D. 与家长开会；E. 校内纪律措施（例如不准参加课外活动、课间休息或公共午餐）；F. 由教师逐出课堂（如果学生在一学期中有三次或在一年三学期制的一个学期中有两次被老师逐出课堂，而后再度发生足以导致被教师逐出课堂的行为，则必须报告校长以勒令停学）；G. 校长勒令停学。② 可以看到，处罚是由轻到重，可量化、可操作的，特别是到了较高级别违规行为时，

---

① 王建梁：《美国公民教育教材效果测试的内容与方法——以对〈我们人类〉教材的测评为例》，《中国德育》2011年第1期。

② 李响：《浅析纽约市中小学的学校纪律教育》，https：//wenku.baidu.com/view/548e17966bec0975f465e2d5.html，2018－6－9。

量化的规定更加明显。在适用性上,该文件说明中还特别提到 K-3 年级学生与 K-5 年级学生也不一样,有些条款不一定适合他们。此外,还提醒道:学校行政人员"在决定采取适当的纪律和/或干预措施之前,还必须考虑以下的因素:学生的年龄、成熟度、先前的惩戒记录(包括先前不检行为的性质、次数及针对每一次不检行为所采取的处分);导致纪律处分之事件的发生情况;以及学生的个别教育计划(IEP)、行为介入计划(BIP)和504条款特别照顾计划(若适用)"[1]。

同时,美国重视公民教育内容的落地和实践。社会科、历史、地理、政府与政治等课程大部分是通过课堂讨论的形式完成的,内容也大多是学生在日常生活中可以亲身接触到的案例、时事、热点问题,在课堂上讨论易于理解和掌握,还可以互相启发,比死记硬背效果好。美国各界普遍认为勇敢、责任、合作、民主等品德和能力不是"学"出来的,而是"练"出来的。这种训练不但来自学校,还有家庭的努力、社区的配合。美国很多孩子从婴儿时期就独居一室来锻炼其独立和勇敢,五六岁的孩子,父母就要教他们使用煤气灶、电炉和洗衣机。在野外教孩子们如何爬山、如何涉水,在街区随时随地教给孩子交通规则并嘱咐其他注意事项,说明怎样走危险,怎样才安全。美国孩子胆子大、不怕天黑、不怕单独外出、敢想敢闯都是在这种长期训练、锻炼、实践的基础上培养出来的。

在加强公民教育内容的可操作性方面,中国也在不断探索和尝试,如浙江省2017年颁发的《中小学生日常行为规范(试行)》被称为很接地气,可操作性强。比如要求小学生"记住家人生日""遇到危险会拨打求助电话""背心、裤衩覆盖的地方不许别人触摸";要求初中学生"每天运动一小时""遇到挫折会向他人倾诉"等,可感可知可行。如在中小学试点开设《公民养成》《公民责任》课。《公民责任》教材中包含"什么是责任?责任是如何产生的?负责任会带来什么?无法兼顾的责任,在无法兼顾的责任之间做选择,确定责任人,谁该为公益行动负责?"[2]等七个主题,每个主题都会通过学习目标、新名词、话题和案例等组成,都是通过学生分小组讨论的形式进行的,学生通过主题的学习,逐渐明白了"责

---

[1] 李响:《浅析纽约市中小学的学校纪律教育》,https://wenku.baidu.com/view/548e17966bec0975f465e2d5.html,2018-6-9。
[2] 公民素养教育实验教材编写组:《公民责任》,中国青年出版社2012年版,第1页。

任"对于一个公民的含义。

  中美公民教育内容的比较研究给我们的启发很多，就中国而言，还要加强公民教育内容的理论研究。公民教育内容体系和框架的构成代表着国家对"好公民"素养的基本要求。选择哪些公民教育内容，如何在有限的时间内把公民教育的内容有效地传递给受教育者，能让受教育者得以高效的吸收和转化，这是建构公民教育内容体系时需要考虑的。换言之，就是要加大对公民教育内容理论研究。美国从建国以来一直致力于多学科、多领域、多角度探讨公民教育内容建构，注重以深入的理论研究、科学的调查研究和大量的实验研究为依据，探讨如何实现公民教育的"科学化"。这期间提出过很多公民教育理论，如结构主义教育理论、品格教育理论、价值澄清理论、道德认知理论等，对推动美国公民教育发展起了非常重要的作用。中国公民教育理论建设还很薄弱，理论研究还有待深入，需要我们坚持马克思主义理论指导，不断加强公民教育理论研究，进一步提高公民教育内容的科学性和实效性。

第四章　中美公民教育途径比较

公民教育途径是实施公民教育的路径和渠道。中美两国公民教育的途径都很丰富。美国公民教育主要是通过学校课程、学校活动、社会活动、大众传媒、宗教教育、家庭教育、军队教育等途径来完成的。中国的公民教育途径和美国很相似，除了没有宗教教育外，其他途径也都是中国公民教育的常用途径。中美公民教育途径虽然大体相似，但每种途径下的具体运用差别很大，形成了中美两国不同的公民教育风格。

第一节　中国公民教育的主要途径

中国培养具有社会主义核心价值观的公民主要通过学校课程、学校组织及学校活动、社会组织及活动、大众传媒、家庭教育、军队教育等途径来完成。

一　学校课程

各级各类学校主要通过专门、系统的思想政治教育课程，以及语文、历史等其他学科课程来对学生进行培养和教育。

1. 思想政治教育

中国从小学到大学的学校系统都开设了系统的思想政治教育课程，来承担培养社会主义建设者和接班人的任务，有着全国统一、严格执行的思想政治教育课程大纲及课程标准，并随着时代的变化而不断修订和完善。2019年，习近平在学校思想理论政治课教师座谈会上强调：在大中小学循序渐进、螺旋上升地开设思想政治理论课非常必要，是培养一代又一代社会主义建设者和接班人的重要保障。同时，思想政治理论课是落实立德树人根本任务的关键课程。

从 2016 年起,义务教育阶段思想政治教育的课程统一更名为"道德与法治"。教育部发布的《关于 2016 年中小学教学用书有关事项的通知》(以下简称《通知》)中明确指出,从 2016 年起,义务教育小学和初中起始年级"品德与生活""思想品德"教材统一更名为"道德与法治",目的是贯彻党的十八届四中全会关于"把法治教育纳入国民教育体系,在中小学设立法治知识课程"的精神。在此之前,教育部颁布了《青少年法治教育大纲》,将教育部、司法部、全国普法办联合颁发的《青少年法治教育大纲》的内容和要求增加和融入到德育教材中。《通知》规定,从 2016 年秋季学期开始,义务教育品德、语文、历史学科起始年级使用新编、修订教材,标志着义务教育阶段道德与法治、语文、历史学科三科教材进入由国家统一编撰使用的新阶段。

义务教育阶段"道德与法治"教材编写主要依据《义务教育品德与生活课程标准(2011 年)》《关于培育和践行社会主义核心价值观的意见》(2013 年)、《完善中华优秀传统文化教育指导纲要》(2014 年)以及《青少年法治教育大纲》(2016 年)等完成。

《义务教育品德与生活课程标准(2011 年)》指出,品德与生活课程是以小学低年级儿童的生活为基础,以培养具有良好品德与行为习惯、乐于探究、热爱生活的儿童为目标的活动型综合课程。希望通过这个课程,实现爱集体、爱家乡、爱祖国的情感与态度,养成基本的文明行为与习惯,掌握基本的生活知识和技能,体验解决社会中问题的过程。[①] 品德与社会课程是在小学中高年级开始的以学生生活为基础、以学生良好品德形成为核心、促进学生社会性发展的综合课程。目的是为学生认识社会、参与社会、适应社会,成为具有爱心、责任心、良好行为习惯和个性品质的公民奠定基础,培养学生能初步形成规则意识和民主、法制观念,崇尚公平与公正。珍视祖国的历史与文化,具有中华民族的归属感和自豪感。[②]

2016 年后开设的初中《道德与法治》课程不同于以往《思想品德》课程在九年级阶段使用全一册教材的做法,改为九年级每个学期都开设道

[①] 中华人民共和国教育部:《义务教育品德与生活课程标准(2011 年)》,北京师范大学出版社 2012 年版,第 9 页。

[②] 中华人民共和国教育部:《义务教育品德与社会课程标准(2011 年)》,北京师范大学出版社 2012 年版,第 14—15 页。

德与法治课程。《道德与法治》的课程总目标是"以社会主义核心价值观体系为导向，旨在促进中学生正确思想观念和良好道德品质的形成与发展，为使学生成为有理想、有道德、有文化、有纪律的社会主义合格公民奠定基础"。

高中阶段开设课程的名称仍然为《思想政治》，根据《普通高中思想政治课程标准（2017年）》，对课程内容做了一些调整，分为必修课程、选择性必修课程、选修课程。其中必修课程有《思想政治1（中国特色社会主义）》《思想政治2（经济与社会）》《思想政治3（政治与法治）》《思想政治4（哲学与文化）》。选择性必修课程有当代国际政治与经济、法律与生活、逻辑与思维。选修课程有财经与生活、法官与律师、历史上的哲学家。新课标提出，"高中思想政治课以立德树人为根本任务，以培育社会主义核心价值观为根本目的，是帮助学生树立正确的政治方向、提高思想政治学科核心素养、增强社会理解和参与能力的综合性、活动型学科课程"[①]。同时，"与初中道德与法治、高校思想政治理论等课程相互衔接，与时事政治教育相互补充，与高中相关学科的教学和其他德育工作相互配合，共同承担思想政治教育立德树人的任务"[②]。课程目标就是"通过思想政治课程学习，学生能够具有思想政治学科核心素养"[③]，具体而言，主要有政治认同、科学精神、法治意识和公共参与等素养。

中等职业学校开设必修课《职业道德与法律》，2008年起开始全面实施。课程根据中职学生的学习特点而设计，结合中职学生所学的专业和实际生活，把道德教育与法制教育与学生的专业紧密结合，链接相关职场知识、职场操作、生活中相关案例，教会中职学生在职场中、生活中做懂礼貌、有道德的人，学会用法律武器维护自己的合法权益，提高学生的职业道德素养、法律素养。该课程的指导思想及其任务是：以邓小平理论和"三个代表"重要思想为指导，深入贯彻落实科学发展观，对学生进行道德教育和法制教育，引导学生树立社会主义荣辱观，增强社会主义法治意识。通过对《职业道德与法律》的学习，帮助学生了解文明礼仪的基本要

---

① 《普通高中思想政治课程标准（2017年）》，人民教育出版社2018年版，第1页。
② 《普通高中思想政治课程标准（2017年）》，人民教育出版社2018年版，第1页。
③ 《普通高中思想政治课程标准（2017年）》，人民教育出版社2018年版，第6页。

求、职业道德的作用和基本规范，陶冶道德情操，增强职业道德意识，养成职业道德行为习惯；指导学生掌握与日常生活和职业活动密切相关的法律常识，树立法治观念，增强法律意识，成为懂法、守法、用法的公民。2018年1月，教育部部长陈宝生在全国教育工作会议上的讲话中提出，"要印发中职德育、语文、历史三科公共基础课程标准，形成全面覆盖大中小学教材基本管理制度体系。健全完善教材编写审查制度，推进国家统编教材统一使用"①，这实际上弥补了中等职业学校在原有思想政治教育课程上的不足。

高校开设的则为统一的四门思想政治理论课。2005年2月，中共中央宣传部、教育部《关于进一步加强和改进高等学校思想政治理论课的意见》提出，新的思想政治理论课设置为4门必修课，即《马克思主义基本原理》《毛泽东思想》与《邓小平理论和"三个代表"重要思想概论》《中国近现代史纲要》《思想道德修养与法律基础》，同时开设形势与政策课，另外还开设《当代世界经济与政治》等选修课。此次课程改革以"思想政治理论课"来概括原来的"两课"，在课程设置上突出了马克思主义基本原理、中国社会现实和中国历史这三方面结合为一体的教育。② 中国高校肩负培养中国特色社会主义事业建设者和接班人的重大任务，2015年中宣部、教育部颁发的《普通高校思想政治理论课建设体系创新计划》强调："思想政治理论课是巩固马克思主义在高校意识形态领域指导地位，坚持社会主义办学方向的重要阵地，是全面贯彻落实党的教育方针，培养中国特色社会主义事业合格建设者和可靠接班人，落实立德树人根本任务的主干渠道，是进行社会主义核心价值观教育、帮助大学生树立正确世界观人生观价值观的核心课程。办好思想政治理论课，事关意识形态工作大局，事关中国特色社会主义事业后继有人，事关实现中华民族伟大复兴的中国梦"③。

---

① 教育部，http：//www.moe.gov.cn/jyb_xwfb/moe_176/201802/t20180206_326931.html，2020-1-20。

② 教育部，http：//www.moe.gov.cn/srcsite/A13/moe_772/200503/t20050302_80414.html，2019-8-1。

③ 教育部，http：//www.moe.gov.cn/srcsite/A13/moe_772/201508/t20150811_199379.html，2019-10-1。

1987 年，研究生阶段正式开设思想政治理论课。2010 年，中宣部、教育部印发《关于高等学校研究生思想政治理论课课程设置调整的意见》，决定在硕士研究生阶段开设必修课《中国特色社会主义理论与实践研究》，占 2 学分，36 个学时，并从《自然辩证法概论》《马克思主义与社会科学方法论》两门课中选择一门作为选修课，占 1 学分，18 个学时；在博士研究生阶段开设一门必修课《中国马克思主义与当代》，占 2 学分，36 个学时，开设一门选修课《马克思恩格斯列宁经典著作选读》，列入学校博士生公共选修课。2010 年教育部《关于进一步加强和改进研究生思想政治教育的若干意见》也提出，"思想政治理论课教学要与社会实践相结合，积极引导研究生在实践中进一步加深对思想政治理论课教学内容的理解，不断提高运用马克思主义立场观点方法分析和解决问题的能力。要积极发掘各类课程尤其是专业课的思想政治教育资源，将思想政治教育融入到研究生课程学习的各个环节，加强形势与政策教育，加强廉洁教育，引导研究生树立正确的世界观、人生观、价值观和荣辱观"。[①]

综上，中国构建形成了全国范围内的从义务教育、高中职高、专科、本科、硕士、博士等不同层次相互衔接的思想政治理论课课程体系。通过这些课程系统地对学生进行中国特色社会主义、马克思主义世界观价值观人生观和教育以及各种行为规范的教育。

2. 语文

除了体系化的思想政治课程外，我国也特别强调其他课程对思想政治教育的渗透，如语文、历史、地理、音乐、美术等学科。从 2016 年起，我国重新把语文、历史、思想政治教育重新纳入国家统编教材，进一步强化了通过语文、历史、思想政治教育等课程对社会主义公民培养的力度。

2011 年出版的《义务教育语文课程标准》指出语文课程对继承和弘扬中华民族优秀文化传统和革命传统，增强民族文化认同感，增强民族凝聚力和创造力，具有不可替代的优势。[②] 在课程目标中提出要"在语文学习过程中培养爱国主义、集体主义、社会主义思想道德和健康的审美情

[①] 教育部，http://old.moe.gov.cn/publicfiles/business/htmlfiles/moe/s6875/201210/xxgk_142974.html，2020 - 2 - 24。

[②] 《义务教育语文课程标准（2011 年）》，北京师范大学出版社 2011 年版，第 1 页。

趣，发扬个性，培养创新精神和合作精神，逐步形成积极的人生态度和正确的世界观和价值观"①，同时，要认识中华文化的丰厚博大，培育热爱祖国文字的情感，并分四个学段提出了具体的学习目标和内容。

《普通高中语文课程标准（2017 年）》在课程目标中提出要"在语言建构与御用、思维发展与提升、审美鉴赏与创造、文化传承与理解几个方面都获得进一步的发展；坚定文化自信，自觉弘扬社会主义核心价值观，树立积极向上的人生理想，为全面发展和终身发展奠定基础"②。在十二项具体目标中，特别提出要增进对祖国语言文字的美感体验，感受祖国语言文字独特的美，增强热爱祖国语言文字的感情；传承中华文化，体会中华文化的核心思想理念和人文精神，继承、弘扬中华优秀传统文化和革命文化；理解多样文化，懂得尊重和包容，初步理解和借鉴不同民族、不同区域、不同国家的优秀文化；关注、参与当代文化，坚持文化自信，提高社会责任感，增强为中华民族伟大复兴而奋斗的使命感。③

3. 历史

中国小学阶段没有专门的历史课程。初中阶段除了《历史》课程外，还有一门新开设的综合课程《历史与社会》，都颁布了课程标准。

《义务教育历史课程标准（2011 年）》开宗明义："义务教育阶段的历史课程，是在唯物史观的指导下，弘扬以爱国主义为核心的民族精神和以改革为创新的时代精神，传承人类文明的优秀传统。"④ 课程目标中的内容分为知识与能力、过程与方法、情感态度价值观等三个方面。强调学习历史是为了对人类历史延续与发展产生认知兴趣，感悟中华文明的历史价值和现实意义，养成爱国主义情感，开拓观察世界的视野，认识世界发展的总体趋势。在情感态度价值观中强调从历史的角度认识中国的具体国情，认同中华民族的优秀文化传统，尊重和热爱祖国的历史和文化。感悟近现代中国人民为救亡图存和实现中华民族伟大复兴而进行的英勇奋斗和艰苦探索，认识中国共产党在中国革命、建设和改革事业中的决定作用，树立中国特色社会主义理想信念；继承和弘扬以爱国主义为核心的民族精神，

---

① 《义务教育语文课程标准（2011 年）》，北京师范大学出版社 2011 年版，第 6 页。
② 《普通高中语文课程标准（2017 年）》，人民教育出版社 2018 年版，第 5 页。
③ 《普通高中语文课程标准（2017 年）》，人民教育出版社 2018 年版，第 6—7 页。
④ 《义务教育历史课程标准（2011 年）》，北京师范大学出版社 2011 年版，第 1 页。

认识到国家统一、民族团结和社会稳定是中国强盛的重要保证，初步形成对国家、民族的认同感，增强历史责任感。

《义务教育历史与社会课程标准（2011 年）》是一门综合课程，"力求遵循唯物史观，突破原有的学科界限，整合历史、地理及其他人文社会科学的相关知识与技能，帮助学生把握生活时空、人地关系，着力培养学生的国家认同、全球视野和环境意识，为终身学习和全面发展奠定基础"[1]。《历史与社会》把相关学科内容按照一定的逻辑线索重新整合起来的课程，把历史（时间）、地理（空间）作为社会发展的两个坐标，使各有关知识领域的内容有机整合起来，尽可能地避免知识领域相互分离的"拼盘式"设计。课程目标也分为知识与能力、过程与方法、情感态度价值观等三个方面。总目标是为了"提高学生的人文素养和学习能力、创新能力、社会实践能力，使他们能够正确面对人生、社会、自然环境中的各种问题，弘扬以爱国主义为核心的民族精神和以改革为创新核心的时代精神，初步形成正确的世界观、人生观和价值观，逐步成长为中国特色社会主义的合格建设者和接班人"[2]。

教育部发布的《普通高中历史课程标准（2017 年）》课程目标是"通过历史课程的学习，形成历史学科核心素养，得到全面发展、个性发展和持续发展"[3]。具体而言，就是通过历史课程的学习，使学生在树立正确历史观的基础上，从历史的角度认识中国的国情，形成对祖国的认同感和正确的国家观。了解并认同中华优秀传统文化、革命文化、社会主义先进文化，认识中华文明的历史价值和现实意义。认同社会主义核心价值观，树立中国特色社会主义道路自信、理论自信、制度自信和文化自信。了解世界历史发展的多样性，理解和尊重世界各国、各民族的文化传统，形成广阔的国际视野。能够确立积极进取的人生态度，塑造健全的人格，树立正确的世界观、人生观和价值观。[4]

通过历史教育这个途径，让公民了解国家发展历史，增强国家认同，增强民族自豪感和荣誉感。

---

[1]《义务教育历史与社会课程标准（2011 年）》，北京师范大学出版社 2011 年版，第 1 页。
[2]《义务教育历史与社会课程标准（2011 年）》，北京师范大学出版社 2011 年版，第 5 页。
[3]《普通高中历史课程标准（2017 年）》，人民教育出版社 2018 年版，第 6 页。
[4]《普通高中历史课程标准（2017 年）》，人民教育出版社 2018 年版，第 6—7 页。

4. 地理

《义务教育地理课程标准（2011年）》提出地理"有助于学生形成正确的情感态度与价值观和良好的行为习惯，培养学生应对人口、资源、环境与发展问题的初步能力。这将利于为国家乃至全球的环境保护和可持续发展培养活跃的、有责任感的公民"①。课程目标是"掌握基础的地理知识，获得基本的地理技能和方法，了解环境与发展问题，增强爱国主义情感，初步形成全球意识和可持续发展观念"②。同时，在情感态度价值观中提出要关心家乡的环境与发展，关心中国基本的地理国情，增强热爱家乡、热爱祖国的情感。尊重世界不同国家的文化和传统，增强民族自尊心、自信心和自豪感，理解国际合作的意义，初步形成全球意识。

教育部发布的《普通高中地理课程标准（2017年）》提出，高中地理课程是与义务教育地理课程相衔接的一门基础学科课程，为培养德智体美全面发展的社会主义建设者和接班人奠定基础。课程目标是通过地理学科核心素养的培养，从地理教育的角度落实立德树人根本任务，具体体现在能够正确看待地理环境与人类活动的相互影响，形成从综合的视角、从空间——区域视角认识地理事物和现象的意识，能够运用所学知识和地理工具探索和解决实际问题的能力等。③

此外，在美术课中强调通过以美育人，综合运用美术学科知识与技能解决问题，增强社会责任感，能从文化角度分析和理解美术作品，认同并弘扬中华优秀传统文化，尊重人类文化的多样性④。音乐课强调培育和发展学生的审美感知、艺术表现和文化理解三方面的音乐学科核心素养，能在合唱、合奏等集体性表演活动中展现协作能力，培育团队精神。熟悉和热爱中华民族的音乐创造成果，探究其独特风格和文化内涵，增强民族自豪感，坚定文化自信，培养爱国主义情操。⑤

通过对思想政治、语文、历史、地理、美术、音乐等课程目标的分析，我们可以看到这些课程的学习都有一个总目标，就是党的十九大报告

---

① 《义务教育地理课程标准（2011年）》，北京师范大学出版社2011年版，第5页。
② 《义务教育地理课程标准（2011年）》，北京师范大学出版社2011年版，第5页。
③ 《普通高中历史课程标准（2017年）》，人民教育出版社2018年版，第6—7页。
④ 《普通高中美术课程标准（2017年）》，人民教育出版社2018年版，第1—7页。
⑤ 《普通高中音乐课程标准（2017年）》，人民教育出版社2018年版，第1—7页。

中强调的:"要全面贯彻党的教育方针,落实立德树人根本任务,发展素质教育,推进教育公平,培养德智体美全面发展的社会主义建设者和接班人。"学校开设系统的公民教育课程,是按照公民教育目标要求,将公民需要掌握的教育内容,通过学校途径来系统完成和实施。

二 学校活动

除了系统的课程外,我国大中小学还通过系统组织的各项活动来实施育人工作,这类工作一般统称为"德育活动",很多是通过学校的少先队、党团组织、学生会等来实施完成的。

中国的大中小学校都很重视学校文化的育人活动。学校文化包含学校办学理念、校训、校风、学风、教风,学校环境,学校的文化、科技和体育活动,以及学生社团和协会等,具有很强的学校特点和教育功能。

中国大中小学校都有多年丰富的德育活动经验,不同学段和不同学校基本形成了具有学校特色的活动。当然,这些活动都在统一的指导意见下开展。2005年教育部《关于整体规划大中小学德育体系的意见》提出,大中小学校要积极开展丰富多彩的德育活动,在活动中增强德育效果。具体包括:举行隆重的开学和毕业典礼,以培养学生荣誉感和责任意识。利用重大节庆日举行升旗仪式等活动,以激发学生爱国情感。大力开展日常校园文化活动,寓教育于健康向上的文化活动之中。积极开展网上思想政治教育活动,使校园网成为传播先进文化的新渠道。深入开展社会实践活动,让学生在实践中受教育、长才干、作贡献。积极开展党团活动,充分发挥党团组织和学生组织在德育中的重要作用。"在学校组织的各项活动中,少先队、共青团和党组织是学校德育工作重要的组织体系和保障,要充分发挥少先队、共青团和党组织政治优势、组织优势,做好大中小学德育工作"[1]。《关于整体规划大中小学德育体系的意见》还就不同学校阶段的德育活动提出具体要求,如小学阶段德育活动要体现生动性、趣味性,动手动脑,丰富情感体验的特点;中学教育阶段德育活动要体现知识性强、吸引力大、参与度高、开阔视野、促进思考的特点;大学教育阶段德

---

[1] 教育部,《关于整体规划大中小学德育体系的意见》,http://www.moe.gov.cn/s78/A12/s7060/201007/t20100719_179051.html, 2019-11-27。

育活动要体现政治性、思想性，与学生成才紧密联系的特点。2004年中共中央、国务院关于《进一步加强和改进未成年人思想道德建设的若干意见》也针对中小学提出具体指导意见，如对小学生重点是规范其基本言行，培养良好习惯；对中学生重点是加强爱祖国、爱人民、爱劳动、爱科学、爱社会主义教育，引导他们树立正确的理想信念和世界观、人生观、价值观。面向中小学生开展的活动，要经教育行政部门或学校党团队组织统一协调和部署，把学生安全和社会效益放在首位。全国中小学校开展的德育活动，都是学校根据相关文件精神，依据各个学校的特点和资源环境来设计和实施的。

各级各类学校都重视利用各种节假日开展教育活动。《进一步加强和改进未成年人思想道德建设的若干意见》指出，各种法定节日、传统节日，革命领袖、民族英雄、杰出名人等历史人物的诞辰和逝世纪念日，建党纪念日、红军长征、辛亥革命等重大历史事件纪念日，"九·一八""南京大屠杀"等国耻纪念日，以及未成年人的入学、入队、入团、成人宣誓等有特殊意义的重要日子，都蕴藏着宝贵的思想道德教育资源。学校一般都会设计和这些节假日相对应的活动，如在三月设计"学雷锋、献爱心"活动，通过开展"弘扬雷锋精神"，倡导"街道文明"主题活动，组织少先队员、共青团员慰问、帮助孤寡老人等社会弱势群体。设计"种植友谊树活动"，以班为单位种植友谊树并贴上标签。举行"三八妇女节""母亲节"系列活动，引导学生用实际行动表达对母爱的感恩之情。在4月5日清明节广泛开展祭奠革命先烈活动。5月一般会组织劳动比赛。小学会在6月1日开展新队员入队宣誓等活动。6、7月设计"缅怀党的光辉历程"的主题活动，通过专题讲座方式学习中国共产党的历史和功绩，组织学生祭扫革命烈士墓，举行党史知识竞赛，开展走访身边的优秀党员和老革命的社会实践，以及举办手抄报比赛等。9月10日"教师节"前后，学生会围绕"心中有他人"这个中心，广泛开展丰富多彩的活动，为社会、为学校、为教师做好事、办实事，让学生在活动中接受自我教育，学会关心他人，培养集体主义精神。10月开展《祖国在我心中》作文竞赛、爱我中华征文书画朗诵比赛等。12月举行"12.9"爱国主义歌咏比赛等。

少先队、党团组织、学生组织在学校教育活动中发挥了重要作用。中小学的少先队、共青团、学生会、研究生会，大学的学生党支部，会配合学校根据各自的特点和任务开展健康有益的教育活动,如以共青团、少先队为单位举行"队史知识竞赛""少先队红歌大合唱""共青团红歌会""最美学生评选""团支书论坛""大美中华"等活动,引导中小学生深入了解家乡发展、了解祖国取得的辉煌成就。在整个过程中,各级各类学校党组织发挥了政治领导、组织参与、评价监督等方面的作用,充分体现了党是学校德育工作重要的组织体系和保障。

学校通过社会实践活动让学生在实践中受教育、长才干。通过参观科技馆、博物馆、植物园等社会实践活动,让学生了解科技发展前沿,亲近自然,陶冶情操。通过参观监狱、看守所,对学生进行法治警示教育。通过参观军营、军训,对学生进行国防教育;通过"青年志愿者活动""学习雷锋活动",组织学生参加社会调查、志愿服务、专业技术咨询、社会扶贫帮困、科技发明和勤工助学活动。

各种主题教育活动成为学校教育活动的常态。如有的学校开展"红色教育"主题教育系列活动,包括开展"红色传情"——开展红色歌曲传唱活动;开展"红色记忆"——在中小学生中开展红色经典小故事演讲活动;开展"红色情怀"——中小学生课本剧会演活动,开展缅怀英雄人物主题班会;开展"红色经典"——各校园组织中小学生观看红色电影;开展"红色阅读"——组织学生阅读伟人传记和革命书籍。如有的学校开展"履行公民责任"主题教育活动,包括落实全国文明办"做一个有道德的人"道德实践活动要求,组织开展公民道德宣传日活动;收看未成年人法治教育专题片,自主开展"公民教育"大讲堂、"网络净行""学法守法""文明交通行动计划"等活动;以小公民实践课题研究等为形式,立足区域环境、和谐社区、环境保护战略等课题,与班会课、校本课程相结合,深入开展绿色文明系列创建活动;大兴文明礼仪之风,通过举办文明礼仪知识竞赛、文明生活主题演讲、文明礼仪展播和文明礼仪主题实践活动,教育引导师生摒弃陋习,使明礼、讲礼、尊礼、守礼成为人们共同崇尚的社会风尚。

网上思想政治教育活动得到广泛开展。目前高等院校在这方面做了很多探索和尝试,取得了良好的效果。通过建设高校自己的思想政治教育网站,建立时时交流的网络平台,挖掘和整合现有的教育资源和新闻资源,进行正面人物和事迹的宣传。同时,利用手机、互联网信息发布渠道,开展思政论坛讨论、思政教育竞赛等。山东大学相继开通"山大视点""学生在线""青春山大""网上党校"等思想政治教育网站。北京理工大学自2016年9月起,由学生工作处牵头推动学校网络思想政治教育工作。学校多次召开网络思想政治教育工作专题研讨会,制定《北京理工大学关于加强学生工作队伍开展网络思想政治教育工作的意见》(讨论稿)等系列文件,各学院积极拓展网络平台。截至2017年12月初,学生工作处和各学院在校院两级共23个微信公众平台上开设"青风徐来""思·享""生命之声""师说心语""人文思享"等思政类原创站点近50个,撰写原创网络文章累计超过200篇,阅读量达17万次。同时,实现思想政治教育活动线下线上相结合:在传统的"优秀班集体评选"活动中加入"十佳人气班级"网络评选环节;在"徐特立奖学金答辩"活动中加入人物风采网络宣传及现场网络投票环节;在安全教育环节中面向全体在校生开展了安全教育在线考试,一周内参与考试人数超过2万人,全校学生参与率90%以上,取得了良好的安全教育效果。①

通过学校组织的各种活动,尤其是主题性、专题性活动,有利于将理论和实践相结合,形式多样,便于学生接受,更有实际效果。

三 社会组织及活动

中国的社会组织一般包含社会团体、民办非企业单位和基金会三大类,其中社会团体是开展思想政治教育活动的主要力量,如中国共产主义青年团、中国关心下一代工作委员会等。另外,中国教育学会及分支学会这类的行业管理团体,也在其中发挥了重要作用。

1. 中国共产主义青年团

中国共产主义青年团(简称"共青团")是中国共产党领导的先进青年的群众组织,是广大青年在实践中学习共产主义的学校,是中国共产党的助手和后备军。共青团在培养社会主义建设者和接班人过程中主要承担实现青少年政治社会化的任务。共青团在完成该任务的过程中除了发挥其自身作用外,还通过以其为核心的青少年工作组织体系来实现这一目标。从新中国成立之后的情况来看,共青团青少年工作组织体系主要包括共青

---

① 北京理工大学新闻网,http://www.bit.edu.cn/xww/djsz/135503.htm.,2019-1-8。

团、少先队、全国青联和全国学联,共青团在其中起到核心作用。

少先队的全称是"中国少年先锋队",根据《中国少年先锋队章程》规定,凡是6周岁到14周岁的少年儿童都可以申请加入少先队,目前全国有一亿三千万少先队员。少先队是中国少年儿童的群众组织,是少年儿童学习共产主义的学校,是建设社会主义和共产主义的预备队。少先队的目的是"团结教育少年儿童听党的话,爱祖国,爱人民,爱劳动,爱科学,爱护公共财物,努力学习,锻炼身体,培养能力,立志为建设有中国特色社会主义现代化国家贡献力量,努力成长为社会主义现代化建设的合格人才,做共产主义事业的接班人。维护少年儿童的正当权益"。[1]

全国青联是"中华全国青年联合会"的简称。根据《中华全国青年联合会》章程规定,全国青联是中国共产党领导下的我国基本人民团体之一,是以中国共产主义青年团为核心力量的各青年团体的联合组织,是我国各族各界青年广泛的爱国统一战线组织。全国青联的基本任务包括:高举爱国主义、社会主义的旗帜,团结、教育各族各界青年;鼓励青年学习马列主义、毛泽东思想、邓小平理论和"三个代表"重要思想,学习现代科学技术和文化知识;最广泛地代表和维护各族各界青年的合法权益;引导青年积极健康地参与社会生活,努力为各族各界青年健康成长、奋发成才服务,加强同中国台湾青年、港澳青年及国外青年侨胞的联系和团结,发展同世界各国青年的联系和友谊;为巩固和发展我国社会安定团结的局面,推进我国的改革开放和社会主义现代化建设,推动社会主义市场经济的发展,健全社会主义民主和法制,促进祖国统一和维护世界和平,把我国建设成为富强、民主、文明的社会主义国家而奋斗。[2]

全国学联是"中华全国学生联合会"的简称。全国学联是中国共产党领导下的中国高等学校学生会、研究生会和中等学校学生会的联合组织。学联的基本任务是"遵循和贯彻党的教育方针,促进同学德智体美全面发展,团结和引导同学成为热爱祖国,适应中国特色社会主义事业要求的合格人才,进一步增强对中国特色社会主义的道路自信、理论自信、制度自

---

[1] 《中国少年先锋队章程》,http://zgsxd.k618.cn/sxdjbzs/201710/t20171027_13923175.html,2020 - 2 - 22。

[2] 《中华全国青年联合会章程》,http://www.cnpeople.com.cn/yw/gcdt/1489_20160303075317.html,2020 - 2 - 22。

信，自觉树立和践行社会主义核心价值观，为实现中华民族伟大复兴的中国梦而努力奋斗；发挥作为党和政府联系同学的桥梁和纽带作用，在维护国家和全国人民整体利益的同时，依法依章程表达和维护同学的具体利益；倡导和组织自我服务、自我管理、自我教育，开展健康有益、丰富多彩的课外活动和社会服务，努力为同学服务；增进各民族同学的团结。加强与台湾省和港澳同学的联系，促进中华民族的团结和伟大祖国的统一；发展同各国、各地区学生和学生组织的友谊与合作，支持各国、各地区人民和学生的正义事业。"①

根据团章规定，年龄在14周岁以上、28周岁以下的中国青年，可以申请加入中国共产主义青年团。中国共产主义青年团的全国领导机关是中国共产主义青年团中央委员会，是受党中央领导的、经团的全国代表大会选举产生的。共青团的组织原则是民主集中制。团的全国领导机关是团的全国代表大会和它产生的中央委员会。团的全国代表大会每5年举行一次，由中央委员会召集，在特殊情况下，可以提前或延期举行。在全国代表大会闭会期间，中央委员会执行全国代表大会的决议，领导共青团全部工作。在全国31个省、自治区、直辖市和解放军、武警、全国铁道、全国民航、中直机关、国家机关、中央金融、中央企业等都有团的省级及下属团的地方领导机关和基层组织。根据团中央组织部公布的全国团内统计最新数据显示，截至2017年年底，全国共有共青团员8124.6万名，其中学生团员5795.1万名；共有基层团组织357.9万个，其中，基层团委20.4万个，基层团工委1.6万个，团总支16.5万个，团支部319.4万个。②

团中央的主要任务是贯彻党的基本路线和各项方针政策，帮助青年团员用马列主义、毛泽东思想，邓小平理论、"三个代表"重要思想、科学发展观、习近平新时代中国特色社会主义思想和现代科学文化知识武装自己，带领全国青年为建设社会主义现代化国家而艰苦创业，代表和维护青年的具体利益，在改革开放的实践中把青年培养成为有理想、有道德、有文化、有纪律的一代新人。在培育社会主义建设者和接班人的过程中，以

---

① 《中华全国学生联合会章程》，https：//qgxl.youth.cn/index/show/id/19/l/intro，2020-2-22。

② 新华网，http：//www.xinhuanet.com/politics/2018-05/31/c_1122914574.htm，2020-2-22。

共青团中央为指导,全国少先队、共青团、全国青联和全国学联都通过各种活动传递和培养社会主义核心价值观,培养社会主义公民。

少先队形成了自己的全国范围内的品牌活动,如"红领巾相约中国梦""中国少年国学院""从小争做中国好网民""传统文化在我身边",还开展了一系列重点活动,如2017年3月到10月开展的"喜迎十九大——我向习爷爷说句心里话"主题活动,全国6万多个少先队大队、3000多万人次少先队员参加。3月开展的"情暖童心"共青团关爱保护农村留守儿童工程,实现13个重点省份404所高校、企事业单位与留守儿童相对集中的343个区县结对。4月起各地中小学少先队组织积极开展"动感中队"创建活动,大力开展"红领巾小健将"足球和体育游戏活动、"红领巾小百灵"歌咏活动、"红领巾小书虫"读书活动、"红领巾小创客"创新创意创造活动、"红领巾小主人"岗位服务活动等五小活动。

共青团围绕国家重点核心工作,领导组织全国共青团、少先队、全国青联、全国学联开展了丰富多彩的全国性青年、少年活动。2013年共青团中央组织开展"我的中国梦"主题教育实践活动,当年就开展了100余万场"我的中国梦"主题团日活动,吸引超过4000万人次团员青年参与;在新浪、腾讯等青年聚集的网站上发起"我的中国梦"主题微博活动,累计编创、转发、评论超过1000万条;面向青年学生、企业青年、农村青年、进城务工青年等不同青年群体开展"中国梦"万场宣讲交流活动。①从省级团委层面看,是通过组织很多具有地方特色的活动来参与这项活动的,如云南各级团委组织的"云南青年志在四方""大手拉小手·共筑中国梦""牵手红领巾、相约中国梦"等主题教育实践活动。

共青团、全国青联、全国学联还联合举办各种活动,如2017年9月,共青团中央、全国青联、全国学联、全国少工委共同举办学习《习近平关于青少年和共青团工作论述摘编》主题读书班,深入学习领会习近平总书记青年工作思想。2017年6月,中宣部、中央文明办、教育部、共青团中央、全国学联等还联合下发《关于开展2017年全国大中专学生志愿者暑期文化科技卫生"三下乡"社会实践活动的通知》,组织开展主题为"喜迎十九大·青春建新功"的2017年"三下乡"活动,并在全国层面组建

---

① 新华网,http://news.163.com/13/0528/21/900AVEMA00014JB5.html.,2018-5-6。

1500 支重点团队,包括理论普及宣讲团、国情社情观察团、依法治国宣讲团、教育关爱服务团等 10 个方面的团队,联合有关方面实施大学生暑期社会实践专项工作,主要包括全国农科学子助力脱贫攻坚专项活动、"红色基因代代传·青春喜迎十九大"2017 年暑期大学生遵义实践活动、百所共建共育高校学生走进军营实践活动、"新疆学子百村行"专项社会实践活动、大学生社会实践"知行促进计划"等 10 项活动。

可以看到,中国共青团作为执政党的青年组织,是引导青年政治社会化的实践平台和协调机构,在公民教育中发挥了不可替代的积极作用。

2. 中国关心下一代工作委员会

中国关心下一代工作委员会简称"关工委",是 1990 年经党中央批准成立的,以离退休老同志为主体、党政有关部门和群团组织负责人参加的,以关心、教育、培养全国各族青少年健康成长为目的的群众性工作组织,是党和政府教育青少年的参谋和助手、联系青少年的桥梁和纽带。

中国关工委的宗旨和任务是坚持"急党政所急,想青少年所需,尽关工委所能"的工作方针,用社会主义核心价值体系引领青少年,以改革创新精神推进关心下一代工作,着力提高青少年的思想道德素质、科学文化素质和身心健康素质,努力培育青少年成为有理想、有道德、有文化、有纪律的,德、智、体、美全面发展的中国特色社会主义事业建设者和接班人。组织和动员老干部、老战士、老专家、老教师、老模范等"五老"对青少年进行思想道德、爱国主义、民族精神、时代精神和社会主义荣辱观的教育,引导青少年树立正确的世界观、人生观、价值观,养成高尚的思想品质和良好的道德情操。加强青少年的法制教育及身心健康教育,引导青少年珍惜时光、勤奋学习,注重社会实践,强身健体,提高青少年的综合素质。积极开展"老少共建"精神文明创建活动,协同社会各方面力量关心爱护青少年,努力为青少年办实事、做好事、解难事。

中国关工委机构设置在国务院机关事务管理局,除中国关工委外,在我国各省市区县都设有关工委机构。据 2015 年统计,全国各级各类工作组织 105 万个,人员 1367 万人。[①] 中国关工委与地方关工委通过沟通信

[①] 《刘延东在纪念中国关工委成立 25 周年暨全国关心下一代工作表彰大会上的讲话》,http://lyy.chzu.edu.cn/2015/0930/c8508a94106/page.htm,2020 - 2 - 22。

息、总结典型、交流经验、表彰先进等方式紧密联系，相互配合，共同推进全国关心下一代事业的发展。中国关工委与各地区、各部门关工委在工作上是指导关系，组织、协调、支持、推动各地区、各部门关工委工作的开展。中国关工委积极配合党政有关部门和群团组织开展工作，在培养教育青少年工作中相互支持、通力合作，共同为青少年健康成长创造良好社会环境，促进社会和谐。中国关工委有很多下属机构，如中国火炬杂志社、中国关工委公益文化中心、中国关工委事业发展中心、中国关工委教育发展中心、中国关工委儿童发展研究中心、中国关工委健康体育发展中心等。

中国关工委组织了很多全国性的青少年活动，2015 年《全国关工委工作品牌汇编》列出了 80 个全国关工委工作品牌和 147 个各地初选上报的推荐的关工委工作品牌。这 80 个品牌活动设计面很广，如"关爱明天，普法先行"——青少年普法教育活动，是中国关工委、司法部、中央综治办在 2009 年联合下发文件在青少年中开展的普法教育活动，是对青少年"五五"普法教育的充实和深化；"中华大家园"是从 2004 年启动的面向全国农村地区、民族地区、贫困家庭儿童的大型公益活动，通过动员社会力量，为贫困地区下一代实现脱贫脱困服务，目前已经成为关心下一代工作凝聚多方力量、关怀帮助脆弱儿童的一个重要平台；"海峡两岸携手关爱下一代论坛"是 2008 年中国关工委和台湾相关机构共同创办的，着眼增进两岸青少年交流的内在动力，在交流中实现互亲、互爱、互信和互相认同。这些活动极大丰富了青少年活动内容，提高了青少年的实践和动手能力。由中国关工委牵头，教育部关工委、人民出版社等自 1991 年发起的全国"中华魂"主题教育活动，现每年举办一次活动，每次活动都有一个鲜明的主题，并提供针对青少年身心发展规律的读本，目前全国每年参加活动的青少年超过 1200 万人次。

3. 中国教育学会

中国教育学会（the Chinese Society of Education，CSE）成立于 1979 年，是新中国成立最早、规模最大的全国性教育学术团体。学会由分支机构、单位会员、个人会员组成，接受教育部、民政部的业务指导和监督管理。目前中国教育学会拥有 54 个分支机构、196 个单位会员和上万名个人会员，编辑出版《中国教育学刊》《未来教育家》《中小学数学》等教育专业期刊，开设官方网站（www.cse.edu.cn）。建会30多年来，已形成覆盖基础教育阶段所有学科和教育工作领域的专业组织体系，成为具有广泛学术影响和教育教学改革引领能力的教育学术组织。

中国教育学会坚持公益性和群众性组织原则，团结、凝聚广大教育理论和实践工作者以及热心教育事业的各方面人士，大力普及、发展教育科学，积极参与教育公共服务和公共治理，主动服务政府教育决策，助推中小学校长、教师职业进步和专业成长，为构建中国特色社会主义现代教育体系贡献力量。中国教育学会开展包括理论研究、学术交流、书刊编辑、业务培训、专业展览、国际合作、咨询服务等广泛的业务。主要学术活动有：组织召开全国性的学术年会、中（小）学校长大会、未来教育家成长论坛和基础教育科研成果网络博览会。受教育部委托，承担"基础教育国家级教学成果奖"的组织评审、教学名师评选和中小学教育教学成果推广等工作职能。

中国教育学会是一个教育学术性组织，学会的教育科研既不同于学院式的学术研究，也不同于一般的工作经验总结，而是要寻找理论与实践的结合点，面向现实问题，回答现实问题，为理论界、实际工作者、领导部门架设起沟通交流的桥梁和对话的平台。学会每年举行一次学术年会，每次年会都有不同的主题，且每次的主题都是有关教育现实的热点问题，从中选择研究课题并设计研究的思路和方法，以切实推进教育的改革和发展。在众多的分会中，中国教育学会中小学德育研究分会、少年儿童校外教育分会在研究和推动青少年活动中发挥了重要作用。

中小学德育研究分会前身是中学德育专业委员会（1994年10月成立）和小学德育专业委员会（1987年7月成立）。2010年，根据事业发展需要，中国教育学会将中学德育专业委员会和小学德育专业委员会合并为中小学德育研究分会。分会利用中学思想政治课教学研究、小学思品教学研究、基础道德教育研究、学校德育改革研究、中小学班主任工作研究、中小学德育实验学校研究、德育实验基地建设的研究这七个研究平台，适时适度开展论坛、研讨、论文征集、成功教育案例征集等活动，推进七个维度分别开展学术活动的机制建设，为构建和完善中国德育法规文件提供人力和智力服务，组织广大德育研究者为提高中小学"两课"教育教学质量、提升中小学生思想道德和"三观"教育进行了积极探索并取得成效。

少年儿童校外教育分会成立于1989年7月，前身为中国教育学会少年儿童校外教育研究会，2004年12月变更为现名称。分会主要面向全国各校外教育机构的负责人、教师及从事校外教育研究工作的专业人员开展活动。分会开展校外教育宏观政策和发展战略研究；以我国校外教育的理论与现实问题为主攻方向，引导广大校外教育工作者和专家开展前瞻性、应用性研究；整合社会资源，为青少年社会实践活动提供支持；以培育和践行社会主义核心价值观为主线，配合教育部等部门广泛开展丰富多彩、生动活泼的校外教育活动；在全国范围内组织开展艺术、科技、体育等"展、演、赛"活动；开展不同地区、不同校外活动场所之间活动项目和课程案例交流工作以及国际交流活动；推动开展研学旅行活动，实现学校教育与校外教育的有效衔接，促进学生的全面发展。

四 大众传媒

中国的大众传媒主要有报纸、杂志、广播电台、电视台、电影和新媒体等。中国非常重视大众传媒在公民教育中的作用。《中共中央关于加强和改进思想政治工作的若干意见》指出，报刊、广播、电视等新闻媒体是进行思想政治工作的重要渠道，要充分发挥新闻媒体在思想政治工作中的重要作用。

中国有负责思想政治教育工作的专门机构。中共中央宣传部是中共中央主管意识形态方面工作的综合职能部门，主要职能包括：负责指导全国理论研究、学习与宣传工作；负责引导社会舆论，指导、协调中央各新闻单位的工作；负责从宏观上指导精神产品的生产；负责规划、部署全局性的思想政治工作任务，配合中央组织部做好党员教育工作，负责编写党员教育教材，会同有关部门研究和改进群众思想教育工作；负责提出宣传思想文化事业发展的指导方针，指导宣传文化系统制定政策、法规，按照党中央的统一工作部署，协调宣传文化系统各部门之间的关系。

在中国，大众传媒是以党报、党刊、国家通讯社、国家广播及电视台、国家网络平台为主体，这些都是党和政府的喉舌，必须在新闻传播中坚持正确的舆论导向，体现党的意志，反映党和国家的大政方针。由中央宣传部、中央文明办创办的中国精神文明网（简称"中国文明网"，http://www.wenming.cn/），是全国宣传思想文化工作和精神文明建设的重要窗口。网站主要发布宣传思想文化和精神文明建设重要信息,进行理论宣传和形势政策教育,开展思想道德建设和精神文明创建活动,传播文明、引领风尚,促进社会文明水平和公民文明素质的提高。中国文明网列出的"中央宣传文化单位"有十九个,这里面有党政机关,也有报纸、杂志、电台、电视台和各种研究机构,包括中央网信办、文化和旅游部、国家广播电视总局、人民日报社、新华社、求是杂志社、光明日报社、经济日报社、中央人民广播电台、中央电视台、中国日报社、中国社会科学院、中共中央编译局等。除了中央,各省市也都形成三级架构的宣传文化单位,包括地方党政机关,地方报纸、杂志、电台、电视台和各种研究机构等,形成了从中央到地方完整的宣传教育体系。

报纸和杂志在公民教育中一直发挥重要作用。中国在新民主主义革命时期就非常强调报纸和杂志对群众的教育作用,创办了《向导》《红色中华》《共产党人》《解放日报》等报刊。毛泽东强调宣传的一元化和大众媒体的党性原则,经常撰写重要的社论文章,以此宣传党的主张、教育人民,这个传统一直延续至今。据2018年6月统计,《人民日报》创刊以来,共刊发作者为习近平的文章300余篇,含署名文章、讲话、贺信、主席令等。其中,十八大以来有200余篇。[1] 新时代,报纸和杂志仍然发挥着积极而重要的作用,主要通过《人民日报》《解放军报》《光明日报》《经济日报》《工人日报》《求是》杂志等权威期刊,对党的思想路线大力宣传、对国家政策的宣传解读、对社会热点问题的舆论引导、对突发事件和重大社会问题的及时报道等,发挥政治动员和思想引领的作用,为社会主义建设创造良好的舆论氛围。

广播电台具有效性强、覆盖面广、成本低的优势。1940年12月30日,延安新华广播电台开始播音,电台立足解放区,面向全国人民进行宣传,以国民党统治区的人民群众和国民党军官兵为主要宣传对象。人们通过广播接收信息、了解社会、学习知识,对于中国这样幅员辽阔、人口众多的大国来说,广播仍然是思想政治教育不可或缺的、便捷有效的教育载体,广播仍然会发挥其重要的思想政治教育功能。2013年,北京人民广播电台围绕实现中华民族伟大复兴的"中国梦"报道主题,从6月24日开

---

[1] 环球人物网,http://www.hqrw.com.cn/2018/0614/76822.shtml,2019-10-3。

始,全频率推出系列励志故事"国人自述——我的梦"。节目邀请改革开放以来各界代表人物真情讲述自己的梦、圆梦经历以及他们对"中国梦"的理解。通过人物自述的形式,描绘当代中国人为自己、家人、社会、祖国圆梦的故事。每个故事长9分钟,在专业广播的黄金时段滚动播出,并在北京广播网和《新广播》报以专题页面和专栏形式连续刊播、刊载,形成大规模、高密度、立体化、全覆盖的宣传态势,达到了弘扬中国精神、凝聚中国力量的宣传效果。2019年9月,中央广播电台推出多档节目献礼70周年。经济之声(FM96.6)播出新中国成立70周年特别策划《听共和国这样走来》,用声音展现新中国70年的发展脚步;9月推出特别策划《诗歌新中国》,由业界名家诵读著名作家的诗篇,在《财经夜读》栏目及其公众号上播出。文艺之声(FM106.6)策划制作的70集系列微访谈节目《新中国文化生活记忆——听,我们的故事》,采访了文化艺术领域众多从业者和文艺爱好者,通过他们的温暖记忆回望新中国70年文化发展历程。

电视具有视听合一的特点。中国改革开放以来的很多重大事件,如1997年香港回归、三峡水利工程1997年和2002年的两次成功截流、2008年神舟七号飞船发射直播、2019年70年国庆等都是通过电视直播的方式进行,极大鼓舞了全国人民的斗志。进入21世纪以来,一批涉及红色题材、反腐倡廉的"主旋律"电视剧作品持续热播,如《走向共和》《激情燃烧的岁月》《历史的天空》《亮剑》《伪装者》《潜伏》《人民的名义》等,这些成为"爆款"的电视剧,在情节上一波三折、扣人心弦,既宣传了革命英雄人物,也让广大电视观众喜闻乐见,寓教育于娱乐之中。

电影是文学艺术与现代工业技术相结合的产物。电影成为无语言障碍的跨文化交流载体,是世界范围内具有广泛群众基础的现代艺术。中国电影诞生于1905年,在不同的发展阶段,留下了很多优秀作品,以喜闻乐见的方式宣传时代强音。抗日救亡时期,有《狂流》《中华儿女》等弘扬抗战精神的影片。1949年新中国成立后,涌现出《白毛女》《祝福》《林家铺子》等一大批现实主义和浪漫主义相结合的优秀作品。改革开放后,《热土》《庐山恋》等一大批反映改革实践和重大革命历史题材的优秀影片涌现出来。进入新时代以来,中国电影发展取得举世瞩目的成绩,中国成为世界第三大电影生产国和第二大电影市场,拥有世界第一的银幕数量。中国电影逐渐摸索出一条主旋律片、艺术片和商业片三型互渗的道路，中式大片已初步形成在通俗故事中蕴含民族主流或核心价值理念的美学传统，在产量和社会效果两方面都越来越好，在海外市场的拓展也出现持续上升趋势，对于推广中国文化价值体系及其"软实力"起到积极作用。据2019年9月统计，中国票房成绩最好的前十名中，中国电影占8席，美国电影只占两席，分列第4位和第9位，排名第一的《战狼2》收入56.79亿元人民币。① 国产主旋律大片呈现出叫好又叫座的形势。

中国非常重视向中小学生推荐优秀影片、图书和歌曲。1995年5月，中宣部、文化部、新闻出版署和共青团中央发出《关于向全国中小学推荐百种爱国主义教育图书的通知》，把观看百部爱国主义影片、阅读百种爱国主义教育图书、学唱百首爱国主义歌曲，作为对中小学生进行爱国主义教育的重要途径。2019年9月4日，教育部办公厅、中共中央宣传部办公厅印发《第39批向全国中小学生推荐优秀影片片目》通知，将经全国中小学生影视教育协调工作委员会组织专家评选审定的《第39批向全国中小学生推荐优秀影片片目》印发给各省、自治区、直辖市教育厅（教委）、电影主管部门，要求做好组织《妈妈你真棒》《流浪地球》等14部影片的放映和观看工作。

随着时代的发展，新媒体成为中国新的大众传媒载体并飞速发展，包括手机短信、移动电视、网络、数字电视、数字电影、触摸媒体等。根据2019年8月30日，中国互联网络信息中心（CNNIC）在京发布的第44次《中国互联网络发展状况统计报告》，截止到2019年6月，中国网民规模8.54亿，其中手机网民规模8.47亿，继续位居全球首位。新媒体具有信息量大、信息便捷、交互性强等特点，与传统新闻生产先过滤再发布方式不同的是，新媒体新闻生产的特点是先发布后过滤，每个人都可能成为记者、评论员和批评家。新媒体的出现增多了信息源，对信息的鉴别力、把握力的要求也更高。

中国非常重视新媒体在思想政治教育中的作用。2016年12月，习近平总书记在全国高校思想政治工作会议上强调："要运用新媒体新技术使工作活起来，推动思想政治工作传统优势同信息技术高度融合，增强时代

---

① 中国票房，http://www.cbooo.cn/Alltimedomestic/，2019-10-4。

感和吸引力"。①2019年1月1日,"学习强国"学习平台在全国上线,这个网上学习平台由中宣部主管,以习近平新时代中国特色社会主义思想和党的十九大精神为主要内容,立足全体党员,面向全社会。平台由PC端、手机客户端两大终端组成。平台PC端有"学习新思想""学习文化""环球视野"等17个板块180多个一级栏目,手机客户端有"学习""视频学习"两大板块38个频道,聚合了大量可免费阅读的期刊、古籍、公开课、歌曲、戏曲、电影、图书等资料。截止到2019年10月,全国有1.45亿注册用户。"学习强国"首次实现了"有组织、有管理、有指导、有服务"的学习,极大地满足了互联网条件下广大党员干部和人民群众多样化、自主化、便捷化的学习需求,是新形势下强化理论武装和思想教育的创新探索。

高校也是利用新媒体开展思想政治教育的积极参与者。上海交通大学2006年成立"网络宣传与管理领导小组"(简称"网宣办"),统筹管理校园网络阵地内容建设与信息安全,建立了完善的网络舆情信息发现、预警机制。根据舆情发展的状况,上海交大网宣办将舆情的状态分为三种状态,即"绿色""橙色"和"红色"三种颜色。三种状态模式,根据不同状态采取不同的工作模式与预案,强化了管理的层次性、实效性。②天津师范大学自2009年起运行校园手机报,以"每日一报"的形式面向全校同学进行免费发送,通过不断扩充内容,改革栏目,以快捷新鲜的校园资讯服务校园民生,以富有时代气息、鲜活充实、积极向上的主题内容有效地吸引、凝聚、引导学生。③

五 家庭教育

中国有重视家庭教育的传统,当前也重视家庭教育与社会教育、学校教育的融合。2016年12月12日,习近平总书记在会见第一届全国文明家

---

① 《习近平总书记在全国高校思想政治工作会议上的重要讲话》,《人民日报》2016年12月9日,第1版。
② 卢萧:《网络思想政治教育资源开发利用成功案例分析》,《重庆与世界》(学术版)2014年第10期。
③ 李青:《大学生思想政治教育的手机网络模式——以天津师范大学校园手机报为例》,《文学教育》2014年第3期。

庭代表时的讲话中强调:"对一个社会来说,家庭的生活依托都不可替代,家庭的社会功能都不可替代,家庭的文明作用都不可替代。无论过去、现在还是将来,绝大多数人都生活在家庭之中。我们要重视家庭文明建设,努力使千千万万个家庭成为国家发展、民族进步、社会和谐的重要基点,成为人们梦想启航的地方",指出"广大家庭都要重言传、重身教,教知识、育品德,身体力行、耳濡目染,帮助孩子扣好人生的第一粒扣子,迈好人生的第一个台阶"①。

2004年2月26日,《中共中央 国务院关于进一步加强和改进未成年人思想道德建设的若干意见》提出,各级妇联组织、教育行政部门和中小学校、社区通过建家长学校、家庭教育指导中心、社区家庭教育指导中心的方式,积极推进家庭教育的发展和管理,运用新闻媒体和互联网,面向社会广泛开展家庭教育宣传,普及家庭教育知识,推广家庭教育的成功经验,帮助和引导家长树立正确的家庭教育观念,掌握科学的家庭教育方法,提高科学教育子女的能力。充分发挥各类家庭教育学术团体的作用,针对家庭教育中存在的突出问题,积极开展科学研究,为指导家庭教育工作提供理论支持和决策依据。②

中国形成了体系化的家庭教育指导文件。近几年教育部会同全国妇联等部门印发《全国家庭教育指导大纲》《关于加强家庭教育工作的指导意见》《关于将进一步加强家长学校工作的意见》《关于建立中小学幼儿园家长委员会的指导意见》,对家庭教育进行了全面部署。举办全国家庭教育主题宣传活动,广泛深入宣传家庭教育的重要作用和科学教育理念,推广正确的家庭教育方法,将生命教育融入家庭教育内容,引导家长重视家庭教育。

2018年9月26日,北京师范大学中国基础教育质量监测协同创新中心、北京师范大学中国教育与社会发展研究院、北京师范大学儿童家庭教育研究中心和中国教育报家庭教育周刊联合发布了《全国家庭教育状况调查报告(2018)》(以下简称《报告》)。该调查覆盖了全国31个省(自治区、直辖市)和新疆生产建设兵团的共计325个区县,11万余名四年级学

---

① 《习近平:在会见第一届全国文明家庭代表时的讲话》,http://www.xinhuanet.com//politics/2016-12/15/c_1120127183.htm,2019-9-4。

② 《中共中央 国务院关于进一步加强和改进未成年人思想道德建设的若干意见》,http://www.yueyang.gov.cn/yykfq/28453/28486/28489/content_646515.html,2019-10-3。

生、7万余名八年级学生和他们的3万余名班主任。该调查基于全国代表性取样,其结果能反映全国家庭教育的状况,是中国家庭教育第一次真正意义上的国家报告。从《报告》中可以看到,家庭教育的内容更重视道德教育和孩子的安全教育。同时,也反映出家庭教育的内容偏窄。如报告显示,在家庭日常交流中,部分学生报告家长没有教自己"做人的道理""安全知识""法律常识""传统文化"。其中,与教孩子"做人的道理""安全知识"相比,家长与孩子进行"法律常识""传统文化"方面的交流更少。9.2%的四年级学生家长和5.7%的八年级学生家长几乎从不教孩子做人的道理,9.5%的四年级学生家长和11.8%的八年级学生家长几乎从不教孩子安全知识,25.2%的四年级学生家长和35.4%的八年级学生家长几乎从不给孩子讲日常生活中的法律常识,30.2%的四年级学生家长和35.0%的八年级学生家长几乎从不给孩子讲传统文化的相关内容。[①]

中国家庭教育非常强调道德教育,《报告》的调查数据也证实了这一点。中国家庭教育注重潜移默化的影响,儿童从懂事起就能从成人的交往中初步观察人与人之间的关系,形成最初的道德意识,形成某种是非观念。中国家庭教育注重培养孩子具有爱心,爱父母是孩子的情感出发点,然后发展到爱他人、爱人民、爱祖国、爱社会生活中一切真、善、美的事物。中国家庭教育注重培养孩子诚实的品质,认为诚实诚信是一个人优良品德的重要体现,也是未来社会发展非常重要的一种品质,这也是中国家长们的共识。注重尊老爱幼传统美德的传承,注重培养孩子养成良好的行为习惯,也是家庭教育中比较关注的内容。

中国家庭教育出现了一些新变化,如对性教育的态度渐趋明朗化。2008年对云南昆明、大理地区家庭教育调查表明,大部分家长不再"谈性色变"。城市的大部分家长在孩子问起有关性的问题时有了较好的应对措施,比如直接给予科学的回答,引导孩子通过健康的途径(阅读科普读物)来认识这个问题,或公开地与孩子讨论这个问题。调查中有58.9%的被调查者表示他们会"给孩子科学的回答并公开与孩子讨论",有11.1%的家长存在着回避或拒绝回答此问题的做法。此外,从调查结果来看,随

---

① 《全国家庭教育状况调查报告(2018)》,北京师范大学网站,http://news.bnu.edu.cn/zx/ttgz/104333.htm,2020-1-22。

着家长文化程度的增高，对孩子进行性教育的重视程度也就越高，方法也越合理。农村与城市的对比分析则有一定差别，农村家长相对保守，能给予孩子科学的回答并公开讨论此问题的父母只占到被调查者的21%，而这个选项在城市家长中则占到被调查者的67.2%。① 从云南地区的数据来看，家庭教育不再谈性色变，总体上对于性教育在观念和态度上趋向明朗化。

中国家庭教育逐渐开始关注和尊重孩子个性，重视情感交流。很多家长开始以朋友的身份与孩子相处，使孩子充分感受到被尊重。更多的家长把孩子看作一个独立的、有尊严的个体，能充分尊重孩子的个性，能采取说服教育的方式而不是强制的方式让孩子接受自己的建议。随着新一代家长文化教育水平的提升，更加民主化家庭教育方式被更多家长接受，这也是我国家庭教育出现的一些新变化。

中国家庭教育有重视知识学习的传统，随着社会发展和竞争的加剧，这种传统在不少现代中国家庭被放大，中国家庭教育中对知识学习的关注度越来越高。学习有助于形成学生对公民道德的理解和遵从，但过度的追求分数和升学，也会影响孩子的成长，同时也会影响到孩子的社会化。有不少中国家长以分数作为孩子成功的衡量标准，家长过于重视孩子的文化课成绩，不少家长的喜怒哀乐都和孩子的考试成绩分数和升学状况息息相关，为了孩子能取得好成绩，家长不惜花费重金和精力为孩子请家教、上各种课后班，也喜欢借助物质手段来调动孩子的积极性，这种苗头目前还未能有效扭转，需要引起我们的高度关注。从《全国家庭教育状况调查报告（2018）》中可以看到，四、八年级学生都认为家长最关注孩子的是学习情况、身体健康、人身安全。四、八年级学生认为家长对自己最关注的方面是学习情况（79.8%、79.9%）、身体健康（66.6%、66.5%）、人身安全（62.2%、52.2%），其人数比例均高于对道德品质（25.3%、30.7%）、日常行为习惯（15.2%、18.7%）、兴趣爱好或特长（10.8%、7.1%）、心理状况（6.5%、11.1%）的关注。家庭教育存在一定程度的"重智轻德""重身体健康轻心理健康"倾向。② 一项来自云南省的调查数

---

① 尹雯：《当前青少年家庭教育的特点与趋势——以云南为例》，《中国青年研究》2008年第4期。

② 《全国家庭教育状况调查报告（2018）》，北京师范大学网站，http://news.bnu.edu.cn/zx/ttgz/104333.htm，2020-1-22。

据也显示，不论被调查者文化程度高还是低，选择"知识及智力开发培养""道德品质和社会责任感培养""良好行为习惯培养"这三项的人数比例在各学历层次中均占据前三位。[①]

家庭教育在未成年人的公民养成教育中具有特殊重要的作用。中国家庭教育形成了自己的一些特点和趋势。中国家庭教育有许多优良传统，这些教育的理念、内容和方式都是和现代公民要求是一致的，如注重人格教育、主张严格管教、重视学习成绩等。随着社会的发展，竞争意识、公平意识、民主意识、法治意识、独立意识等现代公民的人格意识逐步强化，信息化、国际化社会的到来，家庭生活更加丰富多彩，中国家庭教育也受到这些因素的影响，时代性特征更加鲜明。相关调查也说明家庭教育既有通常的知识掌握和智力开发、道德教育、良好品质与行为习惯的培养等方面的内容，也比较注重对孩子进行情感教育和性格塑造、兴趣爱好及特长培养，以及性教育等。[②] 但同时，中国家庭教育也出现了一些新问题，如对孩子过于溺爱、重智轻德、忽视能力培养、忽视孩子个性等，这也是需要高度关注的问题。

六 军队教育

基于军队建立、发展的历史和传统，中国军队非常重视用马克思主义军事哲学和政治哲学来教育军队、武装官兵。

中国军队思想政治教育源起于国共合作时期的黄埔军校。在共产国际代表和苏联顾问指导下，中国共产党人开始探索革命军队的思想政治工作。1924年6月黄埔军校建立后就设立了党代表和政治部，其中政治部的主要职责是培养全校师生的国民革命意识，通过上政治课的方式，为学生、官长、士兵进行思想政治教育。在整个革命战争时期，军队思想政治教育不断总结经验，探索实施，逐渐形成体系。

新中国成立后，历代领导人都非常重视军队思想政治教育。毛泽东一再号召全军官兵坚持建军宗旨，保持光荣传统。邓小平反复强调军队要加

---

① 尹雯：《当前青少年家庭教育的特点与趋势——以云南为例》，《中国青年研究》2008年第4期。

② 尹雯：《当前青少年家庭教育的特点与趋势——以云南为例》，《中国青年研究》2008年第4期。

强政治思想工作,提出要"永远把坚定正确的政治方向放在第一位"。江泽民倡导和推动全军深入开展"四个教育",即爱国奉献教育、革命人生观教育、尊干爱兵教育、艰苦奋斗教育。胡锦涛要求全军"紧密结合形势任务,大力开展我军历史使命教育、理想信念教育、战斗精神教育和社会主义荣辱观教育"。习近平总书记高度重视军队党的工作,提出全面加强军队革命化现代化正规化建设,为建设一支听党指挥、能打胜仗、作风优良的人民军队而奋斗,为新时代军队思想政治教育指明了方向。

改革开放后,军队思想政治教育得到进一步的加强和规范,出台了一系列加强军队思想政治教育的文件和制度。1990年1月,总政治部颁发的《加强和改进士兵思想政治教育方案》明确提出:"教育目标的确定,既要反对急于求成,又要防止降低标准。必须把培养'有理想、有道德、有文化、有纪律'的革命军人,作为新时期军队思想政治教育的根本目标。"[①] 2000年,总政治部下发的《加强和改进新形势下军队思想政治教育的意见》也明确指出,"新形势下部队思想政治教育必须始终坚持'四有'目标,把教育人培养人作为出发点和落脚点"[②]。

2010年9月,《中国人民解放军政工条例》(以下简称《政工条例》)进行了修订。该条例最早源起于1930年10颁布的《中国工农红军政治工作暂行条例(草案)》,历经多次修改。《政工条例》集中规范党领导军队的根本原则、根本制度和组织体制,是我军政治工作的基本法规,是中国人民解放军思想政治工作纲领性的文件。总则第二条规定了中国人民解放军的性质:"中国人民解放军是中国共产党缔造和领导,用马克思列宁主义、毛泽东思想和包括邓小平理论、'三个代表'重要思想以及科学发展观等重大战略思想在内的中国特色社会主义理论体系武装的人民军队,是中华人民共和国的武装力量,是人民民主专政的坚强柱石。紧紧地和人民站在一起,全心全意地为人民服务,是这支军队的唯一宗旨。中国人民解放军必须始终不渝地保持人民军队的性质,忠于党,忠于社会主义,忠于祖国,忠于人民"。《政工条例》第八条规定了中国共产党在中国人民解放军中的组织机构:"中国共产党在中国人民解放军团以上部队和相当于团

[①] 傅剑仁:《士兵修养大全》,军事译文出版社1992年版,第180页。
[②] 《总政治部向全军颁发〈意见〉强调加强和改进新形势下军队思想政治教育》,《人民日报》2000年11月3日,第4版。

以上部队的单位（以下称团级以上单位）设立党的委员会，在营和相当于营的单位设立党的基层委员会，在连和相当于连的单位设立党的支部。党的各级委员会（支部）是各该单位统一领导和团结的核心。党委（支部）统一的集体领导下的首长分工负责制，是党对军队领导的根本制度。"《政工条例》对解放军政治工作的主要内容进行了规定，包括思想政治教育、党组织建设、干部队伍建设、共产主义青年团和青年工作、民主制度建设、纪律检查和监察工作、政法工作、保卫工作、军事审判、军事监察和司法行政工作、军事宣传工作、文艺体育工作、群众工作、联络工作、军人褒奖、福利和优待抚恤、经常性思想工作、军事训练中政治工作、执行任务中政治工作、战时政治工作、预备役部队、民兵政治工作、政治工作研究等，丰富而全面。

2009年，总政治部颁发修订《中国人民解放军思想政治教育大纲》（以下简称《大纲》），提出思想政治教育主要任务"着眼从思想上、政治上、组织上确保我军始终成为党绝对领导下的人民军队，确保国防和军队建设科学发展，确保有效履行新世纪新阶段我军历史使命，大力培育'忠诚于党，热爱人民，报效国家，献身使命，崇尚荣誉'的当代革命军人核心价值观，培育有理想、有道德、有文化、有纪律的高素质新型革命军人，引导官兵始终保持政治上的坚定性和思想道德上的纯洁性，始终保持坚强的革命意志和旺盛的战斗精神，真正做到打得赢、不变质"[①]。《大纲》注重解决部队思想政治教育遇到的矛盾和问题，对思想政治教育的组织领导、主要任务、内容时间、组织实施等作了进一步调整、充实和规范。明确了党的基本理论和路线、方针、政策，人民军队性质宗旨和优良传统，我军历史使命和军人职责，法制纪律和道德规范，形势政策和遂行任务要求五个方面的思想政治教育基本内容。《大纲》还对部队思想政治教育的时间做了专门规定：执行军政训练比例7:3的部队，年度思想政治教育时间为54天；执行军政训练比例8:2的部队，年度思想政治教育时间为42天；新兵入伍训练阶段思想政治教育时间，按照军政训练比例6:4执行。团级以上领导干部理论轮训每年不少于7天，党委中心组学习每年不少于24天，专门教育时间根据实际需要确定。解放军思想政治教育的

[①]《中国人民解放军思想政治教育大纲》，《解放军报》2009年11月19日，第1版。

方法包括课堂教育灌输，集中学习整顿，群众自我教育，随机教育启发，用好信息网络，新闻舆论引导，典型激励警示，军营文化熏陶，仪式庆典激励，行为规范养成，心理教育疏导，法律咨询服务，部队、社会、家庭共育等十三种。

除了体系化的制度外，中国人民解放军还在重要年度发布思想政治教育指导意见。2014年1月，总政治部印发《2014年全军思想政治教育意见》，指出"2014年，是党和国家事业发展具有重大意义的一年，是军队建设、改革和军事斗争准备任务艰巨繁重的一年。全军思想政治教育，要深入贯彻党的十八大和十八届三中全会精神，以邓小平理论、'三个代表'重要思想、科学发展观为指导，坚决贯彻落实习主席一系列决策指示，紧紧围绕党在新形势下的强军目标，扎实抓好主题教育活动和基础教育、经常性思想教育、形势政策教育，着力在坚定信念、铸牢军魂上下功夫，在聚焦打赢、服务中心上下功夫，在发扬光荣传统、弘扬优良作风上下功夫，在打牢道德基础、增强法纪观念上下功夫，为建设一支听党指挥、能打胜仗、作风优良的人民军队提供可靠政治保证和强大精神动力"①。

进入新时代，党中央更加重视军队思想政治教育。2018年9月，中央军委印发《关于加强新时代军队党的建设的决定》，要求全军和武警部队要全面贯彻习近平新时代中国特色社会主义思想和党的十九大精神，深入贯彻习近平强军思想，落实新时代党的建设总要求，落实新时代党的组织路线，坚持党对军队绝对领导，坚持全面从严治党，坚持聚焦备战打仗，全面提高我军加强党的领导和党的建设工作质量，为实现党在新时代的强军目标、完成好新时代我军使命任务提供坚强政治保证。②

中国军队的思想政治教育是在党委统一领导下，在其他机关的紧密协同配合下，由政治机关组织实施。其特点是能够根据实际情况和任务变化，集中集体智慧，适时开展有针对性的思想政治教育。中国军队思想政治教育把政治教育、思想教育、道德教育融合在一起，形成思想政治教育的工作体系。

---

① 《2014年全军思想政治教育意见》，《解放军报》2014年1月7日，第1版。
② 《中央军委印发〈关于加强新时代军队党的建设的决定〉》，国防部，http：//www.mod. gov. cn/shouye/2018 – 09/06/content_ 4824351. htm, 2020 – 1 – 29。

第二节 美国公民教育的主要途径

美国公民教育主要通过学校课程、学校组织和活动、社会组织和活动、大众传媒、宗教活动和宗教教育、家庭教育、军事教育等途径来完成。

一 学校课程

美国教育普及程度较高，大部分州实现了13年的义务教育，覆盖5—18岁年龄段的美国公民。学校成为公民教育的重要载体，而体系化的课程则是其重要支撑。美国公民教育在中小学阶段，主要通过社会科及相关学科课程来进行；在大学阶段，主要是以通识教育（liberal Study）的方式展开。

20世纪80年代以来，美国开始集中发布中小学学科课程标准。美国各科课程标准一般分为国家标准、州一级的标准、学区一级的标准。国家一级的标准是自愿的，一般由专业机构或社会团体来研制发布；州一级的标准一般由州选定，有的直接把国家标准作为州标准，具有强制性；学区一级的标准一般按照州一级标准进行开发。90年代以来，随着社会科、历史、地理、经济学等标准的相继发布，以及《共同核心（州立）标准》（the Common Core State Standards）的发布，美国形成了以国家学科标准为依托，州一级相对统一的学科课程标准体系。

1. 社会科

中小学阶段的社会科，也有人译为社会研究或社会学科。究竟什么是社会科，在美国也是一个有争议的概念，存在不同的理解。一般来说，人们对社会科概括性的认识是：社会科是一个帮助儿童认识他们的环境以及人与人之间的关系，以使他们能成为"好公民"的课程领域。[1] 1994年，美国全美社会科协会发布的《全美社会科课程标准——卓越的期望》对公民科的定义为："社会科是为提升公民能力而进行的有关社会、人文科学的综合学习。在学校课程中，社会科整合人类学、考古学、经济学、地

---

[1] 高峡：《美国公民教育课程的设计与内涵——美国社会科课程标准主题探析》，《全球教育展望》2008年第9期。

理、历史、法律、哲学、政治科学、心理学、宗教和社会学等学科的内容，并从人文学科、数学和自然科学中选取适当的内容，为学生提供系统的学习。社会科首要的目标是帮助年轻人提高能力，以使他们作为多元文化、民主社会的公民，能够在这个相互依存的世界中，为公众利益做出明智的、理性的决定"[1]。从这个定义可以看到，社会科不但把人文社会科学包含其中，而且还要从数学和自然科学中选取适当内容作为公民教育的内容。

对社会科的不同理解往往源于社会科的特殊性。社会科不同于现有的课程体系中的普通课程，社会科不是一门课程，也不是几门课程的简单集合，而是以培养公民的知识、技能、态度为目标和线索，有机整合相应学科的内容，同时，又跳出单个学科固有的理解和观念而形成的一个综合性框架。高峡提出从"领域课程"的角度来理解综合课程更为适宜。为了便于理解"社会科"的内涵，《全美社会科课程标准——卓越的期望》对"社会科"和其他学科的关系做了一个形象的比喻："就好像一个管弦乐队（社会科大纲）要演奏一首特定的曲目（某个年级或某个特定的学习方案），在一个时段，某种乐器（一门课程，如历史）为领奏，而其他的（例如地理，经济学）则为伴奏；而在另一个时段，一些乐器（如地理和经济学）或所有乐器会在全曲中同时发挥作用，以完整再现作曲家的主题。演奏效果取决于作曲家的创作（社会科课程的设计）、各种乐器的独特音色（各个学科的贡献）、配套的音响（课程设计者和教师的专业水准，学校条件以及教学资源），以及音乐家和乐队指挥（学生、教师、大纲制定者以及实施者）的技巧"[2]。通过以上分析我们可以看到，社会科提供了以培养公民为目标的综合框架，同时，也为其他相关学科课程内容及教学方法提供了基本的参照和依据。

20 世纪 80 年代，美国开始探讨设立学校课程标准的问题。1983 年，美国高质量教育委员会（National Commission on Excellence in Education）发表报告《国家处于危险之中：教育改革势在必行》（A Nation at Risk: The Im-

---

[1] National Council for the Social Studies, *Curriculum Standards for Social Studies: Expectations of Excellence*, 1994, p. 7.

[2] National Council for the Social Studies, *Curriculum Standards for Social Studies: Expectations of Excellence*, 1994, p. 37.

perative For Educational Reform），建议改革学校课程，设立"国家标准"和"州标准"，提出五项"新基础课"，将四年英语、三年数学、三年科学、三年社会研究和半年计算机作为中小学的必修科目，以提高教育标准和要求。

随着时代的发展，这种体系化的建构又不断发展和完善。2010年6月，美国全国州长协会（National Governors Association，NGA）和各州教育长官委员会（The Council of Chief State School Officers，CCSSO）联合公布了《共同核心（州立）标准》的最终定稿。《共同核心（州立）标准》由两份文件组成：《共同核心数学标准》（Common Core State Standards for Mathematics，CCSSM）与《共同核心英语语言艺术与历史/社会、科学、技术学科中的读写标准》（Common Core State Standards for English Language Arts & Literary in History/Social Studies Science and Technical Subjects）。

作为总体引领，《全美社会科课程标准——卓越的期望》阐述了社会科的课程价值，对低年级、中年级、高年级三个阶段的学习期望进行了描述，并提供了教学案例。修订版《美国国家社会科课程标准：教学、学习与评价的框架》（National Curriculum Standards for Social Studies：A Framework for Teaching，Learning，and Assessment）于2010年出版，主要内容包括社会科的十大主题轴，分为三个阶段，从幼儿园到高中螺旋累进这十个主题，分别是文化，时间、连续与变化，人、地与环境，个体发展与自我认同，个人、群体与公共机构，权力、权威与管理，生产、分配与消费，科学、技术与社会，全球关联，公民理想与实践。相对应的学科有文化学、历史学、地理学、社会学、心理学、政治学、法律、经济学、自然科学等，以问题举例的形式说明各个主题轴涵盖的内容和学科范围，而没有具体规定必教的学科内容。纽约州1996年制定的《社会科学习标准》（Learning Standards for Social Studies）则以5个学科轴为主，即美国历史和纽约历史，世界历史，地理，经济，公民、公民资格和政府；并明确提出了每一学科领域的基本学习要求。[1]

通过以上分析我们可以看到，社会科和其他相关学科课程在公民教育中的作用是相辅相成的，美国往往通过制定各个学科课程标准的方式来确

---

[1] New York State Education Department, Learning Standards for Social Studies (1996), http://www.nysed.gov/common/nysed/files/sslearn.pdf, 2019-1-22.

定课程的具体内容和要求,各州根据各自的需要来选择或改进。正如卡罗莱·哈恩指出的,"在美国,不论社会科教师把自己视为教历史、公民学和综合的社会科课程,还是把自己作为历史、公民学或政府课教师,社会科的核心任务是民主的公民教育"[①]。

2. 历史

在美国,有的学校分别开设地理课和历史课,有的则是把地理与历史作为一门课程开设。1916 年颁布的《中等教育的社会科》指出社会科课程的目的是为了实现"社会效用"(social efficiency)而培养"好公民",将历史、地理和公民作为构成社会科课程的三大领域,并设计了 7—9 年级的课程内容。

《美国国家历史课程标准》(National History Standards)于 1994 年发布,包括三部:《世界史课程国家标准:探寻通往今天之路》(National Standards for World History: Exploring Paths to the Present)、《美国史课程国家标准:探寻美国的历程》(National Standards for United States History: Exploring the American Experience)和《幼儿园到 4 年级历史课程全国标准》(National History Standards for Grades K4),共 600 页。标准正式发表后引起了不少争议,教育学和历史学界的专家又开始修订,并于 1996 年发布。因修改本是根据基础教育协会的建议而成,所以又被称作"基础版"(The Basic Edition)。修订版的标准删除了占原标准篇幅一半以上的教学活动建议,减少到 200 页。修订的主要内容包括:增加了科技在美国历史中的作用的内容;在讨论移民问题时强调了外来移民与美国民族精神的认同;强调了经济机会与美国民主之间的联系;增加了殖民地时期欧洲文明和经济史的分量;对"二战"后美苏对抗的历史作了"更为仔细"的处理;对所有涉及少数民族和妇女陈述进行了调整,强调了这些群体与美国整体历史的密切联系,避免给学生留下这些群体与美国主流历史是分离的"错误概念";增加了有关一元化与多元化的讨论;增加了提及华盛顿和杰斐逊的次数。[②]

围绕历史标准修订的辩论不但没有影响到标准的权威性,反而进一

[①] James Arthur, Ian Davies and Carole Hahn (ed.), *The SAGE Hand of Education for Citizenship and Democracy*, Sage Publications, 2008, p. 264.

[②] Gary B. Nash, Charlotte Crabtree and Ross E. Dunn, *History on Trial: Culture Wars and the Teaching of the Past*, New York: Knopf, 1997, p. 253.

步促进了美国社会对历史教育重要性的认识。1997年后，各州纷纷开始制定新的或改进原有的历史教学标准。根据全国历史教育网络（National History Education Network）主任洛雷塔·洛贝斯（Loretta Lobes）的一份报告，1997年以来，除爱荷华州（Iowa）外，其他所有州都开始制定和实施州的教学标准。虽然各州制定的历史教学标准不尽一致，但大多以《美国国家历史课程标准》为蓝本或请全国知名的历史学家作顾问，威斯康星州所制定的标准的历史分期则照搬了《全国美国史教学标准》[①]。另外还出现了一件有意思的事，在1996年版《美国国家历史课程标准》即将发行前，1994年版的定购量突然大增。根据NCHS的统计，定购原版的人主要是中小学的历史教师，他们显然认为原版标准对他们的教学有重要的参考价值。[②]

1996年修订版《美国国家历史课程标准》特别强调历史在公民教育中的作用，在序言的"历史在公民教育中的重要作用"（Significance of History for the Educated Citizen）中提出，"历史知识是一个人在政治方面具有明智才能的前提。没有历史，社会就不能分享如下的共同记忆：人们曾经在哪儿，人们核心的价值观是什么，或历史上哪些决定影响到了我们现在的状况。没有历史，一个人无法明智地研究社会中的政治问题、社会问题或道德问题。而且，没有历史知识以及它所支持的历史研究，一个人就无法成长为见多识广、独特的公民。这些恰恰是有效参与民主制管理与我们所有公民履行国家民主制理念时所必需的"[③]。《美国国家历史课程标准》还指出美国史既要反映民族的多样性，又要反映民族的共同性，而世界史的标准应探讨各种各样文明的历史和价值，并强调它们之间的共同性。在内容分布方面，新版标准加大了亚洲、非洲和拉丁美洲部分的内容，在亚洲方面，以相当多的篇幅描述中国、日本、印度和东南亚，如第四时期标准三：公元600—900年唐代在东亚的主要发展，第六时期标准

[①] Loretta Lobes, "The State of History Education: History Standards and the States", *American Historical Association*, *Perspectives*, Vol. 35, No. 8 (November 1997), p. 21.

[②] Gary B. Nash, Charlotte Crabtree and Ross E. Dunn, *History on Trial: Culture Wars and the Teaching of the Past*, New York: Knopf, 1997, p. 254.

[③] National Center for History in the Schools, *National Standards for History Basic Edition*, 1996, https://phi.history.ucla.edu/nchs/world-history-content-standards/, 2019-2-13.

五：亚洲社会如何应对欧洲势力及世界经济力扩张的挑战；在非洲方面，介绍了库利、马利阿克苏姆王朝，如第四时期标准五：农业人口的传播与次撒哈拉非洲国家的兴起等。①

《美国国家历史课程标准》在公民教育方面比较突出的特点是在内容方面强调多元文化教育和爱国主义教育，在能力方面强调历史思维技能的培养。《美国国家历史课程标准》把形成学生多元文化价值观作为历史学科的重要职能，"今天的学生要比以往的学生更需要广泛地理解世界历史，理解各种文化与各种文明中的人们，他们形成了与学生自身完全不同的观念、机构和生活方式。从均衡地、整体性的世界历史学习中，学生不但能够欣赏到世界上的各种文化，而且能够欣赏到他们共通的人性和共同的难题。学生可能习惯于从他人的视角来看待事物，开始意识到在研究他人的过程中，能够更好地理解自身。……更为重要的是，理解世界上各种文化的历史，有助于增进彼此之间的宽容、尊敬与公民所应有的勇气，这些都是我们日趋多元化而又相互依赖的社会所需要的教养"②。

《美国国家历史课程标准》认为对历史课程而言，有两种能力最重要，就是历史思维能力（Historical thinking skills）和历史理解能力（Historical understandings）。历史思维能力是指使儿童能够分辨过去、现在与未来；能够提出问题；能够查找资料并对之进行评价；能够比较并分析历史故事、图片和历史记录；能够解释各种历史记载；并能够构建自己对历史的陈述。历史理解能力是指界定了学生应该了解的各种家庭、社区、本州、本国乃至全世界的历史内容，只要切合学生的实际，这类理解能力可能源自人类至少在五个领域的抱负、成功与失败的经历：社会领域、政治领域、科学与技术领域、经济领域和文化领域（哲学、宗教、美学）。当然，历史思维能力或历史理解能力不是孤立的，高层次的历史思维能力需要依赖高层次的历史理解能力，并与之密切相关。③

---

① National Center for History in the Schools, *National Standards for History Basic Edition*, 1996, https：//phi. history. ucla. edu/nchs/world-history-content-standards/，2019 - 2 - 13.

② National Center for History in the Schools, *National Standards for History Basic Edition*, 1996, https：//phi. history. ucla. edu/nchs/preface/definition-of-standards/，2019 - 2 - 14.

③ National Center for History in the Schools, *National Standards for History Basic Edition*, 1996, https：//phi. history. ucla. edu/nchs/preface/definition-of-standards/，2019 - 2 - 14.

在历史的学习过程中，教师要给学生提供大量的文献资料，通过对历史文献的研究和梳理，学生"将会从中了解到各个作者持有怎样的偏见，如何区分事实和个人的观点，如何解释相互矛盾的史实证据以及如何从中得出有用的结论"①。历史教学过程中会综合采用多种教学方法，使学生在学习中培养历史理解能力和历史思维能力。例如，在学习有关美国宪法的历史时，教师会让学生主持一个假想的宪法会议，在这期间他们可以构建自己认为合理的"宪法"。

美国许多地方的学校除了将地方史（州史）、美国史和世界史作为必修课外，还设置了多种多样的历史选修课和微型课程。微型课程是一门学科中包含一系列相对独立的单元（专题），让学生从中选择一些内容学习。开设的选修课，除了必修州史、美国史和世界史之外，还有专门史，如亚洲史、拉美史、欧洲史、宗教史、人种史、妇女史、科技史、军事史、城市史、戏剧史、电影史，等等。

虽然对历史学科在美国公民教育中的作用和地位有不同的认识，但历史在美国公民教育中的重要地位却不容置疑。2002年9月，布什总统在玫瑰园的招待会上向全国公布几项新的历史与公民教育的动议时还强调，"我们必须知道我们国家的历史"，"增强公民参与和深化对我们伟大祖国的爱"。②

3. 地理

1994年发布的《生活化的地理学：国家地理标准》是美国地理教育史上纲领性的文件。在这之前美国并没有一个州有统一的课程标准，到1998年，美国直接或间接采用"1994标准"的州数就迅速提升到40个，在2002年则上升到49个③。在《美国2000年教育纲要》中，地理被列为学校核心课程。《2000年目标：美国教育法》以法律形式将地理及其他6门学科指定为必修课程，还提出了"2000年所有美国学生都要具备运用地理学的能力"的教育目标。

---

① National Center for History in the Schools, *National Standards for History Basic Edition*, 1996, https://phi.history.ucla.edu/nchs/preface/definition-of-standards/, 2019-2-14.

② Benjam Justice, "Looking Back to See Ahead: Some Thoughts on the History of Civic education in the United States", Beth C. Rubin, James M. Giarelli (ed.), "Civic education for Diverse Citizen in Global Times: Rethink Theory and Practice", Taylor & Francis Group, 2008, p. 243.

③ 王小禹：《美国地理课程标准实施过程中的问题及影响因素分析》，《外国中小学教育》2006年第10期。

2012 年，全美地理教育实施计划成员组织（Geography Education National Implementation Project，GENIP）正式颁布了《面向生活的地理学：美国国家地理课程标准（第二版）》（Geography forLife：National Geography Standards，Second Edition，以下简称"2012 标准"）。该标准包括序言和三个部分。序言阐述了课程标准的理由、理念与目标。第一部分概述了培养地理上见多识广的人（geographically informedperson）的理由、三个途径以及标准变化之处。第二部分为主要内容，由地理实践（doinggeography）、地理观（geographic perspectives）、地理学科知识（geographic content knowledge）与地理技能（geographic skills）构成。第三部分为词汇表（glossary）。"2012 标准"在继承的基础上对 1994 年发布的国家地理课程标准做了较大的更新与修订，新增了地理实践的培养内容，全面更新了 18 项标准学科知识与 5 项地理技能内容，强调地理空间技术的应用。该标准含有六大要素，18 项标准，根据 K-4、5—8、9—12 年级三个阶段来分别制定，每项标准都对学生所应知道和理解的地理知识和技能做了详细的解释，对 4 年级、8 年级、12 年级学生划分了"达不到标准要求""达到标准要求"和"超过标准要求"三个等级，以供教师在教学活动中对学生学习情况加以鉴别。

值得注意的是，该标准在"地理观"部分提出空间观（spatial perspective）和生态观（ecological perspective），而地理观是地理素养的重要组成部分，是学生获得地理知识和技能之后形成的情感、思维方式、价值和态度。空间观要求学生能够认识空间的位置、要素、结构等，揭示他们是如何相互联系和相互作用的，领会用空间观点思考的意义，能够将空间观点与实际问题联系起来。例如，标准 3 提出，"用空间的观点思考对掌握和应用地理知识极为重要，它能够使学生参与到有关他们周围世界的人文、区域、环境等议题。如它是什么、它在何处、它为什么在那里等。用空间的观点思考能够帮助学生回答过去、现在和未来的空间组织结构等重要问题，从而能够预料不同地区发生的事件的结果、预测在一定的条件下可能会发生什么"[①]。生态观是现代公民必须具备的意识，环境问题至关重要，

[①] Downs, R. M., etc., *Geography for Life：National Geography Standards, Second Edition*, Washington, DC：National Council for Geo-graphic Education, 2012, p.68.

而地理能帮助我们理解和重视环境，从而也变得至关重要。例如，标准14提出，"现代社会面临的许多重要问题都是由人类改造自然环境所带来的有意识和无意识的、正面和负面结果。地理上见多识广的人应该能够理解由人类改造自然环境而产生后果的原因。学生应理解自然环境满足人类需要的潜力及其有限性"①。

《面向生活的地理学：美国国家地理课程标准（第二版）》重视地理知识的获取，但更重视地理知识的获取方法和过程以及学生的实践参与在地理技能形成中的重要作用。现代社会要求公民能够科学地认识人口、资源、环境、社会相互协调发展，具有国际理解、协调意识。《国家地理标准》指出，地理学是终生的（life-long），强调地理学中最重要而持久的成分，是有助于公民发展的稳固的地理基本知识与技能；是维持生活的（life-sustaining），地理教育有利于提高公民的生存能力，可以将地理知识运用到将来的未知情景，为个人发展选择提供信息支持；是提升生活的（life-enhancing），丰富的地理知识有助于个人能够根据区域差异来欣赏各区域的人文的和自然的景观，提升精神内涵。② 正如《地理教育国际宪章》所指出的，我们"深信地理教育肩负着为今日和未来世界培养负责任的公民"③。

4. 经济学

经济教育作为公民教育的重要途径，很早就引发了人们的关注。1916年《中等教育的社会科》报告就指出公民教育的核心是"公民社会"（community civic），而"公民社会"主要聚焦在"社会财产的构成"（elements of community welfare），公民教育内容围绕"健康、财产的保护、重新创新、教育、公民财产、交流、交易、迁移、慈善事业以及相互关联"进行论述④，其中"财产"和"交易"涉及的就是经济内容。

---

① Downs, R. M., etc., *Geography for Life*: *National Geography Standards*, *Second Edition*, Washington, DC: National Council for Geo-graphic Education, 2012, p. 68.

② Downs, R. M., etc., *Geography for Life*: *National Geography Standards*, *Second Edition*, Washington, DC: NationalCouncil for Geo-graphic Education, 2012, p. 112.

③ Downs, R. M., etc., *Geography for Life*: *National Geography Standards*, *Second Edition*, Washington, DC: NationalCouncil for Geo-graphic Education, 2012, p. 112.

④ M. R. Nelson, *The Social Studies in Secondary Education*: *A Reprint of the Seminal 1916 Report with Annotations and commentaries*, http://www.eric.ed.gov.proxy.lib.wayne.edu/ERICWebPortal/recordDetail? accno = ED374072, 2019 – 1 – 22.

1994年的美国教育法案将经济学纳入核心课程。全美国家社会科协会和美国经济教育委员会（NCEE）制定了的社会科课程标准包含了对经济教育目标的描述。《全美社会科课程标准——卓越的期望》在"生产、分配和消费"主题轴涉及经济学内容。1997年发布的《全美自愿性经济学内容标准》提出二十条适合中小学生学习的内容标准。这些标准"指出了这个领域中最重要、最持久的观点、概念和问题。每条都是经济学原则，都是经济学家、经济教育家和教师认为学生必须掌握的"[1]。

《全美社会科课程标准——卓越的期望》在"生产、分配和消费"主题轴中，描述了学生在不同阶段应达到的应用水平（overviews of application）：低年级的学生要学会区别"想要"和"需要"，通过比较自身与他人的经济体验去探索经济决策，进而思考这些决策给不同的群体、社区、国家等所带来的影响；中年级的学生要拓展对经济概念和原则的认识，并运用经济推理模式来处理与基本经济问题有关的议题；高年级的学生要形成经济的视角，通过系统学习经济学和社会政治制度，深入理解主要的经济概念和经济运行过程，特别是要重点考察国内、国际经济政策和健康保险、资源利用、失业和贸易等问题的关系。[2]

1997年的《全美自愿性经济学内容标准》提出了三项"知识目标"：（1）理解基本经济概念，能够找出影响生活的各种经济问题，避免发生不懂经济学的人会犯的错误；（2）了解有关美国经济的一些事实，包括失业、通货膨胀、现行的资费标准和利息等；（3）理解人们看待经济问题时会存在不同的观点。四项"能力目标"：（1）确定经济问题、选择、利润和成本；（2）分析经济环境中激励对工作的影响；（3）考察经济条件和公共政策变化所带来的后果；（4）收集经济证据，比较利润与成本。[3] 为实现这些目标，经济教育委员会针对《全美自愿性经济学内容标准》中二十条内容，在四年级、八年级及十二年级提出了学生学习的三个不同的学习基准（bench-

---

[1]　[美]帕米拉·J.法丽丝：《美国中小学社会课教学实践》，张谊译，华夏出版社2003年版，第228页。

[2]　National Council for the Social Studies, *Expectations of Excellence: Curriculum Standards for Social Studies*, 1994, p. 27.

[3]　National Council on Economic Education, *Voluntary National Content Standards in Economics*, New York: NCEE, 1997, p. 6.

mark），以确保同一学习内容在不同年龄段达到适合学生年龄特点的要求。

不论是早期的社会科课程标准还是随后的经济学课程标准，一直都把经济学作为公民教育的重要途径。马克·库格（Mack C. Schug）认为，"经济教育科研帮助年轻人学习做经济选择，理解基本经济观念并且在他们决策时可以运用到重要的经济学概念。学生学习经济学可以发展他们批判性思维能力，而且还使其成为一个做明智决定和做出正确公共决策的公民"[1]。他还提出："在社会变化迅速且日益复杂的当今世界，经济教育比过去更应成为公民教育的一部分，它能为公民教育做出独特的贡献"[2]。他所强调的实际是经济教育提供的经济分析框架，一种"推理范式"（reasoning paradigm）。经济推理范式是经济学中常用的一种思考方式，是由一系列的观念、方法论和假设构成，这也是美国经济学家思考经济问题时的基本思维方法。经济教育就是要让学生学会像经济学家一样思考。这种方法和基于直觉的判断不同，可以帮助公民更加理性决策，"它可以培养学生通过客观、有理分析代替了情感判断，学习这种做出推理判断将使学生成为更有效的决策者和更负责任的公民"[3]。美国学者的这些认识和思考，更加稳固了经济学在美国公民教育中的重要地位。

除了上述课程外，政治学、全球问题、20 世纪全球研究、社会学、国防研究等也是美国高中开设的社会学科课程。除了体系化的课程外，美国高中还普遍地开设以学生自己研究为主的综合性人文研究课或高级研讨课程。例如，费城喜鹊孩（Strath Haven）高中的"高级人文论坛"是一门英语和社会学习相互结合的学科，它要求学生综合运用美国或欧洲文化、政治、经济和历史实践各方面的知识分析与解决社会的实际问题。[4]

5. 高校的通识教育

美国没有高校应该开设公民教育的相关课程的相关规定，但美国各高校普遍开设的通识课程，实际上是进行公民教育的重要途径。纽曼（John

---

[1] Schug, Mack, *Economic Education across the Curriculum*. Indiana：Phi Delta Kappa Educational Foundation, Bloomington, 1982, p. 7.

[2] Donald R. Wentworth, Schug C. Mack, "Fate VS Choice：what economic reasoning can contribute to social studies", *Social Studies*, 1993（1-2）：23.

[3] William B. Walstad, *an International Perspective on Economic Education*, Kluwer Academic Publishers, 1994, p. 39.

[4] 李安：《美式教育成功之谜》，内蒙古人民出版社2001年版，第186页。

Henry Newman）认为，"若大学课程一定要有一个实际的目的，我认为就是为了培养良好的社会公民"①。1987 年，美国总统里根在国情咨文中强调，高校要培养以爱国、修身、诺言、纪律、恢复伦理道德为主要内容的"国民精神"②。

通识教育的重要里程碑是哈佛大学的"红皮书"——《在自由社会的通识教育》（General Education in a Free Society-Report of Harvard Committee），要求研究西方的人文主义传统。哈佛最新的通识教育体系建立于 2007 年，2009 年秋季开始使用。2.0 版的通识教育体系于 2016 年确认。从 2019 年秋季开始，哈佛入校学生必须从四个领域各选一门课：美学和文化，历史、社会、个人，社会科学技术，道德和公民。通识教育课程将定期接受通识教育常务委员会的审核和审议。除此之外，学生还必须从分布于文理学院的三类课程中各选择一门：艺术与人文；社会科学；科学与工程以及应用科学。最后，还必须选择一门量化研究的课程。③

在哈佛大学的影响下，美国许多高校纷纷开设通识教育课程，目标是探索涉及西方传统思想的共同知识和技能，研究和讨论与美国文化相关的道德、社会和政治问题。

在美国，各个高校开设的通识课程并不一样，课程的名称和内容也各不相同。阿肯色州规定《美国历史》和《美国政府》是高校的核心课程。佐治亚州要求学习《美国宪法》和《佐治亚宪法》。南卡罗来纳州规定《美国宪法》《独立宣言》和《联邦党人文集》为必修课④。概括起来，美国各高校开设的通识课程主要有西方经济学，美国历史，美国与世界，美国政治传统（The American Political Tradition），美国总统制，美国宪法，欧洲政治思想，政治与社会制度，民主问题，公民与法（The civil and Law），国家与市场（The State and Market），经济、伦理与社会（Business, Ethics and Society），美国生活中的道德问题，科学哲学和实用主义，大学

---

① ［英］纽曼：《大学的理想（节译本）》，徐辉、顾建新译，浙江教育出版社 2001 年版，第 97 页。
② 王冠华：《美国高校如何进行思想政治教育》，《教育与职业》2012 年第 5 期。
③ https://generaleducation.fas.harvard.edu/background，2019 - 4 - 14。
④ Karen M. Kedrowski, "Civic Education by Mandate: A State-by-state Analysis", PS: *Political Science and Politics*, No. 2, 2003, p. 226.

生生活导论课，职业道德和社会研究等。有的高校还开设亚洲政治思想、男女平等理论与妇女运动、宗教、伦理学等相关的课程。

美国高校还根据社会的发展变化，定期进行通识课程改革。美国科罗拉多大学的斯普林斯校区自 2010 年秋季学期开始新一轮的通识教育课程改革，主要目的是拓展一年级和二年级学生英语、科学教育、社会生活等方面的知识和能力。通识教育课程主要包括判断与创造、知识与探索、行动与交流三大模块。其中"行动与交流"模块包括：责任——个人、公民和社会的责任，参与——协同、创新、艺术，包容——从地球到全球的不同文化回应能力，可持续——理解人类社会和自然环境之间的相互作用。公民教育的相关的内容则渗透在推理与论证、世界、自然、艺术、人文、社会等课程之中。[1]

各个高校在课程的设置和讲授上都会适时传递西方和美国的核心价值观。哥伦比亚大学的核心课程《西方文学与哲学名著选读》，要求学生用一年时间对西方文化中最重要的一些著作进行深入研读和探讨。课程通常在跨学科的教授指导下，由 22 名左右的学生组成小组，每周花 4 小时对荷马、柏拉图、奥古斯丁、但丁、莎士比亚、奥斯丁、陀思妥耶夫斯基、圣经《旧约全书》和《新约全书》进行讨论。[2] 弗吉尼亚大学的"美国政治传统"这门课，把本国政治传统追溯到古代希腊人文传统代表人物亚里士多德、柏拉图等人的思想中，甚至还有英国的洛克和法国的孟德斯鸠。[3] 在课程讲授中，向大学生灌输的也都是自由主义、个人主义价值观，以及资产阶级的自由、民主和人权。例如，讲授"国家与市场"课时，在讨论材料中也讨论马克思的《资本论》，但是倡导的是自由主义经济学，对马克思的国家与社会的思想是持否定观点和态度的[4]。

同时，美国高校还结合新情况，不断调整有关课程和教学形式。2002 年秋，美国安然公司首席执行官哈佛大学校友杰夫·斯基林（JefSkiling）涉嫌卷入安然丑闻，这使哈佛大学十分震惊，该校商学院立刻采取两条措施：一是重新调整学校相关课程，在一年级设置为期三周的必修课——领

---

[1] 壮国桢：《实践与启示：美国公立大学的公民教育》，《高校辅导员》2014 年第 4 期。
[2] 程星：《细读美国大学》，商务印书馆 2004 年版，第 238 页。
[3] 刘琳：《美国高校的思想政治课教学》，《红旗文稿》2013 年第 17 期。
[4] 刘琳：《美国高校的思想政治课教学》，《红旗文稿》2013 年第 17 期。

导方式、价值观念和决策。学生必须面对社会现实案例中的道德、法律问题进行思考，从中吸取教训；二是针对类似安然丑闻的典型案例进行研讨，探索领导方式、价值观和公司管理方面存在的问题，引导学生将来成为讲道德、守纪律的领导人员。①

实际上，美国高校在课程设置上一直强调专业课程与公民道德培养相结合。对每门主修专业，都要从历史、社会、伦理学的角度学习研究，要求回答三个问题：这个领域的历史传统是什么？它所涉及的社会和经济的问题是什么？要面对那些伦理和道德问题？例如在新闻学院中设置新闻伦理学，讨论新闻中的虚假报道问题；在法学院中设置法律伦理学，讨论如水门事件等法律。②

不仅是普通高校，美国军事院校也开设通识课程。在美国空军军官学校（United States Air Force Academy），历史课是学校的公共核心课程，例如大一开设有现代历史课（历史 101），大二开设有军史引论课（历史 202）③ 等。

二 学校组织及活动

除了学科教学外，美国大学、中小学的学生自治组织及活动、社团活动和学校组织的各种活动等，也都是实施公民教育的重要途径。

相对于课程表上开设的显性课程（over curriculum），美国还提出了隐性课程（hidden curriculum）的概念，包括学校建筑物、景观，学校的组织制度、管理评价、师生关系、同伴关系、校风、班风、教师的行为作风，学校组织开展的各种活动等。美国公民教育专家沃尔特·麦克菲（Walter Mcphie）认为，成功的公民教育必须要注意到三个方面：适当的课程（学科课程），在班级与学校运作中的民主过程和民主参与模式，校内外可供学生实习民主行为与责任的机会频率。④ 美国各级学校通过营造育人环境、

---

① 信力建：《美国如何上"思想政治课"？》，《领导文萃》2011 年第 11 期。
② 王冠华：《美国高校如何进行思想政治教育》，《教育与职业》2012 年第 5 期。
③ [美] 贝文·亚历山大：《朝鲜：我们第一次战败》，中国社会科学出版社 2003 年版，第 58 页。
④ 张秀雄：《美国公民教育课程的分析》，《人文及社会学科教学通讯》（台湾）1991 年第 1 期。

开展各种校内外活动，将公民课程、公民实践有机结合起来。

美国的中小学校重视学校育人环境的营造。美国校园的环境设计个性化很强，具有普遍性的特征是校园内随处可见的美国国旗，学校的校训、校旗、历任校长照片等。墙壁上经常能看到学校的办学理念、价值观及规章制度等，教室外大多是学生作品展示区，这些都是和学校公民课程所强调的价值观相符合的。

中小学组织的各种参观活动也比较多，如组织学生到法院、市长办公室、市政厅、博物馆、纪念馆、历史遗迹、名人故居参观等。美国各州都非常重视这类设施的建设，而且内容丰富，学生参与程度高，服务周到。美国国会每天免费接待参观者大约七千人次，多半是中小学生。参观者可坐在国会楼上的旁听席上，听讲评员解说国会开会议事的程序，怎样辩论表决、怎样主持会议等。

学生通过各种组织、方式进行自主管理或参与学校、社区的管理。美国高中和大学都有自己的学校董事会章程和学生会章程。学生一般以学生会的形式，与教师协会、教授协会、职工协会一起组成学校的管理机构。在涉及有关学生权益的组织机构中，往往也有学生代表参加。例如，科罗拉大学斯普林斯校区学校预算咨询委员会 16 名成员中，就有学生会提名的 2 名学生[1]，学生代表也常常会列席学校教授协会的重要相关会议。

"学生政府"（Student government）或称为学生自治会（associated student），作为学生自发组织的自治组织，强调学生的自我管理，在法律上代表学生整体，掌管全校学生活动经费，为学生提供许多日常生活上的服务，参与周围社区的服务工作，协调其他学生社团，代表学生全体参与学校部分决策等，尤其在美国的高校，组织更加严密。科罗拉多大学斯普林斯校区学生会选举，完全是参照美国三权分立的制度模式组成。学生会由立法、司法和行政三个部门组成，立法机构有众议院和参议院组成，司法机构由 10 名法官组成，行政机构由主席、副主席和财务主任三人组成。[2] 学生政府开展各种各样的活动，最重要的是学术活动以及学校的管理和服务工作。大部分学术活动都由学生自办，内容广泛、形式多样。加

---

[1] 壮国桢：《实践与启示：美国公立大学的公民教育》，《高校辅导员》2014 年第 4 期。
[2] 壮国桢：《实践与启示：美国公立大学的公民教育》，《高校辅导员》2014 年第 4 期。

州伯克利大学学生自治会每年筹办 200 多种讲演、音乐会和其他活动，每年与斯坦福大学联合举办球赛和辩论赛。① 学生政府一般拥有自己的学生活动中心，自营书店、小卖部等，学生往往以助理身份参与学校工作，公寓、图书馆、餐饮服务、后勤服务、网络维护等都能看到学生助理的身影。学生自治会每年开支多达几十万甚至上百万美元，经费大多数是在学生注册时收取学生活动费，金额每年 10—15 美元。②

美国高校还积极推动学校和社区服务的结合。1985 年成立的"校园契约"（Campus Compact）是美国的一个全国性的教育组织，迄今已有 1100 多位大学校长会员，旨在推进大学和学院的公共职责，培养学生的公民和社会责任，鼓励大学生从事社区服务、服务学习、公民参与活动。服务式学习（Service-Learning）是该组织在 90 年代初开始支持的专项研究，也是该组织最有影响力的工作。目前，该机构的会员覆盖全美高校超过 1/4 的学生，已有 2000 多万大学生参与了社区服务计划，在数千个本地和全球的社区中工作。自 1987 年开始，"校园契约"每年都要进行调查，以评价学校—社区模式的服务现状和新趋势。根据 2010 年调查结果显示，在 2009—2010 学年中，大学生贡献了 3.82 亿小时的服务，创造了价值 79.5 亿美元的服务。③

除了成立专门的机构和组织从事公民教育实践外，美国学校的社团活动内容也非常广泛，形式多种多样，从政治、学术、宗教到文化艺术各个方面。美国大学学生社团具有数量多、种类多、学生参与度高的特点。哈佛大学学生社团近 500 个，其中校方认可的本科生社团有 251 个。哈佛本科生社团活动覆盖大众服务、艺术、体育运动、宗教、文化、社会政治、学术等各个领域。一些学生社团活动被称为哈佛校园里最好的课程。2017 至 2018 学年度哈佛大学在校本科生总数为 6699 人，有超过 400 个学生社团，平均 17 个学生就有一个社团。④ 哥伦比亚大学最大的社团"公民委员

---

① 张家勇：《美国大学的学生社团活动》，《比较教育研究》2004 年第 4 期。
② 厉知廉：《美国近年来大学学生课外活动之发展》，幼狮文化事业公司 1984 年版，第 41 页。
③ 2010 *Annual Survey Executive Summary*，http：//www.compact.org/about/statistics/，2018 - 12 - 8.
④ https：//www.harvard.edu/about-harvard/harvard-glance，2019 - 6 - 21.

会"（the Citizen-ship council）也拥有会员 1100 多名。[1]

三 社会组织及活动

美国的社会组织非常发达，由各种社会组织开办的社会活动非常丰富。有的是全民参与，如大型活动和节假日等；有的是适应不同人群的活动，如美国帮助拉丁裔、非洲裔适应移民生活、入籍的各种活动。志愿服务、入籍仪式、童子军、"4—H 教育"等都是美国社会组织举办的具有鲜明美国特点的公民教育途径。

1. 志愿服务

志愿服务（Voluntary Service）是美国的优良传统之一，志愿者组织及志愿活动是美国社会中的普遍现象，也是美国公民教育的一个重要途径。

美国的志愿组织是非营利（Non-profit organizations）组织，也被称为非政府组织（Non-governmental organization），具有志愿性和公益性特点。美国志愿者组织活动范围很广泛，在政治、经济、文化、体育、宗教、环保等诸多领域都能见到他们的身影，最主要还是集中在社会福利和慈善领域。

建立志愿组织很早就植根于美国的社会之中。19 世纪 30 年代，托克维尔在美国游历考察时注意到这一现象："美国的各种团体组织广泛到极点，政治团体只是其中之一而已。……美国人甚至为了演戏或举办研讨会，建立旅店，设立教堂，分发书籍，以及派遣传教士前往异域，都要组织一个什么会社。"[2] 经过多年的发展，美国志愿者组织数量庞大。据统计，1990 年初，志愿者组织总数超过 100 万个，美国因此被称之"社团组织的国度"（association land）和"参与者的国度"（nation of joiners）[3]。1973 年，国会通过《国内志愿服务法》（Domestic Volunteer Service Act），建立由总统任命的国家志愿服务顾问委员会，确定涉及志愿服务定义、目标、管理、执行、拨款、志愿者权利等诸方面事宜的法律依据。美国志愿

---

[1] Beeker, Howard S., ed., *Campus Power Struggle*, Aldine Publishing Company, 1970, pp. 76 – 77.

[2] ［美］阿勒克西·德·托克维尔：《民主在美国》（下卷），秦修明等译，吉林出版集团有限责任公司 2013 年版，第 105 页。

[3] *International Encyclopedia of the Social Sciences*, Vol. 16, 1998, pp. 364 – 365.

者组织发展成熟、规范，形成了一整套规章制度、相对稳定的经费来源，并形成了各自特色。

美国志愿者组织内部都有严格的规章制度，还有专门的教材。《志愿者手册》（Volunteer Handbook）通过介绍圣何塞志愿者组织的活动计划，对志愿者提出明确而具体的要求，成为志愿者组织重要的操作指南。《领导技巧》（Leadership Skills）则是一本给志愿者组织领导人编写的教科书，强调作为志愿组织领导人所肩负的责任，尤其是财经责任。①

志愿者组织的经费来源主要是个人的捐助及死后的遗赠、公司基金和科学文化福利基金等。个人的捐助和死后的遗赠部分，其中90%左右的资金作为经常性的慈善福利活动的基金。大多数美国家庭的捐款平均占家庭收入的2%—2.2%。

美国人参加志愿者活动的动机是各种各样的，也形成了不同特色的志愿者组织。"美国志愿者"（Volunteers of America）以开展公益活动著称，主要是召集志愿者在老年人家里、双职工家里以及夏令营、星期日学校和社团中心活动做义工。"联合之路"（United Way）以救助生活困难的少年、单身老人和无家可归者而闻名，在全国有1300个分支机构，1997年该组织资金已达34亿美元之多。"做点什么"（Do Something）更加关注青少年行动主义（teen activism）和参与公益。美国退休人员协会志愿者（AARP Volunteers）由美国退休人员协会（American Association of Retired Persons, AARP）组织，为60岁以上的老人们提供志愿机会。他们中的许多人鼓励人们多从事与孩子、青少年有关的志愿活动，并分享自己的人生经验。"志愿者匹配"（Volunteer Match）是志愿服务最大网络数据库之一，已经有超过71000家非营利组织在这里列出了当地的活动和项目。

美国还有专门的志愿者活动日和活动周。从1992年开始，每年10月的第四个星期日确定为全国志愿者活动日（Make a Difference Day）。1999年，有超过200万人参加了这一节日。在节日到来之前，各志愿者组织要进行打扫卫生、维修学校设施、救助无家可归的年轻人，为需要购买玩具的孩子们募集资金以及修建图书馆等活动。每年的4月18日到25日是美

---

① 杨恕、续建宜：《美国志愿者运动述评》，《国际论坛》2002年第4卷第1期。

国的全国志愿者活动周（National Volunteer Week），1974 年由尼克松（Richard Nixon）总统签署设立，目的是颂扬那些为改善国内社区状况而做出非凡成绩的普通人。2009 年，有 6400 万志愿者参与了志愿活动。

美国志愿者组织填补了政府和市场的空白，有效、全面的志愿服务在美国社会运转中发挥了积极作用。志愿者组织工作人员的报酬很低或没有报酬，他们以自己的信念和行动推动这一事业的发展。据统计，有将近半数的美国人平均每周担任义工的时数超过四小时，美国人每年投入志愿服务工作的总时数约相当于 900 万人的全职工作者的工作量，其价值近两千亿美元[1]。只要你想做志愿者，几乎每个人都可以找到适合自己的岗位。在图书馆、博物馆、公园、影院、科技馆、医院，在选举、政治聚会、大型活动、节假日游行中，很多工作人员都是志愿者。这些志愿者年龄从几岁的孩童到七八十岁的老者，工种从清洁工、管理员、教师到维修工。还有专门的从事救灾或重建工作的志愿者组织，以及到一些发展中国家和贫困地区从事服务的志愿者。

2. 入籍仪式

入籍仪式（Naturalization ceremony）是移民成为美国公民的仪式，有专门的程序和规定。据统计，近年加入美国国籍的人数，2018 年达 75.68 万，较 2017 年同比增加 6%，较 2014 年增加 16%。[2] 美国入籍程序和仪式，不但对新移民是一种公民教育，对美国公民也是一种很好的爱国主义教育。

移民成为美国公民需要经过几个基本步骤，如是否具备申请资格的自我审查、填写申请表、准备照片、打指模、面试、宣誓仪式。其中面试是入籍流程中非常重要和关键的一环，移民局官员会询问入籍申请者是否具有读、写、说这些基本的英语能力，是否对美国历史和政府有较好的认识，是否认同美国宪法的基本原则等。移民局官员现场就美国历史和政府方面的常识提 10 个问题，申请者必须答对 6 题或以上才可以通过。这 10 个问题来自美国公民入籍面试 100 题的试题库。2008 年 10 月启用的新试题库，难度比以往有所增大。入籍考试 100 题分为三大部分内容：美国政

---

[1] 张宏益：《美国的志愿者》，《湖南日报》2005 年 10 月 2 日，第 5 版。
[2] United States Citizenship and Immigration Services, http://www.uscis.gov/archive/archive-news/naturalization-fact-sheet, 2019 – 12 – 11.

府、美国历史和综合公民。年满65岁、持绿卡20年以上者，只需学习有星字符号的考题，难度略低。美国政府部分为1—57题，占57%，其中1—12题为"美国民主原则"，13—47题为"政府体制"，48—57题为"权利与责任"；美国历史部分为58—87题，占30%，其中58—69题为"殖民地期间和独立期间"，71—77题为"十九世纪"，78—87题为"美国近代史和其他重要历史资料"；综合公民部分为88—100题，占13%，其中88—95题为"地理"，96—98题为"标志"，99—100题为"节日"。可以看出，题目虽然不多，但覆盖面很广，尤其重视美国民主制原则、政府体制和公民权利与责任。此外，成为美国公民还需要具备良好的品德，这个也是在面试时测试，如果申请者在面试时没有讲真话，那么移民局可能会以"缺乏好的品德"为理由而拒绝入籍申请。

　　如果移民局批准了申请者的入籍申请，申请者必须参加一个典礼仪式，宣誓效忠美国，加入美国国籍。在这个仪式当中，政府官员会清楚缓慢地读出誓言的每一部分，并要求申请人跟着一起重复该誓言。宣誓词为："我在这里郑重地宣誓：完全放弃我对以前所属任何外国亲王、君主、国家或主权之公民资格及忠诚，我将支持及护卫美利坚合众国宪法和法律，对抗国内和国外所有的敌人。我将真诚地效忠美国。当法律要求时，我愿为保卫美国拿起武器，当法律要求时，我会为美国做非战斗性之军事服务，当法律要求时，我会在政府官员指挥下为国家做重要工作，我在此自由宣誓，绝无任何心智障碍、借口或保留，请上帝帮我。"[①] 加入美国籍的誓词较长，内容具体并具有限定性，反映出美国对归化移民公民教育的重视。

　　美国还会选择在一些具有特殊意义的时间和地点进行新入籍美国公民入籍宣誓活动。例如，2013年3月22日，美国公民及移民服务局在美国第一任总统华盛顿宣誓就职的地点——纽约市联邦大厅，为75名来自40个国家的新入籍美国公民进行入籍宣誓，以欢迎来自世界各地的移民。[②] 另据美国中文网报道，2012年7月4日，美国总统奥巴马在白宫见证了25名新入籍的美国人宣读效忠誓词，这些人包括退役军人、预备役及其配偶

---

① 《美国入籍宣誓誓词》，洛杉矶华人网，http://www.chineseinla.com/f/page_viewtopic/t_11400.html，2013-3-28。

② 《组图：新入籍美国公民进行入籍宣誓》，新华网，http://www.chinadaily.com.cn/hqgj/jryw/2013-03-25/content_8584018_4.html，2013-3-25。

和 15 名现役军人，其中 15 名现役军人正在美国陆军、海军陆战队、空军和国民卫队服役。他们来自 15 个国家，包括澳大利亚、加拿大、中国、韩国及欧洲、南美和非洲国家。①

2014 年，美国移民局（USCIS）发布公告称，在美国第 238 个独立日期间（6 月 30 日至 7 月 4 日），全美各地将举行大大小小 100 多个入籍仪式，欢迎 9000 多人宣誓成为美国公民。② 美国《侨报》报道，2014 年 9 月 16 日，美国移民局宣布，9 月 17 日至 9 月 23 日，它将举行多场庆祝仪式，欢迎"新美国人"加入移民大家庭。9 月 17 日是"宪法日和公民身份日"（Constitution Day and Citizenship Day），以 9 月 17 日"宪法日与公民身份日"开头，一直持续至 23 日的 1 周被称为"宪法周"。2014 年的这段日子，国家公园、博物馆、公共图书馆、政府地标等不同场所将举行 160 多场入籍仪式，共有 2.7 万名移民参加这些仪式。"宪法周"举行入籍仪式的地点包括加州的优胜美地国家公园、北卡罗来纳州威尔明顿的战舰、伊利诺伊州的杜鲁门总统图书馆等遍布全国的"地标"。③

3. 美国童子军

美国童子军（The Boy Scouts of America，BSA）成立于 1910 年。截至 2013 年，美国 7—10 岁的幼龄童子军成员数量已高达 6200 万，而 11—17 岁的正式童子军成员数量有 5200 万，另外还有 3300 万成年志愿者和大量的超龄成员④，是世界第一大童子军组织。

美国童子军由志愿者组成的管理委员会进行管理。美国童子军的核心任务是帮助青少年通过探索和学习如何保持强健的体魄，为将来的职业和承担公民责任做准备。

美国童子军有统一的座右铭（时刻准备着）、口号（日行一善）、誓词（以我的名誉，我愿尽最大的努力为上帝和祖国服务，遵守童子军准则，随时准备帮助别人，保持身体健壮，头脑清醒，品德高尚），以及童子军

---

① 《白宫举行独立日入籍宣誓仪式奥巴马再次呼吁改革移民制度》，美国中文网，http://www.sinovision.net/politics/201407/00300461.htm，2014 - 6 - 9。
② 《美国举行新公民入籍宣誓仪式》，腾讯网，http://news.qq.com/a/20140704/014998.htm?tu_biz=v1_hnews#p=1.，2014 - 7 - 4。
③ 《全美将举行 160 多场入籍仪式欢迎 2.7 万名新公民》，搜狐网，http://goabroad.sohu.com/20140917/n404385569.shtml.，2014 - 9 - 17。
④ 傅添：《童子军：美国青少年的军训》，《法治周末》2014 年 9 月 2 日，第 16 版。

准则：值得信赖（trustworthy）、忠诚可靠（loyal）、乐于助人（helpful）、为人友善（friendly）、谦恭有礼（courteous）、平易近人（kind）、服从命令（obedient）、乐观豁达（cheerful）、勤俭节约（thrifty）、勇敢无畏（brave）、整洁纯朴（clean）、虔诚恭敬（reverent）。

美国童子军按照年龄分为虎子童子军（一年级学生或6岁儿童）、幼子童子军（一至五年级学生或8—11岁儿童）、少儿童子军（11—18岁）、华西提童子军（14—17岁青少年）和探索童子军（14—20岁青少年）。每一个级别童子军都有自己的格言、组织方式、活动方式、勋章、制服颜色和样式，如虎子童子军的格言为"求索、发现、分享"（Search, Discover, Share），幼子童子军的格言为"尽力而为"（Do your best）。

少儿童子军的级别分为新手级（Tenderfoot）、二级、一级、星级、生活级（life）和鹰级。如果少儿童子军完成有关晋级规定、获得相应奖章后，便可依次晋级。童子军还可与童子军团长（scoutmaster）（成年管理人）共同协商制定个人发展目标。少儿童子军有各种奖章110多项，由成年人担任的奖章顾问（merit badge counselor）负责认定童子军某项奖章有关规定的完成情况。少儿童子军要升到星级、生活级和最高级别的鹰级，须完成环保和其他服务项目，表现出领导才干和童子军精神，并获得相应的奖章。成为星级童子军必须获得6枚奖章，生活级须获得11枚，鹰级须获得21枚，同时还须成功完成一项社区服务项目。少儿童子军最小单位为小队（patrol）（通常6—8名儿童组成）。小队成员一块儿集会、远足和露营。他们要推选一位成员当小队负责人（patrol leader）。小队再组成由团长率领的童子军团（troop）。由高级童子军推选的团队长（senior patrol leader）一般负责童子军团每周举行的例会。

华西提童子军成员14—17岁，主要针对读高中的青少年设计。华西提童子军每周参加队（team）会，会议由名为教练（coach）的成年管理人员负责。各队再分为更小的小队（squads）。华西提童子军的晋升级别与少儿童子军相同，通过从事各种项目、赢得相应奖章来完成晋升。此外他们还参加体育运动、量身定制的社区服务之类的活动。

探索童子军属于公司、教堂、学校、政府机构、工会和其他组织主办的站（post）。各站可从事各种活动，或专注于计算机科学、医学、法治之类自己感兴趣的领域。青少年可通过探索童子军学习如何保持强健的体魄、为将来的职业做准备、承担公民责任。

童子军的晋升制度很有特色,会组织一些活动来给每个孩子提供获得晋升的机会。童子军晋升制度由人为设置的一系列障碍和步骤组成,每个孩子都必须设法克服这些障碍,每个孩子都可根据相关规定来制订自己的进步计划,并通过参加军训而被承认其挑战某些项目的成功。"雄鹰奖章"(Eagle Scouts)是童子军所能得到的最高奖励级别,一旦获此奖章,会被认为是至高无上的荣誉。目前,"美国童子军"组织已经设有超过130种不同的徽章,涵盖各种体育运动、户外活动、学习科目、自然项目、兴趣爱好等领域,甚至包括电脑编程、游戏设计等。2013年,美国有260万童子军参加了各种活动,共获得了210万枚徽章。而截至2013年,"美国童子军"组织一共颁发了1.17亿枚品德徽章,数量最多的前五名是:急救、游泳、宿营、烹饪和社区公民服务。①

童子军小队由学校、教堂、服务性会社和其他社区组织主办。全美有13万多家这样的小队,分属大约340家地方童子军会(council)。每四年举行一次全国性露营活动称为童子军大露营(jamboree)。美国童子军还出版各种刊物,包括月刊《儿童生活》(Boys' Life)、季刊《探索杂志》(Exploring Magazine)和面向成年人的双月刊《童子军活动》(Scouting)。童子军各项活动分别有成员指导手册和成人指导手册。

童子军群英荟萃,名人辈出,影响深远。在登上月球的12名宇航员中,就有11名曾是童子军成员。美国前总统福特曾说过:"我可以毫不犹豫地说,如果没有童子军精神,我不会成为一名好运动员,不可能成为一名好的海军军官,也不可能成为一名好的参议员,更不可能成为一名随时都能做好一切准备的总统。"② 对美国童子军的作用和对美国青少年的影响力,美国前总统肯尼迪曾如此评价:"童子军在美国孩子们的生活中起着重要作用,它帮助磨练性格、培养友谊、为孩子们自由成长提供一个有用的出口,并训练他们成为未来的优秀公民。"③

---

① 傅添:《童子军:美国青少年的军训》,《法治周末》2014年9月2日,第16版。
② 《"寓教于乐,知行合一"——美国童子军夏令营》,搜狐网,https://www.sohu.com/a/221307174_99951803,2020 - 2 - 9。
③ 《"寓教于乐,知行合一"——美国童子军夏令营》,搜狐网,https://www.sohu.com/a/221307174_99951803,2020 - 2 - 9。

此外，美国还有创立于1912年，世界最大的女童组织——美国女童子军（Girl Scouts of the USA）。目前，全球共有800万女童子军和女幼童军，遍布100多个国家，其中，美国女童子军规模最大。美国女童子军强调女性领导，培养女孩品德、树立女孩信心。美国女童子军仍然学习传统的烹饪、手工艺品制作和户外野营，还可以学习财务知识、产品设计、商业开发、数码电影制作和网站设计，并获得这些方面的"全国精通徽章"。

在美国，5—17岁的女孩都可以加入女童子军，根据年龄可分为几个级别：幼女童子军（5—6岁）、小女童子军（7—8岁）、少女童子军（8—11岁）、中级女童子军（12—14岁）和资深女童子军（15—17岁）。此外，18岁及以上的男女可以成为成人会员，担任义工、辅导员、董事会成员等，其中受薪雇员不到1%，绝大多数是义务服务。

美国女童子军的总部设在纽约，有300多个分会，如今约有370万名女孩会员和八九十万成人会员。女童子军的誓词为："我以名誉担保，将尽力服务上帝与我的国家，永远帮助他人，并遵守守则。"她们的守则包括诚实、勇敢、奉公守法、日行一善、团结所有女童子军姐妹等。

4．"4—H教育"

"4—H"是四种青少年基本素质和能力的简称，即头脑（Head）、心智（Heart）、实践（Hand）、健康（Health）。"4—H教育"指对青少年这四个方面提出的培养要求。"4—H教育"是1900年美国"赠地学院"（Land-grant College）和联邦农业部为帮助乡村青少年掌握新科技而资助的教育活动项目，由"全美4—H教育理事会"（National 4—H Council）协调开展。"4—H教育"是一个由政府和教育推广机构推动，青少年参与的教育计划，是美国"公民教育""品格教育"等教育的重要延伸，学生自愿参加。经过一百多年的发展，全美接受4—H教育的年轻人达650万人之多。

"4—H教育"致力于培养青少年的领导能力（leadership）、公民意识以及生活技能，拥有自己的会徽、誓言和格言。誓言为"让我脑有更清晰的思路，让我心怀更大的忠诚，让我手做出更大的贡献，让我身健康地生存——为了我的组织、我的社区、我的祖国和我的世界。"格言为"精益求精"（To make the best better）。

"4—H教育"最基本的实践理想是"做中学"（learn by doing）。其教育项目主要集中在：科学、工程和技术（science, engineering and technology）、健康生活（healthy living）以及公民意识培养（citizenship）三个领域。全美参加"4—H 教育"的青少年通过 1000 多个主题项目，如火箭研究、全球定位系统地图、DNA 分析、公共演讲、摄影、营养学以及社区服务等，培养他们的领导能力、公民意识和生活技能。

"4—H 教育"项目实践形式多样，一般由美国联邦农业部、州立"赠地学院"、县级政府推广部门指导和管理，由联邦、州、县推广人员和志愿者领袖负责实施。政府主要负责制定相关政策和提供活动场所、设备，确定项目指南和发展方向，具体事务由推广部门负责。青少年一般通过参与各种不同类型的活动来接受"4—H 教育"。这些活动包括组建"4—H 俱乐部"，组建"4—H 兴趣小组"及短训班，实施在校勤工助学项目，创立"4—H 教育"电视节目专栏，组织"4—H 野营活动"，组织"4—H 成员联谊活动"等。

赠地学院、地方学校和"4—H 俱乐部"（4—H Club）往往以专题活动（4—H Workshop）或夏令营（Round-up）等形式举办。州一级和县一级组织每年都会举办大型"4—H"州展示会（State Fair）和县展示会（County Fair）。参加者多为 9—19 岁的青少年。总体来看，106 所赠地大学在研究、推广实施"4—H 教育"理论和实践中发挥着重要作用，并形成了自己的特色，如爱荷华州立大学（Iowa State University）推行使用的 4—H 合作拓展项目"生活技能目标"（Targeting Life Skills）就包含了 8 项能力：（1）头脑（Head），含管理（Managing）和思考（Thinking）能力。管理能力包括适应、记录保存、理智利用资源、规划计划、目标设定的能力；思考能力包括服务学习、批判思维、解决问题、决策、学会学习的能力。（2）心智（Heart），含关联（Relating）和关爱（Caring）能力。关联能力包括沟通、合作、社会技巧、冲突处理、接受差别的能力；关爱能力包括关心别人、洞察、分享、维护关系的能力。（3）双手（Hands），含工作（Working）和给予（Giving）能力。工作能力包括市场技巧、团队协作和自我激励的能力；给予能力包括社区志愿服务领导、做负责任公民和对团队工作做贡献的能力。（4）健康（Health），含做人（Being）和生存能力（Living）。做人能力包括自尊、自我负责、人格、感情调控以及自律的能力；生活能力包括健康生活方式选择、加强管理、预防疾病、维护个人安全的能力。①

"4—H 教育"和学校教育相互补充，成为美国公民教育的一条重要途径，其作用和使命在于通过帮助青少年获取知识，发展生存技能，使他们能够自我引导、有劳动能力和具有为社会做贡献的态度和精神。

四　大众传媒

大众传媒（masscommunication）包括报刊、书籍、广播、电影、电视、互联网、手机等，大众传媒是社会发展到一定阶段的产物，社会发展成为大众传媒发展壮大的推动力，同时，大众传媒又在社会发展中发挥越来越大的影响力。

美国大众传媒在美国公民教育中发挥了积极作用。美国建国前北美殖民地就有报业存在，并为美国的独立建国发挥了重要的唤起公众的作用，如当时的《波士顿公报》《纽约新闻报》等刊登的关于反对印花税法及对"莱克星顿枪声"的报道，对潘恩《常识》的宣传，都起到了革命动员和教育公众的作用。建国后美国报纸数量增多，至 1830 年已达 1200 余家。《纽约论坛报》曾被称为"这个国家传播建设性民主思想和实验的第一的和唯一的工具"②。美国评论家西奥多·怀特（Theordore H. White）曾提出，"在美国，没有任何国会的重大立法，任何国外冒险，任何外交活动，任何大的社会改革能够成功，除非新闻界准备好了公众的思想"③，以此强调大众传媒对美国政治及社会的影响。

"二战"以来，美国的大众传媒发挥着聚焦社会热点、监督美国政府等作用。传媒把关注的社会热点事件或人物带到公众面前，如 70 年代美国大众传媒对滥用毒品、环境保护等问题的长期报道，90 年代对艾滋病问题的集中关注等。持续的关注和连续的报道会影响公众的判断以及政府的决策。正是美国传媒对美军屠杀越南平民的不断报道导致美国反战运动勃兴，并最终使美国政府结束了对越战争。"水门事件"导致尼克松总统下台，和美国传媒的密集报道紧密相关，对美国民众也是一次关于民主政

---

① 《全美 4—H 教育理事会》，http：//www.fourhcouncil.edu/uploadedFiles/About/4—H%20Fact%20Sheet0907.pdf，2019 - 1 - 7。

② ［美］埃默温·埃默里：《美国新闻史》，新华出版社 1982 年版，第 161 页。

③ ［美］西奥多·怀特：《美国的自我探索》，美国驻华大使馆文化处 1984 年版，第 83 页。

治、自由权利的宣传和教育。

大众传媒对社会舆论的引导以及对社会的影响作用很大,同时对美国大众政治文化的形成和公众对美国主流社会的认同所起的作用更是不可小看。大众传媒通过媒体,将自身崇奉的价值观念传播给公众,通过对政治事件的报道使公众认识政府运作方式。美国大众传媒虽然代表的党派各异,私有化程度高,但在总体上与美国社会的主流价值观是一致的,坚持美国至上、个人主义等核心价值观。

近年来,美国的电视在公民教育过程中发挥了积极作用。除了传统的美国哥伦比亚广播公司(CBS)、美国广播公司(ABC)、全国广播公司(NBC)几大电视台外,美国还有专门用于播放美国议会各种常规辩论、讨论的电视台 C-SPAN。这是美国一家提供公众服务的非营利性的媒体公司,由美国有线电视业界联合创立。1977 年,美国众议院投票通过了对议会里的各种常规辩论、讨论进行录像的议案。1979 年,C-SPAN 正式开张运营。从那以后,C-SPAN 不断扩充自己节目报道的范围,逐渐覆盖了听证会、演讲与讲座,并且设立了热线电话节目与选举全程追踪。同时还把节目扩充到了书评与历史节目。C-SPAN 的主要机构包括有线频道 C-SPAN、C-SPAN2、C-SPAN3、C-SPAN4 与 C-SPAN5,广播电台 C-SPAN Radio 以及网站。

在世界电影业中,美国电影的影响力巨大,无论是电影拍摄的数量还是向世界输出的数量,都是其他国家无可比拟的。据 2009 年数据,美国电影产量占世界的 6%,但其市场占有率高达 80% 以上。[1] 根据美国大型娱乐媒体调查机构仁特拉克公司(Rentrak Corporation)电影票房(Box office Essentials)的统计数据,美国 2012 年生产的各种类型的影片超过 677 部,这些电影很多都带有浓厚的政治色彩,在向世界宣扬"美国精神"。据《经济观察报》报道,梳理 70 多年来奥斯卡的历史无疑就是梳理美国的"美国精神史"。《泰坦尼克号》《巴顿将军》《拯救大兵瑞恩》《爱国者》等,其主题就是美国精神的体现。美国电影协会设立的"2000 年十大影片":《永不妥协》《毒品网络》《几近成名》《最佳表演》《角斗士》《诚信无价》等被舆论界喻为弘扬"美国精神"的十大影片。华盛顿、林

---

[1] 梁昭:《文化贸易统计》,中国统计出版社 2013 年版,第 143 页。

肯、罗斯福、麦克阿瑟等人物形象和事迹更是家喻户晓。在"9·11"事件之后，好莱坞推出了许多以反恐为主题的电影，如《拆弹部队》《美国狙击手》等。"9·11"事件之后的第二年，即 2002 年，美国平均电影票价是近 14 年（2001—2014）以来的最高值，这也从一个侧面反映了电影与美国公众关注问题的高度一致性。

网络作为新兴媒体，也被称为继报纸、广播、电视之后的"第四媒体"，因为其受众的分散性、反馈的及时性、参与的广泛性而成为美国公民教育的新途径。网页、博客（Blog）、推特（Twitter）、脸书（Facebook）等成为美国公众获取信息、直接对话的工具和平台，其公信力逐渐被美国公众所认同。1998 年 1 月，麦特·德拉吉第一个在自己的博客上报道了前美国总统克林顿与其秘书莱温斯基的性丑闻。根据皮尤研究中心 2016 年 10 月发布的报告显示，"美国约有三分之二的社交媒体网站成年人用户会针对他们在平台上看到的政治消息发表自己的观点"[①]。美国学者斯蒂格利茨（Stieglitz）认为，"推特被认为具有巨大的政治参与潜力，因为推特具有转发这一强大的信息扩散机制，不仅是传播信息的理想平台，也是政治观点和想法不断得到公众认同和加强的平台"[②]，社交媒体在公民政治参与中的作用愈发明显。

被称为"Twitter 总统"的美国总统特朗普（Donald John Trump），在大选中依靠新媒体取得优势。从 2016 年 6 月参选开始，特朗普在推特（Twitter）上拥有的粉丝超过 1000 万，超过希拉里。大选期间，特朗普每天大约更新"推特"10 次，几乎天天不断，其中 2016 年 10 月 31 日这一天，他就发了 59 条"推特"。当上总统后，特朗普也经常在微博上发布任免消息，发文评论时政、回应攻击，被称为"微博治国"。2017 年 2 月 1 日晚，美国右翼媒体编辑、特朗普支持者米洛·伊诺纳波洛斯（Milo Yiannopoulos）在加州大学伯克利分校进行演讲，反对此次演讲的示威群众引发骚乱，演讲被迫中断，学校也宣布关闭校园。特朗普在 2 月 2 日的"推特"中说道："如果加州大学伯克利分校不允许言论自由，并且对持有异

---

① Maeve Duggan, Aaron Smith, *the Political Environment on Social Media*, Pew Research Center.
② Stieglitz, S., Lin Dong-Xuan, Political Communication and Influence through Microblogging: An Empirical Analysis of Sentiment in Twitter Messages and Retweet Behavior, System Science (HICSS), 2012 45th Hawaii International Conference on 2012 IEEE, pp. 3509 – 3550.

见的无辜群众施加暴力——要取消联邦基金吗?"① 威胁取消联邦基金的说法引起网络热议。而据国际在线2月4日报道,实时社交网络大数据分析企业Dataminr日前公布数据显示,自从特朗普就职美国总统以来,在社交网站推特上,已经有12000多条推文呼吁将其刺杀。已有两人因呼吁刺杀总统而受到正式指控。一位是美国俄亥俄州24岁社交媒体用户扎卡里·本顿(Zachary Benton),他在大选投票日当天发布推文称:"我的终身目标就是刺杀特朗普。我不在乎是否要受到无限期惩罚,那个人该死!"另一位是来自肯塔基州的舞蹈演员希瑟·劳雷(Heather Lowrey),她于1月17日发推文称:"既然有人残忍到去暗杀马丁·路德金,也许会有人仁慈到去暗杀特朗普。"② 新媒体使公众更快速获得信息,更直接面对观点冲突。

  网络和传统机构的结合,也是美国媒体发展的新趋势,并发挥公民教育教育作用。美国国会图书馆建于1800年,是美国的四个官方国家图书馆之一。美国国会图书馆收集了很多美国老兵的回忆故事,建立了一个专题"Veterans History Project"(老兵历史项目)③,讲述的战争故事从第一次世界大战直至最近的阿富汗战争。在这个专题中有一个专门讲爱国主义的分栏,标题就是"Patriotism"(爱国主义),提出"什么是爱国主义?在人们经历过战争之后,对爱国主义的理解会不会发生变化?每一代人似乎都在重新定义什么是爱国行为"。网页中展示了"二战"美国老兵维奥莱特·希尔·戈登(Violet Hill Gordon)的故事,"她认为她在美国陆军妇女队里的经历,把她从一个腼腆、内向的人改变成了一个领导者"④。很明显,这个故事是想使读者宣扬美国军队就是一所好学校。网页还用红色字体标注了一句语录:"It is not unseemly for a man to die fighting in defense of his country"(一个男子在保卫自己国家的战斗中死亡不是不得体的)⑤,这句摘自荷马史诗《伊利亚特》的话显然是在号召男人们应该为国家而战并献出生命。当然,网络这种途径对公民教育的效果还有待考证,但确实成

---

① 知乎网站,https://www.zhihu.com/question/55341265,2017-4-6。
② 百度贴吧,https://tieba.baidu.com/p/4966901430,2017-4-11。
③ http://www.loc.gov/vets/,2019-9-10。
④ http://www.loc.gov/vets/stories/patriotism.html,2019-9-10。
⑤ http://www.loc.gov/vets/stories/patriotism.html,2019-9-10。

为越来越多的公民接受政治信息、表达态度的一种渠道。

五 宗教活动和宗教教育

美国是个宗教繁多的国家。除了基督教、伊斯兰教和佛教,还有犹太教、印度教,以及衍生分化出的大大小小的新兴宗教和教派,30多万个教堂遍及美国城乡。据1994年的统计,美国人口中68%的人隶属于某个宗教组织,93%的人相信上帝,76%的人相信通过祈祷能够与上帝沟通,77%的人认为上帝对自己的生活非常重要,自己曾在上帝指引下做出决策。① 据2014年统计数据表明,信仰基督教人数有所下降,但仍占美国人口的70.6%。②

美国虽然宗教派别众多,但基督教精神是美国的精神支柱,无论是信教人数,还是对美国政治、文化、社会的影响,基督教都无与伦比。法国的托克维尔(Alexisde Tocqueville)指出,"全世界还没有一个国家像美国那样,基督教对其国民的灵魂产生如此重大的影响,通过宗教支配社会风貌,并且通过控制家庭生活进而控制国家"③。

美国的宗教虽然深入美国公众的生活,但美国并不是一个宗教国家。1791年审定通过的宪法第一修正案中就明确规定"国会不得制定关于下列事项的法律,建立宗教或禁止宗教自由"。这一规定从制度上保证了美国实施"政教分离",国家机构与宗教组织独立分开运行。国家法律保障公众有充分的宗教信仰的自由,认可宗教的多元化。同时,国家又通过宗教力量,为社会提供道德与价值规范,统一公众的思想,实现公众的认同感与归属感。杰斐逊认为,各种宗教派别"无限地发展,各种宗教得到很好的支持,的确形形色色,但一切都非常好;所有这些足以维持和平和秩序"。④

在美国塑造国民灵魂的公民教育中,宗教活动及宗教教育起着不可或缺的作用,宗教成为美国公众的一种生活方式,"二百多年来,宗教始终

---

① 刘澎:《宗教对美国社会政治的影响》,《瞭望》新闻周刊1996年第5期。
② America's Changing Religious Landscape, https://www.pewforum.org/2015/05/12/americas-changing-religious-landscape/,2020-1-29。
③ [美]H. S. 康马杰:《美国精神》,南木译,光明日报出版社1988年版,第249页。
④ [美]J. 布鲁姆:《美国的历程》,杨国标、张儒林译,商务印书馆1988年版,第26页。

是美国社会的重要组成部分。宗教活动贯穿美国发展的全部历史，涉及社会的政治、经济、文化、教育、道德、福利诸多领域，影响着公众的思想、情感和行动"[1]。宗教所蕴含的道德规范、价值原则和为人处世道理与美国公民教育相通相融。美国公民早期的很多观念，如公众对国家责任、权利、义务的认识，往往是建立在人人对上帝负有责任，人人享有治理教会的责任、权利与义务的基础之上；对法律范围内的政治、经济权利的看法与神赋予人的自然权利相互关联；民主思想与宗教神学相互交织；政治自由与宗教自由密不可分。

宗教活动和宗教教育渗透到美国公众的日常生活中，如饭前、饭后的感恩祈祷，以及早祷、晚祷等，可以说，美国公众从出生、婚礼到丧葬都离不开宗教礼仪，而且这种影响从儿童小时候就开始。幼儿时期可能会到教堂开办的幼儿看护中心，或从小就随父母到教堂。有时教堂成人祷告仪式结束后，牧师还会专门把孩子们集中起来，讲宗教故事，举行餐前祈祷等宗教礼仪。体现宗教情感与生活的圣诞节、复活节成为美国民间重大的节日。华盛顿纪念碑上镌刻着"赞美主（Praise be to God）"；最高法院首席法官座椅的上方，"美国之鹰"护卫着圣经"摩西十诫"（The Ten Commandments）；"我们信仰上帝（In God We Trust）"的誓言，被刻上国玺，镌刻在国会大厦的石壁上，编入美国国歌，印在美元上。

据美国教育部发布的《2002 年教育情况：私立学校概览》（The Condition of Education 2002, Private School: A Portrait）报告，美国的私立中小学校占全国的 19% 左右，其中，教会学校又占私立学校的 79%，学生数更是占到了 83%。[2] 美国的知名大学中也有不少教会学校，如圣母大学、杨百翰大学等。哈佛大学、耶鲁大学等许多著名大学最初也为教会所创办。在军队，美国各兵种、各部队都设有牧师处，通常每 700 个士兵就有一名受过专门训练的专职牧师，平时为士兵及家属提供宗教教育和服务，战时则为伤员、临终人员进行精神抚慰。国家颁布了《美国军队统一军事纪律守则》（Uniform Code of Military Justice, UCMJ），对士兵的读经、讲道、圣礼等宗教修养问题有明确规定。

---

[1] 郭春环：《美国民众的宗教教育》，《世界宗教研究》1997 年第 1 期。
[2] U. S. Department of Education, the Condition of Education 2002, Private Schools: A Portrait, http://nces.ed.gov/pubs2002/2002013.pdf, 2018 – 6 – 3.

通过宗教活动和宗教教育，将道德规范和要求内化为公民行为。《圣经》里的"十诫"实际成为教民的道德准则，并规范和引导着公众的思想和行为。宗教呼吁良知，维护伦理，有利于社会稳定和社会核心价值的传递。宗教还发挥了不同于政府和企业的独特作用，"宗教独立于社会阶级之外，可以降低离经叛道。帮助嗜酒者互诫协会这类计划所取得的非凡成就是如何政府所无法达到的，也是任何企业所无法推销的"[1]。需要明确的是，教会学校相对公立学校管理更严格，更趋向社会传统意识，也更容易被主流社会所接纳。但即使是教会学校，不会对申请者的信仰有要求，也不会强迫学生参加宗教仪式，更不会强迫学生信教，但可能会有些相关教会的必修课。

六　家庭教育

家庭教育在美国公民教育中起着极其重要的作用。美国社会家詹姆斯·李（James F. Lea）把家庭称作是"社会经验的看门人"，认为家庭教育与儿童政治意识的形成有着密切的关联。[2] 美国的教育社会学家还认为，对儿童和青年的生活最重要、最有力的三种影响是家庭、同辈群体和学校，"家庭不仅'教'给儿童以家庭所属的社会阶级的价值、标准、规范和习俗惯例，家庭也'教'给年轻人包括阶级在内的整个社会结构知识，而且还'教'给在社会阶级上升和下降流动的可能性和方式……几乎所有的家庭都支持并教育其孩子支持该社会阶级结构的性质"[3]。虽然家庭教育具有私密性、个别性等特点，很难进行整体的观察和描述，但在一定时期内，家庭教育仍然具有相对稳定、反映时代要求和社会主流价值观的特点。家庭中的父母、长辈，通常把自己对世界和国家的认识，对政府和政党的态度，对社会事件的看法，对政策的评价等直接或间接传递给青少年，他们的价值观、政治情感和政治倾向将影响青少年公民思想的形成。同时，家庭也会按照主流社会的标准和行为规范，要求和培养自己的

---

[1] Noemie Emery, "For God and Country", *The Weekly Standard*, December 1, 1997, p. 32.

[2] James F. Lea, *Political Consciousness and American Democracy*, University Press of Mississippi, 1982, p. 55.

[3] ［美］理查德·D. 范斯科德：《美国教育基础——社会展望》，北师大外国教育研究所译，教育科学出版社1984年版，第140页。

孩子。

作为公民教育的重要途径，美国家庭教育内容很丰富，其中培养孩子的独立性和自主性，建立民主平等的家庭关系，提供及时、适当的性教育，及早培养孩子的金钱观等，都是美国家庭教育中比较重视和突出的内容。这些也都是孩子将来成为社会合格公民所必需的品质、习惯和行为。

美国家庭教育非常重视培养孩子的独立性，培养他们自主选择能力和基本生活能力。《少年儿童研究》曾经采访了一些美国家庭教育专家，其中儿童早期教育专家布朗认为，"美国家庭教育和中国一样重视道德的教育，但更重视给孩子个人自主权，要孩子学会怎样解决自己的问题和怎样自己做决定。美国人强调让孩子懂得怎样在社会允许的条件下做出自我选择，这是美国家教的基本观点"[1]。在这种思想指导下，美国家庭教育常用的做法是：处于婴儿的孩子就单独住宿，无须父母陪护；小孩子摔跤，父母也不是马上抱起，而是鼓励孩子自己爬起来；孩子几岁的时候就开始做家务，如洗碗、扫地、洗衣服等；选择哪种运动，是参加滑冰、橄榄球还是篮球，都由孩子自己决定；选择哪种乐器，也是家长提供建议，由孩子自己决定。从小养成自己的事情自己决定，自己的事情自己办的习惯。孩子独立生活的能力从小培养，学会分担家务，照顾好自己，关爱家人，培养对家庭的责任感。

美国家庭教育中重视建立民主平等的亲子关系，尊重孩子的想法，对孩子的想法给予充分地理解和支持。和孩子谈话时，家长总是认真地对孩子的问题做出合理的解答，不会觉得孩子的问题幼稚而不屑一顾。家长也不随便打断孩子的讲话，会耐心听完孩子的讲述，然后才会进行下一步的交流。如果孩子犯了错误，不是苛责，而是耐心解释，给孩子讲道理。孩子在这种民主的氛围中长大，感到了别人对他的尊重，这就自然使他去尊重别人。家长与孩子建立了一种民主平等的朋友关系，尊重孩子作为独立的人的尊严，让孩子自己去体验蕴含在生活中的道理，增长独立解决问题的能力，这样对培养孩子独立健康的人格十分重要。美国家庭教育专家史蒂文先生认为："成功的家庭教育是家长舍得拿出时间与孩子在一起，以一种平等的态度与孩子交流，对孩子正确的想法和行为给予充分的肯定和

---

[1] 雪霁：《美国专家谈家庭教育》，《少年儿童研究》1995年第1期。

尊重。这样的孩子才能学会并懂得以平等与尊重的方式和他人建立联系。"在美国家庭,孩子不但可以参与家庭活动,还可以参与家庭大事的决策。家庭教育中培养了孩子民主平等的意识,在学校和社会生活中又得以强化和训练,可以说,家庭教育在孩子的公民意识培养方面发挥了重要的启蒙和示范教育作用。

美国家庭对性教育非常重视,健康、及时的性教育,有助于孩子未来对性的正确认识,有利于家庭和社会的稳定。大部分的美国家庭都很重视子女的性教育,注意倾听孩子的问题,了解孩子的真实想法,尽量用孩子容易接受的方式给予支持和帮助。根据 Kaiser 家庭基金会 2004 年的全国调查,有93%的美国父母赞成对孩子进行全面的性教育,包括避孕方面的教育。许多家长相信,让孩子了解生殖、性病和艾滋病等方面的信息将有助于减少青少年计划外怀孕和防止感染性病、艾滋病,并使青少年在性行为方面做出理性的决策。[1] 而根据实际调查,父母确实是孩子接受性教育的主要来源:19.2%的青少年更希望从自己的父母那里了解有关生殖和避孕的信息,而不是从社区健康中心(12.5%)、学校课堂(12.0%)、医院(11.1%)、私人医生(8.8%)、电视(7.9%)和朋友(6.9%)那里。[2] 在美国,家庭成员经常会讨论一些关于性的知识,尽量采用轻松的方式。根据美国 Kaiser 家庭基金会 2002 年对年龄在 15—17 岁青少年的调查,有41%的青少年(女性61%,男性42%)报告说,曾和他们的父母谈过在什么时候可以发生性行为;43%的青少年(女性53%,男性33%)曾和父母谈起怎样与男友或女友谈有关性健康的问题;52%的青少年与父母谈过避孕套,49%的青少年与父母谈过其他方式的避孕方法;56%的青少年(女性64%,男性48%)与父母谈过艾滋病;50%的青少年(女性56%,男性44%)与父母谈过性病。[3]

作为经济大国的美国,家庭中也特别重视培养孩子的金钱观。孩子小

---

[1] National Public Radio et al, *Sex education in America NPR/Kaiser/Kennedy School*, Poll Menlo Park, CA: Kaiser family foundation, 2004, p. 33.

[2] Hacker K. A. et al., "Listening to Youth: Teen Perspectives on Pregnancy Prevention", *Journal of Adolescent Health*, 2000, 26: 279–288.

[3] Kaiser Family Foundation, *Communication: A Series of National Surveys of Teens about Sex*, Menlo Park, CA: The Foundation, 2002, p. 122.

的时候就让孩子学会零花钱的管理和使用。零花钱不论是发放还是靠孩子在家务劳动中赚取，家长尽可能把孩子的零花钱控制到同伴大致相当的水平上。零花钱由孩子自由使用，当孩子零花钱使用不当出现入不敷出时，家长也不轻易帮助孩子，以达到让孩子对过度消费有深刻的认识的目的。等孩子大一些时候，家长鼓励孩子通过在家干活或送报纸、照看弟弟妹妹等方式挣钱，也鼓励孩子从事一些有创意的赚钱行当。很多家长还给孩子在银行开账户，方便孩子从小学习储蓄及理财知识。家长一般还鼓励孩子参与到家庭的经济规划中，告诉孩子家中的钱是怎么花的。社会上也有鼓励孩子从小学习理财的氛围。即使经济状况很好的家庭，也鼓励孩子用自己的双手劳动挣钱，让孩子自己支付保险费用或部分学习费用及其他费用，绝大多数18岁以上的孩子，都靠自己挣钱或贷款读书。美国的明尼苏达大学还出版了《如何教你的孩子理财》这样的教材。

美国家庭还特别重视培养孩子勇敢、创新的精神。鼓励孩子冒险，鼓励孩子做冲浪、登山、攀岩等危险性运动。当孩子有新奇想法时，也不会因过于"异想天开"而否定孩子，而是鼓励孩子做进一步的探索。

此外，美国还会运用法律手段来督促家长担负起子女教育与引导的责任。田纳西州对连续缺课的学生家长罚款50美元。巴尔的摩、洛亚诺克等大城市的法庭处分犯法青少年的同时，还要判罚他们的家长跟着坐牢。[1]

七　军队教育

军队是比较特殊的人群。如果说美国公民教育是培养"好公民"的话，美国军队的公民教育则是培养"好军人"，其中最重要的是军队核心价值观的培养。美军从结构上分为陆军、海军、空军、海军陆战队、海岸警卫队五大军种，由于每个军种各自任务侧重点不同，每个军种都曾经提出符合本军种的核心价值观，如美国海军于1992年通过《海军部指南3550.15》（Navy manual 3550.15, 1992）提出的"荣誉、勇气、承诺"，美国空军于1997年在《美国空军核心价值观手册》（Air Force CoreValues handbook, 1997）中提出的"诚实至上、无私奉献、追求卓越"，以及美国陆军于1998年在《野战手册100—1》（Army Field Manual 100-1,

---

[1] 董承耕：《论转型期价值观建设》，厦门大学出版社2015年版，第228页。

1998）中提出的"忠诚、职责、尊重、奉献、荣誉、正直、个人勇气"等。① 王泽刚则把美军的核心价值观综合归纳为忠诚、职责、奉献、荣誉、勇气、尊重、正直等几个方面。②

美军中从事军队教育的人员主要是士官（Sergeant）和军队牧师（US Army Chaplain）。美军素有"指挥靠军官，管理和训练靠士官"的说法。因为军官调动频繁，流动性大，而士官多数为服役多年的职业兵，工作岗位相对稳定，他们来自士兵，熟悉士兵的情况，能及时向部队的指挥员反映士兵的实际困难和各种要求，表达士兵的意见和建议，帮助部队的指挥员掌握部队的情况。因此，优秀的士官对军队是举足轻重的。《美国陆军士官手册》（第6版）（Army non-commissioned officer guide，Edition 6）规定了士官的责任主要有12大类，包括负责士兵的个人和职业发展规划，教育士兵了解陆军的历史、传统、礼节、军容标准和各种仪式，了解士兵及家人身体和精神上的安康，对下级进行监督、控制、激励和惩罚，维护既定的行为标准，培养士兵的团队精神等。该手册还明确提出"应把培育和鼓励发展核心价值观一事作为责无旁贷的职业道德，必须坚定不移地维护它们"③。

美军在军队中设置了专门的随军牧师。据统计，美军中95%以上的官兵有宗教信仰，所以美军十分重视随军牧师的工作。早在1775年7月29日，美军第2届大陆会议决定成立美国大陆陆军之时，根据华盛顿将军的建议，通过决议确立牧师在军队的地位，使随军牧师成为美军军官序列中不可或缺的组成部分。第二次世界大战期间，美军牧师曾达到8800余人。美国随军牧师"提供和从事宗教服务、礼拜仪式、牧师关怀与劝告、宗教教育以及应急需要和圣礼服务，并遵循他们各自的神职责任，直接负责军人的宗教权力和需要。牧师是指挥官在宗教、士气、道德和生活质量问题方面的主要顾问"④。目前，美军把随军牧师列入正式编制，美国国防部设

---

① 于玲玲：《论美军核心价值观的影响因素》，《军事历史研究》2010年第2期。
② 王泽刚：《美军核心价值观教育及启示》，硕士学位论文，华中师范大学，2011年。
③ Thomas B. Webber, *Navy Core Values: Curriculum for Transformation*, Candler School of Theology, 2002, p. 49.
④ 《上帝旨意的传播者——美军的随军牧师》，东方网，http://mil.eastday.com/epublish/gb/paper2/20001112/class000200001/hwz145899.htm，2017 - 2 - 20。

有武装力量牧师委员会（Committee of Chaplains for the US Army），由部队管理与人事助理部长领导。牧师委员会主任（Chief of Chaplains）为少将军衔，同时还兼任各军种部长和参谋长的首席宗教事务顾问，主要职责是协助各军种部长参谋长和其他参谋机构处理宗教、道德和士气等相关事务。美军在各军种也设有随军牧师局（或牧师处），局长一般也为少将军衔。目前美军共有随军牧师约3100人，这其中还有少量的女牧师专门为女军人服务。[①] 其中陆军共编制牧师约1000人，在军一级设有牧师处，在师一级设有牧师科。海军编制牧师约600人，各舰队和陆战队设有牧师处，分舰队设有牧师科。空军编制牧师589人，各战区及航空队设有牧师处，师设有牧师科。在基层单位，牧师一般分配到陆军的军营、空军的基地和联队、海军的大型船只和小型舰艇中队。大约每750名美军配一名牧师。[②]

牧师在工作中所承担的职责都是依据有关法律和各教派对牧师的要求来规定的。其主要任务就是在部队里促进宗教和道德的发展，对现役军人、军人的家属子女及其他在编的文职和工作人员提供宗教、道德方面的帮助。《美国空军学员联队荣誉规范参考手册》中曾指出，"随军牧师活动的目的是通过宗教自由和牧师关怀的形式给予精神和品格的培养"[③]。《陆军时报》的另一篇文章指出，"调查表明，80%的道德教育是由随军牧师来完成的，时间在每年1小时至80小时之间"[④]。作为一名道德训练者，牧师的最终目标就是用军队的核心价值观来取代官兵原来的社会价值观[⑤]。

美军的随军牧师是连接军人与家庭以及国防部各种支援服务的桥梁和纽带。他们发挥着与家庭中心、家庭维护以及其他军事救助计划的联络作用。随军牧师很少待在办公室，他们有绝大多数的时间是和基层士兵在一起。美军中许多士兵有想不通的事首先找牧师谈，征求牧师的意见。牧师也有主动询问士兵个人情况的义务，并通过个别谈话、家庭走访、慰问伤

[①] 《上帝旨意的传播者：美军的随军牧师》，东方网，http://mil.eastday.com/epublish/gb/paper2/20001112/class000200001/hwz145899.htm，2017－2－20。

[②] 严兴平：《外军政治性工作评介》，海潮出版社2007年版，第140页。

[③] Gregory J. Dierker, *Core Values*: *A History of Values-Related Initiatives in the Air Force*, Air University, 1997, p. 135.

[④] Gregory J. Dierker, *Core Values*: *A History of Values-Related Initiatives in the Air Force*, p. 83.

[⑤] Thomas B. Webber, *Navy Core Values*: *Curriculum for Transformation*, Candler School of Theology, 2002, p. 25.

员、座谈会等形式了解士兵真实的心理。据美军《随军牧师杂志》报道：士兵找女朋友或结婚，要征求牧师意见；夫妻不和，由牧师出面调解；对晋升调动不满的士兵需牧师"劝导"；处理各种纠纷，吸毒、酗酒、性丑闻等违纪问题，也要由随军牧师协助解决。①

第三节 中美公民教育途径比较

从以上的分析可以看到，中美公民教育途径有很多是相同的，如通过学校课程、学校活动、社会活动、大众传媒、家庭教育、军队教育等途径来实施公民教育。同时，中美公民教育途径也有很多不同，最明显的就是美国宗教教育发展成熟，是很重要的一个公民教育途径，而在中国，宗教教育没有成为公民教育的途径。

一 中美公民教育途径的相同之处

中美公民教育途径涵盖广义教育的三个方面，即学校、社会和家庭，以及这三者的有机融合。总体上看，中美公民教育的主要途径基本一致，学校都是中美公民教育的主渠道。

1. 中美公民教育的主要途径基本一致

中美两国公民教育实施的主要途径基本相同，实质上反映了公民教育的实施有着共同规律、共同路径。从广义上涵盖学校教育、社会教育、家庭教育三大渠道，从具体途径上主要通过学校开设系列课程、建设系列组织、开展系列活动；各种社会组织、社会团体和社会机构开展各种社会活动，大众传媒的宣传引领作用；家庭教育的有序开展，以及军队这种特殊人群的教育等途径来实施公民教育。

另外，公民教育需要学校、社会和家庭的配合。正如教育是学校教育、社会教育和家庭教育的有机结合一样，培养社会所需要的"好公民"，仍然离不开这三者的有机配合，无论中美，都强调把这三者各自的作用充分发挥好，并实现三者的有机统一。

---

① 《上帝旨意的传播者：美军的随军牧师》，东方网，http://mil.eastday.com/epublish/gb/paper2/20001112/class000200001/hwz145899.htm，2017 - 2 - 20。

2. 学校是中美公民教育的主渠道

中美两国公民教育途径中，学校都是当仁不让的主渠道，学校是有计划地培养人的专门机构，也是培养公民的主要路径，具有系统性、专门性、综合性的特点。

学校覆盖的年龄段人群，处于公民意识形成、公民能力培养的关键期。美国实行的是 5 岁到 18 岁（K12）13 年免费教育，2017 年高等教育毛入学率就超过 80%；中国实行 6—15 岁的 9 年免费义务教育，15—18 岁高中阶段虽未纳入免费教育，但毛入学率已达到 88.8%。[①] 2019 年全国高考毛入学率达到 48.1%[②]，即将迈入普及高等教育国家的行列。时代的发展和教育普及率的不断提升，中美两国通过学校教育渠道对绝大部分 6—22 岁新增公民进行了系统的公民教育，并将对未来新增公民继续开展公民教育，发挥了主渠道的作用。

学校公民教育的具体途径丰富多彩。学校课程把精心选择的公民教育内容加以科学化的编制，以教科书为载体，形成适应不同年龄发展阶段学生心理特点的知识模块、主题材料，让公民教育框架内容得以落实；课堂教学是教师按照公民教育的育人目标，组织学生高效、有效学习公民教育内容并力图转化为学生习惯性行为的过程，让公民教育内容被学生理解和接受；学校学生自治组织、社团活动、学校组织的各种参观活动是为了锻炼公民能力、满足学生个性、更好适应社会发展，是让学生将抽象的理论和现实有机结合的过程。由学校开展的多种途径实际上形成了公民教育的一个闭环，实现了从公民教育理论、公民教育训练到公民教育实践的统一。

二 中美公民教育途径的不同之处

中美公民教育途径也有不同之处，主要是中美公民教育途径的种类不尽相同、相同的中美公民教育途径发挥的作用不同。

1. 中美公民教育途径的种类不尽相同

中美两国公民教育主要途径基本相同，但也有明显的不同，如宗教教

[①] 《2018 年基础教育发展调查报告》，中国教育在线，http://www.eol.cn/e_html/zxx/report/wz.shtml，2020-1-30。

[②] 《2018 年全国教育事业发展统计公报》，教育部，http://www.moe.gov.cn/jyb_sjzl/sjzl_fztjgb/201907/t20190724_392041.html，2020-1-30。

育就是美国公民教育独有的途径。美国信教的人很多，尤其信仰基督教的人比例很高，但美国并不是宗教国家。美国的道德价值观念源于基督教义，基督教在美国道德品质的养成和政治观念的形成过程中具有较大的影响，美国宗教教育的内容和美国的核心价值观是一致的，这就决定了美国的公民教育与宗教活动有着密切的联系。所以美国的宗教教育以一种新的途径强化了美国的核心理念和道德要求。通过宗教活动和宗教教育，为美国提供了丰富的公民实践机会。教堂往往是美国社区社会活动的中心，在美国很多城市里，提供社区服务的主要力量是宗教团体。在美国，一半以上的成年人参加过宗教组织的慈善服务活动，或者做过志愿者。通过宗教活动和宗教教育，达到了整合和凝聚美国公众的作用。"只有宗教兴旺发达，美国这一共和国才会兴旺发达"[1] 的观点成为社会各界乃至整个国家的共识。美国人常常挂在嘴边的三句话："上帝保佑美国"（God Bless America）、"我们信仰上帝"（We believe in God）、"主权属于上帝"（Sovereignty is God），更凸显了宗教在美国国家生活中的作用。在中国，由于宗教世界观与马克思主义科学世界观是根本对立的，所以只是制定了以"宗教信仰自由"为核心的宗教政策，并不鼓励宗教在公民教育中发挥作用。

2. 中美公民教育途径相同，发挥的作用不同

通过对中美两国军队公民教育途径的梳理，可以看到中美两国公民教育在军队发挥的作用有很大不同。1981年10月，在芝加哥大学召开的"军队中的思想灌输和公民教育"研讨会，从政治社会化的角度比较资本主义和社会主义国家军队教育的不同。研讨会上介绍了包括美国、英国、瑞典、苏联、两德及越南等不同体制国家的思想灌输和公民教育的情况，结论是以美国为代表的西方国家与以苏联为代表的社会主义国家的政治社会化目标根本定位是不同的。社会主义国家的军队政治社会化是整个国家公民政治社会化的有机组成部分，担负着培养新型社会主义公民的责任。军队政治社会化作为新建国家政治社会化的一个特殊部分，其目标不仅是要培养合格的军人，更重要的是要培养社会主义的优秀新公民，以促进整个社会成员的政治价值和政治行为与社会主义进程的要求相适应。[2] 西方

---

[1] ［美］J. 布鲁姆：《美国的历程》，杨国标、张儒林译，商务印书馆1988年版，第26页。
[2] 参见王亚玲《西方军队政治社会化研究述评》，《社会科学评论》2008年第3期。

国家军队政治社会化的目标虽然与公民政治社会化的目标在根本上具有一致性，但其军队政治社会化只是延续了公民政治社会化的基本内容，并不强调军队在整个社会中的突出地位或模范作用，更多强调的是军队自身的职业定位和相应的政治能力。[1] 另外，西方国家军队政治社会化与社会主义国家军队政治社会化的机制也明显不同。社会主义国家军队的政治社会化是一个显性的全方位的教育体系，从人员编制结构到有计划的教育内容，都体现和贯彻了军队政治社会化的目标。社会主义国家比西方国家更重视军队在政治方面的教育，即"政治社会化的代理者直接、有计划地教导政治观念的努力"[2]，灌输式的政治教育是政治社会化的常规性内容。斯蒂芬·韦斯布鲁克在其论文中指出，政治训练是共产党军队最为成功的经验，"他们具有强制和说服相结合的灵活制度。又有人的思想束缚重于武器的哲学，只要党组织还保持完好，他们就有抗御能力"[3]。

此外，美国在学校公民教育途径上特别倚重历史教育这个途径，这一点也和中国有所不同。美国布法罗学院的威廉·米歇尔（William Mitchell）教授就此做了分析：由于美国各州各校的社会研究教育在课程设置上各有不同，自主权很大，基本的课程有历史、地理、公民学与政府、社会学、全球教育、多元文化教育、环境教育、消费教育、生计教育、法律教育、性别平等、社区教育、经济等，但最为重要的核心课程是历史，就是说，历史课的教学在公民教育中起着举足轻重的作用。公民学与政府只是把政府的组织运作程序告诉学生，而这背后的那一整套价值体系要真正内化到学生的头脑中，就要靠历史课持续不断地传授。只有知晓历史，才能使学生真正产生一种与美利坚国家间关系上的角色认同。也只有知晓历史，才能使学生明了美利坚民族在发展过程中的立国原则等非常重要的政治理念。[4] 在美国，历史教育相比政府与政治、经济学等学科，是联邦法律明确进入美国学校课程体系的，美国公民教

---

[1] Ellen Jones, Fred W. Grupp, "Political socialization in the Soviet Military", *Armed Force and Society*, Vol. 8, No. 3, Spring 1982, pp. 355–387.

[2] [美] 波普诺：《社会学》（第10版），李强等译，中国人民大学出版社1999年版，第158页。

[3] Roland Wakenhut, "Effects of Military service on the Political Socialization of Draftees", *Armed Force and Society*, July 1, 1979, pp. 626–641.

[4] 参见高峰《美国公民教育考察散记》，《教育艺术》2003年第5期。

育对历史教育途径的依赖更大。相比中国，除了历史教育，中国还有专门进行公民教育的课程，如道德与法治、思想政治教育等，是国家法律规定的专门进行公民教育的途径。

三　中美公民教育途径比较给我们的启示

中美公民教育途径比较给我们展现了中美两国在公民教育培养中的真实路径，通过比较，也给了我国很多启示，未来我国需要构建更加体系化的公民教育实施途径，实现学校、社会、家庭的一体化共育机制。

1. 构建更加体系化的中国公民教育实施途径

公民教育从根本上讲是全民教育，也是终身教育。参照现有的思想政治教育实施途径，以此来构建新时代的更加体系化的公民教育实施途径，可以分为横向和纵向两个层面。从横向上看可以分为两类，一类属于学校教育系统，指的是小学、中学、大学以及各级各类职业学校，包括普通教育、职业教育以及网络大学等全日制、半日制学校系统，实施系统的、以课程为主导的公民教育；一类是学校教育系统之外的，针对广大的中华人民共和国的公民，对他们进行有目的、有规划、有针对性的公民教育。从某种意义上讲，这部分人的公民教育实施起来难度更大，迫切性也更强。从纵向上看，全社会的公民教育又是一个整体，不论是学校系统还是非学校系统，都需要根据年龄阶段、知识水平、文化层次、职业特点等进行针对性的训练和教育，需要经历公民知识的学习、公民实践的参与、公民意识的形成等环节和阶段。纵向、横向的划分是为了静态描述的方便，实际上公民教育呈现的是动态的、纵横交叉的实施过程，这样，在任何一个时间和空间上，都可以保证所有适龄公民在公民教育覆盖的范围内。

2. 构建公民教育的学校、社区、家庭一体化实施途径

美国很重视学校和社区的实践融合，以美国大学、中学开展的法治教育为例，就是学校和社区融合的很好例证。法治教育强调让学生通过学习，关注现实情境中的法律问题，关注学生在面对现实法律问题时如何解决争执与冲突，讨论与分析如何学会理解法律、运用法律的能力，而不是简单地熟记法律条文，这一切都需要学生深度参与社区活动才能得以实现。需要强调的是，美国社区是具有独立行动能力的社会单元，美国人更

多使用的是社区（community）而不是社会（society）。美国人可能对国家大事未必关注，但对参与社区活动却很积极，定期举行社区会议和社区听证会，投票处理社区的公共事务。美国的法治教育在实施中就很好地体现了学校和社区的一体化实施，在设计上兼顾了学校和社区的要求。学生在去社区前需要熟练掌握所学的知识和技能，能更好激发学生的学习动机；社区为学生提供了在法治教育课堂中所学知识运用的平台，同时，大学、中学通过社区参与，也可以树立起服务社区的良好形象。美国法治教育中的社区参与赋予学生自主发挥的空间和对经历进行积极反思的机会，向学生展示社区中司法机构的合法性和真实性，在将法律、法律体系、法律程序"去神圣化"（demystify）和鼓励学生"实践"法律的过程中推动了法治教育目标的实现。[①]

与美国不同的是，中国法治教育开展的主要途径还是以学校为主要平台：一是在大中小学通过学校教科书设专册、专节的方式开展法治教育，尤其强调宪法教育，如《道德与法治》分别在六年级上册和八年级下册设置了法治教育专册，突出宪法教育的内容；高校的《思想道德修养和法律基础》设专门章节进行宪法教育。二是每年都举行全国学生"学宪法、讲宪法"系列活动，通过微视频征集、演讲比赛与知识竞赛等形式，推动各地各校深入开展宪法学习宣传。目前通过教育部"全国青少年普法网"（www.qspfw.com）参加学习的已经超过 37 亿人次，普法网上注册学生用户达到了 1 亿多人，还涌现出 4054 万"宪法小卫士"。开设网络青少年宪法课堂，录制覆盖 500 个知识点的 121 集微视频，放在青少年普法网上，供全国大中小学生学习。三是从 2014 年起，每年都在国家宪法日上午举办宪法晨读活动，由教育部一名副部长领读，通过网络连接各地中小学校，与两千多万学生同步诵读宪法部分条款。此外，还指导各地利用升旗仪式、主题班会、社团活动等营造尊崇宪法的文化氛围。[②] 四是采用法律专门机构送法入校的方式。每年的 9 月，全国各地中小学陆续开学后，各地人民法院会在新学期开学之际，开展丰富多彩的送法进校园活动，通过

---

① 参见沈英《美国中小学法治教育中的社区参与：内涵、实施及特色》，《外国教育研究》2005 年第 1 期。
② 《教育部：推动宪法教育进校园、进课堂、进头脑》，人民网，http://legal.people.com.cn/n1/2019/1203/c42510-31488077.html，2020-1-19。

模拟法庭、以案说法、法治讲座等形式对青少年学生开展法治宣传教育，使青少年从小产生对法律的敬畏之情，培养崇尚法律、遵纪守法的意识，树立"学法、知法、守法、用法"的正确观念，同时在合法权益受到不法侵害时，勇敢地拿起法律武器保护自己。2015年9月1日，河南省三门峡市湖滨区人民法院未成年人综合审判庭的法官走进三门峡市第二小学，开展"开学第一堂法律课"活动，并给该校千余名师生作法治报告；内蒙古自治区镶黄旗人民法院少年法庭法官走进各中小学校开展"法制宣传进校园"活动，法官们通过以案说法的形式，结合各自审判实践，围绕刑法、民法、侵权责任法中的具体条款和案例进行了精彩生动的讲解；四川省西充县人民法院结合法律"七进"工作，积极开展送法进校园活动，为广大学生上法制课，增强学生的法制意识，为学生健康成长保驾护航。9月2日，河南省信阳市浉河区法院的法官们来到吴家店镇希望小学，为学生们普及法律知识、讲述案例故事、赠送书籍，开展"开学第一堂法律课"活动。① 中国法治教育的开展往往是通过学校进行的，社区深度共同参与的并不多。美国法治教育注重与社区联动的方式，值得我们借鉴推广。

实际上，公民教育的实施需要构建学校、社会、家庭一体化的实施路径来共同完成，包括学校和社会、学校和家庭、社会和家庭以及学校、社会、家庭这三者的有机融合。就法治教育而言，中国也应该由政府设立指导法治教育的专业机构，号召各地司法部门和学校加强联系的同时，也应该建立学校和社区及社会机构的深度联系和合作，如地方法庭能够提供模拟法庭、法律人士志愿者定期举行学校讲座，开展全国性模拟法庭竞赛等。②

中国还需要继续加强学校和社会在公民教育方面的深入协作，如北京市开展的模拟政协，就是学校和社会资源的深度融合。2016年，北京市政协在青少年学生中支持推动"模拟政协"社会实践。经过三年时间，在北京设立50个"模拟政协"实践基地，在高校推动青少年"模拟政协"实践，支持外交学院举办"提案中国·全国大学生模拟提案大赛"。实施邀

---

① 王银胜：《九月开学季 法官进校园送法普法忙》，《人民法院报》2015年9月13日，第6版。

② 李先军、张晓琪：《美国中小学法治教育的历史演进、特点及启示》，《外国中小学教育》2015年第5期。

请学校师生走进政协、组织政协委员走进学校的"双走进"活动,重点支持成立"模拟政协"社团、观摩政协会议活动、模拟政协提案、模拟协商议事等实践,推动师生观摩政协、体验政协,推动协商民主、政协知识走进课堂。全市有364所学校的500多名教师和1.4万名学生参与了"模拟政协"实践,三年多来,来自青少年学生的200余项"模拟提案"得到政协委员关注,以此为素材形成的50余件提案提交北京市乃至全国两会,极大调动了青少年师生们观察分析社会现实问题的积极性和创造性。有学生说,通过观摩体验感到对于政治制度"适合自己的,就是最好的",进一步增强了制度自信。[1] 这是由政协发起的、学校深度参与的活动,是政府机构和学校共同设计的精细化的学习实践,对于中国特色社会主义制度的优越性有了直接的感受,是未来探索的方向。

学校和家庭在公民教育中的融合有多年实践,也取得了一定的成果。2015年《教育部关于加强家庭教育工作的指导意见》明确了家长在家庭教育中的主体责任,推动形成政府主导、部门协作、家长参与、学校组织、社会支持的家庭教育工作格局。但由于家庭教育和学校教育管理分属中国妇联和教育部,又由于家长、教师对于学生成长中各自责任认定不清,以及部分教师和家长本身的专业知识和技能的匮乏(三成以上的四、八年级班主任报告超过一半的家长"认为教育孩子全是学校和老师的责任"[2]),学校和家庭在学生成长中有效协作的困境仍没有得到有效解决。要想实现家校有效共育,就要构建学校家庭教育指导服务工作体系,办好家长学校,实现妇联教委协同下的家长学校建设研究;建好家长委员会,建立"班级年级校级"三级家长委员会的功能定位与制度;建设学校家庭教育指导教师队伍,加强家庭教育指导教师的理论素养与实践能力建设研究;建立完善的教师家访制度、"家校"有效沟通和问题调处机制;创新学校家庭教育指导服务工作模式,建立基于学校的家庭教育指导服务的保障体系建设。

社会和家庭之间开展公民教育的协作相对较少,一般是社区通过社区

---

[1] 《推动青少年"模拟政协"社会实践3年多1.4万名学生参与》,北京政协,http://www.bjzx.gov.cn/zxgz/zxyw/201909/t20190920_24520.html,2020-1-28。

[2] 《全国家庭教育状况调查报告(2018)》,北京师范大学网站,http://news.bnu.edu.cn/zx/ttgz/104333.htm,2020-1-22。

小饭桌、社区作业辅导站等方式为家庭提供便利性服务。与美国相比，中国的社区和家庭在公民教育功能方面差距较大。根据中国的实际情况，可以考虑通过设立社区家庭教育和学生成长中心的方式，来联结中国的家庭和社区开展公民教育，以妇联、共青团少先队等机构为主导，设计包括亲子沟通课程、常见心理问题识别及干预、专注力训练课程、好习惯养成课程、生活能力训练课程、领导力课程、青少年情商课程、压力管理课程、学业规划课程等，适应不同年龄段的人群，以家、社共育的平台，有效的课程来培养社会主义公民。

"家校社"一体化也需要进一步加强，目前国内"家校社"一体化的重点主要落在了家庭教育上，以学校搭建平台、社会力量参与、家长接受教育的方式为多，如 2018 年 3 月 24 日，山东平度开发区高级中学为了构建"家校社"一体化的教育体系，进一步密切家校联系，提升家庭教育水平，在学术报告厅举行家庭教育培训会议。会议由平度开发区高级中学副校长对学校教育教学管理情况和家长进行了汇报交流，教体局家庭教育指导中心主任做了宣讲，平度家庭教育讲师团成员吴淑莲老师做了以《让阅读点亮人生》为主题的报告，活动的举办旨在强化家校共育机制，建立新型的家校合作方式，让家长更多地参与学校生活，使家庭教育与学校教育有机结合、协同互补、互相促进，最终实现家庭、学校教育的协调发展。[①]再如 2019 年 3 月 13 日，成都青羊区召开家庭教育"家校社一体化"工作交流会，也是以社区家长学校和社区服务中心作为服务平台，依托各类教育资源，借助专业的力量，为社区家庭提供科学规范的家庭教育指导和支持，是一项公益性的民生工程。[②]

当然，也有对"家校社"一体化的新探索，如厦门市鹭江新城小学通过发挥学校主导作用，以课堂教学为主阵地，连线家庭与社区，创设浓郁的德育育人氛围，建构德育协同长效机制，加快"家校社一体化"进程。学校通过提倡家风建设，融通学校和家庭教育，通过建设社区"小海豚法治文化长廊"，宣传相关普法知识；通过社区书院的友邻中心开设"四点

[①] 《构建"家校社"一体化 平度开发区高级中学举行教育培训活动》，凤凰网，http://qd.ifeng.com/a/20180326/6458260_0.shtml，2020 - 1 - 28。

[②] 《青羊区召开家庭教育"家校社一体化"工作交流会》，成都市政府，http://gk.chengdu.gov.cn/enterprise/detail.action?id=8825&tn=6，2020 - 1 - 28。

半课堂"免费辅导站,于每周二下午四点半到六点,为这些学生免费提供家庭作业辅导、图书阅读等服务,搭建起少年儿童在社区的互助学习平台。① 这些探索虽然还是比较初步的,但代表着未来"家校社"一体化的方向,即强调家庭、学校和社会在共同育人方面发挥更积极的作用,而不是仅仅停留在关注家庭教育方面。

---

① 郭英俊:《"家校社"一体化的德育协同长效机制探究》,《福建基础教育研究》2019年第6期。

第五章 中美公民教育方法比较

公民教育方法是为达成公民培养目标而采用的各种手段和方式的总和。中美两国公民教育方法带有鲜明的、各自文化传统烙印和特点。同时，随着中美两国交流的不断深入，美国公民教育的部分方法也在中国得以传播和运用。

第一节 中国公民教育的主要方法

与美国公民教育相对应的方法，在中国称之为思想政治教育方法，具有鲜明中国特色并仍然发挥重要作用的方法主要有理论灌输、榜样示范、自我教育、研究性学习等。2019年3月，习近平在学校思想政治理论课教师座谈会上强调，推动思想政治理论课改革创新，要不断增强思政课的思想性、理论性和亲和力、针对性，要坚持政治性和学理性相统一、价值性和知识性相统一、建设性和批判性相统一、理论性和实践性相统一、统一性和多样性相统一、主导性和主体性相统一、灌输性和启发性相统一、显性教育和隐性教育相统一，成为中国公民教育方法的指导原则。

一 理论灌输

理论灌输也被称为理论教育法、理论学习法，是在中国共产党的领导下，有组织、有计划地向全体公民进行马列主义、毛泽东思想和中国特色社会主义理论体系的教育方法，是中国在新民主主义革命和社会主义实践中常用的方法。

理论灌输法的理论基础是"灌输"理论。"灌输"是马克思主义理论的重要组成部分，是马克思、恩格斯、列宁等在革命实践中长期思考的一个重要问题。恩格斯首次使用了"灌输"这个概念。1844年11月，恩格斯在《共产主义在德国迅速进展》一文中谈到德国优秀画家许布纳尔的画时指出，"从宣传社会主义这个角度来看，这幅画所起的作用要比一百本小册子大得多"[①]。1875年马克思在《哥达纲领批判》中强调，拉萨尔派"歪曲那些花费了很大力量才灌输给党而现在已在党内扎了根的现实主义观点"[②]。列宁则对灌输论进行了全面、系统的论述。列宁的"灌输"论提出要把自发的运动变为自觉的运动，必须有科学社会主义的指导，必须把科学社会主义和工人运动结合起来，两者的结合产生工人阶级政党。同时，党要实现对自发运动的领导，要把社会主义和政治自觉灌输到工人运动中去，"工人本来也不可能有社会民主主义的意识。这种意识只能从外面灌输进去，各国的历史都证明：工人阶级单靠自己本身的力量，只能形成工联主义的意识"[③]。通过灌输，促进工人运动同社会主义结合，始终保持工人运动的社会主义方向。

中国共产党在革命和社会主义建设实践中，非常重视对人民群众进行革命思想和理论的灌输。1938年，毛泽东在《论持久战》中指出，"军队的基础在士兵，没有进步的政治精神贯注于军队之中，没有进步的政治工作去执行这种贯注，就不能达到真正的官长和士兵的一致，就不能激发官兵最大限度的抗战热忱，一切技术和战术就不能得着最好的基础去发挥它们应有的效力"[④]。这里的"贯注"就是"灌输"的意思。新中国成立后，毛泽东提出，"政治工作的基本任务是向农民群众不断地灌输社会主义思想，批判资本主义倾向"[⑤]，并进一步指出，政治工作是一切经济工作的生命线。

从以上的分析中可以看到，马克思、恩格斯、列宁、毛泽东对理论灌输都特别重视，其中一个重要的依据是马克思主义理论具有先进性，而广大人民群众一时不能意识到或自发形成这种先进的理论，因此需要通过理论灌输来输入。

---

① 《马克思恩格斯全集》第2卷，人民出版社1957年版，第589页。
② 《马克思恩格斯选集》第3卷，人民出版社1995年版，第306页。
③ 《列宁选集》第1卷，人民出版社1995年版，第317页。
④ 《毛泽东选集》第2卷，人民出版社1991年版，第511页。
⑤ 《建国以来毛泽东文稿》(5)，中央文献出版社1991年版，第503页。

新中国成立以来，依然强调要对人民群众进行理论灌输教育，马克思主义理论是理论灌输的主要内容。从学校系统看，1959年教育部颁发《中等学校政治课教学大纲（试行草案）》，规定初中设"政治常识"课，高中设"政治常识""经济常识""辩证唯物主义常识"课，通过统一的政治课方式学习马克思主义理论。改革开放后，开设专门课程进行马克思主义理论教育的方式得以延续，突出变化是强调根据学生年龄特点，分阶段、分层次进行。在高校，则通过普遍开设思想政治理论课的方法进行理论灌输，并纳入学分体系。从1985年至今，高校思想政治理论课程设置作过三次调整，即"1985方案""1998方案"和"2005方案"，其中"2005方案"规定在本科教学中开设四门课程，即马克思主义基本原理概论，毛泽东思想、邓小平理论及"三个代表"重要思想概论，中国近现代史纲要，思想道德修养与法律基础四门课程。研究生阶段主要开设"中国特色社会主义理论"课程，一般按照专题进行。在学校系统外，军队、企业、机构和社会团体中，也都通过各级党组织学习马克思主义理论。

从中国新民主主义革命实践到社会主义建设，理论灌输发挥着极其重要的作用。正是长期以来坚持理论灌输，才能将马克思主义理论为受教育者所认识和接受，并逐步内化为稳定的心理结构和行为习惯，用马克思主义的世界观和方法论改造我们的思想，指导中国的社会主义建设。

目前，对于"灌输"有不同的理解和争论。祖嘉合把理论界的观点概括为三种：第一种理解认为灌输是马克思主义的一个基本理论原则，列宁创立的灌输理论是无产阶级政党进行思想教育的重要理论依据；第二种理解认为灌输是一个动态的实践过程，灌输主体、客体以思想、知识为中介联系起来，构成了一个双回路动态的实践过程；第三种理解认为灌输是一种教育方法和手段，灌输作为一种方法就是有目的、有计划地向教育客体进行政治、思想、道德、知识等理论教育，通过较系统的学习，逐步树立科学的世界观和人生观的教育方法。祖嘉合认为这三种理解可以统一起来，灌输作为思想教育的一个普遍原则，不能抽象地存在，必须通过思想教育实施的方式、方法去实践，而这个实践的过程就是思想教育主客体双向的互动过程。基于此，灌输作为思想教育的原则应该坚持，作为方法应该丰富多彩，作为过程应该坚持灌输原则的坚定性与灌输方法的灵活性的统一。①虽然对理论灌输还有不同认识，在实践中还有不同做法，但理论灌输长期以来成为中国一种重要的教育指导思想和教育方法，是赢得中国革命胜利、取得社会主义建设成果的重要武器和法宝。

理论灌输在中国有着特殊的意义，它既是一种培养公民的方法，也是一种培养公民的理念。王建军认为，"灌输在目的论和内容论上具有科学性和合理性，但作为方法论的灌输却是不科学的，灌输论的内在人性假设也存在明显的局限性"②，并提出"要完成思想政治教育的任务，就要实现灌输和启发的有机融合，以灌输为启发提供方向和理论上的指导，以启发增强灌输内容的接受效果"③，这是探索理论灌输被误解和误用的原因，希望从目标、立意、内容的角度，深层次来理解理论灌输。

实际上，列宁也把灌输作为宣传和传播马克思主义理论而提出的基本准则，而不是解决具体问题的具体办法，这里的"灌输论"，也并不简单等同于教学法上的"填鸭式"，而是指正面、系统、集中传授马克思主义理论。列宁还特别强调，"不要把我们的理论变成枯燥乏味的教条，不要光用书本子教他们理论，而要让他们参加日常的斗争。再重复一遍，在这种日常活动中，是有某种教育学的因素的"④。

当前，对于理论灌输也有不同的论调，如否定论、过时论等。持否定论观点者认为，理论灌输是脱离实际的说教，人们实际的接受程度低，靠灌输难以确立科学的世界观、人生观和价值观，没有现实意义。持过时论观点的人人认为，灌输理论是马克思、恩格斯、列宁于19世纪、20世纪提出的思想理论，当时的工人阶级觉悟低，知识基础薄弱，所以只能从外部把科学社会主义的理论灌输到工人运动中去，当今社会，无产阶级当家作主，掌握知识的途径很多，社会利益主体、思想观念多元化，不需要也没必要进行理论灌输。这些观点在社会上有一定的拥趸，需要我们特别重视。另外，理论灌输法作为常用的思想政治教育方法，具有系统性强、学

---

① 祖嘉合：《思想政治教育方法教程》，北京大学出版社2004年版，第118—119页。
② 王建军：《论思想政治教育中的灌输和启发》，《中国石油大学学报》（社会科学版）2013年第29卷第5期。
③ 王建军：《论思想政治教育中的灌输和启发》，《中国石油大学学报》（社会科学版）2013年第29卷第5期。
④ 《列宁全集》第8卷，人民出版社1959年版，第423页。

习时间集中等优势，但是在实际操作中，理论灌输的"输入"被过于强化和放大，也出现了受教育者被动接受、形式单一、互动不足等问题，尤其是在社会发展多元化背景下，遇到了越来越多的挑战。

理论灌输在实践中遇到的突出问题，一是对理论灌输的片面理解，导致了教育者与受教育者地位的不平等。长期以来，理论灌输法几乎成为教育者居高临下，不顾受教育者感受和接受程度，机械、死板传授理论的代名词，也直接导致了理论灌输的效果很差。二是理论灌输不分受教育者的接受程度，教育内容与受教育者实际生活和能力水平脱节。教育者很少考虑受教育者的实际情况，所讲内容假大空，很少关注受教育者的实际需要与接受程度。有些理论观念陈旧，无法解释活生生的现实。对受教育者的要求一刀切，忽视个性差异。三是教育方法单调、枯燥。常常采用"我说你听，我打你通"的方法，试图用权威来压服、改变受教育者，采用的是填鸭式硬灌法，忽视了受教育者的学习规律，容易造成受教育者的抵触与反感。

理论灌输是强调对马克思主义理论的输入，核心是马克思主义理论内容的获得，因为先进的马克思主义理论不是受教育者自发形成的，但并不是强调在方法、路径上就只能用理论漫灌的方式。理论灌输要树立以受教育者为本的理念，通过平等沟通、相互交流来促进受教育者对理论的认识和接受，保持教育者和受教育者的地位平等。教育内容的选取要贴近实际，贴近受教育者。不同阶段、不同年龄的人群，对理论的接受程度是不一样的。只有内容出自生活，教育者与受教育者才有共同语言，容易产生共鸣。理论灌输的形式要多样化，通过采用讲授法、讲解法、宣传教育、理论培训、理论研讨、服务体验，社会考察等各种形式，运用多媒体课件、电化教育等现代科技手段来改进教育方法，提高理论灌输的实效性。

二 榜样示范

榜样示范，也称为榜样教育法，和典型教育法、示范法等有区别也有联系，是我国常用的教育方法，在学校、社会和家庭的公民教育中都得到较为广泛的使用。

"榜样"在《现代汉语词典》中的含义为"作为仿效的人或事例"①。榜样示范教育法具有鲜明的中国特色,它有中国文化中重视先进人物影响的传统,也有中国共产党在革命实践中的创新使用。

明代李贽在《续焚书·李善长》中称赞明太祖朱元璋执法不徇私情,是天下的楷模:"今观欧阳驸马所尚者,太后亲生公主也,一犯茶禁,即置极典,虽太后亦不敢劝。其不私亲,以为天下榜样,亦大昭揭明白矣"②。中国历史上也不乏各种楷模、典范人物,用来教育后人,如周公、孔子、孟子、荆轲、唐太宗、文天祥等,都是后人各个方面学习的榜样。

中国共产党在长期的革命和建设实践中,逐步形成了一套树立榜样的方式教育全党干部。抗日战争时期,中国工农红军和八路军高级指挥员左权在抗击日本帝国主义的战斗中牺牲,周恩来称他"足以为党之模范"③。1938年10月,毛泽东在《中国共产党在民族战争中的地位》中明确指出:"共产党员的先锋作用和模范作用是十分重要的。共产党员在八路军和新四军中,应该成为英勇作战的模范,执行命令的模范,遵守纪律的模范,政治工作的模范和内部团结统一的模范。"④ 1946年10月19日,周恩来《在上海鲁迅逝世十周年纪念会上的演说》中说,"鲁迅和闻一多都是我们的榜样"⑤。新中国成立后,这一传统得以继承和发扬,形成在不同时期树立、学习不同榜样的做法。

榜样示范作为一种思想政治工作的方法,在实践中不断完善的同时,也不断得到理论研究者的关注,对于榜样示范的学术研究也逐渐丰富起来。张耀灿对榜样示范的定义为:"就是以先进典型为榜样,以典型人物的先进思想、先进事迹来教育人们,提高人们思想认识和思想觉悟的一种方法。"⑥ 榜样示范通过对先进人物、团体和事例的宣传,用生动形象的方式引发受教育者情感上的共鸣,激励受教育者仿效榜样,逐步按照榜样的

---

① 中国社会科学院语言研究所词典编撰室:《现代汉语词典(修订本)》,商务印书馆1996年版,第39页。
② 《续焚书注》,张建业、张岱注,社会科学文献出版社2013年版,第241页。
③ 晋冀鲁豫烈士陵园管理处:《怀念左权同志》,解放军出版社2005年版,第7页。
④ 《毛泽东选集》第2卷,人民出版社1991年版,第522页。
⑤ 李树春:《影响中国近现代史的经典演讲词赏析》,中共中央党校出版社2013年版,第456页。
⑥ 张耀灿:《思想政治教育学原理》,华中师范大学出版社1989年版,第215页。

言行来要求自己，从而达到提高受教育者思想认识和行为能力的作用。

在新时代，社会价值观多元的条件下，这种方法快速、高效，树立榜样、宣传榜样是现实而直观的教育和引导。榜样的先进思想、模范行为、感人事迹，代表着社会发展的方向，富有强烈的感召力和说服力，能起到激励、引导人们奋发向上的作用。

榜样具有时代性的特点。不同时代有不同的榜样，甚至不同行业也有自己的榜样。新中国成立后，1950年的9月召开的全国战斗英雄代表大会和全国工农兵劳动模范代表大会，有来自各行各业的英模人物，如拼刺英雄刘四虎、模范政治工作者周文江、全国劳动模范马恒昌等；在抗美援朝时期，在志愿军中开展了学习黄继光、邱少元、罗盛教等英雄人物；和平建设时期，又树立了雷锋、焦裕禄、王进喜、张海迪、孔繁森等先进人物，提倡女排精神、抗洪精神等。大学生榜样，如2004年、2005年"感动中国"大学生榜样人物徐本禹、洪战辉、长江大学陈及时、北京大学马清源、重庆大学刘江涛等。

榜样还具有层级性的特点。有的榜样是在全国范围内广泛宣传的，一般牵头主体也是国家层面，一般是由中宣部牵头，如孔繁森、杨善洲等榜样人物；有的是地方范围内的榜样，往往也由区域和地方政府来牵头；还有的是社区、学校内的榜样，一般为大家所熟悉，使人感到真实、亲切。

榜样示范不同于一般的教育方法，其教育主体有一定的特殊性，因为对榜样的选择、宣传需要花费大量的人力物力，尤其是在全国范围内树立的榜样人物或集体，需要各级各类党组织、政府机构、社会团体、各级各类学校、社区等的协同努力。

榜样示范在操作中有基本的程序和步骤，一般要经历以下三个过程：一是选择榜样。按照一定的标准选择出代表时代要求的优秀人物和集体，这是使用榜样示范方法的起点和关键环节。要确立选择榜样的标准。在不同的社会时期，有不同的选择标准，发挥着不同的引导、示范作用。榜样人物选择的标准，实际就是榜样在思想、行为上需要达到什么样的高度，为社会做出的贡献和价值，以及体现社会所期望的思想道德的要求等。选好榜样是学习榜样的前提，在选择榜样时要注意受教育者的年龄特征、接受能力、社会氛围，使榜样能有效地发挥作用。二是挖掘榜样。榜样确定后，在进行宣传和推广之前，还需要对榜样的事迹进行搜集、整理、分析、梳理，挖掘出榜样真实可信、最打动人心的典型事迹、成长道路，提炼、抽象出高尚的道德情操、优异的心理品质、执着的奉献精神等内容。三是宣传榜样。通过各种宣传渠道，在一定范围内，对榜样进行适度而相对密集的宣传，使榜样优秀事迹和良好行为广为人知，深入人心，激发受教育者的学习积极性，并适时对受教育者提出具体可行的要求，使其明确学习目的和要求，同时，有目的地组织一些活动，营造学习范围，激发受教育者的学习动机和学习欲望。

随着时代的发展，榜样示范方法逐渐失去原有的优势，开始走向低谷。这既有榜样选择、榜样宣传不当的原因，如榜样形象过于"高大全"，大多是著名人物、科学家、政治领袖，使受教育者高不可攀、无法企及等，也有社会发展的原因，如受社会转型，教育者思想观念、思维方式、行为准则呈现出多元化的趋势等。

新时期需要在总结榜样教育经验基础上，充分、有效发挥榜样示范的作用。选取的榜样必须真实可信。榜样要符合现实、贴近实际、贴近群众，能赢得人们的敬仰和爱慕，不能把榜样任意拔高和神化，不能使受教育者感到高不可攀。要善于找到榜样和受教育者之间沟通的联结点，强调学习榜样的精神，而不是单纯地模仿其具体言行，并努力把学习榜样与日常生活联系起来，转化为实际行动。在学习榜样时，努力把榜样从一种他律的力量转化为受教育者自律的力量，从外在的约束力转化为内在的动力。榜样的宣传要科学和个性化。榜样的宣传要贴近生活，要真实可信，不能任意拔高。同时，榜样的宣传要个性化，不同的榜样展现不同的方面，体现榜样的个人魅力，展现其真正的精神实质。建立榜样保障机制和监督机制。要保障榜样的个人利益和权益，通过立法、行政等多种途径，对榜样进行精神奖励和物质奖励。要建立完善的榜样监督机制，"一旦榜样被树立，需要有专门的机构和网络平台来监督榜样的行为，鼓励群众对榜样监督，发现榜样的非法行为要立即举报，防止榜样贪污腐化的发生，增强榜样的公信力"[①]。习近平总书记近年来对新时代涌现出来的榜样予以高度评价，号召全国人民向他们学习，他们当中有守岛卫国 32 年的王继

[①] 李毅娜：《当前"榜样示范法"的问题、原因及其对策》，《华中人文论丛》2011 年第 2 卷第 2 期。

才、献身科研事业的黄大年、35 年奋战在扶贫攻坚第一线的太行山上新愚公李保国、坚守初心的老英雄张富清等。

榜样教育在中国的思想政治教育发展过程中发挥了积极作用，以其自身的优势和特点成为中国思想政治教育不可缺少的一种方法。改善榜样示范方法以适应未来社会发展，更好发挥榜样示范作用，是未来努力的方向。

三 自我教育

自我教育也称为自我修养，"是个体根据思想政治教育主体的要求和自身发展的需求，有目的、有计划、自觉地对自我提出任务，把自我作为认识和改造的对象，通过自我认识、自我选择、自我反省、自我调控等方式，提高和完善自我道德品质和思想政治素质而进行的一种教育活动"①。

自我教育的方法与中国儒家所倡导的自我修养、自我反省方法一脉相承，作为一种个体提高自身修养的方法，自我教育方法有一定的历史传统和文化积淀，容易被受教育者接受和使用。中国共产党在长期的公民和建设实践中，也特别强调自我教育的重要性，并"创造了许多行之有效的自我教育方法，例如忆苦思甜、回忆对比、讨论磋商、批评与自我批评等多种群众自我教育的形式"②。在中国思想政治教育实践中，自我教育往往在表述中成为与灌输教育相对应的一种方法。

马克思主义理论为自我教育提供了哲学基础。马克思主义关于人的本质理论指出，人是生物、实践、社会统一体，是这三方面属性的统一。马克思关于"人的本质不是单个人所固有的抽象物，在其现实性上，它是一切社会关系的总和"③的论述，对人的本质作了最科学的规定。马克思主义关于人的本质理论，从公民教育教育的角度来理解，就是要从研究人、分析人的社会关系和人的实践活动入手。

苏联教育家苏霍姆林斯基非常重视自我教育方法，他指出："能促使自我教育的教育，才是真正的教育"④，并指出："在对个人教育中，自

---

① 祖嘉合：《论自我教育》，《思想政治工作研究》2003 年第 9 期。
② 祖嘉合：《论自我教育》，《思想政治工作研究》2003 年第 9 期。
③ 《马克思恩格斯选集》第 1 卷，人民出版社 1995 年版，第 56 页。
④ ［苏］瓦·阿·苏霍姆林斯基：《少年的教育与自我教育》，姜励群译，北京出版社 1984 年版，第 100 页。

教育是起主导作用的方法之一"①。自我教育作用在培养良好公民中具有十分积极的意义。一个人良好品德和政治观念的形成，是把客观社会规范转化为自己稳定的观念和行为的结果。受教育者具有潜在的自我教育的积极性、自觉性和主动性，同时又有消极、被动的一面，受教育者是具有主体意识的独立个体，外部的作用必须经过受教育者的认同，才能并转化自主的观念和行为。同时，只有受教育者把接受社会教育转化为一种自觉行为，能够实现自我教育、自我提升，才能真正实现受教育者形成长期、稳定的社会观念，并维持一生。因此，自我教育在充分发挥受教育者的主体作用，努力培养和增强受教育者的自我教育能力方面发挥了重要作用。2004年颁布的《中共中央国务院关于进一步加强和改进大学生思想政治教育的意见》指出，"坚持教育与自我教育相结合。既要充分发挥学校教师、党团组织的教育引导作用，又要充分调动大学生的积极性和主动性，引导他们自我教育、自我管理、自我服务"②。

自我教育的过程具有一定的系统性，有明确的发展阶段。祖嘉合认为，一般经过自我考评、自我驱动、自我监控、自我发展四个阶段，其中自我考评是对自我的分析过程，包括自我认识和自我评价，是自我教育的初始阶段；自我驱动是人在各种需要的刺激下，不断修正、改进自己的行为，从而不断超越自身向前发展的实践能力；自我监控是自我教育目标得以实现的保证和条件，它通过主体的自我剖析、反思、内省，检点自己的行为；自我发展是自我考评、自我驱动、自我监控后，个体对新目标确立、修正、执行并进入更高层次的自我教育过程。自我发展是前一个过程的结束和新的过程的开始，实现着自我教育目标的递进，不断地促使现实自我向理想自我转化。③

在自我教育的过程中，教师的任务主要是培养学生自我教育的能力，包括目标的自我设计能力、自我行动能力、自我评价能力、自我劝告能力、自我奖惩能力、自我修养能力、自我管理能力和自我督促能力。具体

---

① ［苏］瓦·阿·苏霍姆林斯基：《少年的教育与自我教育》，姜励群译，北京出版社1984年版，第235页。

② 《中共中央国务院关于进一步加强和改进大学生思想政治教育的意见》，《中国高等教育》2004年第20期。

③ 祖嘉合：《论自我教育》，《思想政治工作研究》2003年第9期。

的过程包括教师要设法激发起学生自我教育的愿望，找到学生自我教育的原动力。然后帮助学生制订程度适当、具体可行的自我改进目标与计划，鼓励学生在道德实践中不断反思自己，自我监控、自我评价、自我激励，形成道德修养的连续动力，形成自我教育习惯。要让学生积极参加各种社会实践活动，帮助学生在道德实践中实现意志磨炼、行为策略上的提升。

在实践中，中国中小学校都有很多基于自我教育集体设计的成功经验。上海外国语大学附属大境中学开展学生"自我教育、主动发展"德育实验，其核心是强化学生的主体地位，由学生被动地接受教师的"教诲"转变为由学生自主践行，让每个学生都能达到在自己基础上的进步。为此，学校建立了全员、全程、全覆盖的德育管理体系，形成了"活动—参与—体验—感悟—践行"不断循环的操作系统。[1]

在个性纷呈的当代社会，自我教育法强调个体自我意识的激发自觉，在培养社会主义新人的过程中更具现代价值。

四 研究性学习

研究性学习是中国在新一轮基础教育课程改革中推出的一种学习方法，它在中小学、大学的应用，改变了德育工作的方式，拓宽了德育的内容，促进了德育评价的创新。

2000年颁布的《全日制普通高级中学课程计划（试验修订版）》新增加了一门必修课"综合实践活动"，包括研究性学习、社会实践、社会服务、劳动技术教育四个部分，其中对研究性学习的界定为"以学生的自主性、探索性学习为基础，从学生生活和社会生活中选择和确定研究专题，主要以个人或小组合作的方式进行。通过亲身实践获取直接经验，养成科学精神和科学态度，掌握基本的科学方法，提高综合运用所学知识解决实际问题的能力。在研究性学习中，教师是组织者、参与者和指导者"[2]。按照课程设置表，研究性学习的时间为每学年每周9课时，总计288课时，仅次于语、数、外三科的周课时和学年总课时安排时间。[3]

---

[1] 郑延定：《学生"自我教育、主动发展"德育实验的思考与实践》，《上海教育科研》2004年第2期。
[2] 《全日制普通高级中学课程计划（试验修订版）》，《学科教育》2000年第3期。
[3] 《全日制普通高级中学课程计划（试验修订版）》，《学科教育》2000年第3期。

2001年6月，教育部颁发了《基础教育课程改革纲要（试行）》，规定"从小学至高中设置综合实践活动课并作为必修课，其主要内容包括：信息技术教育、研究性学习、社会服务与社会实践以及劳动与技术教育"①。从2002年秋季开始，全国各省市统一使用《全日制普通高级中学课程计划》，其中研究性学习被列为高中必修课程。

目前，对于研究性学习的认识还有不同观点，有的认为"研究性学习"是一种学习方式，是针对"接受性学习"和"训练性学习"而提出来的，渗透于学生学习的所有学科、所有活动之中，强调学生通过探究、发现等方式进行的以书本知识为主体内容的学习；有的认为是一种课程，是为了"研究性学习"方式的运用而在课程计划中规定一定的课时数，专门用于某些专题的研究学习。我们这里主要关注与思想政治教育相关的研究性学习的方法运用，既包括把研究性学习作为一种方法融入政治、历史、地理等学科教学中的运用，也包括专门开展的与公民教育相关的研究性学习课程的方法运用。

研究性学习的理论依据主要来自于两个理论流派，一个是20世纪初，以杜威、克伯屈为代表的进步主义教育理论流派；一个是20世纪50—70年代，以皮亚杰（Jean Piaget）、布鲁纳（Jerome S. Bruner）、维果茨基（Lev Vygotsky）、维特罗克（M. C. Wittrock）等人为代表的建构主义教育理论流派。

杜威的《民主主义与教育》提出，学生自主探究学习要经历五个阶段：第一，学生要有一个真实的经验情境，即存在一个学生非常感兴趣的连续性活动；第二，一个真实的问题会从这个情境内部产生，并作为思维的刺激物；第三，学生要掌握信息资料并用来进行必要的观察，从而解决这个真实的问题；第四，他必须井然有序、负责任地尝试探索假设的种种解决方法；第五，提要有机会和理由通过应用来检验他的观念，从而使这些观念的意思清楚明白，并且自己去发现它们是否有效。②克伯屈在杜威"问题教学法"的基础上，创立了设计教学法（project method），强调学生在教师的指导下，根据自己的学习兴趣确定学习目的，设计学习内容，通

---

① 《基础教育课程改革纲要（试行）》，《人民教育》2001年第9期。
② 杜威：《民主主义与教育》，中国轻工业出版社2014年版，第166页。

过自行设计及操作，获得有关知识与技能。教师的主要任务是激励学生主观能动性，帮助学生选择在设计中所需要的材料，其一般的操作程序为：确定目的、制订计划、实施完成、检查评价。这些理论对研究性学习都提供了很好的理论支撑和实践探索的经验。

建构主义学习理论认为，"学习是建构内在心理表征的过程，学习者并不是把知识从外界搬到记忆中，而是以原有的经验为基础，通过与外界的相互作用来建构新的理解"[1]。这就打破了以往的教师向学生传递知识的学习观念，强调学生不是被动地接受知识，而是凭借原有的知识、经验，通过与外界的互动，生成新知识的过程。同时，"知识不再是我们通常所认为的课本、文字、图片以及教师的板书和演示等对现实的准确表征，而只是一种理解和假设。学生们对知识的理解并不存在唯一标准，而是依据自己的经验背景，以自己的方式建构对知识的理解"[2]。此外，杨军在研究中还指出，"学习策略（Learning Strategies）理论、认知策略（Cognitive Strategies）理论、元认知（Meta Cognition）理论和学习风格（Learning Style）理论等方面的最新研究成果为我们全面深入地认识和理解研究性学习提供了重要的理论依据"[3]。

当前，美国中小学也倡导"以项目为中心的学习"（Project-based Learning）和"以问题为中心的学习"（Problem-based Learning）。"以项目为中心的学习"是以解决一个比较复杂的操作性问题为主要目的的学习，一般包括社会性活动的设计和科技类项目的设计两种类型，更偏重于操作和实践活动。"以问题为中心的学习"是围绕现实中的一些问题，通过观察或实验最终获得答案的一种学习方法。这两种研究性学习的方法及其具体形式，对国内开展研究性学习也提供了直接借鉴和参考。

开展研究性学习的目的是改变当前过于注重书本知识、死记硬背的学习方式，提高学生收集、分析和利用信息解决问题的能力，能够通过所搜

---

[1] 张建伟、陈琦：《从认知主义到建构主义》，《北京师范大学学报》（社会科学版）1996年第4期。

[2] 杨军：《研究性学习与当代学习理论——兼论研究性学习的心理学依据》，《西北师大学报（社科版）》2003年第3期。

[3] 杨军：《研究性学习与当代学习理论——兼论研究性学习的心理学依据》，《西北师大学报（社科版）》2003年第3期。

集的事实依据和所学过的知识来学习新知识、新能力,同时,在学习过程中,培养学生的科学态度和钻研精神,学会分享与合作。正如李建平所指出的,在于"改变学生以单纯地接受教师传授知识为主的学习方式,为学生构建开放的学习环境,提供多渠道获取知识、并将学到的知识加以综合应用于实践的机会,培养创新精神和实践能力"[1]。

由于"研究性学习"开展的具体情况不同,其实施步骤也有一定程度上的差异,总体来看,一般包括以下几个步骤。一是选择课题。课题选择是研究性学习开展的关键。课题的选择一般是结合学生所学知识,根据现实生活中的实际问题而确立。在这个过程中教师会向学生介绍研究性学习的一些基本知识和基本的研究方法,鼓励和启发学生提出自己感兴趣的研究课题,并与学生共同讨论,对课题的研究价值和可行性进行论证,以最终确定研究课题。二是制订计划。课题确立后,往往需要组建课题小组,学生们可以根据自己的兴趣爱好组成若干课题小组,制订课题研究计划,包括研究的目的、意义、主要问题、实施步骤、基本方法和时间安排等。三是实施研究。课题小组根据课题计划,通过查阅资料、实地调查、实地考察、体验、访谈方式搜集资料信息,课题小组成员和指导老师要定期讨论、研究,并根据搜集到的信息修订和调整研究方案。四是信息处理。课题小组对搜集到的资料、信息、数据进行汇总、归纳,从中找出规律性的东西。五是成果交流。课题小组把研究成果以调查报告、实验报告、小论文、辩论会、研讨会、出墙报、编刊物等形式在班内和校内交流,让小组成员在交流讨论中共同分享成果,发现研究中的不足和问题。六是总结反思。课题研究结束后,教师要及时与各课题小组成员进行总结反思,对整个研究过程,包括计划、方法、成果以及小组成员的参与、合作、体验等各方面的情况,进行全方位的回顾、反思,总结经验,为今后的研究性学习打好基础。例如,上海中学高一年级在社会科学研究中选取了《让上海的老房子焕发青春》作为研究性学习的课题,研究通过对徐汇区老式建筑的现状的考察,了解上海市中心现存的老式建筑的情况,以及居民们对老式建筑及其整修的满意程度和想法,为上海的旧区改造和城市建设出谋划策,提出相应的保存方法。研究的主要方法和手段有:查找资料、实地观

---

[1] 李建平:《普通高中如何实施研究性学习》,《中国教育报》2001年5月31日。

察、对居民和路人进行问卷调查、对个别特色老式建筑的居民进行访问和摄影等。①

研究性学习注重学生们对调查、观察、实验以及现代信息技术等方法和技能的掌握，重在学习的体验，人们对研究性学习评价也不同于传统的评价方式，大多采用"档案评价"的方式。学生在研究性学习过程中将各种资料信息，包括研究选题、研究计划、研究方案、调查问卷、访谈提纲、研究报告、调查报告、反馈意见、小组成员之间的互评、教师点评等，以及在研究性学习过程中搜集到的各种录音录像、摄影、问卷、访谈记录等留存下来，并作为评价的重要依据。档案评价强调评价与学习指导一体化的过程，关注学习进程中的评价，重视评价主体的多元性，学生本人、家长、社区人员都是评价的积极参与者。研究性学习不同于以往传统的学习方式，评价方式也具有多元性、模糊性、过程性等特点。根据对广州市八所参与研究性学习学校部分师生的问卷调查，从学生方面看，"通过研究性课程学习，获得了一定的收集、分析和处理信息的能力，以及参与研究性学习的体验；与他人的合作、交流的能力有所提高；计算机应用能力得到提高；能够接受研究性学习这一新的课程并基本乐于参与，但缺乏足够的热情；对研究性学习课程的目的有一定的了解，但不够深入；学习方式和学习习惯略有转变，但自主学习观念欠强，有66%的人未体验到研究性学习课程促进自己的自主学习，说明研究性学习课程的实际情况与课程的理论目标有一定的距离；没有尽力争取家长的支持，家长对研究性学习课程的支持率仅达38%，有84%的学生在选题时不与家长挂钩"②。

2002年12月，岭南大学为他们的学生设立了一项"服务学习计划"。其中有一个名为"岭南天使"的学生小组，他们在放学后，为新区的少数民族孩子提供自创的志愿服务。岭南服务学习计划更与岭南学生服务中心合作，推动了许多项目的实施，包括岭南校外志愿服务计划、调查实习计划等。2004年，岭南大学将服务学习纳入学校课程。③ 自2007年起，浙江

---

① 钟丽佳：《让上海的老房子焕发青春》，http：//game.sherc.net：8888/display.asp？disp_id=72&Sort_id=2，2019-3-5。
② 王少瑛：《关于广州八校首届研究性学习课程实施成效的调查》，《教育导刊》2003年第6期。
③ 刘社欣：《高校思想政治理论课实践育人模式创新研究》，世界图书出版广东有限公司2013年版，第190页。

大学宁波理工学院开展"行走的新闻"服务学习活动，到2010年，该学院新闻传播学专业的学生先后赴宁波市11个县市区的33个村庄、55个社区、60个家庭。并且该专业的学生在上海世博会时进行了广泛而深入的新闻调研与写作实践。"行走的新闻"实践活动目前已经产生500万余字的调研报告、3000余张图片，并正式出版《宁波：30个村庄的30年（乡村卷）》《宁波：30个社区的30年（社区卷）》《宁波：60个公民的60年（人物版）》《行走的新闻：走进社区大课堂》《行走的新闻：走进世博大课堂》5本成果集。[①]

"研究性学习"目前在国内开展的时间不长，属于初创、实验、摸索阶段，还面临着许多问题和挑战。研究性学习对教师和学生都是一种挑战。对教师来说，面临着全新的教学组织、教学管理、师生关系等方面的变化，对教师知识的深度、广度，提出问题、解决问题的能力等都有着全新的挑战。对学生来说，他们需要接受一种全新的学习方式、学习过程、师生关系、评价方法。另外，从我国基础教育阶段的现实情况来看，学校、学生依然面临着巨大的升学压力，很难将太多的精力和时间放在与学科知识无关的课题研究上。因此，现在很多的研究性学习，还主要是以学科知识的学习和深化为重点，辅之以"项目学习""主题研究"，逐步在学习中培养学生的探究精神和实践能力。

以上从中国目前广泛使用的方法中选取了四类比较典型的思想政治教育的方法，我国还有很多很好的思想政治教育方法，如舆论引导、环境熏陶、激励教育、讨论法、心理咨询等方法，也都在不同时期、不同范围内得到广泛使用。

第二节 美国公民教育的主要方法

美国公民教育方法很多是直接借鉴和吸收同时期的教学方法。美国建国前的教学方法最初直接引自欧洲，建国后很长一段时期间也仍然是以欧洲的教学方法为主导，公民教育方法也如此。从19世纪后期开始，美国

---

① 宁波教科网，http://www.nbedu.gov.cn/zwgk/article/show_article.asp?ArticleID=36452，2018-9-9。

公民教育方法大致经历了一个从引进、仿效到自我创新的发展历程。

总体上看，美国公民教育方法具有时代性强、以理论为支撑、多样化并存的特点。美国人本主义教育中心主任霍华德·柯申鲍姆（H. Kirschenbaum）以美国价值观教育方法的发展为例，对美国公民教育方法的演变作了如下分段：19世纪末20世纪初属于人格品质教育（Character Education）阶段，教育方法以讲授法为主；20世纪20—30年代，价值观教育逐步过渡到公民教育（Citizenship Education），更强调公民的职责和权利；20世纪40—50年代，为了摆脱战争和使国家繁荣富强，这期间的价值观教育更强调为国奉献精神的灌输（Inculcate）；20世纪60—70年代，占优势的价值观教育方法主要是价值观澄清法（Values Clarification）、价值观分析方法（Values Analysis）以及柯尔伯格（Kohlberg）的道德发展阶段论（Moral Development），这期间的价值观教育更加强调受教育者的主体性；80年代以来，人格品质教育又重新受到人们的高度重视，对讲授法的作用也进行了新的评估，另外，价值观教育方法的综合（Comprehensive Values Education）趋势也十分明显。①

在实践中，美国在公民教育中会综合使用多种公民教育方法，有的方法会在某些时段成为主流，如价值澄清、角色扮演、道德发展等方法，在20世纪六七十年代推出后具有十年乃至几十年的强大影响力，但其他方法仍在发挥作用。20世纪80年代以来，品格教育又得以复兴，成为公民教育的主流方法，但同时，道德发展、角色扮演等方法仍然是常用的公民教育方法。在美国各个学科标准中，都非常强调公民教育方法的使用，尤其强调要重视启发学生学习的参与性、积极性、主动性、创造性和实践性，强调通过亲身体验，在实践中运用公民教育知识，培养公民能力。

在美国公民教育发展历史上比较有影响力、至今还发挥重要作用，并具有美国特色的方法主要有角色扮演、价值澄清、道德发展、服务学习等。

一　角色扮演

角色扮演（Role-playing Method）是美国公民教育中常用的一种方法。

---

① 辛志勇、金盛华：《西方学校价值观教育方法的发展及其启示》，《比较教育研究》2002年第4期。

角色扮演的理论最初来自奥裔美国心理学家雅各布·莫雷诺（Jacob Levy Moreno）的研究。1908—1925年，莫雷诺在维也纳提出角色扮演（role playing）、心理剧（psychodrama）、社会剧（sociodrma）三个概念。心理剧使用的技巧即为角色扮演，它奠基于莫雷诺"人是具有创造性、自发性"哲学观的基础上，"莫雷诺认为角色扮演就是设身处地扮演一个在真实生活中不属于自己的角色行为。它可通过不断的演练，学得更多的角色模式，以便自己在应对生活环境时，更具有弹性"[1]。社会剧由心理剧脱胎而来，也是一种角色扮演的形态，它与心理剧因处理的问题和对象不同，而有深度和目的上的差异。心理剧较常用于诊疗方面，用以探究个人较为特殊、深层的内心问题；社会剧则以团体为中心，探究团体成员所共同面对的问题，较偏于教育色彩，因而具有教育上的意义。[2]

应该说，角色扮演是其中的核心概念，作为一种教育方法，1967年由范宁·沙夫特尔（Fannin Shaftel）和乔治·沙夫特尔（George Shaftel）的研究而得以较为广泛的运用，由表演问题情境和讨论表演来探索感情、态度、价值、人际关系问题和问题解决策略。[3]

在美国公民教育中使用的角色扮演方法，强调"以某种任务的完成为主要目标，在设定了教学目标后，再设定某种情境与题材，让学生扮演一定角色，通过行为模仿或行为替代，充分体会角色的情感变化和行为模式，表露自己或角色的人格、情感、人际交往、内心冲突等心理问题，让学生在课程中，借着自身经历的过程来学习并获得知识"[4]。

角色扮演法通过专门情境的设定，让学生能亲身感受与现实生活相近的困境、问题和情绪。有这样一句英语格言："只是告诉我，我会忘记；要是演示给我，我就会记住；如果还让我参与其中，我就会明白。"（Tell me and I forget, show me and I remember, involve me and I understand）由于角色扮演使受教育者亲身体验了所扮演角色的言行，感受深刻，往往能够

---

[1] 谢明昆：《道德教学法》，台北心理出版社1983年版，第224页。
[2] Jacob L. Moreno, https://en.wikipedia.org/wiki/Jacob_L._Moreno, 2019-2-14.
[3] 尤幸弘：《角色扮演法在教学上的应用》，http://www.docin.com/p-15061697.html#0-tsina-1-38286-397232819ff9a47a7b7e80a40613cfe1，2019-2-14。
[4] 王琪：《美国青少年公民教育理论与实践研究》，北京理工大学出版社2011年版，第143页。

引起学习者比较大的心理变化，使学习者有深刻的经验，记忆也能持久。

角色扮演的操作过程是首先由教师提出一个主题，要求学生从不同角度考虑，并初步形成自己的观点，接着师生共同设置情境，并进行全班角色分配，在学生了解、适应角色后，进行表演，最后汇报。汇报的形式一般有两种，一种是口头汇报，一种是书面汇报。在角色扮演的教学中，汇报是关键环节，教师应在此时鼓励学生进行讨论、推理和总结。角色扮演的方法可以把过去的和现在的活动都引入课堂，在活动过程中可以培养学生多角度看问题的习惯，也利于提升学生今后解决实际问题的能力。

角色扮演有很多具体的案例。美国某校关于州议会听证会的角色扮演活动就是其中一个典型的案例。内容来自于实际，因为州政府获得了25000公顷荒园的捐助，作为州议会的代表和公园与野生动物委员会的主席，奥哈罗议员提出了一项议案，要求本州把这块土地开发为一个州公园。公园与野生动物委员会将召开听证会，听取公众对奥哈罗议员关于使用本州税收在捐赠的土地上兴建公园的议案的意见。议程如下：第一，奥哈罗议员作会议发言（2分钟）。第二，各个团体发言（每个团体3分钟）：（1）要求减税的公民；（2）州森林看守人员工会；（3）野生动物联合会；（4）提倡儿童户外活动的公民。第三，提问与回答问题；议员意见（10分钟）。第四，奥哈罗议员及委员会成员会议结束发言（3分钟）。第五，会议结束。合计27分钟。

为举行这场听证会，班级被分成五个小组。一个小组扮演公园与野生动物委员会的立法人员，选出一位扮演奥哈罗议员并主持听证会，其他小组扮演会议通知上所列的不同团体，并将向委员会作证。听证会的主要目的是，在州议会投票决定是否通过建立州公园之前，给人们提供表达他们意见的机会。奥哈罗议员将担任委员会的主任。其他作证的小组都应当遵循"准备小组发言"的指导，并就支持或反对这个议案提出意见。他们也可以建议对议案进行修正。每个小组选择一位引导小组讨论的组长、一位记录小组发言的记录员。小组中的所有成员都应当准备回答议员们的问题。[①] 通过这种方式，学生能模拟代表不同利益群体，在议会决策之前充

---

① 刘丽娟：《培养小学生的社会责任感——角色扮演法在美国课堂的应用实例》，《基础教育研究》2011年第3期。

分表达自己的意见，直接体会政治参与的程序和方法，提高参与意识，锻炼参与能力。

二 价值澄清

价值澄清（Values Clarification）是20世纪70年代在美国学校中兴起的一种公民教育方法。

价值澄清的倡导者是纽约大学教育学院教授路易斯·拉斯思（Louise Raths）、南伊利诺斯大学教育学教授里尔·哈明（Merrill Harmin）、马萨诸塞州大学教育学教授悉米·西蒙（Sidmey B. Simon）等，他们于1966年出版的《价值与教学》（Values and Teaching）是价值澄清理论的代表作。后期以霍华德·柯申鲍姆为代表，他出版了《在学校和青年环境中改善价值观和道德的100种方法》（100 Ways to Enhance Values and Morality in School and Youth Settings）等系列著作。拉斯思等人于1972年出版的《价值观澄清：教师和学生实践策略手册》（Values Clarification: A Handbook of Practical Strategies for Teachers and Students）则被反复重印，"全国中小学都在着手制定教育决策来推行价值澄清之类的课程。纽约州80%的中小学已经实行了帮助学生评价自己价值观的课程，盖洛普民意测验也显示72%的美国人赞成在学校中进行道德观念及道德行为的指导"[1]。价值澄清成为20世纪六七十年代在学校中广泛使用的教育方法。

价值澄清产生的背景是美国社会的不断发展和分化。20世纪30年代，赫尔巴特灌输理论受到广泛批评，一些教育家尝试用新理论、新方法来调动学生学习的主动性。50年代后，美国社会发展呈现出日益多样化的特征，人们开始寻找对多元社会有深刻认识和理性把握的新尝试。拉斯思等人注意到，现代社会已完全改变了传统单一的社会文化价值体系，社会价值概念变化很快，各种社会传播媒体在世界范围内的广泛交流更是提供了丰富多变的信息情境，使儿童面临着比以往任何时期都多得多的选择，很难从中分辨、形成被社会认可的价值观。

价值澄清教学法反对把某种价值观直接灌输给学生，认为学校应该建立一个价值澄清的过程，通过这种过程，在学校教师的帮助下，儿童可以

---

[1] Edward B. Fiske, "the Church in the World", *Theology Today*, April 1977, pp. 92 – 97.

通过自身的学习确定自己的价值观。价值澄清理论吸收了杜威的经验论、人本主义心理学的研究成果，以价值相对主义为基本理论基础，认为每个人都有自己独特的价值观，尤其是在价值多元的社会，没有一种适合于所有人的绝对的价值观。价值澄清理论相信，每个个体通过价值澄清这个过程，最终都会做出合乎道德的选择。价值澄清之所以在美国学校中广为流传，是因为其为学校提供了具有可操作性的帮助学生澄清价值观的方法。通过这种方法，学生在老师的帮助下，可以减少价值观的混乱，提高分析和处理各种道德问题的能力。

拉斯思等人认为，价值澄清教学可以产生八个方面的德育效果：（1）使不良行为的强度和频率下降；（2）反叛和骚乱行为（如吸毒、课堂骚乱）减少；（3）自我概念、自信心提高；（4）具有较成熟的价值观；（5）学生学习风气日渐浓厚；（6）人际关系改善，盲目冲动减少；（7）缓和个人压力；（8）师生关系改善。[①]

价值澄清是以两个最基本的理论假设为前提的：一是当代儿童处于充满互动的价值观的社会中，这些价值观深深地影响着他们的身心发展；二是在当代社会中，根本就没有一套公认的道德原则或价值观。从这两个假设出发，拉斯思等人认为，教师不能把价值观直接教给学生，而只能通过学习评价分析和批评性思考等方法，来帮助学生形成适合本人的价值观体系。按照拉斯思等人的研究，价值澄清法主要包括三个阶段七个步骤，任何信念、态度等价值要变成某个人的价值，必须符合这一过程的七个标准，否则将不可能成为他的价值观。

第一个阶段是选择（choosing），包括三个步骤：（1）自由选择：只有在自由的选择中，才能根据自己的价值观行事，被迫的选择是无法使这种价值整合到他的价值体系中的。（2）从多种可能中选择：提供多种可能让学生选择，有利有弊，学生对选择进行分析与思考。（3）对结果深思熟虑的选择：即对各种选择都做出理论的因果分析、反复衡量利弊后的选择，在此过程中，个人在意志、情感以及社会责任等方面都受到考验。

第二个阶段是珍视（prizing），包括两个步骤：（1）珍视与爱护：珍惜自己的选择，并为自己能有这种理性选择而自豪，看作是自己内在能力的表现和自己生活的一部分。（2）确认：即以充分的理由再次肯定这种选

[①] Howard Kirschenbaum, *Advanced Value Clarification*, University Associates, 1977, p. 37.

择，并乐意公开与别人分享而不会因这种选择而感到羞愧。

第三个阶段是行动（acting），包括两个步骤：（1）依据选择行动：即鼓励学生把信奉的价值观付诸行动，指导行动，使行动反映出所选择的价值取向。（2）反复地行动：即鼓励学生反复坚定地把价值观付诸行动，使之成为某种生活方式或行为模式。①

拉斯思等人认为，通过以上三个阶段七个步骤的过程，将有助于学生形成自我意识，清楚自己价值观的取向。同时，拉斯思强调，价值澄清模式更关注的是，儿童如何获得价值观的过程而不是获得怎样的价值观。对于教师如何在教学中实施指导，在《价值观澄清：教师和学生实践策略手册》中就提出了 79 种策略。实际上，拉斯思等人设计了上百种价值澄清的策略和价值教学活动，编写了各种各样的教学指导手册和技术手册，为不同环境、不同需要的人提供指导。

在这些策略中，澄清反应（Clarifying response）策略是价值澄清策略中最为灵活的策略，它是教师针对学生所说的话或行为的反应，目的是通过这种策略，激发学生对自己观点或行为的深入思考。以"填写价值观清单"策略为例，要求教师给每个学生准备一张纸，然后把事先准备好的问题念给学生，要求学生按教师的指令填写，问题有：左上角写出日常生活中最羡慕的三个人的名字和最反感的三个人的名字。左下角画一幅图画，用一种物体来代表你目前的感受。右上角写出别人目前对你气质可能做出的三种评价。右正中写出你目前对自己气质的三种认识。右下角用天气变化的术语描述你的感受。正下方写出你最反感的一件事。学生填写完价值观清单后，相互传阅，展开讨论，说说是否喜欢其他人的价值观清单以及为什么。通过价值观清单，可以帮助学生了解自己，看清自己重视什么，自己的特征是什么，并把自己的价值观公之于众。更重要的是，通过这种方法教师可以发现学生有倾向性的价值观，即学生珍视的价值，如果学生珍视的价值与社会期望价值观一致，就需要教师鼓励学生通过行动上升为稳定的价值观。如果学生珍视的价值观与社会期望价值相悖，则需要通过价值判断推理等活动，进一步引导学生思考该价值观的不合理之处。②

---

① ［美］路易斯·拉斯思：《价值与教学》，谭松贤译，浙江教育出版社 2003 年版，第 25—27 页。

② 张燕、郭倩雯：《美国学校核心价值观教育的方法及启示》，《人民教育》2013 年第 22 期。

有些价值问题不适合于交谈讨论，因此可编制价值表，它有利于学生在不受威胁的情况下，深思后自由地做出睿智的选择。拉斯思认为下列情况不适于闹哄哄的讨论，而需要安静仔细的思考来形成清楚的价值，应采用价值表：（1）讨论会导致争论，并会使个人产生戒备心理，而价值的发展需要开放和深思熟虑的心态；（2）讨论时会受无关因素干扰，产生取悦他人或老师的行为时应采用价值表；（3）价值形成是个体化过程，如众论纷纭的讨论就无法导致价值个体化；（4）因为某些讨论总是被少数人操纵，大多数人是被动的，不利于价值个体化；（5）讨论往往会使团体施压于个体，难于产生自由的选择而形成有意义的个人价值。因此，填写价值表无疑提供了一种能使学生沉静思考、发挥个人主动性、不受干扰的好形式。教师在必要时可采用匿名形式。价值表的使用避免了对某些问题面对面的难堪，也使学生有了自己表达的机会，教师可不做出反应，但可利用这些资料来考察学生的价值发展。

　　价值澄清的方法运用对于价值表编制时候要注意的事项也做了明确规定：（1）根据本书提示，循序渐进使用价值表；（2）任何流于说教都是同价值理论相左的，价值表应有利于学生思考而不是趋奉教师的意见；（3）避免提出"是/否"的问题，而"为什么"的问题也只能迫使儿童随便编造理由；（4）不必过于担心家长的干预；（5）尽量进入敏感的领域，因为学生是需要且喜欢思考的；（6）不要提太多问题；（7）不要许诺给予等第打分；（8）要在表上提出尽可能多的"你……"的问题；（9）确定每表中一个要做的选择和需要考虑的对策及后果；（10）多问一些有关真实行为的问题，观察学生的真实行为。[①]

　　价值澄清方法强调通过一系列价值澄清策略，教给学生一些澄清自己价值的技巧和培养他们自我评价、自我指导的能力，并使他们把这种能力转化为行为。价值澄清理论在实施过程中，尊重受教育者的主体地位，注重对学生自主价值判断能力的培养。但在实施过程中，也存在一些问题，如价值澄清法要求教师不能对学生选择的价值进行评价、建议，不去询问这种选择的理由，坚持价值中立，这样做往往使学生在澄清价值时不清楚什么是应该做的，什么是不应该做的；过于偏重过程而忽视德育内容的传

[①] 冯增俊：《当代西方道德教育》，广东教育出版社1993年版，第95页。

递，价值澄清方法只注重价值澄清的过程而不注重向学生传授道德知识，帮助学生理解道德内容和道德准则等。

20 世纪 80 年代后，价值澄清理论开始衰败。作为后期价值澄清理论的代表人物，柯申鲍姆也开始转向品格教育。他于 1995 年发表的论文《从价值澄清到品格教育：个人的历程》（From Values Clarification to Character Education: A Personal Journey），阐述了其从价值澄清转向品格教育的个人发展历程，并对价值澄清的发展和衰落做了简单总结。柯申鲍姆总结了价值澄清走向衰落的五个原因：20 世纪 80 年代美国政治和经济环境发生了变化；美国的教育改革和实践存有时尚主义的问题；价值澄清应用不当；价值澄清运动缺少对研究和发展的关注，学派本身停滞不前；致命的理论缺陷。[1] 在这篇论文中，柯申鲍姆认为价值澄清致命的理论缺陷是对传统价值观主动输入的缺乏，而品格教育的兴起某种意义上也正是对价值澄清方法的一种矫正。

三 道德发展

道德发展（moral development）也称为"道德认知发展理论"，是当代西方德育流派中颇负盛名的德育理论，其代表人物是美国学者劳伦斯·柯尔伯格（Lawrence Kohlberg）。

劳伦斯·柯尔伯格曾任哈佛大学教育学和社会心理学教授，并任该校道德发展与教育研究中心主任。早在 1958 年，柯尔伯格在芝加哥大学攻读心理学时，受到皮亚杰《儿童道德判断》的启发，激起了对儿童道德研究的兴趣。柯尔伯格依据皮亚杰认知发展心理学进行了一系列关于儿童道德判断发展的试验。他起初采用让儿童对道德两难问题做出判断的方法进行，称为"新苏格拉底德育法"（The new Socrates' approach），也称为"道德两难论法"（the moral dilemma discussion approach），即通过编制一些在道德上难以判断是非的故事，让儿童听后以回答问题的方式对故事中人物的行为进行讨论，根据被试的回答来划分儿童道德发展的水平，同时把这一水平的划分作为量表，再测评其他儿童道德发展的水平。在新苏格拉底

---

[1] ［美］霍华德·柯申鲍姆：《从价值澄清到品格教育：个人的历程》，《中国德育》2009 年第 10 期。

德育法提出后不久,柯尔伯格又提出了"新柏拉图德育法"(The new Plato's approach),又称"公正团体法"(the just community approach),通过创设公正团体的方法培养学生的公正观。经过16年的研究,柯尔伯格考察比较了近10个国家和地区的儿童道德发展和道德教育,进行了广泛的跨文化比较研究,取得了大量的研究实证材料,提出了他的理论体系,并于1981年编辑为《道德发展的哲学》《道德发展心理学》《道德发展与道德教育》发表。

柯尔伯格最为人熟知的还是他提出的"道德两难故事法"。通过对儿童的道德判断问题进行大量的追踪研究(每隔三年重复一次,追踪到22、23岁)和跨文化研究,柯尔伯格扩展了皮亚杰的理论,提出了"道德发展阶段理论",认为儿童的道德判断是按三个水平、六个阶段向前发展的。

第一,前习俗水平(Pre-conventional Level)。个体仅仅因为它们是社会的准则、期望和习俗,而遵守和坚持这些准则、期望和习俗。[①] 这一水平的儿童着眼于具体个人的认识,关心人物行为的具体结果与自身的利害。包括第一、第二两个阶段。第一阶段以惩罚与服从为定向。这一阶段的儿童以惩罚与服从为导向,由于害怕惩罚而盲目服从成人或权威,以行为对自己身体上所产生的后果来决定这种行为的好坏,认为凡是免受惩罚的行为都是好的,遭到批评、指责的行为都是坏的。第二阶段以工具性的相对主义为定向。这一阶段的儿童对行为好坏的评价首先是看能否满足自己的需要,行为的好坏依照行为的后果而定,对自己有利就好,对自己不利就是不好。这种以自身利益为根据来评价好坏、是非的观点,是一种朴素的利己主义思想。

第二,习俗水平(Conventional Level)。这一水平阶段儿童的能了解、认识社会行为规范,意识到人的行为要符合社会舆论的希望和规范的要求,并遵守、执行这些规范。具体包括第三、第四两个阶段。第三阶段以人际协调为定向。这个阶段的儿童的道德观念来自助人或取悦他人,认为凡是讨人喜欢或因助人而被人们称赞的行为就是好的行为。第四阶段以法律或秩序为定向。此阶段的儿童道德观念来自尊重权威,遵从与维护社会秩序,是非判断已经上升到了法律或秩序观念。儿童认为对权威表示尊敬

---

① [美]柯尔伯格:《道德教育的哲学》,魏贤超等译,浙江教育出版社2000年版,第98页。

和维护既定的社会秩序本身就是正确的行为，但此时道德判断的水平仍未超过常规准则和外部社会的某种希望，仍遵从于习俗。

第三，后习俗水平（Post-conventional Level）。后习俗水平也叫普遍性原则的习俗水平。这个阶段的儿童能够摆脱集团或个体的权威的控制，其道德已发展到超越现实道德规范的约束，达到完全自律的境界。包括第五、第六两个阶段。第五阶段是以法定的社会契约为定向。这一阶段的儿童认识到法律、社会道德准则仅仅是一种社会契约，是大家商定的，是可以改变的。第六阶段是以普遍的伦理原则为定向。此阶段儿童根据良心做出决定，判断是非不受外在的法律和规则的限制，而是以不成文的、带有普遍意义的道德原则如正义、公正、平等为依据，其道德决定具有逻辑全面性、普遍性和融贯性。

柯尔伯格通过研究提出，"儿童道德判断力的发展在10岁前大都处于第一种水平；13岁前后半数以上处于第二种水平，只有极少数进入第三种水平；16岁以上30%进入第三种水平"，"要促进儿童道德发展，必须让他们不断接触道德环境和道德两难问题，以利于讨论和展开道德推理的练习"[①]。

在具体方法运用上，20世纪60—80年代，柯尔伯格从初期提倡教师引导学生讨论道德两难故事、旨在提高学生道德判断水平的"新苏格拉底法"，转向后期主张师生共建自治民主社区生活以建立学生公民意识、提升学生个人道德的"新柏拉图法"。

第一，新苏格拉底德育法即"道德两难论法"，是柯尔伯格前期主张的德育模式。该模式根据苏格拉底"产婆术"式教学原理而得名，其核心是在教育过程中应用各种问题和情境，激发学生思考，在探究中提高道德水平。

为了实施这一目标，柯尔伯格等人在波士顿和匹茨堡地区推行了一项"斯顿计划"（StoneFoundationProject），大面积在9—11年级社会科中引进道德难题讨论，实验结果表明"半数以上的教师取得了显著的'布莱特效应'，其班级学生的道德判断水平普遍上升1/4或1/2个阶段，而控制组却没有变化"[②]。这一实验结果，使柯尔伯格的难题讨论方法迅速在美国及

[①] 陈琦：《当代教育心理学》，北京师范大学出版社1997年版，第213页。

[②] Kohlberg L., the Psychology of Moral Development: The Nature and Validity of Moral Stages, Harper & Row, 1984, p.47.

世界其他国家推广开来。

柯尔伯格认为实施"道德两难论法"需要因人因地编制各种道德两难故事和相应的实施程序。他把两难故事分为三类：假设性故事，可使学生无顾忌地各抒己见；特殊主题事例，可向学生展示人类最关心的事情；真实的事例，能引发学生真情实感，把情感和利益扩展到最大限度。所有的内容选编都要按方法、场地、情境来进行，按道德价值内在体系来设计而非硬性灌输。其实施程序是：测试学生发展水平；按测试情况进行混合水平分组，每组8—12人；选择好两难问题；开展讨论，激发矛盾和冲突；讨论，促使相邻阶段的学生争论，教师支持和澄清重要观点，再提出高一阶段的问题，再讨论，使学生从矛盾冲突中找差距，达到新的整合。①

柯尔伯格设计了一些道德两难问题案例，下面是两个比较经典的案例。

案例1：撞人后逃跑

丹是你的一个亲密朋友，一天晚上他驾车到你家，当时你正在室外。他走出汽车时可以看到他刚喝了酒并且表现出非常生气的样子。他告诉你说从你家房子后面的路驶过碰倒了一个骑自行车的女子，从汽车的反射镜可以看到被碰的女子从车上掉了下来。他很害怕，特别是因为他刚喝了酒，所以没停下来看看那个女子伤了没有。当时路上没有人经过，丹也相信他的汽车不会被那个女子认出。问题：如果他问你这件事该怎么办，你将给他出什么主意呢？②

案例2：拾到钱包之后

一天下午格瑞格走到市中心银行大楼附近，看到一个上了年纪的妇女从银行走出来时她的灰色钱包掉在人行道上了。格瑞格走到钱包附近时那个妇女已经穿过街道走进了一个超级商场。格瑞格拾起钱包，钱包是打开着的，里面有375美元，包在一个纸口袋里，纸口袋上写的是埃森·乔丹女士的姓名地址，格瑞格知道这个地址属于本市的贫民居住区，在纸口袋的下方写着"铁路退休金委员会"字样。问题：如果格瑞格问你这件事该怎么办，你将给他出什么主意呢？③

---

① 冯增俊：《当代西方道德教育》，广东教育出版社1993年版，第62页。
② 王明钦：《学校德育新论》，知识出版社2005年版，第96—97页。
③ 黄胜：《教育学新编》，西南交通大学出版社2015年版，第215页。

第二，新柏拉图德育法，又称公正团体法，这种方法利用公正的机制在创设公正团体中培养学生的公正观，达到更高的道德发展水平。这种方法特别强调集体的教育力量和民主机构的教育作用。随着德育实践的深入，人们发现新苏格拉底法的培养目的难以达到，低年级儿童采用这种方法甚至还产生了消极作用。1973年，在实施新苏格拉底模式不久，柯尔伯格到青少年监狱、教养院进行研究，特别是在以色列移民区集体农庄学校考察后，他发现农庄中的集体精神很突出，虽然达到阶段五以上的人数极少，但几乎所有的成员都达到了阶段四的发展水平，其比率比美国还高。他认识到团体公正水平对个人道德发展具有重要意义，为此，他提出"新柏拉图德育模式"。这个模式突破了培养道德模范的设计，以培养绝大多数健康公民为重点，致力于培养社会需要的公民。

　　柯尔伯格通过在女子监狱、麻省剑桥市剑桥中学（CambridgeCluster-School）、纽约布鲁克莱恩中学、波士顿斯卡斯戴尔中学的实验，总结出公正团队的具体实施方略。公正团体一般由60—100名学生，5—6名教师组成。团体内部有自己的组织架构，包括议事委员会、顾问小组、集体会议和纪律委员会。团体每周组织一次1.5—2小时的集体会议，商定规则纪律，处理违纪事件，比如如何解决内部偷窃问题。例如1974年9月，柯尔伯格在麻省剑桥市剑桥中学内设实验学校，由9—12年级的60名来自不同家庭和三分之一的问题学生及6名教员组成。学生一切事务实行民主管理，教师起引导作用。实验结果表明，学生的道德发展有明显提高。[①] 柯尔伯格指出，这一模式成功的原因是参与其中的民主精神比任何社会治理都能提供更多的角色承担的机会和更高水平的公正意识教育。

　　柯尔伯格提出，实施新柏拉图法要致力于提高团体的公正结构水平，通过提高内部成员之间实行奖罚、分配义务和权力的共同规则水平来提高个体道德判断力；要致力于发展团体的民主管理，实行直接的民主管理是创设平等公平的人际关系，给任何人提供参与机会承担责任的关键；创设优良的团体民主氛围，获得良好的潜移默化；发展团体中的自我教育，这是新柏拉图法能否成功的重要指标和保证。

　　新柏拉图德育法是柯尔伯格德育实践的重要创新，是他使德育从教学

[①] 冯增俊：《当代西方道德教育》，广东教育出版社1993年版，第62页。

走向社会，具有划时代的贡献，在世界范围内产生了很大的影响。同时，柯尔伯格理论也不断受到批评，一是道德发展的阶段并不像柯尔伯格所设想的那样。道德发展的阶段是否有严格的顺序，获得一种新的思维方式是否必须要抛弃前一种思维方式，这点无法证实。二是道德发展的方法在实际操作中比较复杂。柯尔伯格在进行道德教育的实验中也承认，在现实的教学背景下，其所提出的道德发展理论过于复杂，操作性不强。三是人们面对的场景不同，所做出的回答水平也可能不同。四是方法的使用最初只是在少数白人身上得到验证，样本仅限于美国中产阶级 17 岁以下的男性，有一定的局限性。

柯尔伯格的道德认知发展理论和方法在美国 20 世纪 60—70 年代非常盛行。虽然对道德发展理论和方法有不同的看法和争议，但这种方法强调尊重儿童主体性，强调根据儿童道德发展水平循序渐进开展道德教育，具有很强的时代性和针对性。

四　服务学习

服务学习（Service Learning）是美国 20 世纪 80 年代中后期兴起的一种教育理念和教育实践方法。

服务学习是"社区服务"（community service）和"学术学习"（academic study）的有机结合，把"学会服务"（learn to serve）和"在服务中学习"（serve to learn）两种行为整合起来，把"为了更好的学生"和"为了更好的公民"两种目的整合起来。[①]

美国 1993 年的服务行动（Service Action）将服务学习定义为："服务学习指的是一种方法，通过学校和社区的合作，将提供给社区的服务与课程联系起来，学生参与到有组织的服务行动中以满足社会需求并培养社会责任感，同时在其中学习以获得知识和技能，提高与同伴和其他社会成员合作分析、评价及解决问题的能力。"[②] 美国国家实验教育协会（National Society for Experiential Education，NSEE）对服务学习定义如下：学生有明确的学习目标，并且在服务过程中对所学的东西进行积极反思的有组织的

[①] 张华：《论"服务学习"》，《教育发展研究》2007 年第 9 期。
[②] Meyers, Susan, "Service Learning In Alternative Education Settings", *Clearing House*, Vol. 73, No. 2, 1999, pp. 114–117.

服务活动。全美服务学习委员会（the National Commission on Service-Learning）颁布的《在行动中学习：美国服务学习的力量》报告指出："服务学习与自愿服务是不同的，它是一种把社区服务和学术学习相结合的教学方法，用于促进学生的学习，增强其公民责任感，同时促进社区发展和进步"[1]。服务学习将学生的课堂学习与现实社会的问题和需要结合起来，既促进了学生的智力发展又促进了学生的公民参与。

服务学习的理论渊源可以追溯到约翰·杜威的经验学习思想。杜威强调儿童和社会的联系，认为在两者中有一个连接着共同要求的活动。在杜威看来，无论是从经验论考虑，还是从心理学或社会角度考虑，活动都是儿童认识世界的最主要途径。课程设计要直接促进儿童的经验体验与改造，并使经验具有"连续性"和"交互性"[2]。杜威认为，学生的经验是教育的核心，学生从课程中，也从其所参与的活动中学习，杜威把后者称为"伴随学习"（Collateral Learning）。经验活动不仅使学生学到了很多在课堂上没有的知识和技能，还为学生提供了把课堂上所学的知识应用于实际的机会。同时，杜威还认为，如果学生运用学习的课程知识服务和发展他们的社区，他们将会成为很好的公民。除此之外，服务学习也受到传统教学方式的影响，例如在19世纪末20世纪初就盛行的体验学习、实习等教学方式。

1967年，罗伯特·西格蒙（Robert Sigmon）和威廉·拉姆斯（William Ramsey）在南部地区教育委员会（Southern Regional Education Board）的报告中首先使用了"服务学习"这一词语，即结合有意识的教育学习与完成任务式的教育学习以满足社会上人们的真正需要。1968年，美国南部地区教育委员会正式将服务学习定义为社区与学校的结合。随后，美国服务学习逐步在美国各级学校中铺开。1971年，全国学生志愿者计划领导全美学校为帮助学校为学生提供各种服务学习的机会。

1981年，全国青少年服务学习中心为全美教育学家和政策制定者提供培训、资源，以及大量涉及整个国家的初高中学校的（服务学习）活动数据及资料库。在80年代末的许多全国性的会议上，美国联邦立法开始支

---

[1] 俞林军：《小学综合实践活动》，北京师范大学出版社2010年版，第34页。
[2] ［美］约翰·杜威：《学校与社会·明日之学校》，赵祥麟等译，人民教育出版社1994年版，第95页。

持地方性的倡导行动。1990年，美国成立了联邦委员会，提供基金以鼓励各州、学校以及社区机构执行和发展服务学习。同年，美国政府颁布《国家和社区服务法案》(the Nationaland Community Service Act of 1990)。1992年，马里兰州成为第一个规定"参与服务学习活动"为高中生毕业的条件之一的州郡。1993年，《国家服务信任法案》(the National Service Trust Act of 1993)为各州将服务学习纳入学校课程提供资金来源及保障。《2002年公民服务法案》(Citizen Service Act of 2002)从官方的角度对服务学习做出了定义。在联邦法案的支持，以及各州和地方学区的推动下，服务学习运动已经从教育的边缘发展成为教育的主流。1994年，加利福尼亚州立大学(Monterey Bay)成为第一所将服务学习作为毕业必要条件的综合性大学。1996年，著名经济学家杰里米·瑞佛肯（Jeremy Rifkin）声称，21世纪"服务学习可能会成为解决社会问题的主要方法"[1]。1998年，The W. K.凯洛格基金会发起了"从实践中学习"，以4年的时间，在整个国家倡导将服务学习纳入学校课程。2001年，由来自50多个州的1000名成员组成了"全国服务学习伙伴"，致力于扩大和巩固服务学习的发展。经过近十年的推广，服务学习在美国的中小学以及大学普遍开展起来。1999年，几乎一半的美国高中都开展了服务学习。到2000—2001学年，有1300万美国学生的评估都涉及服务学习。[2]

服务学习是在教师指导下，通过从事社区服务而学习知识和技能，养成公民责任感和健全个性的重要方法。2002年1月，全美服务学习委员会出具了一份关于美国K12服务学习情况的总计61页的报告，其中有全美服务学习委员会主席、参议员森·约翰·格伦（Sen John Glenn）的一封信，认为"服务学习在读、写、算3R教育之上又增加了关键的第四个R：责任（responsibility）"[3]。

根据教育改革服务学习联合会（Alliance Service-Learning in Education Reform）的观点，服务学习由以下几个部分组成：

(1) 预备——学生在他们的社区中发现问题，并制订适应社区需要的

---

[1] 郑旭煦:《经济管理实验教学探索与实践》，西南交通大学出版社2010年版，第216页。
[2] 张华:《综合实践活动课程研究》，上海科技教育出版社2009年版，第122页。
[3] Fiske, Edward B., *Learning in Deed: The Power of Service-Learning for American Schools*, National Commission on Service-Learning, 2002 – Jan, p. 3.

发展计划；

（2）合作——学生与当地社区形成伙伴关系，共同解决社区问题；

（3）服务——学生实施有助于社区的服务计划；

（4）课程统合——学生为解决社区问题而运用在学校里掌握的知识；

（5）反思——学生花费一定的时间对所从事的社区服务工作进行思考、讨论，并进行写作。

社区服务的核心是提供服务，而服务学习则将课程、服务和反思结合了起来。与课外活动、义工服务等不同，服务学习与学术课程紧密结合，强调课程学习与服务实践并重。学生将在课程上所学的知识和技能，运用到服务实践中。同时，反思是服务学习一个重要组成部分，教师在服务前、服务中及服务后安排反思活动，帮助学生整合其课程学习与服务经验。在服务学习中，学生为社区提供有价值的服务，同时在教师的设计和指导下，通过与同伴分享各自的想法等，改进个人的沟通技能，培养社会责任感。

服务学习在不同阶段的学校都有广泛的应用。阿拉巴马州的伯瑞恩学校六年级的学生，发现学校附近有一个繁忙的十字路口却没有交通信号灯，十分危险。经过调查，学生们了解到周围的市民都认为装上交通信号灯是必要的，他们以前也做过努力，但没有成功。于是学生们就组织了一个公民计划，试图装上交通信号灯。在这个过程中，学生得知这个看似简单的任务，实际上要涉及很多部门，如市议会、警察局、治安官、州交通部等。学生们向市议会和警局长官递交了建议书，官方许诺会在一定期限内安装。然而，期限到了，交通信号灯却并没有如期安装，于是学生们又开展了一个游说方案，直到信号灯装上为止。在这个过程中，学生了解了公民能够实现改变，以及如何去改变，增加了公民知识，提高了相应的技能。①

服务学习并不是只在中小学开展，美国很多大学也开设了服务学习的课程或开展了服务学习活动。杜克大学的《社区服务的领导机会》就是一门服务学习课，包括三个阶段，第一阶段是准备阶段，先开设"公民参与

---

① Charles N. Quigley, *What needs to be done to ensurea proper civic education*? http：//www.civice-dorg/articles. php，2019-1-12.

与社区领导"课,探讨社区中不同价值之间的冲突对公民参与和公共政策的影响。第二阶段是社会实践,学生在美国、南非等国的社区开展项目工作。第三阶段是服务经验的反思。①

服务学习的重要特点是强调服务与学习并重,它不同于志愿服务和社区服务,有明确的与公民教育相关的学习目标。服务学习注重学校、学生和社区间的互惠与合作。服务学习在各个学段、各个学科中都可使用。在《真正的学习:美国学校服务学习的力量》(Learning in Deed: The Power of Service-Learning for American Schools)这本书里,除了强调哪些是服务学习外,还特别强调了哪些不是服务学习,如只是在社区做志愿者或服务而没有和学术挂钩,为顺利毕业而积攒一定小时的社区服务,只能让学生或社区一方收益,被法院或学校当作惩罚手段,只是为社会科、公民课或美国政府课上课而用等。②

服务学习使学生对知识的掌握更加深入和丰富,有助于巩固学生的专业技能,培养学生的综合能力;能够促进个人性格的发展,有助于提高学生对自我概念的认知或对多样性的容忍度;能够在实践中更好地体验职业,有助于职业意识的培养及职业技能的准备;能够加强对公民参与意识和能力的培养,更好地了解政府如何运作及公民参与问题。

除了上述介绍的四种公民教育方法外,心理咨询、讨论法(Discussion Method)等也都是美国相当盛行的进行公民教育的常用方法。

第三节 中美公民教育方法比较

通过对中、美两国公民教育方法的梳理,可以发现中美公民教育方法各有特点,也反映了各自的历史习惯和文化传承。

一 中美公民教育方法的相同之处

中美公民教育方法相同点包括公民教育方法的种类都很丰富,有共同

---

① Anne Colby, *Educating Citizens: Preparing America's Undergraduates for lives of moral and civic responsibility*, Jossey-Bass, 2003, pp. 154 – 155.
② Fiske, Edward B., *Learning in Deed: The Power of Service-Learning for American Schools*, National Commission on Service-Learning, 2002 – Jan, p. 20.

使用的公民教育方法。

1. 中美公民教育方法的种类都很丰富

美国公民教育方法除了上述所介绍的角色扮演、价值澄清、道德发展、服务学习等方法外，心理咨询、讨论法等也都是常用方法。而中国除了理论灌输、榜样示范、自我教育、研究性学习等方法外，环境熏陶、讨论法、心理咨询等也是常用方法。

中美公民教育在长期发展的过程中逐渐形成了种类多样的教育方法。角色扮演兴盛于 20 个世纪 50—60 年代的美国，价值澄清和道德发展在 20 世纪 60—70 年代的美国是主流公民教育方法，而服务学习方法则在 20 世纪 90 年代开始兴起，至今方兴未艾。有些方法，如价值澄清和道德发展，虽然有明显的兴盛、衰落的轨迹，但在当代美国公民教育中仍然发挥重要作用。如在美国老师给小学生讲授《灰姑娘》的课堂实录中，美国老师不断提问学生，问题环环紧扣，问出了孩子们心中的想法，并引导孩子们得出自己的价值判断，包括做人要守时、干净整洁的仪表很重要、真心交朋友、努力爱自己、即便是真理也可以质疑等[1]，这正是价值澄清理论和思想在美国小学课堂中的实际应用。

中国的理论灌输在革命战争年代产生，一直沿用至今。榜样示范、自我教育也是伴随着中国新民主主义革命及社会主义建设而产生并得以发扬光大。研究性学习是适应新时期培养社会主义公民的要求应运而生，并越来越受到社会各界的关注。正是在长期的公民教育实践中，中美两国形成了具有本国特色的、丰富多样的公民教育方法。

2. 中美两国有共同使用的公民教育方法

中美两国各有一些独具特色的学校思想政治教育方法，也有一些共同使用的方法，如讨论法、心理咨询法等，同时，一些从学校思想政治教育方法衍生出来的方法，如从角色扮演法为基本依据形成的"模拟联合国"，就成为中美两国学校系统共同使用的思想政治教育方法。

"模拟联合国"（Model United Nations），简称"模联"（MUN），是对联合国大会和其他多边机构的仿真学术模拟，是为青年人组织的公民教育

---

[1] 360 个人图书馆，http://www.360doc.com/content/14/0906/06/14826064_407367849.shtml，2019-11-23。

活动。在活动中，参加者通过角色扮演，分别代表不同的国家，模拟联合国大会，对各种世界事务进行讨论。在这个过程中，参与学生需要做大量功课，提前查阅资料，了解相关的国际问题，学习外交知识；还要练习演讲和辩论能力，锻炼口才；更要掌握沟通和谈判的技巧，成功说服对方。

"模拟联合国"活动源起于美国。1951年，美国加州伯克利大学（UC Berkeley）率先成立模拟联合国团队，开始进行模拟联合国活动。经过60多年的发展，模拟联合国活动已经风靡世界，有国际大会、全国大会，还有地区级和校际间的大会，参与者从大学生到高中生，乃至初中生。模拟联合国不仅是对联合国机构的模拟，还包括对其他全球或地区性多边组织，例如政府内阁、国际论坛等组织或者会议的模拟。

模拟联合国已经成为世界性公民教育活动，在2018—2019学术年度分别在纽约市、华盛顿和西安召开了三次世界范围内的大会，参会人员来自126个国家，美国有46个州，共408所学校参与。[①]

2001年以来，模拟联合国走入中国并迅速发展，成了许多大学和高中里备受欢迎的活动。中国的"模联"最早从大学开始。2001年，北京大学、北京外交学院和西北工业大学先后成立了大学模拟联合国协会，成为全国高校中首批专门开展"模联"活动的学生组织。2005年，由北京大学模拟联合国协会举办的第一届全国中学模拟联合国大会召开，成功激发了优秀中学生的参与热情，使模拟联合国活动开始在中学中发展。

目前中国模拟联合国大会主要有三大会议，一是由中国联合国协会（China United Nations Association）主办的中国模拟联合国大会。2019年10月25日在西安举办的第十六届中国模拟联合国大会，来自全国160多所高校的近600名师生参加。[②]二是由外交学院主办的北京国际模拟联合国大会（Beijing International Model United Nations）。2019年5月23日下午，"青年携手·大道同行"2019年北京国际模拟联合国大会在外交学院沙河校区举行开幕式，来自中国内地、中国澳门、英国、德国、加拿大、日本、柬埔寨、印度尼西亚等国家和地区的160余所大学和高中，700余位学生将"代表"不同国家，模拟联合国议事规则，围绕全球治理热点议题

[①] https://www.nmun.org/about-nmun/mission-and-history.html，2020-1-31。
[②] 《第十六届中国模拟联合国大会在西安举行》，央广网，https://baijiahao.baidu.com/s?id=1648333360633158498&wfr=spider&for=pc，2020-2-1。

进行深入探讨,提出青年方案。① 三是由北京大学模拟联合国协会主办的亚洲国际模拟联合国大会(Asian International Model United Nations, Peking University),2019 年 3 月 14—17 日,第十五届北京大学全国中学生模拟联合国大会在北京大学英杰交流中心召开,全国 100 余所优秀高中的 600 余名学生参加大会。② 除了以上历史较长的三大"模联"会议,其他各种"模联"大会也很多,如 2019 年 7 月 15—18 日,在广东省广州市白云国际会议中心举行的"国际中学生模拟联合国大会·中国会",就有来自全国 131 所学校的 1300 多名学生代表和带队教师参加了会议。除此之外,中国多所大学、中学都设有模拟联合国协会或社团,举办各个层次的模拟联合国大会。

此外,中美两国都重视公民教育方法在学校中的综合应用,都重视公民教育方法和社会实践的结合。同时,由于中美交流的不断深入,美国的公民教育理论和思想也传入中国,更多的公民教育方法也开始在中国探索使用,中美公民教育方法开始接轨。美国公民教育中经常使用的一些方法,如心理咨询、服务学习、角色扮演、PBL 方法等,随着中美教育文化交流的深入,在中国公民教育的实践中使用也越来越多。

二 中美公民教育方法的不同之处

很显然,中美思想政治教育方法有很多不同,如美国的角色扮演等四种特色方法、中国的理论灌输等四种特色方法,就有非常明显的不同。这些年,美国思想政治教育方法在中国的学校系统也有使用,如角色扮演、道德发展等,但并没有成为中国的主流方法。除此之外,中美公民教育方法的不同点主要是公民教育方法的理论基础不同,各种公民教育方法的使用频率不同,以及公民教育方法的具体运用不同。

1. 中美公民教育方法的理论基础不同

中美公民教育方法的理论基础不同,这也是中美公民教育方法差异的根本原因。美国公民教育的方法虽然有不同的理论流派支撑,但本源还是

---

① 中评社, http://www.crntt.com/doc/1054/3/6/5/105436559.html? coluid = 0&kindid = 0&docid = 105436559,2020 - 2 - 1。

② 北京十二中教育集团, http://www.bj12hs.com.cn/index.php? m = content&c = index&a = show&catid = 87&id = 5266&h = wap,2020 - 2 - 1。

西方的自由主义思想；中国公民教育方法的理论则来源于马克思主义思想。

自文艺复兴以来，西方从神学重新回归到对人自身的关注上，宣扬个性解放和自由平等，强调对人性的尊重，人文主义思想成为现代西方的主流思想，不论是价值澄清理论还是道德发展理论，都是在这种西方人文主义传统影响下应运而生的。同时，公民概念及公民思想的演变也反映了西方思潮的变化，从雅典城邦制时期开始，随着社会的变迁和对公民概念的不断深化，公民思想经历了古典共和主义、新共和主义、自由主义、社群主义、多元文化主义等不同的思想流派，呈现出不同公民教育思潮，引领公民教育的发展。

中国共产党在唤起民众的过程中，以马克思主义作为指导思想。理论灌输不但是中国革命的需要，也是世界社会主义运动发展的动力。马克思、恩格斯、列宁、毛泽东对此都有过专门的理论阐述，并在中国革命实践中不断充实和完善。榜样示范基于马克思关于人的全面发展理论，包括人的需要的全面发展、人的社会关系的全面发展、人的能力的全面发展、人的个性全面而自由的发展，榜样示范人物则代表了这个时代发展的方向。自我教育则是以马克思主义关于人的本质理论作为哲学基础的。马克思主义指出人的本质是一切社会关系的总和。马克思主义认识论指出，人类社会的主导者是人，人类社会的认识"主体是人，客体是自然"[1]。如果在公民教育范畴中去理解主体和客体的关系，那么这里的主体应该理解为教育者而客体则主要指受教育者，只是这个客体比较特殊，因为客体本身也是一个有意识的人，具有认识、改造世界的主体能动性。客体接受来自主体的作用和影响，它必须经过客体的认同及能动选择，才能内化并在实际上转化为行动。

此外，美国公民教育方法都有具体的理论研究作为支撑。角色扮演源于莫雷诺首创的心理剧疗法，这是精神分析学派的心理治疗方法，也是一种集体心理治疗的方法，通过扮演某一角色，患者可以体会角色的情感与思想，从而改变自己以前的行为习惯。价值澄清理论从当时美国社会现实出发，在批判只重灌输的原有道德教育方法的基础上，在理论上吸收了杜

---

[1]《马克思恩格斯选集》第2卷，人民出版社1995年版，第3页。

威的生活经验论和人本主义心理学等思想，构建起价值澄清理论体系。道德发展方法是柯尔伯格对皮亚杰认知发展心理学的继承与发展，强调把学生的主体性看作是学校道德教育的目标，反对学校对学生进行灌输式教育。中国公民教育方法的理论指导相对比较宏观，更多的方法是在实践中提炼形成。

2. 中美公民教育方法的具体运用不同

中美学校思想政治教育方法很多，每种方法的具体运用也各有特点。即便是同一种方法，如课堂讲授法，在中美学校教育的使用中也有具体运用的不同。

美国特拉华州立大学程映虹教授以历史教育为例，阐述了中美历史教育观念和方法的不同：美国历史课在讲授中关注"什么是历史"这个问题，它要求通过不断的探寻、论辩和发掘达到对过去的了解，而不是为了达到某一个结论或证明某一个理论，这样一个追寻知识的过程本质上是开放而不是封闭的。美国历史教育强调的是探索和了解历史的过程，通过这个过程达到的常常不是一个结论，而更多的是对历史认识的一种态度。这种态度强调的是历史过程的复杂性和多样性，是对历史认识和历史阐释中主观性的承认，从而是对任何权威主义和实用主义的质疑和批判。他认为，中国的历史教育强调的是历史知识的客观性和有用性，即相信通过"科学的"方法可以获得有助于现实需要的那个过去。在学生的下意识中，课本上的知识都是正确的、重要的和有用的，实际发生的重大历史事件都是必然会发生的；而对老师来说，"教"就是怎样通过教授这些知识把"学"引导到那个既定的结论上去。这也能解释为什么中国的师生特别强调教材。相同的教育方法，如果使用的理念不同，产生的效果也会不同，这也许是对比研究中最难观察到的结论，但又确确实实存在。

三　中美国公民教育方法比较对我国的启示

袁建生、江晓萍提出，中国公民教育取得很大成绩，同时也产生了一些问题，如重理论灌输，轻实践引导；学校德育有为德育而德育的倾向，德育与社会实践脱节严重；缺乏与学生道德现有水平相适应的层次性明显且相互衔接的科学的德育规划；德育与学校实际生活结合不够，学科教学中德育渗透性不足；德育过分强调了育人的功能，对适应并推动社会发展，解决社会问题着眼太少；德育方法缺乏创新，难以适应变化日益加速的现代社会。① 随着中美两国交流的不断深入，美国公民教育的部分方法也在中国得以借鉴和运用。同时，美国思想政治教育方法运用中比较重视的一些特质，如尊重学生的主体性和重视社会实践，也值得我们借鉴，也将为我们解决上述问题提供一些思路和启示。

1. 尊重学生主体性

美国比较重视学生主体性的发挥，例如美国核心价值观教育就采用价值判断推理的方法来进行，这种方法通过理性精神的培养和逻辑思辨能力的训练，来达到让学生在冲突面前坚守价值信念的目的，如采用逻辑三段论的方式来让学生得出自己的价值判断。这种判断是理智的、公正的判断，采用逻辑学上的三段论推理结构是训练学生价值判断能力的基础性方法。虽然美国也有学者对这种方法的效果提出质疑，如认为这种方法过于关注学生的道德价值判断而不给学生传授基本的道德概念，使得学生不能很好地建构基本的道德观念，导致学生道德水平下降，但对学生主体性的尊重却是值得我们学习借鉴的。我国的公民教育主要侧重于知识的系统教育，注重知识的传授，对学生主体性的尊重不够，虽然沿袭了几十年的"我讲你听"的"单向灌输式"教育方法有所改变，目前还需要做很大的提升。要求我们不论在课堂教学方面还是组织学生活动、学生社团方面，多关注学生个性差异和特点，采用小组、互动、参与的方式调动学生积极性，调动学生作为学习活动的主体主动地参与教育教学过程，发挥自己的潜能。教师应充分尊重学生的主体地位，以平等的态度对待学生，构建和谐的师生关系，形成和谐的学习氛围。

北京市开展的模拟政协，就是充分发挥学生主动性的一种新方法。2016 年，北京市政协在青少年学生中支持推动"模拟政协"社会实践。经过三年时间，在北京设立 50 个"模拟政协"实践基地，在高校推动青少年"模拟政协"实践，支持外交学院举办"提案中国·全国大学生模拟提案大赛"。实施邀请学校师生走进政协、组织政协委员走进学校的"双走进"活动，重点支持成立"模拟政协"社团、观摩政协会议活动、模拟政协提案、模拟协商议事等实践，推动师生观摩政协、体验政协，推动协

---

① 袁建生、江晓萍：《中美思想政治教育比较》，《前沿》2007 年第 6 期。

商民主、政协知识走进课堂。全市有 364 所学校的 500 多名教师和 1.4 万名学生参与了"模拟政协"实践,三年多来,来自青少年学生的 200 余项"模拟提案"得到政协委员关注,以此为素材形成的 50 余件提案提交北京市乃至全国两会,极大调动了青少年师生们观察分析社会现实问题的积极性和创造性。有学生说,通过观摩体验感到对于政治制度"适合自己的,就是最好的",进一步增强了制度自信。[①] 这是由政协发起的、学校深度参与、学生主体性得到发挥的活动,是政府机构和学校共同设计的精细化的学习实践,使得学生对于中国特色社会主义制度的优越性有了直接的感受,是未来探索的方向。

2. 重视社会实践

美国公民教育多是按照"设置场景—引导角色进入—体验—选择"的顺序展开,目的在于让学生在具体情境中发展认知和判断能力,学生通过各类活动将道德原则内化为自己的道德信念,进而转变为行为习惯。在整个过程中,会综合使用各种方法。例如,美国的法治教育强调让学生积极地参与到教学内容中去,学生不是单纯学习法律条文,而是要通过自己的思考对法律进行反思,并能将法律变成自我知识和行为习惯的一部分。案例教学(Case Studies)和角色扮演(Role Play)成为美国法治教育的最主要的教学方式,如马里兰州中学生参加的"模拟法庭竞赛"(High school Mock Trial Competition)、"法律实习"(Law Links Intership)以及"巴尔的摩城市青年法庭"(Baltimore City Teen Court)等活动。[②] 威斯康星州的模拟法庭活动从 1983 年开始,目前已经使 30000 多名威斯康星州的年轻人受到法律系统的教育,帮助学生理解和尊重法律系统。[③] 俄亥俄州的模拟法庭活动的目的是让更多的年轻人通过实践参与活动,了解和认同法律程序和美国的法律制度,提高他们交流、批判等生活技能,使他们更加理解公民的权利和责任。[④] 当然,"美国不重视系统的学习的做法使学校教育处

[①] 《推动青少年"模拟政协"社会实践 3 年多 1.4 万名学生参与》,北京政协,http://www.bjzx.gov.cn/zxgz/zxyw/201909/t20190920_24520.html,2020-1-28。

[②] Bring the law to life,http://www.clrep.org/,2018-8-6。

[③] the Mock Trial in Wisconsin high school, http://www.wisbar.org/am/templat.cfm?section = inside_the_bar1&template = /cm/contentdisplay.cfm&contentid = 69350,2018-8-7。

[④] Ohio Mock Trial,http://www.oclre.org/mt/,2018-8-7。

在一个较松散的状态中，极大地影响和削弱了学校思想政治教育的权威性和效果"[1]，这需要引起我们的注意。

美国很多中小学都会在美国选举期间尤其是总统大选期间开展模拟选举，这是课程学习＋体验式学习方法的综合应用。如 2016 年，在距离美国大选日还有一周左右，美国统计协会（American Statistical Association, ASA）赞助的首次统计竞赛，有来自 19 个州的 450 名高中生和大学生以及 30 所学校预测了这场最"变幻莫测"的总统大选。而在发布的结果中，有 97% 的参与者预测希拉里将赢得大选。美国统计协会的执行主席罗恩·瓦瑟斯坦（Ron Wasserstein）表示："我认为学生们通过努力得出的结论是对这次一个非常成功的预测，特别是今年这种特别复杂的情况，需要尤其刻苦的努力。这个结果里包含很多内容，不仅仅是选票的结果，还有哪一种选票、具体有多少、选票出现的时机，以及最近的竞选活动和之前竞选活动中选票的分布区别。"[2]

另外，号称全国针对青少年群体最大的社交网络"放学后"（After School）也发起了一场模拟选举，共有来自 50 个州，超过 10 万名 13—19 岁的青少年参加。10 月 14—21 日的投票结束后，特朗普以 47.1% 的得票率获胜，而希拉里竟然只有 32.6%。在另一场由"一频道新闻"（Channel One News）举行的，主要针对全美小学生、初中生和高中生模拟选举中，来自 50 个州，超过 7000 所学校的 30 万名学生在 17—21 日进行了投票。这是该频道自 1992 年以来举行的第六次学生模拟选举了。从这次模拟选举的结果来看，希拉里赢得了好几个摇摆州，包括亚利桑那、佛罗里达以及宾夕法尼亚州。"这些学生们希望自己的声音能被听到，他们希望国家能够知道，对于他们来说，什么东西是重要的。"[3]

除了学校主导的公民教育方法之外，美国还通过各种协会和各种实践性的活动来推动美国公民教育的落地，如 1890 年 5 月全美妇女选举权协

---

[1] Fanelli, *General education in the American college*, RutgersThe State University Jersey-New Brunswek, 1997, p. 35.
[2]《未到法定年龄 美国学生自己模拟总统大选投票》，环球网，https://lx.huanqiu.com/article/9CaKrnJYpbN，2020 - 1 - 26。
[3]《未到法定年龄 美国学生自己模拟总统大选投票》，环球网，https://lx.huanqiu.com/article/9CaKrnJYpbN，2020 - 1 - 26。

会（the National American Woman Suffrage Association，NAWSA）合并了全国妇女选举权协会（National Woman Suffrage Association，NWSA）与美国妇女参政权协会（American Woman Suffrage Association，AWSA）后，延续了这两个协会的使命，致力于女性选举权的合法化。1920年美国女性获得选举权后，持续关注女性选举权问题，在当今美国女性选举权完全落实后，又把注意力放到了推动中小学模拟选举的工作中去。

相比美国在公民教育方法中注重启发学生主体性，注重采用实践、体验教育模式和方法，中国公民教育还较多采用概念背诵、知识记忆、理论讲授的方法，重灌输、轻实践的方法运用还比较多。随着核心素养理念的提出和实施，中国也更多尝试一些新的方法，如在课堂教学上更注重学生概念、理论学习与实际生活的链接。中国除了要关注公民教育方法的种类即静态指标外，还要关注这些方法使用频率即动态指标。公民教育方法的静态指标关注的是我们拥有的方法的种类多少，而公民教育方法的动态指标关注的是每种方法的使用频率和比例。中国公民教育方法的种类虽然很丰富，但讲授法仍然是课堂教学最经常使用的方法，也是中国德育占比最大的一种方法，其使用频率要远远高于研究性学习、综合社会实践。好的讲授法符合启发性的原则，能够高效地实现受教育者对核心概念和理论的理解，但对于公民的培养而言，确实需要通过有限的课堂教学时间，完成公民知识的学习，更重要的是还要完成公民能力的训练，再高超的讲授技巧也解决不了公民的能力训练问题。

参考文献

一　中文文献

（一）著作

蔡元培：《蔡元培文集》，线装书局2009年版。

蔡元培：《中国人的修养》，金城出版社2014年版。

陈朝晖：《美国》，京华出版社2000年版。

陈华：《中国近代公民课程的孕育》，北京师范大学出版社2014年版。

陈立思：《比较思想政治教育》，中国人民大学出版社2011年版。

陈立思：《当代世界的思想政治教育》，中国人民大学出版社1999年版。

陈万柏、张耀灿：《思想政治教育学原理》，高等教育出版社2007年版。

单中惠、王凤玉编：《杜威在华教育讲演》，华东师范大学出版社2016年版。

邓蜀生：《美国与移民——历史·现实·未来》，重庆出版社1990年版。

邓蜀生：《世代悲欢"美国梦"：美国的移民历程及种族矛盾（1607—2000）》，中国社会科学出版社2001年版。

丁永为：《变化中的民主与教育：杜威教育政治哲学的历史研究》，教育科学出版社2012年版。

丁永为：《杜威》，北京师范大学出版社2012年版。

冯益谦：《比较与创新：中西德育方法比较》，中央编译出版社2004年版。

冯增俊：《当代西方学校道德教育》，广东教育出版社1993年版。

高峰：《比较思想政治教育专题研究》，红旗出版社2005年版。

高峰：《美国政治社会化研究》，首都师范大学出版社2004年版。

高平叔：《蔡元培教育论集》，湖南教育出版社1987年版。

高平叔编:《蔡元培教育文选》,人民教育出版社1980年版。

顾黄初:《中国现代语文教育百年事典》,上海教育出版社2001年版。

韩芳:《从臣民到公民——澳大利亚公民教育发展研究》,光明日报出版社2011年版。

胡锦涛:《高举中国特色社会主义伟大旗帜为夺取全面建设小康社会新胜利而奋斗——在中国共产党第十七次全国代表大会上的报告》,人民出版社2007年版。

胡适:《胡适全集》,安徽教育出版社2003年版。

黄仁贤:《中国教育管理史》,福建人民出版社2003年版。

黄书光:《变革与创新:中国中小学德育演进的文化审视》,山东教育出版社2007年版。

黄志斌:《当代思想政治教育方法论》,合肥工业大学出版社2012年版。

《江泽民文选》,人民出版社2006年版。

教育部社科研究与思政工作司.《比较思想政治教育学》,高等教育出版社2001年版。

晋冀鲁豫烈士陵园管理处:《怀念左权同志》,解放军出版社2005年版。

蓝维:《公民教育:理论、历史与实践探索》,人民出版社2007年版。

李安:《美式教育成功之谜》,内蒙古人民出版社2001年版。

李道揆:《美国政府和美国政治》,商务印书馆1999年版。

李德芳、李辽宁:《中国共产党思想政治教育史料选编》,武汉大学出版社2009年版。

李罡:《教育立法与中国现代教育制度的建立与发展》,同心出版社2003年版。

李华兴、吴嘉勋:《梁启超选集》,上海人民出版社1984年版。

李济东:《晏阳初与定县平民教育》,河北教育出版社1990年版。

李彰友:《高中政治研究性学习优秀案例精选精评》,山西教育出版社2005年版。

李稚勇、方明生:《社会科教育展望》,华东师范大学出版社2001年版。

李稚勇:《社会科教育概论》,高等教育出版社2005年版。

李仲生:《发达国家的人口变动与经济发展》,清华大学出版社2011年版。

厉威廉:《美国近年来大学学生课外活动之发展》,幼狮文化事业公司

1984 年版。
梁金霞：《中国德育向公民教育转型研究》，知识产权出版社 2009 年版。
《梁启超全集》，北京出版社 1999 年版。
梁启超：《新民说》，黄坤评注，中州古籍出版社 1998 年版。
梁启超：《饮冰室合集》，中华书局 1936 年版。
刘传德：《外国教育家评传精选》，北京师范大学出版社 1993 年版。
刘澎：《当代美国宗教》，社会科学文献出版社 2001 年版。
刘祚昌：《杰斐逊全传》，齐鲁书社 2005 年版。
刘祚昌：《杰斐逊》，中国社会科学出版社 1996 年版。
马文琴：《美国学校公民教育的转向》，浙江教育出版社 2015 年版。
《毛泽东邓小平江泽民论思想政治工作》，学习出版社 2000 年版。
璩鑫圭、唐良炎：《中国近代教育史资料汇编：学制演变》，上海教育出版社 2007 年版。
任钟印：《世界教育名著通览》，湖北教育出版社 1994 年版。
三门峡市教育委员会编：《洛阳地区教育志》，中州古籍出版社 1992 年版。
沈善洪主编：《蔡元培选集》，浙江教育出版社 1993 年版。
沈益洪：《杜威谈中国》，浙江文艺出版社 2001 年版。
宋恩荣：《晏阳初教育思想研究》，辽宁教育出版社 1994 年版。
宋恩荣：《中华民国教育法规汇编（1912—1949）》，江苏教育出版社 1990 年版。
宋希仁：《道德观通论》，高等教育出版社 2000 年版。
苏守波：《美国现代化进程中的公民教育》，山东人民出版社 2011 年版。
苏振芳：《当代国外思想政治教育比较》，社会科学文献出版社 2009 年版。
孙培青：《中国教育管理史》（第 2 版），人民教育出版社 2013 年版。
孙应祥、皮后锋：《严复集补编》，福建人民出版社 2004 年版。
檀传宝：《德育的力量》，华东师范大学出版社 2012 年版。
檀传宝：《公民教育引论：国际经验、历史变迁与中国公民教育的选择》，人民出版社 2011 年版。
唐汉卫：《现代美国道德教育研究》，山东人民出版社 2010 年版。
唐克军：《比较公民教育》，中国社会科学出版社 2008 年版。
唐克军：《美国学校公民教育》，中国社会科学出版社 2012 年版。

滕大春：《美国教育史》，人民教育出版社 2001 年版。

滕大春：《外国教育通史》，山东教育出版社 1989 年版。

天津南开中学校史资料征集办公室：《私立南开中学规章制度汇编（1904—1937）》，天津教育出版社 2015 年版。

王沪宁：《美国反对美国》，上海文艺出版社 1991 年版。

王惠岩：《当代政治学基本理论》，高等教育出版社 2001 年版。

王建平：《美国学校健康教育的问题与对策研究》，首都师范大学出版社 2004 年版。

王兰垣：《新时期思想政治教育内容体系》，天津人民出版社 1990 年版。

王茂胜：《思想政治教育评价论》，中国社会科学出版社 2006 年版。

王明钦：《学校德育新论》，知识出版社 2005 年版。

王琪：《美国青少年公民教育理论与实践研究》，北京理工大学出版社 2011 年版。

王琪：《美国青少年公民教育理论与实践研究》，北京理工大学出版社 2011 年版。

王瑞荪：《比较思想政治教育学》，高等教育出版社 2001 年版。

王瑞荪：《比较思想政治教育学》，高等教育出版社 2001 年版。

王拭：《严复集》，中华书局 1986 年版。

王树荫：《中国共产党思想政治教育史》，中国人民大学出版社 2016 年版。

王天一、夏之莲、朱美玉：《外国教育史》，北京师范大学出版社 1984 年版。

王文岚：《社会科课程中的公民教育研究》，中国社会科学出版社 2006 年版。

王啸：《全球化时代的中国公民教育》，福建教育出版社 2006 年版。

王玄武：《政治观教育通论》，高等教育出版社 1999 年版。

王悦：《中美高校学生思想政治教育实施方法比较研究》，中国地质大学出版社 2010 年版。

魏贤超、王小飞：《在历史与伦理之间——中西方德育比较研究》，浙江大学出版社 2009 年版。

魏贤超：《在历史与伦理之间：中西方德育比较研究》，浙江大学出版社 2009 年版。

吴文侃：《中小学公民素质教育国际比较》，人民教育出版社 2002 年版。
武汉大学思想政治教育系：《比较教育学》，武汉大学出版社 2000 年版。
席彩云：《当代社会公德教育研究》，湖北人民出版社 2008 年版。
香港特别行政区民政事务局等：《21 世纪中国公民教育的机遇与挑战》，郑州大学出版社 2008 年版。
谢德民：《思想政治工作的理论、方法与智慧》，中共中央党校出版社 2008 年版。
熊建生：《思想政治教育内容结构论》，中国社会科学出版社 2012 年版。
许纪霖：《公共性与公民观》，江苏人民出版社 2006 年版。
《严复文选》，百花文艺出版社 2006 年版。
严兴平：《外军政治性工作评介》，海潮出版社 2007 年版。
晏阳初：《晏阳初全集》（全四册），宋恩荣编，天津教育出版社 2013 年版。
晏阳初：《晏阳初文集》，四川教育出版社 1990 年版。
叶飞：《公民教育研究：治理理念与公民教育——学校公民教育的实践研究》，浙江教育出版社 2019 年版。
袁为公：《公民教育概论》，文通书局 1942 年版。
曾令辉：《现代爱国主义教育理论与实践》，广西人民出版社 2006 年版。
张昌林：《共和主义公民身份与当代中国政治发展》，山东大学出版社 2010 年版。
张海鹏：《近代中国通史》，江苏人民出版社 2007 年版。
张华：《综合实践活动课程研究》，上海科技教育出版社 2009 年版。
张汝伦：《蔡元培文选》，上海远东出版社 1994 年版。
张孝宜：《人生观通论》，高等教育出版社 2001 年版。
张耀灿：《思想政治教育学前沿》，人民出版社 2006 年版。
张耀灿：《思想政治教育学原理》，华中师范大学出版社 1989 年版。
张耀灿、郑永廷：《现代思想政治教育学》，人民出版社 2006 年版。
赵祥麟：《外国教育家评传》，上海教育出版社 1992 年版。
郑航：《中国近代德育课程史》，人民教育出版社 2004 年版。
郑永廷：《思想政治教育方法论》，高等教育出版社 1999 年版。
中国蔡元培研究会：《蔡元培全集》，浙江教育出版社 1997 年版。

中国美国史研究会：《美国史论文集》，生活·读书·新知三联书店1980年版。

中华人民共和国教育部：《义务教育品德与社会课程标准（2011年）》，北京师范大学出版社2012年版。

中华人民共和国教育部：《义务教育品德与生活课程标准（2011年）》，北京师范大学出版社2012年版。

祖嘉合：《思想政治教育方法教程》，北京大学出版社2004年版。

（二）译著

［法］孟德斯鸠：《法意》，严复译，商务印书馆1981年版。

劳伦斯·A. 克雷明：《美国教育史（1607—1783）》，周玉军等译，北京师范大学出版社2003年版。

［美］E. P. 克伯雷：《外国教育史料》，任宝祥、任钟印主译，华中师范大学出版社1991年版。

［美］J. 布鲁姆：《美国的历程》，杨国标、张儒林译，商务印书馆1988年版。

［美］R. 赫斯利普：《美国人的道德教育》，王邦虎译，人民教育出版社2003年版。

［美］S. E. 佛罗斯特：《西方教育的历史和哲学基础》，吴元训等译，华夏出版社1987年版。

［美］阿勒克西·德·托克维尔：《民主在美国》（全二卷），秦修明等译，吉林出版集团有限责任公司2013年版。

［美］贝克：《21世纪的学校咨询》，王工斌等译，中国轻工业出版社2008年版。

［美］本杰明·富兰克林：《本杰明·富兰克林自传》，李瑞林、宋勃生译，国家行政学院出版社1998年版。

［美］查理斯·E. 孟里欧：《美国公民教育》，严菊生译，商务印书馆1930年版。

［美］大卫·A. 威尔顿，《美国中小学社会课教学策略》，吴玉军等译，华夏出版社2004年版。

［美］丹尼尔·布尔斯廷：《美国人：建国历程》，中国对外翻译出版公司

译，生活·读书·新知三联书店1993年版。

［美］丹尼尔·布尔斯廷：《美国人：民主历程》，中国对外翻译出版公司译，生活·读书·新知三联书店1993年版。

［美］丹尼尔·布尔斯廷：《美国人：殖民地历程》，时殷弘等译，上海译文出版社2009年版。

［美］厄本·瓦格纳：《美国教育——一本历史档案》，周晟、谢爱磊译，中国人民大学出版社2009年版。

［美］菲利普·方纳：《华盛顿文选》，王缓昌译，商务印书馆1960年版。

［美］富兰克·布朗：《美国的公民教育》，陈光辉译，台北：东大图书公1988年版。

［美］加里·纳什等：《美国人民：创建一个国家和一种社会（第6版）》，刘德斌主译，北京大学出版社2008年版。

［美］卡尔·范·多伦：《富兰克林》，牛伟宏等译，中国社会科学出版社1993年版。

［美］卡罗尔·卡尔金斯：《美国文化教育史话》，邓明言等译，人民出版社1984年版。

［美］卡罗尔·卡尔金斯：《美国文化教育史话》，邓明言等译，人民出版社1984年版。

［美］凯瑟琳·坎普·梅休：《杜威学校》，王承绪等译，华东师范大学出版社1991年版。

［美］柯尔伯格：《道德教育的哲学》，魏贤超等译，浙江教育出版社2000年版。

［美］劳伦斯·A.克雷明：《美国教育史：城市化时期的历程（1876—1980）》，朱旭东等译，北京师范大学出版社2002年版。

［美］劳伦斯·A.克雷明：《美国教育史：建国初期的历程（1783—1876）》，洪成文等译，北京师范大学出版社2002年版。

［美］劳伦斯·A.克雷明：《美国教育史：殖民地时期的历程（1607—1783）》，周玉军译，北京师范大学出版社2003年版。

［美］劳伦斯·A.克雷明：《学校的变革》，单中惠等译，上海教育出版社1994年版。

［美］理查德·D.范斯科德：《美国教育基础——社会展望》，北师大外国

教育研究所译，教育科学出版社 1984 年版。

［美］理查德·布朗：《现代化：美国生活的变迁 1600—1865》，马兴译，世界知识出版社 2008 年版。

［美］路易斯·拉思斯：《价值与教学》，谭松贤译，浙江教育出版社 2003 年版。

［美］罗伯特·威斯布鲁克：《杜威与美国民主》，孙红欣译，北京大学出版社 2010 年版。

［美］迈克尔·舒德森：《好公民：美国公共生活史》，郑一卉译，北京大学出版社 2014 年版。

［美］麦理安：《公民教育》，黄嘉德译，商务印书馆 1935 年版。

［美］梅利尔·D. 彼得森：《杰斐逊集》，刘柞昌、邓红风译，生活·读书·新知三联书店出版社 1993 年版。

［美］美国国家社会科协会：《卓越的期望：美国国家社会科课程标准》，高峡等译，教育科学出版社 2008 年版。

［美］摩里斯·贾诺威茨：《军人的政治教育》，郭力等译，解放军出版社 1987 年版。

［美］纳撒尼尔·菲尔布里克：《五月花号：关于勇气、社群和战争的故事》，李玉瑶、胡雅倩译，新星出版社 2006 年版。

［美］帕米拉·J. 法丽丝：《美国中小学社会课教学实践》，张谊译，华夏出版社 2003 年版。

［美］潘恩：《常识》，马清槐译，商务印书馆 1961 年版。

［美］乔尔·斯普林：《美国学校——教育传统与变革》，史静寰等译，人民教育出版社 2010 年版。

［美］斯蒂文·洛克菲勒：《杜威：宗教信仰与民主人本主义》，赵秀福译，北京大学出版社 2010 年版。

［美］小诺布尔·坎宁安：《杰斐逊传》，朱士清、高雨洁译，世界知识出版社 1991 年版。

［美］约翰·杜威：《道德教育原理》，王承绪译，浙江教育出版社 2003 年版。

［美］约翰·杜威：《杜威教育论著选》，赵祥麟、王承绪译，华东师范大学出版社 1981 年版。

［美］约翰·杜威：《民主与教育》，薛绚译，译林出版社 2012 年版。

［美］约翰·杜威：《民主主义与教育》，王承绪译，人民教育出版社 1990 年版。

［美］约翰·杜威：《学校与社会·明日之学校》，赵祥麟等译，人民教育出版社 1994 年版。

［美］约翰·杜威：《自由与文化》，傅统先译，商务印书馆 1964 年版。

［苏］瓦·阿·苏霍姆林斯基：《少年的教育与自我教育》，姜励群译，北京出版社 1984 年版。

［英］纽曼：《大学的理想（节译本）》，徐辉、顾建新译，浙江教育出版社 2001 年版。

（三）论文

KenResnicow：《有关学校综合健康教育的几个问题》，李志敏译，《中国健康教育》1994 年第 1 期。

敖洁：《我国大学生公民教育实效性研究》，博士学位论文，湖南师范大学，2013 年。

班建武：《价值澄清的理论与实践应用》，《中小学德育》2014 年第 2 期。

毕苑：《从〈修身〉到〈公民〉：近代教科书中的国民塑形》，《教育学报》2005 年第 2 期。

曹长青：《如没有潘恩，自由的美国将难以想象——台湾版〈常识〉译本序》，香港《开放》杂志 2007 年，10 月号。

曹婧：《个体发展与公民生长：公民教育的时间逻辑研究》，博士学位论文，湖南师范大学，2013 年。

陈国海、李燕娜、蔡宇翔：《美国哈町大学宗教教育访谈录——访 David B. Burks 校长，James Carr 副校长，Milo Hadwin 主任》，《大学教育科学》2010 年第 1 期。

陈华：《严复与梁启超的公民教育思想比较》，《教育学术月刊》2013 年第 12 期。

陈华：《中国公民教育的诞生——课程史的研究》，博士学位论文，华东师范大学，2012 年。

陈际卫：《中日美中小学健康教育的比较研究》，《外国中小学教育》2003

年第 12 期。

陈建平：《在"公平施政"的旗帜下——杜鲁门政府内政研究》，博士学位论文，华东师范大学，2004 年。

陈静静：《以法制精神培养未来公民——美国中小学法律教育的目标、内容与方法》，《外国中小学教育》2014 年第 7 期。

陈鹏：《简论美国学徒制的移植、断裂与重塑》，《职教论坛》2011 年第 25 期。

陈乔炎：《美国：性教育从家庭开始》，《公民导刊》2003 年第 1 期。

陈正桂：《美国公民教育的特征及对我国思想政治教育的启示》，《思想政治教育研究》2010 年第 3 期。

陈正桂：《20 世纪中期美国成人移民公民教育概述》，《河北大学成人教育学院学报》2011 年第 12 期。

陈正桂：《宪法教育：美国公民教育的重点与核心》，《学校党建与思想教育》2010 年第 10 期。

陈正桂：《宪法教育：美国公民教育的重点与核心》，《学校党建与思想教育》2010 年第 10 期。

崔贞姬：《中国社会主义政治文明建设与公民教育》，博士学位论文，吉林大学，2007 年。

代祥、徐占春：《试论湘鄂赣苏区思想政治工作》，《中共南昌市委党校学报》2007 年第 5 期。

单玉：《公民教育的新方法："服务学习"（SL）与负责任公民的培养——美国学校公民教育中"服务学习"方法的运用及其启示》，《外国教育研究》2004 年第 11 期。

丁小明、严权：《蔡元培德育思想与当今学校道德教育》，《教育评论》2015 年第 9 期。

董小燕：《严复政治思想研究》，博士学位论文，浙江大学，2006 年。

窦鹏辉：《解析美国青少年发展项目 4—H 教育》，《世界教育信息》2006 年第 11 期。

堵海鹰、刘超、陈金平、朱艳妮：《美国军校的爱国主义教育给我们的启示》，《空军雷达学院学报》2007 年第 2 期。

杜学锋：《中美两国德育比较研究》，《广播电视大学学报》（哲学社会科学版）2002 年第 2 期。

樊非：《自我教育的系统分析》，《系统辩证学学报》2004 年第 3 期。

方美玲：《中华民国社团的基本特征》，《北京教育学院学报》2000 年第 3 期。

冯大鸣：《美国国家教育战略的新走向——〈美国教育部 2002—2007 年战略规划〉评析》，《外国教育研究》2004 年第 1 期。

冯航贞：《美国中小学心理健康教育课程设置——以马里兰州为例》，《中小学心理健康教育》2015 年第 15 期。

冯益谦：《中美大学思想政治教育方法比较研究》，《思想教育研究》2007 年第 1 期。

冯宇红：《论公民教育》，《教育探索》2005 年第 1 期。

付宏：《从国家公民到世界公民：美国公民教育目标的转向》，博士学位论文，华中师范大学，2011 年。

付轶男：《美国公民教育的发展及其功能演进——以公民教育与道德教育关系为视角》，《外国教育研究》2012 年第 11 期。

付轶男：《美国现代化进程中的公民教育与道德教育关系》，博士学位论文，东北师范大学，2010 年。

付轶男：《现代化进程中公民教育与道德教育的关系》，《外国教育研究》2009 年第 6 期。

傅佩缮：《研究生专业方向视域中的马克思主义理论与思想政治教育学科建设问题》，《学校党建与思想教育》2005 年第 3 期。

傅添：《童子军：美国青少年的军训》，《法治周末》2014 年 9 月 2 日第 16 版。

高峰：《美国公民教育的基本内涵》，《比较教育研究》2005 年第 5 期。

高峰：《美国公民教育考察散记》，《教育艺术》2003 年第 5 期。

高峰：《思想政治教育研究的新视野：关于比较思想政治教育学研究的回顾与思考》，《新视野》2000 年第 3 期。

高峡：《美国公民教育课程的设计与内涵——美国社会科课程标准主题探析》，《全球教育展望》2008 年第 9 期。

高峡：《社会科和公民素养教育——从美国和日本社会科的建立谈起》，《全球教育展望》2002 年第 9 期。

郜影：《浅析美国实施公民教育的主要途径》，《科技信息》2007 年第 19 期。

龚兵、姜文郸：《中美教育专业团体的功能比较——以中国教育学会和美国全国教育协会为例》，《学会》2009 年第 1 期。

辜庆志：《严复政治思想与中国政治的近代转型》，《河北学刊》2010 年第 3 期。

郭春环：《美国民众的宗教教育》，《世界宗教研究》1997 年第 1 期。

郭法奇：《灌输式教育：从怀疑、批判到否定——20 世纪西方教育的最大变化》，《比较教育研究》2004 年第 11 期。

郭小香：《贺拉斯·曼社会改良主义公民教育思想探析》，《学术研究》2011 年第 12 期。

郭英俊：《"家校社"一体化的德育协同长效机制探究》，《福建基础教育研究》2019 年第 6 期。

郝克路：《本杰明·富兰克林与早期费城的公共社会》，《史学月刊》2001 年第 4 期。

何成刚：《在继承与发展中创新——对〈普通高中历史课程标准〉（实验）稿的解读》，《学科教育》2004 年第 1 期。

贺彦凤：《现代西方思想政治教育理论探讨及其借鉴》，《思想政治教育研究》2005 年第 7 期。

侯存明：《战争年代的冀鲁豫边区教育——以冀鲁豫边区第三中学为例》，《贵州文史丛刊》2007 年第 1 期。

胡斌武：《马克思主义理论与思想政治教育学科建设存在的基本问题分析》，《思想教育研究》2005 年第 7 期。

胡春湘：《建国 60 年来高校思想政治教育历史发展与思考》，《攀枝花学院学报》2010 年第 2 期。

胡君进：《价值澄清理论的再澄清及其实践》，《中小学德育》2015 年第 5 期。

胡秋梅：《教育政策文本的批判性话语分析——以美国〈公民学与政府国家标准〉为例》，硕士学位论文，中国地质大学，2013 年。

花溪等：《建国以来我国中学地理课程标准教学目标的变迁》，《地理教育》2009 年第 6 期。

黄甫全:《自我意识的发展与公民教育的基本策略》,《学术研究》1999 年第 2 期。

黄仁贤:《严复的三育救国论与近代公民教育的发轫》,《福建论坛》(文史哲版)2000 年第 5 期。

黄仁贤:《严复的"新民德"学说与近代公民道德教育》,《教育评论》2002 年第 5 期。

黄崴、黄晓婷:《近十年公民教育研究的回顾与展望》,《清华大学教育研究》2009 年第 2 期。

惠刚:《美国职业教育的发展历程——兼论对我国职业教育的启示》,《陕西师范大学继续教育学报》2003 年第 4 期。

霍华德·柯申鲍姆:《从价值澄清到品格教育:个人的历程》,《中国德育》2009 年第 10 期。

姜妙妙:《中外学校德育的比较与思考》,《学理论》2012 年第 30 期。

蒋一之:《培养积极公民的另一种努力——美国中小学法治教育述评》,《外国中小学教育》2003 年第 9 期。

金昕:《美国公民教育的品牌效应、培育路径及启示》,《东北师大学报》(哲学社会科学版)2013 年第 2 期。

孔锴:《美国公民教育模式研究》,博士学位论文,东北师范大学,2008 年。

孔锴、孙启林:《试论杜威的公民教育思想》,《外国教育研究》2008 年第 9 期。

赖文婷:《基于教材内容分析的初中法治教育教学实施研究》,硕士学位论文,湖南师范大学,2019 年。

李芳:《当前我国高校公民素质教育研究》,博士学位论文,华中师范大学,2006 年。

李罡:《新时期我国公民教育的内容体系和实施途径》,《北京行政学院学报》2011 年第 4 期。

李洁:《公民教育:思想政治教育发展的新内容》,《教育研究》2008 年第 12 期。

李玲芬:《美国思想政治教育模式探微》,《学校党建与思想教育》2005 年第 11 期。

李玲芬：《美国思想政治教育模式探微》，《学校党建与思想教育》2005年第11期：72—73。

李明忠：《学生事务管理下的美国大学生心理咨询》，《中国青年研究》2004年第1期。

李萍、钟明华：《公民教育——传统德育的历史性转型》，《教育研究》2002年第10期。

李青：《大学生思想政治教育的手机网络模式——以天津师范大学校园手机报为例》，《文学教育》2014年第3期。

李青、傅颖：《美国家庭问题的历史考察》，《杭州师范大学学报》（社会科学版）1996年第4期。

李庶泉：《公民教育的国际比较》，《济南大学学报》2005年第2期。

李涛：《塑造民主社会的公民——杜威〈民主主义与教育〉导读》，《当代教育科学》2003年第15期。

李唯：《论灌输与灌输式教育》，《滁州学院学报》2010年第1期。

李文娟：《杜威的"公民训练"思想及对和谐社会道德公民教育的启示》，《学校党建与思想教育》2013年第1期。

李先军、张晓琪：《美国中小学法治教育的历史演进、特点及启示》，《外国中小学教育》2015年第5期。

李焰、马喜亭：《中美高校心理咨询与心理健康教育的比较》，《思想教育研究》2010年第7期。

李燕华：《榜样示范，促成学生道德行为的规范》，《思想理论教育》2008年第22期。

李毅娜：《当前"榜样示范法"的问题、原因及其对策》，《华中人文论丛》2011年第2期。

李盈：《美国家庭教育的启示》，《教育实践与研究》2005年第4期。

李稚勇：《美国历史科国家课程标准论析》，《历史教学》1999年第6期。

栗蕊蕊：《社会文化变迁中公民教育的本土演进》，博士学位论文，华东师范大学，2013年。

梁景和：《论清末学校的国民教育》，《江苏社会科学》2006年第4期。

梁娅：《苏霍姆林斯基的集体主义教育思想及启示》，《教育与教学研究》2015年第12期。

林开云、徐云兰：《试论军队思想政治教育目标的科学定位及实现》，《南京政治学院学报》2013年第3期。

刘保刚：《清末公民教育思想探析》，《中州学刊》2005年第6期。

刘保刚：《新文化运动后中国公民教育思想研究——限于1925—1945时段的考察》，《郑州大学学报》（哲社版）2007年第6期。

刘兰：《新中国成立后我国中学地理课程标准（教学大纲）中德育目标的变迁》，《课程·教材·教法》2006年第7期。

刘丽娟：《美国课堂角色扮演法培养社会责任感例说》，《教育科学论坛》2011年第3期。

刘丽娟：《培养小学生的社会责任感——角色扮演法在美国课堂的应用实例》，《基础教育研究》2011年第3期。

刘琳：《美国高校的思想政治课教学》，《红旗文稿》2013年第17期。

刘澎：《宗教对美国社会政治的影响》，《瞭望》新闻周刊1996年第5期。

刘香东：《美国成人公民教育刍议》，《成人教育》2009年第3期。

刘玄：《中美公民教育比较与启示》，《新西部》2011年第21期。

刘争先：《改革开放以来公民教育研究的回顾与展望》，《教育科学研究》2009年第12期。

卢萧：《网络思想政治教育资源开发利用成功案例分析》，《重庆与世界》（学术版）2014年第10期。

芦雷：《我国中小学公民教育目标与内容重构研究》，博士学位论文，辽宁师范大学，2012年。

罗景泉：《探索、确立、发展、飞跃完善——从教学大纲到课程标准的变化看建国以来小学语文的发展轨迹》，《语文学刊》2012年第12期。

罗许慧：《美国中小学公民教育评价研究——基于NAEP体系的考察》，硕士学位论文，华中师范大学，2011年。

骆郁廷：《论思想政治教育内容结构及其优化》，《学校党建与思想教育》2002年第1期。

骆郁廷：《论思想政治教育内容结构及其优化》，《学校党建与思想教育》2002年第1期。

马凌：《"真理的价格"：本杰明·富兰克林与美国新闻事业传统》，《新闻大学》2009年第4期。

[美] T. E. 克奇：《美国学校世界教育的发展及其前景》，《教育论丛》1986 年第 5 期。

孟万金：《美国道德教育 50 年的演进历程及其启示》，《教育研究》2006 年第 2 期。

齐文颖：《略论美国殖民地时期的教育》，《历史教学》1982 年第 11 期。

秦秋霞：《当代中国公民教育价值取向研究》，博士学位论文，华中师范大学，2013 年。

阮一帆、孙文沛：《美国公民教育的历史变迁与启示（1776—1976）》，《武汉大学学报》（人文科学版）2016 年第 1 期。

桑圣丽：《南京国民政府时期中小学公民教育研究》，硕士学位论文，山东师范大学，2012 年。

邵跃飞：《试论青少年宫校外教育的独特功能》，《浙江青年研修学院学报》2003 年第 2 期。

沈英：《美国中小学法治教育中的社区参与：内涵、实施及特色》，《外国教育研究》2005 年第 1 期。

沈英：《美国中小学法治教育中的社区参与：内涵、实施及特色》，《外国教育研究》2005 年第 1 期。

施莉：《蔡元培公民道德教育思想介评》，《宁波大学学报》（教育科学版）2008 年第 4 期。

石国亮：《党的十三届四中全会以来大学生思想政治教育的新发展和基本经验》，《学校党建与思想教育》2005 年第 5 期。

石中英：《重申集体主义教育》，《北京教育（普教版）》2017 年第 9 期。

束永睿：《从学术团体到国家智库：美国公民教育中心的历史考察》，《清华大学教育研究》2017 年第 10 期。

宋玉蓉：《论榜样示范的思想政治教育功效》，《南京政治学院学报》2006 年第 22 卷。

苏守波：《美国现代化进程中的公民教育研究》，博士学位论文，东北师范大学，2010 年。

孙凤华：《从修身科到公民科：清末民初我国学校公民教育》，《华南师范大学学报》（社会科学版）2008 年第 5 期。

孙国华：《法制与法治不应混同》，《中国法学》1993 年第 3 期。

孙杰：《中美思想政治教育比较》，《黑龙江史志》2008 年第 18 期。
孙立田：《美国中学历史课程的确立与改革》，《历史教学月刊》1999 年第 2 期。
孙伟国：《政治社会化取向的美国公民教育》，《外国教育研究》2007 年第 3 期。
谭国雄：《美国历史教育贯穿着思想政治功能》，《中国改革报》2005 年 1 月 20 日，第 6 版。
檀律科：《中美大学生思想政治教育目标对比研究》，《江苏科技信息》2012 年第 1 期。
唐克军、蔡迎旗：《杜威的公民教育观》，《教育研究与实验》2007 年第 6 期。
唐霞：《中美爱国主义教育现状比较研究》，博士学位论文，中共中央党校，2011 年。
滕大春：《杜威和他的〈民主主义与教育〉》，《河北大学学报》1988 年第 4 期。
田心铭：《简论思想政治教育的目的、培养目标和教育内容——兼评"德育非政治化"的观点》，《思想理论教育导刊》2011 年第 6 期。
万明钢：《论公民教育》，《教育研究》2003 年第 9 期。
王东虓：《公民教育学的基本范畴探析》，《郑州大学学报》（哲学社会科学版）2008 年第 5 期。
王东虓：《关于公民教育基础问题及基本内涵的思考》，《中州学刊》2006 年第 4 期。
王冠华、王东：《美国高校如何进行思想政治教育》，《教育与职业》2012 年第 5 期。
王嘉、林海玲：《"灌输论"的历史发展及其当代价值》，《思想政治教育研究》2009 年第 25 卷第 3 期。
王建军：《论思想政治教育中的灌输和启发》，《中国石油大学学报》（社会科学版）2013 年第 5 期。
王建梁：《美国公民教育教材效果测试的内容与方法——以对〈我们人类〉教材的测评为例》，《中国德育》2011 年第 1 期。
王少萍：《青年政治社会化问题研究——基于共青团视野的思考》，博士学位论文，福建师范大学，2012 年。

王少瑛：《关于广州八校首届研究性学习课程实施成效的调查》，《教育导刊》2003 年第 6 期。

王世伟：《透析服务学习对公民教育的意义》，《思想理论教育》2009 年第 20 期。

王希：《美国公民权利的历史演变》，《读书》2003 年第 4 期。

王小禹：《美国地理课程标准实施过程中的问题及影响因素分析》，《外国中小学教育》2006 年第 10 期。

王晓青：《美国高校开展爱国主义教育的做法及其启示》，《北京教育》2010 年第 2 期。

王晓庆、周宏武：《中美高校纪律教育比较及启示》，《思想理论教育》2009 年第 17 期。

王晓燕：《青少年心中的榜样——江苏省扬州市青少年榜样崇拜的调查分析》，《青少年研究》2004 年第 1 期。

王亚玲：《西方军队政治社会化研究述评》，《社会科学评论》2008 年第 3 期。

王胤颖：《美国的街道法与青少年法制教育》，《青少年犯罪问题》2001 年第 6 期。

王莹：《20 世纪初美国政府强制同化移民政策的形成与实施》，《东北师大学报》（哲学社会科学版）2008 年第 12 期。

王永红：《二战以来美国社会科的改革与发展》，《课程教材教法》2003 年第 6 期。

王泽刚：《美军核心价值观教育及启示》，硕士学位论文，华中师范大学，2011 年。

王兆璟、白尚祯：《贺拉斯·曼公民教育思想探析》，《当代教育与文化》2010 年第 4 期。

魏峰、王栋：《殖民地时期的美国教育》，《滨州师专学报》1995 年第 1 期。

魏然：《美国人怎么上历史课——美国历史课程教学述评》，《历史教学》2004 年第 11 期。

巫阳朔：《中美高校思想政治教育比较研究》，博士学位论文，中共中央党校，2012年。

吴镝：《美国博物馆教育与学校教育的对接融合》，《当代教育论坛》2011年第5期。

吴镝：《美国博物馆教育与学校教育的对接融合》，《当代教育论坛》2011年第5期。

吴锦旗：《美国思想政治教育解析》，《思想理论教育》2006年第1期。

吴磊：《"清末新政"时期政治社会化的途径及其作用》，《天中学刊》2009年第1期。

吴增强：《医教结合：美国波士顿地区学校心理服务系统考察》，《上海教育科研》2013年第1期。

伍柳氏：《公民教育：思想政治教育的基本定位》，《邵阳学院学报》2009年第2期。

肖川：《全球教育在美国》，《高等师范教育研究》1994年第3期。

肖旻婵：《中小学心理健康教育研究：中美比较研究》，博士学位论文，华东师范大学，2005年。

谢长法、周颖：《20世纪20年代柏克赫斯特的访华》，《东北师大学报》（哲学社会科学版）2016年第6期。

谢雪：《中美大学德育的比较》，《教育探索》2002年第8期。

辛志勇、金盛华：《西方学校价值观教育方法的发展及其启示》，《比较教育研究》2002年第4期。

信力建：《美国如何上"思想政治课"？》，《领导文萃》2011年第11期。

信林泰：《马克思主义理论与思想政治教育的学科特色》，《重庆邮电学院学报》（社会科学版）2005年第3期。

徐涛：《作为公民教育理想类型的"新民"——〈新民说〉中公民教育思想解读》，《中国教师》2010年第23期。

徐文良：《茹苦含辛 锲而不舍 思想政治教育学科建设历程的回顾与思考》，《思想教育研究》2005年第9期。

许克毅：《中外高校德育目标的比较研究》，《西安电子科技大学学报》（社科版）2004年第1期。

雪雰：《美国专家谈家庭教育》，《少年儿童研究》1995年第1期。

严洪昌：《"国民"之发现——1903年上海国民公会再认识》，《近代史研究》2001 年第 5 期。

杨代虎：《美国国家地理课程标准述评》，《比较教育研究》2005 年第 8 期。

杨代虎、王传兵、刘桂侠：《美国国家地理课程标准（第二版）述评》，《课程教学研究》2016 年第 4 期。

杨军：《研究性学习与当代学习理论——兼论研究性学习的心理学依据》，《西北师大学报》（社科版）2003 年第 3 期。

杨荣：《工业革命对美国城市化的影响》，《安庆师范学院学报》（社会科学版）2002 年第 5 期。

杨时敏：《我看美国的公民法治教育》，《特区实践与理论》2011 年第 5 期。

杨恕、续建宜：《美国志愿者运动述评》，《国际论坛》2002 年第 4 卷第 1 期。

杨彦明：《美国军队中的随军牧师》，《世界宗教文化》2004 年第 9 期。

杨姿芳：《"德育实为完全人格之本"——蔡元培道德教育思想研究》，博士学位论文，武汉大学，2012 年。

姚本先：《美国学校心理健康教育的内容、途径与督导》，《中小学心理健康教育》2009 年第 22 期。

姚俊红：《价值澄清教育流派述评》，《外国教育研究》2004 年第 1 期。

姚利明：《美国爱国主义教育与对外战争》，《环球市场信息导报》2016 年第 46 期。

叶赋桂：《中国的美国教育研究三十年》，《比较教育研究》2010 年第 7 期。

殷超：《论美国中学历史教育的发展历程》，《教育教学论坛》2014 年第 30 期。

尹雯：《当前青少年家庭教育的特点与趋势——以云南为例》，《中国青年研究》2008 年第 4 期。

于海静：《美国公民教育的历史沿革、现状与发展趋势》，《外国教育研究》2004 年第 3 期。

于玲玲：《论美军核心价值观的影响因素》，《军事历史研究》2010 年第 2 期。

袁建生、江晓萍：《中美思想政治教育比较》，《前沿》2007年第6期。

张彩云：《克伯屈与近现代中国教育》，《内蒙古师范大学学报》（教育科学版）2011年第1期。

张丹华：《苏俄思想政治教育的变迁及困境分析》，《思想理论教育》2005年第4期。

张东霞、林彭：《中美两国中小学爱国主义教育比较研究》，《外国中小学教育》2004年第2期。

张凤娟：《"通识教育"在美国大学课程设置中的发展历程》，《教育发展研究》2003年第9期。

张鸿燕、杜红琴：《美国公民教育的特点及其发展趋势》，《首都师范大学学报》（社会科学版）2007年第1期。

张华：《论"服务学习"》，《教育发展研究》2007年第9期。

张家勇：《美国大学的学生社团活动》，《比较教育研究》2004年第4期。

张建伟、陈琦：《从认知主义到建构主义》，《北京师范大学学报》（社会科学版）1996年第4期。

张蓉：《在曲折中前进——美国的统一课程标准改革》，《基础教育》2016年第3期。

张赛男：《中美高校思想政治教育实施途径比较》，《教育教学论坛》2011年第15期。

张旺：《美国高等教育发展的社会文化因素分析》，《高教探索》2006年第1期。

张晓辉、荣子菡：《民国时期童子军的中国化及其影响》，《广西社会科学》2005年第2期。

张秀雄：《美国公民教育课程的分析》，《人文及社会学科教学通讯》（台湾）1991年第1期。

张燕、郭倩雯：《美国学校核心价值观教育的方法及启示》，《人民教育》2013年第22期。

张耀灿：《思想政治教育学科理论体系发展创新探析》，《学校党建与思想教育》2007年第5期。

赵飞：《中美学校德育实施途径比较研究》，《德育新视野》2001年第2期。

赵光勇：《梁启超公民理论及其当代意义》，《新视野》2009年第3期。

赵文学：《美国殖民地时期教育发展主要特点探析》，《东北大学学报》（社会科学版）2008年第6期。

赵亚夫：《美国国家历史课程标准述评》，《外国教育研究》2004年第2期。

赵玉环：《杜威和凯兴斯泰纳公民教育思想之比较》，《科教导刊》2014年第5期。

郑延定：《学生"自我教育、主动发展"德育实验的思考与实践》，《上海教育科研》2004年第2期。

周宏军、陈剑旄：《蔡元培道德教育思想初探》，《伦理学研究》2005年第3期。

朱赤：《美国学校心理咨询的历史、现状和发展趋向》，《华中师范大学学报》（哲学社会科学版）1994年第5期。

朱慧：《中美学校公民教育的差异及其对中国的启示》，《湖北经济学院学报》（人文社会科学版）2012年第6期。

朱明山、杨新宇：《理论灌输模式的建构》，《高等农业教育》2005年第11期。

朱小蔓、冯秀军：《中国公民教育观发展脉络探析》，《教育研究》2006年第12期。

朱小蔓：《中国公民教育观发展脉络探析》，《教育研究》2006年第12期。

朱映雪：《民主教育与民主社会公民的塑造——杜威〈民主主义与教育〉的当代诠释》，《社会科学论坛》2009年第12期（下）。

壮国桢：《实践与启示：美国公立大学的公民教育》，《高校辅导员》2014年第4期。

祖嘉合：《论自我教育》，《思想政治工作研究》2003年第9期。

二　外文文献

A. E. Pearl, C. R. E. Pryor, *Democratic ractices in Education*：*Implications for Teacher Education*, Rowman & Littlefield Education, 2005.

A. J. Ryder, *Twentieth-Century America*：*From Bismarck to Brandt*, New York：

Columbia University Press, 1973.

Alan Reid, *Globalization, the nation-state and the citizen*, Routledge, 2010.

Alexis de Tocqueville, *Democracy in America*, New York: Random House Inc., 1981.

Almond Gabriel A. and Verba Sidney, *the Civic Culture: Political Attitudes and Democracy in Five Nations*, Princeton: Princeton University Press, 1963.

Andrew Peterson, *Civic republicanism and civic education*, Palgrave Macmillan, 2011.

Art Pearl, Caroline R. Pryor, *Democratic practices in Education: implications for teacher education*, The Association of Teacher Educators, 2005.

Audrey Osler, *Citizenship and democracy in schools: diversity, identity, equality*, Trentham Books Limited, 2000.

Bednarz, S. W., *Geography for Life: National Geography Standards 1994*, Washington, DC: National Geographic Research and Exploration, 1994.

Beeker, Howadr S., *Campus Power Struggle*, Aldine Publishing Company, 1970.

Beeker, Howard S., ed., *Campus Power Struggle*, Aldine Publishing Company, 1970.

Benjam Justice, Looking Back to See Ahead: Some Thoughts on the History of Civic education in the United States. Beth C. Rubin, James M. Giarelli (ed.) Civic education for Diverse Citizen in Global Times: Rethink Theory and Practice, Taylor & Francis Group, 2008.

Beth C. Rubin, *Civic education for diverse citizens in global times: Rethinking theory and practice*, Lawrence Erlbaum Associates, 2008.

B. Frank Brown, *Education in Responsible Citizenship: The Report of the National Task Force on Citizenship Education*, New York: McGRAW-HILL BOOK COMPANY, 1977.

Bremer F. J., *The puritan experiment: New England society fromBradford to Edwards*, Hanover: University Press of New England, 1995.

Brody, R. A., *Secondary Education and Political Attitudes: Examining the Effects on Political Tolerance of the We the People Curriculum*, Calabasas, CA: Center for Civic Education, 1994.

Brubacher J. S., Rudy W., *Higher Education in Transition: A History of American Colleges and Universities: 1636 – 1956, New York: Harper & Row, 1958.

Bureau of the Census, *Historical Statistics of the United States: Colonial Times to 1970*, Washington, D. C.: Government Printing Office, 1975.

Burnham, *Critical Elections and the Mainsprings of American Politics*, New York: Norton, 1970.

Butts, R. Freemanand Others, *History of Citizen Education Colloquium Papers*, Washington, D. C.: National Inst. of Education (DHEW), 1978.

Butts, R. F., *The Morality of Democratic Citizenship: Goals for Civic Education in the Republic's Third Century*, Calabasas, CA: Center for Civic Education, 1989.

Carole L. Hahn, *Becoming political: comparative perspectives on citizenship education*, State University of New York Press, 1998.

Center for Civic Education, *National Standards for Civics and Government*, Calabasas, CA: Center for Civic Education, 1994.

Center for Civic Education, *National Standards for Civics and Government*, Calabasas, CA: Center for Civic Education, 2010.

C. Holden, N. Clough, *Children as Citizens: Education for Participation*, J. Kingsley Publishers, 1998.

Cubberley E. P., *Public education in the United States*, Cambridge, MA: Riverside Press, 1919.

Darren E. Lund, *Doing democracy: Striving for Political Literacy and Social Justice*, Peter Lang, 2008.

Dean Garratt, *Citizenship education, identity and nationhood: contradictions in practice*, Continuum, 2008.

Derek heater, *a history of education for citizenship*, Routledge, 2004.

Donald R. Wentworth, Schug C. Mack, Fate vs Choice: what economic reasoning can contribute to social studies, *Social Studies*, 1993 (1 – 2): 23.

Downs, R. M., etc., *Geography for Life: National Geography Standards, Second Edition*, Washington, DC: NationalCouncil for Geo-graphic Education, 2012.

Dumas Malone, *Jefferson and His Time, Volume I*, Little, Brown and Company, 1948.

Eamonn Callan, *Creating citizens: political education and liberal democracy*, Clarendon Press, 1997.

E. Doyle Stevick and Bradley A. U. Levinson, *Reimagining civic education*, Rowman & Littlefield Publishers, 2007.

Edward B. Fiske, the Church in the World, *Theology Today*, April 1977, 34.

E. I. F. Williams, *Horace Mann: Educational Statesman*, The Macmillan Company, New York, 1937.

Elizabeth Kaufer Busch and Jonathan W. White, *Civic education and the future of American citizenship*, Lexington Books, 2013.

Emily M. Schell, A Road Map to 21st Century Geography Education, *OccasionalPapers*, 2014, Vol. 2, No. 2.

Gary A. Olson and Lynn Worsham, *Education as civic engagement*, Palgrave Macmillan, 2012.

Gary B. Nash, Charlotte Crabtree and Ross E. Dunn, *History on Trial: Culture Wars and the Teaching of the Past*, New York: Knopf, 1997.

Gary W. Reichard. America on the World Stage: Essays on the Teaching of United States History Courses, *Magazine of History*, Vol. 4, No. 18, 2004.

Geof Alred, Mike Byram and Mike Fleming, *Education for Intercultural Citizenship: Concepts and Comparisons*, Published by Multilingual Matters Ltd, 2006.

George E. Pozzetta, *Americanization, Social Control, and Philanthropy*, New York: Garland Publishing, Inc., 1991.

Good H. G., *A history of American education*, New York: The Macmillan Company, 1962.

Gordo, H. R. D., *The history and growth of vocational education*, Illinois, IL: Waveland Press, Inc, Second edition, 2003.

Gregory J. Dierker, *Core Values: A History of Values-Related Initiatives in the Air Force*, Air University, 1997.

Hacker K. A. et al, Listening to youth: teen perspectives on pregnancy prevention, *Journal of Adolescent Health*, 2000, 26.

Hanan A. Alexander, *Citizenship, education, and social conflict*, Routledge, 2011.

Horace Mann, *Report of An Education Tour*, Simpkin Company, London, 1846.

Howard Kirschenbaum, *Advanced Value Clarification*, University Associates, 1977.

Howard S. Beeker, *Campus Power Struggle*, Aldine Publishing Company, 1970.

Hugh H. Genoways and Mary Anne Andrei, *Museum Origins*, Left Coast Press, 2008.

James Arthur, *Citizenship through secondary history*, Routledge, London, 2001.

James Arthur, Ian Davies and Carole Hahn (ed.), *The SAGE Hand of Education for Citizenship and Democracy*, Sage Publications, 2008.

James F. Lea, *Political consciousness and American Democracy*, University Press of Mississippi, 1982.

Janet s. bixby, *educating democratic citizens in troubled times: qualitative studies of current efforts*, State University of New York press, 2008.

Janowitz, Morris, *the Reconstruction of Patriotism: education for civic consciousness*, Chicago: University of Chicago Press, 1983.

J. Mark Halstead, Monica J. Taylor, Learning and Teaching about Values: A Review of Recent Research, *Cambridge Journal of Education*, Vol. 30, No. 2, 2000.

John I. Goodlad, etc., *Education and the making of a democratic people*, Paradigm pulishers, 2008.

John Saltmarsh and Edward Zlotkowski, *Higher education and democracy*, Temple University Press, 2011.

Joy Elmer Morgan, *Horace Mann: His ideas and Ideals*, National Home Library Foundation, Washington, D. C., 1936.

J. R. Freese, Using the National Geography Standards to Integrate Children's Social Studies, *Social Studies & the Young Learner*, 1997, 10.

Judith Torney-Purta, Civic education across countries: twenty-four national case studies from the IEA civic education project, *Political Psychology*, 2000.

Julian P. Boyd, *the Papers of Thomas Jefferson*, *Volume I*, Princeton University Press, 1950.

Kaiser family foundation, *Communication: A series of national surveys of teens about sex*, Menlo Park, CA: The Foundation, 2002.

Kerry J. Kennedy, *Citizenship Education and the Modern State*, The Falmer

Press, 1997.

Kohlberg L., *The Psychology of Moral Development: The Nature and Validity of Moral Stages*, Harper & Row, 1984.

L. A. Cremin, *The Republic and the School: Horace Mann on the Education of Free Men*, Teachers College Press, New York, 1974.

Larry N. Gerston, *Public policymaking in a democratic society*, M. E. Sharpe, 2002.

Lawrence A. Cremin, *American Education: The Colonial Experience (1607 – 1783)*, New York: Harper and Row, 1970.

Lawrence A. Cremin, *American Education: The National Experience*, New York: Harper and Row, 1980.

L. B. Wright, *The Cultural Life of the American Colonies*, New York: Harper & Row, 1957.

L. Lundahl, EL J. Limage, *Democratizing Education and educating for democratic Citizens: international and historical perspectives*, New York and London, 2001.

Loretta Lobes, The State of History Education: History Standards and the States, *American Historical Association, Perspectives*, Vol. 35, No. 8 (November 1997).

Madeleine Arnot, *Challenging democracy: international perspectives on gender education and citizenship*, Routledge, 2000.

Madonna M. Murphy, *Character Education in American's Blue RibbonSchools: Best Practice for Meeting the Challenge*, Rowman & Littlefield Education, 2002.

Mark Schug, How Children Learn Economics, *The International Journal of Social Education* 8 (Winter 1993 – 94): 25.

Meyers, Susan, Service Learning In Alternative Education Settings, *Clearing House*,, Vol. 73, No. 2, 1999.

Michael T. Rogers and Donald M. Gooch, *Civic education in the twenty-first century*, Lexington Books, 2015.

Murray Print and Dirk Lange, *Civic education and competences for engaging citizens in democracies*, Sense Publishers, 2013.

Murry R. Nelson, *the Social Studiesin Secondary Education*: *A Reprint of the Seminal* 1916 *Report with Annotations and Commentaries*, ERIC Clearinghouse for Social Studies/Social Science Education, 1994.

National Council for the Social Studies: *Curriculum Standards for Social Studies*: *Expectations of Excellence*, Maryland, Fourth Printing, 2000.

National Council for the Social Studies, *Expectationsof Excellence*: *Curriculum Standards for Social Studies*, 1994.

National Council on Economic Education, *Voluntary National Content Standards in Economics*, New York: NCEE, 1997.

National Educational Association. *Report of the Committeeof Ten on Secondary School Studies*, *with the Reports of the Conferences Arranged by the Committee*, Knoxville: American Book Company, 1894.

Nel Noddings, *Educating citizens for global awareness*, Teachers college press, 2005.

Niemi, Richard G. and Junn, J., *Civic Education*: *What Makes Students Learn*, New Haven and London: Yale University Press, 1998.

Noemie Emery, For God and Country, *The Weekly Standard*, 1997, December l.

Orit Ichilov, *Citizenship and Citizenship Education in a Changing World*, The Wobum Press, 1998.

Philip Foner, *Basic Writings of Thomas Jefferson*, New York: Willey Book Co., 1944.

R. Freeman. Butts, *the Revival of Civic learning*: *A Rationale for Citizenship Education in American Schools*, Chicago: Phi Delta KappaEducational Foundation, 1980.

Richard Guarasci, Grant H. Cornwell, *Democratic education in an Age of difference*: *Redefining citizenship in higher education*, San Francisco, 1997.

Robert A Divine, *American Immigration Policy* (1924 – 1952), New York: Da Capo Press, 1972.

Robert S. Leming, *Essentials of law-related education*, American Bar Association's National Law-Related Education Resource Center, 1995.

Ronald W. Evans, *The Social Studies Wars*: *What Should We Teach the Chil-*

dren, Teacher College Press, 2004.

Sidney Hook, *Pragmatism and the Tragic Sense of Life*, New York City: Basic Books, 1974.

Standbrink, *Civic education and liberal democracy*, Palgrave Macmillan, 2017.

Stephen Macedo., *Diversity and Distrust: Civic Education in a Multicultural Society*, Cambridge, MA: Harvard University Press, 2000.

Susan Heffron & Roger Downs, *Geography for Life: The National Geography Standards*, Second Edition, Washington DC: National Council for Geographic Education, 2012.

Thomas B. Webber, *Navy Core Values: Curriculum for Transformation*, Candler School of Theology, 2002.

Thompson, J. T., *Foundations ofvocational education: Social and philosophical concepts*, Englewood Cliffs, NJ: Prentice-Hall, 1973.

Vernon Louis Parrington, Main Currents in American Thought, Volume I. Univ. of Oklahoma Pr., 1954.

Walter C. Parker, *Educating the Democratic mind*, State University of New York Press, 1996.

William B. Walstad, *An International Perspective on Economic Education*, Kluwer Academic Publishers, 1994.

William C. Kashatus, Teaching writing in United States history, *Magazine of History*, Vol. 18, No. 1, 2003.

Wolfram Schulz, *EA international civic and citizenship education study* 2016 *assessment framework*, Springer International Publishing, 2016.